中央财经大学金融科

每个人都可以成为精算师

张 宁
林锦添 编写
陈 辉

—— 新非寿险精算实务

中国财经出版传媒集团
经济科学出版社
Economic Science Press

图书在版编目（CIP）数据

每个人都可以成为精算师：新非寿险精算实务/张宁，林锦添，陈辉编写. —北京：经济科学出版社，2019.8

（中央财经大学金融科技书系）

ISBN 978 – 7 – 5218 – 0918 – 3

Ⅰ.①每… Ⅱ.①张…②林…③陈… Ⅲ.①人寿保险 – 保险精算 Ⅳ.①F840.622

中国版本图书馆 CIP 数据核字（2019）第 205126 号

策划编辑：王　娟
责任编辑：张立莉
责任校对：靳玉环
责任印制：邱　天

每个人都可以成为精算师
——新非寿险精算实务

张　宁　林锦添　陈　辉　编写

经济科学出版社出版、发行　新华书店经销

社址：北京市海淀区阜成路甲 28 号　邮编：100142

总编部电话：010 – 88191217　发行部电话：010 – 88191522

网址：www.esp.com.cn

电子邮件：esp@esp.com.cn

天猫网店：经济科学出版社旗舰店

网址：http://jjkxcbs.tmall.com

北京季蜂印刷有限公司印装

787×1092　16 开　23.5 印张　500000 字

2020 年 4 月第 1 版　2020 年 4 月第 1 次印刷

ISBN 978 – 7 – 5218 – 0918 – 3　定价：98.00 元

（图书出现印装问题，本社负责调换。电话：010 – 88191510）

（版权所有　侵权必究　打击盗版　举报热线：010 – 88191661

QQ：2242791300　营销中心电话：010 – 88191537

电子邮箱：dbts@esp.com.cn）

中央财经大学一流学科建设项目支持教材

中央财经大学科研创新团队支持计划
教育部人文社会科学重点研究基地重大课题（编号：16JJD790060）
高等学校学科创新引智计划（编号：B17050）
中央财经大学一流学科建设项目"面向未来和业界应用的精算科技研究与精算智库建设"
中央财经大学金融科技书系

"中央财经大学金融科技书系"
编委会

顾 问

倪光南　中国工程院院士，中国科学院计算所研究员
刘卓军　中国科学院数学与系统科学研究院原副院长、研究员、博士生导师
王国胤　中国人工智能学会副理事长，重庆邮电大学计算机学院院长、教授、博士生导师
李晓林　中央财经大学保险学院院长、教授、博士生导师
李建军　中央财经大学金融学院院长、教授、博士生导师
赵　健　中国保险报业股份有限公司董事长
曹　湛　新浪金融执行总裁
谭小芬　中央财经大学金融学院副院长、教授、博士生导师
李俊青　南开大学经济学院副院长、教授、博士生导师
李　晖　IEEE会员，西安电子科技大学网络与信息安全学院执行院长，西安电子科技大学中国密码学会理事、安全协议专委会委员
刘乐平　天津财经大学大数据统计研究中心主任、教授、博士生导师
吴毅红　中国科学院自动化所模式识别国家重点实验室教授、博士生导师
赵新超　北京邮电大学教授、博士生导师
周　明　中央财经大学保险学院/中国精算研究院副院长、教授、博士生导师
张连增　南开大学金融学院教授、博士生导师
赵尚梅　北京航空航天大学教授、博士生导师
落红卫　蚂蚁金服总监、资深金融安全专家
李　磊　今日头条人工智能实验室总监
邱良弼　富兰克林证券（美国）首席策略官
刘　星　红杉资本中国基金合伙人
李　竹　英诺天使基金创始合伙人
王永泉　证券传媒副总经理
李　兰　韦莱韬悦（Willis Towers Watson）执行董事
葛　锋　安永（中国）企业咨询有限公司合伙人、保监会偿咨委第一届咨询专家

陈文思　洪泰基金合伙人
高立智　复星集团保险板块执行总经理

主任、主编

陈建成　中央财经大学中国精算研究院院长、教授、博士生导师。加拿大滑铁卢大学统计与精算学系教授、加拿大数量风险管理研究首席专家（Research Chair），滑铁卢大学保险、证券与数量金融研究所副主任

执行主任、执行主编

张　宁　中央财经大学中国精算研究院大数据中心/金融科技中心主任，中国银保监会偿咨委第一届咨询专家，资深金融科技专家，人工智能科学家，"中央财经大学金融科技书系"发起人

陈　辉　中央财经大学中国精算研究院大数据中心/金融科技中心副主任，资深金融科技专家，"中央财经大学金融科技书系"发起人

赵　亮　北京师范大学数学科学学院、教育部数学与复杂系统重点实验室副教授，指挥与控制学会青年工作委员会委员

编委、委员

陆　晨	翁成国	王秀国	陈培敏	殷俊峰	郑苏晋	韩小利	林锦添
邵志超	樊　凯	韦　晓	李　智	马宏宾	陈旻昕	刘建华	段白鸽
刘芳达	白　璐	李　泓	张智英	迟耀明	李张鲁	杨　芮	李豆豆
刘嘉桢	冷翠华	崔丽欣	李晰越	杨　岩	鲁　阳	陈　泽	庞　博

"中央财经大学金融科技书系"编委会秘书处设在中央财经大学中国精算研究院

网址：http://www.cias-cufe.org/info/1032/2515.htm
邮箱：zntop@cufe.edu.cn

总　序

"中央财经大学金融科技书系"编委会成员长期专注于金融与人工智能交叉领域、金融中机器学习、金融科技与保险科技、大数据与小数据、互联网保险与相互保险、金融与区块链等前沿理论研究及实践探索。希望通过金融科技的"研究态、数据观、智能行、科技派"发现引爆点，构建连接线，打造智能面，描绘未来体。

"忽如一夜春风来，千树万树梨花开"，似乎在一夜之间，金融科技就红遍了南北半球，在神州大地更是一时风头无量；与此同时，金融科技仍仿佛笼罩在迷雾中，其未来在我们脑海中浮现出模糊的轮廓。重新审视我们的时代，进程中的第四次工业革命（新社会）、岔路中的文明路径选择（新文明）、浮现中的未来星球（黑科技）、奇妙中的不确定性（引爆点）、思想中的未来旅程（大智慧）慢慢浮现在我们眼前，我们会缓慢解开金融科技的神秘面纱，会逐步理解金融科技、重塑金融的力量，然后，去描述无法预知的未来世界；去掌握如何改变我们的世界；去推动我们重新认识我们自己。

中央财经大学在国内高校中率先成立金融科技系，以金融科技人才培养为导向，以金融科技学术前沿问题研究为支撑，打造人才培养、理论研究、创新引领的金融科技教育平台和开放型交流平台，我们还有国内一流的金融科技产业园，积极推动金融科技在行业的落地应用，支持金融科技的创新创业。近年来，"中央财经大学金融科技书系"编委会成员先后出版了多本与金融科技相关的专业书籍，为此，他们梳理了一套金融科技书系，希望通过金融科技书系去厘清金融科技的发展脉络；去提升金融科技的认知能力；去改变我们的思维方式；去升华我们的智慧。

世间诸事，何曾不是经历三重境界（见山是山，见水是水；见山不是山，见水不是水；见山只是山，见水只是水）之后，方见大成？金融科技的研究，也一定是一条上下求索之路；而金融科技的演进，也必定是过一座山，进一重境。

"中央财经大学金融科技书系"编委会成员专注于金融科技研究，他们不仅是一个团队，还是连接金融领域研究力量和人工智能大数据等领域研究力量的平台，希望"中央财经大学金融科技书系"的每一本书都能开启一个"认知革命"的故事、一个"预见未来"的故事，成为金融科技理论研究与实践探索领域创新篇章的动听音符。

中央财经大学副校长

2018 年 3 月

序

非寿险精算本身是一个充满活力和边界不断被拓展的学科，一方面，实务中的问题根植于所面对的不同行业的专业背景；另一方面，金融科技的蓬勃发展不断为它引入新的场景和技术。这应该是非寿险精算学科在当前需要同时兼顾的内容，我们正是沿着这个思路来编写一本有别于传统的教材，我们期望它能帮助更多人把非寿险精算的专业知识快速融入生产场景中，成为"别人眼中神秘的"职业精算师。

林锦添毕业于厦门大学，是中国非寿险精算师，先后担任过人保财险精算部精算主管、众诚汽车保险股份有限公司精算部总经理，现任安心财产保险有限责任公司总精算师，多次参与行业相关研究和工作，担任商业车险创新条款评估专家库委员，并受中国精算师协会委派参加国际精算协会教育委员会工作，他是2015年首批广州高层次金融人才、2016年广州市产业发展和创新人才。林锦添提供了本书的原始稿件和资料，并根据自身成长经历撰写了内容丰富值得思考的前言。

陈辉博士同样具有丰富的业界经验，历任长安责任保险公司总精算师、众惠财产相互保险社副总经理、总精算师，是中国精算师和英国精算师。他长期担任中央财经大学非寿险精算课程的主讲教师，获得学生一致好评，大家都期望他将授课内容写成教材，让更多人获益。陈辉对全部书稿内容进行丰富和修改。

本书可以说是两位精算师心血和多年职业经验的凝聚，他们的经验和视角无论对即将完成课堂学习的学生还是对刚刚走上岗位的年轻精算师都是十分宝贵的，我本人增加了书稿的相关内容，并对内容进行了梳理，和两位好朋友合作为中国的精算教育贡献绵薄之力，深感荣幸。

特别的，本书能够编写并出版，要感谢教育部人文社会科学重点研究基地重大课题（编号：16JJD790060）、中央财经大学科研创新团队支持计划资助（第五批）和腾讯教育平台项目的资助。正是它们的支持使本书能够以教材形式出版，同时感谢中央财经大学一流学科建设项目

"面向未来和业界应用的精算科技研究与精算智库建设"的支持，本书作为一流学科建设的支持教材，希望能够给精算教育带来更多未来和业界的元素。

最后，尽管我们已经尽力斟酌和多次修改，书中难免有所纰漏，随着时代进步，知识更新也会带来一些变化，就此我们真心期望读者有任何问题，可以与我们联系。

张 宁

前　言

　　国内的精算行业发展时间较短，高校的精算教育更强调精算理论知识。精算实务方面基本靠精算人员自己琢磨、通过参加培训或者参加精算年会等不断提高自己。而精算实务技能的提高主要看遇到什么样的老师，然而目前还没有一本简单易懂的精算实务教材。精算教材与实务之间有较大的差异，例如，最简单的流量三角形，书本上的例子通常是 4 行 × 4 列的三角形，而实务中经常见到的是 40 行 × 40 列的三角形，书上进展因子的差异基本小于 10%，而实务中进展因子的差异有时达到好几倍，所以刚毕业的学生往往很难适应实务与书本知识的差异。

　　相比而言，进入大公司的新人能接受到比较系统的培训，而进入中小公司的新人由于公司的精算人员不多，接受的培训通常不够系统，是否能学习到比较全面的知识，完全靠运气，与公司的精算前辈经验有很大的关系，简单地说，就是是否能遇到一位好的老师。

　　对于我个人来说，我觉得自己是比较幸运的，我的精算职业生涯开始于人保财险，行业内最大的财产保险公司，目前人保已经拥有超过 200 名精算人员。我刚进入精算行业正好是中国财险精算行业正在起步的时期，精算人员处于边学习边工作边成长的阶段，基本上早期的精算人员是数据整理、模型建立、结果汇总、结果校验、数据分析等各方面的工作都要做，可以说是样样会，当然不一定样样精通。

　　编写精算实务教材的缘起，是一次准备金评估流程编写的经历，我刚加入人保财险不久，人保财险开始推行分公司准备金自主评估，就是指导分公司对自己的准备金进行评估，总公司统一下发了准备金评估模型，大家只要把基础数据填上去，并选择进展因子就可以得出结果，但由于大家的精算水平参差不齐，每次评估模型下发后，总会不断接到咨询电话，平均每家分公司要打 5 个以上的电话，当然问题总是集中在如何更新数据，更新模型，如何选择因子等方面。那时我刚被借调到总公司精算部帮忙，我就先做了一遍，对于遇到的几个问题，询问了同事，然后我自告奋勇申请编写模型的更新说明，而且力求把更新说明写得非常仔细，细到文件名称格式，模型中的哪些单元格是需要更新的，结果展示在哪些单元格中，有哪些注意事项，效果出乎意料的好，更新说明发出后只收到两个电话，一个是没有看更新说明，另一个是第一次做准备金评估的学生，也是从那时起，我认识到工作流程标准化的重要性，开始有了编写精算实务教材的想法。

本书介绍了一些职场新人需要掌握的基本技能和精算基础知识及技能，主要是为毕业三年内的学生提供从理论到实务的衔接培训使用，其中基础技能部分及精算实务不仅对精算人员有参考价值，对从事保险数据分析的人员来说也有一定的借鉴意义。当然受个人工作经历、能力及从事领域的限制，本书的内容可能存在不完善之处。

编写本书是希望为中国精算教育贡献绵薄之力，不当之处，敬请各位同行批评指正。希望本书起到抛砖引玉的作用，希望更多的精算同行能为精算事业的发展编写更多更高层次的教材，将自身的经验与大家分享。

同时，对于我个人，要感谢在我从事精算工作中一直给我指导、帮助和鼓励的领导和同事。首先，要感谢厦门大学研究生院副院长谭忠老师、人保财险厦门分公司的原总经理赵一平先生、信息技术部总经理郑擎宇先生和人保财险广州监察稽核中心主任助理汤学武先生，是他们引领我进入精算领域，并给予我充分的信任让我能够自由地发挥精算知识开展精算工作；其次，要感谢瑞再中国区总裁陈东辉先生（原人保精算总监）、人保财险首席经济学家连锦泉先生、精算负责人张琅女士、利宝财险董事长兼总裁徐德洪先生、精算部总经理助理沈强先生、信达财险总精算师李龙先生、利宝财险副总裁崔昊先生等我在人保精算部的领导和同事，是他们给予我指导和帮助，让我能够快速成长为一名合格的精算师；再次，我要感谢众诚保险的党委书记蔡杰先生和副总裁郑新先生，谢谢他们给予我充分的信任，让我全面负责众诚精算工作，同时也感谢原众诚精算部的同事吴川龙、曾德宏和刘禄刚参与精算工作流程等部分内容的编写，感谢人民大学统计系 2018 届毕业生高欢同学为本书试读并提出了宝贵的意见；最后，我要特别感谢太保财险党委委员丁鹏先生（原中国保监会产险部精算处处长）、产险部精算处处长薛春芳先生、黄志勇博士和原中国保监会产险部精算处的各位领导，在我从事精算工作后不断给我指导、鼓励，谢谢他们让我们参与行业商业车险费率厘定和课题研究等一系列工作，在为行业做出一点贡献的同时也有机会接触和学习行业先进的精算理念和精算技术。由于篇幅所限，无法将所有人员名字一一列出，在此一并对帮助和支持过我的同事和同行表示感谢！

林锦添

导　　读

本书主要是针对刚毕业的学生编写的，有一半篇幅介绍专业知识，一半篇幅介绍通用知识，其中通用知识适用几乎所有的职场新人，并不需要具备专业的精算知识，下面就各章节需要具备的知识基础做一个简单的说明。

第一章，主要介绍非寿险保险实务知识，需要具有一定的保险知识储备。

第二章，主要介绍数据处理软件及应用技巧，特别是 Excel 的操作技巧，需要具备一定的 Excel 基础和编程基础。

第三章，主要介绍精算数据处理的相关知识，需要具备一定的精算基础知识。

第四章，主要介绍准备金和定价相关的精算基础知识，需要具备学习过非寿险准备金和定价课程的知识。

第五章，主要介绍一些非寿险案例，需要具备非寿险基础知识，本章的案例基本包含了这么多年以来，林锦添在精算工作中碰到的经典案例，可以给读者提供一些参考和借鉴。

第六章，精算底稿和相关报告模板，列出了非寿险精算相关工作常用的精算报告模板。

第七章~第十章，主要介绍职场通用知识，基本对于所有职场人员都是通用的，没有特别的专业知识要求。

第十一章，主要简单介绍了金融科技在非寿险精算中的应用。

附录部分，列出了非寿险精算人员需要掌握的中国银保监会文件目录，以及最新的国际精算协会教学大纲，可以为大家学习精算知识提供参考方向。

目 录

第一章 非寿险保险实务 ... 1

第一节 产品 ... 1
第二节 承保 ... 26
第三节 理赔 ... 28
第四节 再保险 ... 31
第五节 财务报表 ... 32

第二章 基础软件 ... 47

第一节 Excel ... 47
第二节 SAS 入门 ... 100
第三节 其他相关软件 ... 107

第三章 数据处理 ... 109

第一节 数据核对 ... 109
第二节 已赚保费的计算 ... 112
第三节 流量三角形编制 ... 121
第四节 数据分析 ... 126

第四章 精算基础知识 ... 128

第一节 准备金评估和管理 ... 128
第二节 产品定价 ... 166

第五章 案例分析 ... 181

第一节 承保实例 ... 181
第二节 理赔实例 ... 188
第三节 综合案例 ... 195

第六章　精算底稿及报告模板 …… 209

第一节　精算底稿 …… 209
第二节　精算报告模板 …… 210

第七章　职场基本技能 …… 256

第一节　沟通能力 …… 256
第二节　参加会议 …… 259
第三节　时间规划 …… 263
第四节　工作流程编写 …… 265
第五节　重要事项处理 …… 268
第六节　执行力 …… 270
第七节　工作态度 …… 271
第八节　协作能力 …… 272
第九节　从更高层次想问题 …… 273

第八章　工作方法 …… 275

第一节　问题清单管理法 …… 275
第二节　SWOT 分析法 …… 278
第三节　5W1H 分析法 …… 282
第三节　鱼骨图分析法 …… 285
第四节　PDCA 工作法 …… 288
第五节　灵活应用 …… 292

第九章　公文处理 …… 294

第一节　公文格式 …… 294
第二节　公文写作 …… 299
第三节　公文阅读 …… 302

第十章　工作流程标准化 …… 304

第十一章　金融科技下的非寿险精算实务 …… 315

第一节　了解金融科技 …… 315
第二节　精算师要掌握的金融科技工具 …… 322
第三节　在工作中使用大数据和人工智能技术 …… 327

附录 ·· 338
    附录1 精算人员需要掌握的相关文件 ································ 338
    附录2 最新国际精算协会教学大纲 ······································ 338

参考文献 ·· 355

第一章
非寿险保险实务

第一节 产 品

保险实务包括保险产品、承保、理赔、再保和财务处理等各个环节。本节我们先介绍产品。另外,原中国保险监督管理委员会已与原中国银行监督管理委员会合并,合并后为中国银行保险监督管理委员会,本书简称"中国银保监会"或"银保监会";"原中国保险监督管理委员会"本书简称"原中国保监会"或"原保监会";"原中国银行监督管理委员会"本书简称"原中国银监会"或"原银监会"。

精算师——作为保险公司的员工,必须清楚自己任职的公司能销售哪些产品,总共有哪些产品,特别是一些后台人员,认为公司销售哪些产品跟自己没什么关系,这是大错特错的,试想一个员工连公司做哪些业务都不知道,这家公司怎么能说服客户来购买公司的产品呢?行业中一家非常出名的公司,无论哪个部门的新员工入职的第一项任务就是熟悉公司产品。我们认为这可能是这家公司能够取得成功的原因之一。

作为公司精算人员,要熟悉公司的产品体系,才能更深入地了解公司产品策略、产品特点、产品效益和产品生命周期等。下面简要介绍财产保险的主要产品及其特点,根据偿二代分类,财产保险业务包括车险、财产险、短期意外险、短期健康险、责任险、信用保证险、船货特险、农业险,如表1-1所示。

表1-1　　　　　　　　　　财产保险产品分类表

险种大类	险类	代表产品
车险	交强险	交强险
	商业车险	车损险、三者险、车上人员责任险、盗抢险
财产险	企财险	基本险、综合险、一切险
	家财险	灾害损失险、盗窃险
	工程险	建工险、安工险

续表

险种大类	险类	代表产品
短期意外险	意外险	普通伤害意外险、特定伤害意外险
短期健康险	健康险	重大疾病保险、住院医疗保险
责任险	责任险	雇主责任险、公众责任险、产品责任险
信用保证险	信用险	出口信用险、个人信用险
	保证险	车贷险、个人贷款保证险
船货特险	船舶险	船舶营运险、船舶建造险
	货运险	海上货运险，国内水路、陆路货运险
	特险	航空保险、航天保险、核电保险
农业险	种植险	作物保险、林木保险
	养殖险	能繁母猪保险、水产养殖险

下面主要从各个险类主要代表产品的保险责任、除外责任和产品特点对产品进行介绍。

一、车险

车险是财产保险的最大业务来源，保费收入约七成，所以车险一直以来是各家公司争夺的焦点，车险主要包括交强险和商业车险。

（一）交强险

交强险是中国首个由国家法律规定实行的强制保险制度。交强险的全称是"机动车交通事故责任强制保险"，是由保险公司对被保险机动车发生道路交通事故造成受害人（不包括本车人员和被保险人）的人身伤亡、财产损失，在责任限额内予以赔偿的强制性责任保险。

1. 保险责任。交强险条款第八条规定：在中华人民共和国境内（不含港、澳、台地区），被保险人在使用被保险机动车过程中发生交通事故，致使受害人遭受人身伤亡或者财产损失，依法应当由被保险人承担的损害赔偿责任，保险人按照交强险合同的约定对每次事故在下列赔偿限额内负责赔偿：

（1）死亡伤残赔偿限额为110,000元；

（2）医疗费用赔偿限额为10,000元；

（3）财产损失赔偿限额为2,000元；

（4）被保险人无责任时，无责任死亡伤残赔偿限额为11,000元；无责任医疗费用赔偿限额为1,000元；无责任财产损失赔偿限额为100元。

死亡伤残赔偿限额和无责任死亡伤残赔偿限额项下负责赔偿丧葬费、死亡补偿费、受害人亲属办理丧葬事宜支出的交通费用、残疾赔偿金、残疾辅助器具费、护理费、康复费、交通费、被扶养人生活费、住宿费、误工费，被保险人依照法院判决或者调解承担的精神损害抚慰金。

医疗费用赔偿限额和无责任医疗费用赔偿限额项下负责赔偿医药费、诊疗费、住院费、住院伙食补助费，必要的、合理的后续治疗费、整容费、营养费。

2. 责任免除。交强险条款第十条规定：下列损失和费用，交强险不负责赔偿和垫付：

（1）因受害人故意造成的交通事故的损失；

（2）被保险人所有的财产及被保险机动车上的财产遭受的损失；

（3）被保险机动车发生交通事故，致使受害人停业、停驶、停电、停水、停气、停产、通信或者网络中断、数据丢失、电压变化等造成的损失以及受害人财产因市场价格变动造成的贬值、修理后因价值降低造成的损失等其他各种间接损失；

（4）因交通事故产生的仲裁或者诉讼费用以及其他相关费用。

3. 产品特点。交强险的特点主要包括以下几个方面。

（1）强制性保险。交强险是强制性保险，未按规定投保交强险或者放置保险标志的将会受到处罚。《机动车交通事故责任强制保险条例》第三十九条规定："机动车所有人、管理人未按照规定投保机动车交通事故责任强制保险的，由公安机关交通管理部门扣留机动车，通知机动车所有人、管理人依照规定投保，处依照规定投保最低责任限额应缴纳的保险费的 2 倍罚款"。第四十条规定："上道路行驶的机动车未放置保险标志的，公安机关交通管理部门应当扣留机动车，通知当事人提供保险标志或者补办相应手续，可以处警告或者 20 元以上 200 元以下罚款"。

交强险的强制性不仅对于机动车所有人、管理人具有强制性，对保险公司也有强制性，即保险公司不得拒绝或者拖延承保，否则将受到处罚，具体由《机动车交通事故责任强制保险条例》第十条规定："投保人在投保时应当选择具备从事机动车交通事故责任强制保险业务资格的保险公司，被选择的保险公司不得拒绝或者拖延承保。中国银保监会应当将具备从事机动车交通事故责任强制保险业务资格的保险公司向社会公示"。第三十八条规定："保险公司违反本条例规定，有下列行为之一的，由中国银保监会责令改正，处 5 万元以上 30 万元以下罚款；情节严重的，可以限制业务范围、责令停止接受新业务或者吊销经营保险业务许可证：（一）拒绝或者拖延承保机动车交通事故责任强制保险的"。

（2）责任范围广。交强险的另一个特点是责任范围广，与一般保险产品相比，责任免除很少，从出险原因看，除了故意行为不赔，其他都赔，当然有的如醉酒或者盗抢的可以向致害人追偿外，一般保险的责任免除，如酒后、吸毒都要负责赔偿。

（3）保额固定。与一般保险产品不一样，交强险的保险金额是固定的，不可选，保险金额直接写到条款中。

（二）商业车险

2014 年中保协发布了《中国保险行业协会机动车辆商业保险示范条款（2014

版）》，与交强险不同的是，商业车险条款包含四个条款：《中国保险行业协会机动车综合商业保险示范条款（2014版）》《中国保险行业协会特种车综合商业保险示范条款（2014版）》《中国保险行业协会机动车单程提车保险示范条款（2014版）》和《中国保险行业协会摩托车、拖拉机综合商业保险示范条款（2014版）》，其中应用最广泛的是《中国保险行业协会机动车综合商业保险示范条款（2014版）》，所以下面是以《中国保险行业协会机动车综合商业保险示范条款（2014版）》为例进行介绍，由于商业车险包含的险别比较多，下面只介绍机动车损失保险和机动车第三者责任保险。

1. 机动车损失保险——保险责任。

（1）保险期间内，被保险人或其允许的驾驶人在使用被保险机动车过程中，因下列原因造成被保险机动车的直接损失，且不属于免除保险人责任的范围，保险人依照本保险合同的约定负责赔偿：碰撞、倾覆、坠落；火灾、爆炸；外界物体坠落、倒塌；雷击、暴风、暴雨、洪水、龙卷风、冰雹、台风、热带风暴；地陷、崖崩、滑坡、泥石流、雪崩、冰陷、暴雪、冰凌、沙尘暴；受到被保险机动车所载货物、车上人员意外撞击；载运被保险机动车的渡船遭受自然灾害（只限于驾驶人随船的情形）。

（2）发生保险事故时，被保险人或其允许的驾驶人为防止或者减少被保险机动车的损失所支付的必要的、合理的施救费用，由保险人承担；施救费用数额在被保险机动车损失赔偿金额以外另行计算，最高不超过保险金额的数额。

2. 机动车损失保险——责任免除。

（1）在上述保险责任范围内，下列情况下，不论任何原因造成被保险机动车的任何损失和费用，保险人均不负责赔偿：

①事故发生后，被保险人或其允许的驾驶人故意破坏、伪造现场、毁灭证据；

②驾驶人有下列情形之一者：事故发生后，在未依法采取措施的情况下驾驶被保险机动车或者遗弃被保险机动车离开事故现场；饮酒、吸食或注射毒品、服用国家管制的精神药品或者麻醉药品；无驾驶证，驾驶证被依法扣留、暂扣、吊销、注销期间；驾驶与驾驶证载明的准驾车型不相符合的机动车；实习期内驾驶公共汽车、营运客车或者执行任务的警车、载有危险物品的机动车或牵引挂车的机动车；驾驶出租机动车或营运性机动车无交通运输管理部门核发的许可证书或其他必备证书；学习驾驶时无合法教练员随车指导；非被保险人允许的驾驶人；

③被保险机动车有下列情形之一者：发生保险事故时被保险机动车行驶证、号牌被注销的，或未按规定检验或检验不合格；被扣押、收缴、没收、政府征用期间；在竞赛、测试期间，在营业性场所维修、保养、改装期间；被保险人或其允许的驾驶人故意或重大过失，导致被保险机动车被利用从事犯罪行为。

（2）下列原因导致的被保险机动车的损失和费用，保险人不负责赔偿：地震及其次生灾害；战争、军事冲突、恐怖活动、暴乱、污染（含放射性污染）、核反应、核辐射；人工直接供油、高温烘烤、自燃、不明原因火灾；违反安全装载规定。

（3）被保险机动车被转让、改装、加装或改变使用性质等，被保险人、受让人未及时通知保险人，且因转让、改装、加装或改变使用性质等导致被保险机动车危险程度显著增加。

（4）被保险人或其允许的驾驶人的故意行为。

（5）下列损失和费用，保险人不负责赔偿：因市场价格变动造成的贬值、修理后因价值降低引起的减值损失；自然磨损、朽蚀、腐蚀、故障、本身质量缺陷；遭受保险责任范围内的损失后，未经必要修理并检验合格继续使用，致使损失扩大的部分；投保人、被保险人或其允许的驾驶人知道保险事故发生后，故意或者因重大过失未及时通知，致使保险事故的性质、原因、损失程度等难以确定的，保险人对无法确定的部分，不承担赔偿责任，但保险人通过其他途径已经及时知道或者应当及时知道保险事故发生的除外；因被保险人违反本条款第十六条约定，导致无法确定的损失；被保险机动车全车被盗窃、被抢劫、被抢夺、下落不明，以及在此期间受到的损坏，或被盗窃、被抢劫、被抢夺未遂受到的损坏，或车上零部件、附属设备丢失；车轮单独损坏，玻璃单独破碎，无明显碰撞痕迹的车身划痕，以及新增设备的损失；发动机进水后导致的发动机损坏。

3. 机动车第三者责任保险——保险责任。

（1）保险期间内，被保险人或其允许的驾驶人在使用被保险机动车过程中发生意外事故，致使第三者遭受人身伤亡或财产直接损毁，依法应当对第三者承担的损害赔偿责任，且不属于免除保险人责任的范围，保险人依照本保险合同的约定，对于超过机动车交通事故责任强制保险各分项赔偿限额的部分负责赔偿。

（2）保险人依据被保险机动车一方在事故中所负的事故责任比例，承担相应的赔偿责任。

被保险人或被保险机动车一方根据有关法律法规规定选择自行协商或由公安机关交通管理部门处理事故未确定事故责任比例的，按照下列规定确定事故责任比例：

①被保险机动车一方负主要事故责任的，事故责任比例为70%；

②被保险机动车一方负同等事故责任的，事故责任比例为50%；

③被保险机动车一方负次要事故责任的，事故责任比例为30%。

④涉及司法或仲裁程序的，以法院或仲裁机构最终生效的法律文书为准。

4. 机动车第三者责任保险——责任免除。

（1）在上述保险责任范围内，下列情况下，不论任何原因造成的人身伤亡、财产损失和费用，保险人均不负责赔偿：

①事故发生后，被保险人或其允许的驾驶人故意破坏、伪造现场、毁灭证据；

②驾驶人有下列情形之一者：事故发生后，在未依法采取措施的情况下驾驶被

保险机动车或者遗弃被保险机动车离开事故现场；饮酒、吸食或注射毒品、服用国家管制的精神药品或者麻醉药品；无驾驶证，驾驶证被依法扣留、暂扣、吊销、注销期间；驾驶与驾驶证载明的准驾车型不相符合的机动车；实习期内驾驶公共汽车、营运客车或者执行任务的警车、载有危险物品的机动车或牵引挂车的机动车；驾驶出租机动车或营业性机动车无交通运输管理部门核发的许可证书或其他必备证书；学习驾驶时无合法教练员随车指导；非被保险人允许的驾驶人；

③被保险机动车有下列情形之一者：发生保险事故时被保险机动车行驶证、号牌被注销的，或未按规定检验或检验不合格；被扣押、收缴、没收、政府征用期间；在竞赛、测试期间，在营业性场所维修、保养、改装期间；全车被盗窃、被抢劫、被抢夺、下落不明期间。

（2）下列原因导致的人身伤亡、财产损失和费用，保险人不负责赔偿：地震及其次生灾害、战争、军事冲突、恐怖活动、暴乱、污染（含放射性污染）、核反应、核辐射；第三者、被保险人或其允许的驾驶人的故意行为、犯罪行为，第三者与被保险人或其他致害人恶意串通的行为；被保险机动车被转让、改装、加装或改变使用性质等，被保险人、受让人未及时通知保险人，且因转让、改装、加装或改变使用性质等导致被保险机动车危险程度显著增加。

（3）下列人身伤亡、财产损失和费用，保险人不负责赔偿：被保险机动车发生意外事故，致使任何单位或个人停业、停驶、停电、停水、停气、停产、通信或网络中断、电压变化、数据丢失造成的损失以及其他各种间接损失；第三者财产因市场价格变动造成的贬值，修理后因价值降低引起的减值损失；被保险人及其家庭成员、被保险人允许的驾驶人及其家庭成员所有、承租、使用、管理、运输或代管的财产的损失，以及本车上财产的损失；被保险人、被保险人允许的驾驶人、本车车上人员的人身伤亡；停车费、保管费、扣车费、罚款、罚金或惩罚性赔款；超出《道路交通事故受伤人员临床诊疗指南》和国家基本医疗保险同类医疗费用标准的费用部分；律师费，未经保险人事先书面同意的诉讼费、仲裁费；投保人、被保险人或其允许的驾驶人知道保险事故发生后，故意或者因重大过失未及时通知，致使保险事故的性质、原因、损失程度等难以确定的，保险人对无法确定的部分，不承担赔偿责任，但保险人通过其他途径已经及时知道或者应当及时知道保险事故发生的除外；因被保险人违反本条款第三十四条约定，导致无法确定的损失；精神损害抚慰金；应当由机动车交通事故责任强制保险赔偿的损失和费用。

（4）保险事故发生时，被保险机动车未投保机动车交通事故责任强制保险或机动车交通事故责任强制保险合同已经失效的，对于机动车交通事故责任强制保险责任限额以内的损失和费用，保险人不负责赔偿。

5. 产品特点。由于车辆损失险和商业三者险的产品特点有类似之处，所以把两者合起来一起介绍。

（1）非强制保险。与交强险相比，商业车险是非强制保险，这边的非强制是双向的，即车主可以不投保商业车险，同时保险公司也有拒绝承保的权利。

（2）保险责任明确。商业车险保险责任属于列明责任，就是列出来的出险原因和损失才负责赔付，未列明的均不负责赔偿。

（3）责任免除包含三类情况。从责任免除条款来说，第一感觉责任免除条款比较多，同时也感觉比较复杂，但如果仔细观察，会发现主要包含三类情况：不符合行驶条件免除、原因免除和部分损失费用免除。

不符合行驶条件即包括车辆不符合驾驶条件，如车辆不符合上路条件；也包含驾驶人员不符合驾驶条件，如未取得驾驶执照和酒后驾车等。如果更通俗的说法就是交警部门不允许的行为一般是不赔付的。

原因免除就是列出来的出险原因是不赔付的，包括一些极端意外，如地震、核风险等；也包含不明出险原因等。

部分损失费用免除，主要是与事故没有相关的损失，如车辆贬值等；同时也包含部分损失如玻璃单独破碎等。

（4）保险金额。商业车险的保险金额是可以自行选择的，投保人不仅可以根据需要选择商业三者险的保险金额，即使是车损险也可以对保险金额进行协商。

（5）免赔率。商业车险根据在交通事故中承担的责任主次，规定了不同的免赔率，即部分损失由被保险人自行承担，免赔率一般不超过20%。

（6）部分责任免除可以通过附加险进行承保。有些损失在主险中进行了免除，但考虑到客户有风险转移的需要，就把这些损失设计为附加险，最主要的包括不计免赔率险，其他如自燃、划痕、玻璃单独破碎、发动机进水等主险免除的责任可以通过投保附加险进行承保。

二、财产险

财产险主要包括企财险、家财险和工程险，下面简单介绍三个产品的特点。

（一）企财险

在农险大发展之前，企财险一直是仅次于车险的第二大险种，在2008年之前，企财险的承保利润一直高居行业首位，但近年来由于市场竞争的关系，企财险逐渐变成一个亏损险种。

企财险全称是企业财产保险，是一切工商、建筑、交通运输、饮食服务行业、国家机关、社会团体等，对因火灾及保险单中列明的各种自然灾害和意外事故引起的保险标的的直接损失、从属或后果损失和与之相关联的费用损失提供经济补偿的财产保险。

传统的企财险主要有基本险、综合险和一切险。

1. 基本险保险责任。

（1）因火灾、爆炸、雷击、飞行物体及其他空中运行物体坠落所致损失。

（2）被保险人拥有财产所有权的自用供电、供水、供气设备因保险事故遭受损坏，引起停电、停水、停气以致造成保险标的的直接损失。

（3）发生保险事故时，为了抢救保险标的或防止灾害蔓延，采取合理必要的措施而造成保险财产的损失。

（4）在发生保险事故时，为了抢救、减少保险财产损失，被保险人对保险财产采取施救、保护措施而支出的必要、合理费用。

2. 基本险责任免除。

（1）下列原因造成的损失、费用，保险人不负责赔偿：投保人、被保险人及其代表的故意或重大过失行为；行政行为或司法行为；战争、类似战争行为、敌对行动、军事行动、武装冲突、罢工、骚乱、暴动、政变、谋反、恐怖活动；地震、海啸及其次生灾害；核辐射、核裂变、核聚变、核污染及其他放射性污染；大气污染、土地污染、水污染及其他非放射性污染，但因保险事故造成的非放射性污染不在此限；保险标的的内在或潜在缺陷、自然磨损、自然损耗，大气（气候或气温）变化、正常水位变化或其他渐变原因，物质本身变化、霉烂、受潮、鼠咬、虫蛀、鸟啄、氧化、锈蚀、渗漏、自燃、烘焙；暴雨、洪水、暴风、龙卷风、冰雹、台风、飓风、暴雪、冰凌、沙尘暴、突发性滑坡、崩塌、泥石流、地面突然下陷下沉；水箱、水管爆裂；盗窃、抢劫。

（2）下列损失、费用，保险人也不负责赔偿：保险标的遭受保险事故引起的各种间接损失；广告牌、天线、霓虹灯、太阳能装置等建筑物外部附属设施，存放于露天或简易建筑物内部的保险标的以及简易建筑本身，由于雷击造成的损失；锅炉及压力容器爆炸造成其本身的损失；任何原因导致供电、供水、供气及其他能源供应中断造成的损失和费用；本保险合同中载明的免赔额或按本保险合同中载明的免赔率计算的免赔额。

（3）其他不属于本保险合同责任范围内的损失和费用，保险人不负责赔偿。

3. 综合险保险责任。

（1）因火灾、爆炸、雷击、暴雨、洪水、台风、暴风、龙卷风、雪灾、雹灾、冰凌、泥石流、崖崩、突发性滑坡、地面下陷下沉。

（2）飞行物体及其他空中运行物体坠落。

（3）被保险人拥有财产所有权的自用供电、供水、供气设备因保险事故遭受损坏，引起停电、停水、停气以致造成保险标的的直接损失。

（4）发生保险事故时，为了抢救财产或防止灾害蔓延，采取合理必要的措施而造成保险财产的损失。

（5）在发生保险事故时，为了抢救、减少保险财产损失，被保险人对保险财产采取施救、保护措施而支出的必要、合理费用。

4. 综合险责任免除。

（1）下列原因造成费用，保险人不负责赔偿：投保人、被保险人及其家庭成员、家庭雇佣人员、暂居人员的故意或重大过失行为；战争、敌对行动、军事行为、武装冲突、罢工、骚乱、暴动、恐怖活动、没收、征用；核辐射、核爆炸、核污染及其他放射性污染；地震、海啸；行政行为或司法行为；大气污染、土地污染、水污染及其他各种污染，但因本保险合同责任范围内的事故造成的污染不在此限。

（2）下列损失、费用，保险人也不负责赔偿：家用电器因使用过度或超电压、碰线、漏电、自身发热等原因所造成的自身损毁；保险财产本身缺陷、保管不善、变质、霉烂、受潮、虫咬、自然磨损；未按要求施工导致建筑物地基下陷下沉，建筑物出现裂缝、倒塌的损失；置放于阳台或露天的财产，或用芦席、稻草、油毛毡、麦秆、芦苇、杆、帆布等材料为外墙、棚顶的简陋罩棚下的财产及罩棚，由于暴风、暴雨所造成的损失；间接损失；本保险合同中载明的免赔额（率）。

（3）其他不属于本保险合同责任范围内的损失和费用，保险人不负责赔偿。

5. 一切险保险责任。在本保险有效期内，保险财产在本保险单注明的地点由于自然灾害及任何突然和不可预料的事故（除本条款第三条规定者外）造成的损坏或灭失，保险公司均负责赔偿。

6. 一切险除外责任。保险公司对下列各项不负赔偿责任：自然磨损、物质本身变化、自然发热、自燃、鼠咬、虫咬、大气或气候条件或其他逐渐起作用的原因造成财产自身的损失；进行任何清洁、染争、保养、修理或恢复工作过程中因操作错误或工艺缺陷引起的损失；电气或机械事故引起的电器设备或机器本身的损失；政府或当局命令销毁财产的损失。贬值及发生事故后造成的一切间接或后果损失。盘点货物时发现的短缺；堆放在露天以及在使用芦席、篷布、茅草、油毛毡做棚顶的罩棚下的保险财产，因遭受风、雨造成的损失；被保险人或其代表的故意行为或重大过失引起的损失；明细表中规定应由被保险人自行负担的免赔额；战争、类似战争行为、敌对行为、武装冲突、罢工、暴动、民众骚动以及政府有关当局的没收、征收引起的损失；直接或间接由于核反应、核子辐射和放射性污染引起的损失；盗窃、抢劫。

7. 企财险产品特点。保险标的。企财险的保险标的主要是企业的建筑、设备和库存财产等。企财险的保险标的一般是不流动的。企财险的保险标的一般固定在一定的区域内，如一栋大楼、一个工厂，当然如有特殊需求如工厂搬迁，可以通过双方协议，或者附加险的方式对搬迁的财产进行承保。

（1）保险责任。基本险和综合险属于列明责任。基本险和综合险的保险责任是列明的，除了保险责任中列出的原因之外，其他都是不负责赔偿的。一切险属于除外责任。一切险的保险责任很简单，就是除了除外责任之外，其他一切原因均需要赔偿。

（2）责任免除。企财险的责任免除主要包括被保险人故意行为、设计缺陷、战争罢工行为等。

（3）保险金额。企财险的保险金额一般根据财产的重置价值，建筑物一般是以重新建造的价格确定保险金额；原材料和产品一般按成本价确定保险金额；设备一般要扣除折旧的价值。

（4）风险特点。由于企财险的行业多种多样，不同行业风险差异较大，所以企财险最大的风险差异来自行业性质，如危险化工企业的风险要远远高于其他行业。另外，企财险最大的风险是火灾和自然灾害，所以消防措施和企业的坐落地点也是重要的风险因素。

由于企财险的费率远低于车险和货运险，有时企业会把应该投保车险的车辆或者货运险的财产通过企财险进行投保，这需要保险公司进行识别。一般需要到厂外道路行驶的车辆不允许投保企财险，而区分企财险和货运险的差别只要是看产品是否移动，移动的产品不允许投保企财险。

仓储保险道德风险较大，由于储存在仓库的物品是流动的，所以一般仓库管理非常规范的企业才允许投保仓储保险，同时对于燃烧后没有任何残留的物品，如服装等一定要谨慎承保。

（5）相关保险。除了上面的基本险、综合险和一切险之外，企财险还有利润损失险和现金保险等。

利润损失险，企财险还可以扩展承保间接损失。当发生企财险保险事故后，企业恢复经营需要一段时间，这段时间会造成公司利润的损失，为了满足企业需要，经过约定，保险公司有时也会承保企业的间接利润损失，即利润损失险（也称为营业中断保险）。当然由于利润损失险可能带来较大的道德风险，所以一般承保时非常谨慎，而且要审查被保险企业的历史经营情况。

现金保险。现金保险是一种特殊的财产保险，承保被保险人存放在保险柜中的现金由于洪水等意外事故或自然灾害造成的被保险现金的损失。

（二）家财险

家庭财产保险简称家财险，家财险一般包含灾害损失险和盗抢险，下面主要介绍灾害损失险的特点。

1. 保险标的。

（1）本保险合同的保险标的为被保险人所有或使用并坐落于保险单载明地址内的下列财产：

①房屋及其室内附属设备（如固定装置的水暖、气暖、卫生、供水、管道煤气及供电设备、厨房配套的设备）。

②室内装潢。

③室内财产：家用电器（包括安装在房屋外的空调器和太阳能热水器等家用电器的室外设备）和文体娱乐用品；衣物和床上用品；家具及其他生活用具。

④存放于院内室内的农机具、农用工具、生产资料、粮食及农副产品。

投保人就以上各项保险标的可以选择投保，并在保险单上载明。

（2）下列财产未经保险合同双方特别约定并在保险单中载明的，不属于本保险合同的保险标的：属于被保险人代他人保管或者与他人共有而由被保险人负责的

第二条载明的财产；无人居住的房屋以及存放在里面的财产；被保险人所有的其他家庭财产。

（3）下列财产不属于本保险合同的保险标的：金银、珠宝、钻石及制品，玉器、首饰、古币、古玩、字画、邮票、艺术品、稀有金属、手表等珍贵财物；货币、票证、有价证券、文件、书籍、账册、图表、技术资料、电脑软件及电子存储设备和资料；日用消耗品、机动车、商业性养殖及种植物；仅用于生产和商业经营活动的房屋及其他财产；用芦席、稻草、油毛毡、麦秆、芦苇、竹竿、帆布、塑料布、纸板等为外墙、屋顶的简陋屋棚及柴房、禽畜棚；与保险房屋不成一体的厕所、围墙；政府有关部门征用、乙用的房屋，违章建筑、危险建筑、非法乙用的财产；其他不属于第二条、第三条所约定的家庭财产。

2. 保险责任。

（1）在保险期间内，由于下列原因造成保险标的的损失，保险人按照本保险合同的约定负责赔偿：火灾、爆炸；雷击、台风、龙卷风、暴风、暴雨、洪水、暴雪、冰雹、冰凌、泥石流、崩塌、突发性滑坡、地面突然下陷；飞行物体及其他空中运行物体坠落，外来不属于被保险人所有或使用的建筑物和其他固定物体的倒塌。

（2）保险事故发生后，被保险人为防止或减少保险标的的损失所支付的必要的、合理的费用，保险人按照本保险合同的约定也负责赔偿。

3. 责任免除。

（1）下列原因造成的损失、费用，保险人不负责赔偿：核辐射、核爆炸、核污染及其他放射性污染；被保险人及其家庭成员、寄宿人、雇佣人员的故意或违法行为；地震、海啸及其次生灾害；行政行为或司法行为。

（2）下列损失、费用，保险人也不负责赔偿：保险标的遭受保险事故引起的各种间接损失；家用电器因使用过度、超电压、短路、断路、漏电、自身发热、烘烤等原因所造成本身的损毁；坐落在蓄洪区、行洪区，或在江河岸边、低洼地区以及防洪堤以外当地常年警戒水位线以下的家庭财产，由于洪水所造成的一切损失；保险标的本身缺陷、保管不善导致的损毁；保险标的的变质、霉烂、受潮、虫咬、自然磨损、自然损耗、自燃、烘焙所造成本身的损失；本保险合同约定的免赔额或按本保险合同中载明的免赔率计算的免赔额。

4. 产品特点。

（1）保险标的。家财险保险标的主要包括固定建筑物、电器和装修等，但由于家庭财产中包含的物品种类多种多样，而且由于很多物品可以轻易移动，同时又不用像企业一样进行出入库的登记，所以家财险中大部分可移动物品都是不承保的。

（2）保险责任。最早的家财险保险责任范围只包含火灾，现在的家财险的责任范围在原来的基础上进行了扩展，进一步涵盖了自然灾害和物品坠落责任，但是火灾依然是家财险最主要的出险原因之一。

（3）责任免除。包含原因免除和费用损失免除。原因免除主要是故意行为、政府行为和一些可能造成大面积损失的地震核辐射等灾害；费用损失除外主要是包含正常损耗和一些明显可预判的损失。

（4）保险金额。家财险的保险金额主要包括房屋和家电两部分，房屋的保险金额不仅低于房屋的购买价格，一般也低于房屋的重置价值，这与家财险的赔偿方式是有关系的，一般而言，家财险是按实际损失在保险金额的范围内进行赔偿，而不适用比例赔偿，如房屋的重置价值为100万元，家财险保险金额为50万元，发生保险事故损失2万元，保险公司是按实际损失2万元进行赔偿。

家电的保险金额确定一般要考虑折旧，而且由于家电的价格降低很快，所以一般要以加速折旧的方式确定。

（5）风险特点。家财险风险即有分散性特点，也有集中的可能。家财险是以房屋为单位的保险，以每个独立的房屋来看，家财险的风险是分散的，但是由于现在的建筑每一栋大楼有多个房屋，每个小区包含多栋大楼，所以家财险也会有集中的可能，如果一栋大楼或者一个小区有多个房屋投保，则保额也会达到几千万元、上亿元甚至更高。比如，2015年天津爆炸案，如果附近有某个小区集中投保了家财险，则可能也会导致家财险发生巨灾损失，所以如果集中承保了一些房屋的家财险则也需要考虑分保安排。

（6）相关保险。除了普通家财险外，还有家庭财产盗窃险。盗窃险的保险责任指在正常安全状态下，留有明显现场痕迹的盗窃行为，致使保险财产产生损失。一般赔偿是要求提供公安机关出示的盗窃证明。

（三）工程险

工程保险是指以各种工程项目为主要承保对象的一种财产保险。一般而言，传统的工程保险仅指建筑工程保险和安装工程保险，但进入20世纪后，各种科技工程发展迅速，亦成为工程保险市场日益重要的业务来源。由于建筑工程保险和安装工程保险产品特点差异不大，下面主要介绍建筑工程一切险的保险特点。

1. 建筑工程一切险保险责任。

（1）在保险期间内，本保险合同分项列明的保险财产在列明的工地范围内，因本保险合同责任免除以外的任何自然灾害或意外事故造成的物质损坏或灭失（以下简称损失），保险人按本保险合同的约定负责赔偿。

（2）在保险期间内，由于上条规定保险责任事故发生造成保险标的的损失所产生的以下费用，保险人按照本保险合同的约定负责赔偿：保险事故发生后，被保险人为防止或减少保险标的的损失所支付的必要的、合理的费用，保险人按照本保险合同的约定也负责赔偿；对经本保险合同列明的因发生上述损失所产生的其他有关费用，保险人按本保险合同约定负责赔偿。

（3）在保险期间内，因发生与本保险合同所承保工程直接相关的意外事故引起工地内及邻近区域的第三者人身伤亡、疾病或财产损失，依法应由被保险人承担的经济赔偿责任，保险人按照本保险合同约定负责赔偿。

（4）本项保险事故发生后，被保险人因保险事故而被提起仲裁或者诉讼的，对应由被保险人支付的仲裁或诉讼费用以及其他必要的、合理的费用（以下简称法律费用），经保险人书面同意，保险人按照本保险合同约定也负责赔偿。

2. 建筑工程一切险责任免除。

（1）下列原因造成的损失、费用，保险人不负责赔偿：设计错误引起的损失和费用；自然磨损、内在或潜在缺陷、物质本身变化、自燃、自热、氧化、锈蚀、渗漏、鼠咬、虫蛀、大气（气候或气温）变化、正常水位变化或其他渐变原因造成的保险财产自身的损失和费用；因原材料缺陷或工艺不善引起的保险财产本身的损失以及为换置、修理或矫正这些缺点错误所支付的费用；非外力引起的机械或电气装置的本身损失，或施工用机具、设备、机械装置失灵造成的本身损失。

（2）下列损失、费用，保险人也不负责赔偿：维修保养或正常检修的费用；档案、文件、账簿、票据、现金、各种有价证券、图表资料及包装物料的损失；盘点时发现的短缺；领有公共运输行驶执照的，或已由其他保险予以保障的车辆、船舶和飞机的损失；除非另有约定，在保险工程开始以前已经存在或形成的位于工地范围内或其周围的属于被保险人的财产的损失；除非另有约定，在本保险合同保险期间终止以前，保险财产中已由工程所有人签发完工验收证书或验收合格或实际占有或使用或接收部分的损失。

（3）下列原因造成的损失、费用，保险人不负责赔偿：由于震动、移动或减弱支撑而造成的任何财产、土地、建筑物的损失及由此造成的任何人身伤害和物质损失；领有公共运输行驶执照的车辆、船舶、航空器造成的事故。

（4）下列损失、费用，保险人也不负责赔偿：本保险合同物质损失项下或本应在该项下予以负责的损失及各种费用；工程所有人、承包人或其他关系方或其所雇用的在工地现场从事与工程有关工作的职员、工人及上述人员的家庭成员的人身伤亡或疾病；工程所有人、承包人或其他关系方或其所雇用的职员、工人所有的或由上述人员所照管、控制的财产发生的损失；被保险人应该承担的合同责任，但无合同存在时仍然应由被保险人承担的法律责任不在此限。

3. 产品特点。

（1）保险标的。工程险的保险标的主要包括工程相关的财产、设备、施工人员身体和对第三方的责任。

（2）保险责任。工程保险属于综合保险，即包含物的损失也包含人的伤害赔偿。工程一切险的保险责任包含工程本身的损失，同时也覆盖第三者的责任保险，人员损失即包含施工人员的伤害也包含对其他人员的伤害。

（3）责任免除。责任免除与企财险和家财险类似，也是原因除外和损失费用除外，由于工程保险需要设计施工，如果由于设计缺陷引起的损失，保险公司不负责赔偿。

（4）保险金额。工程险的实际保险金额是变动的，随着施工进程不断增加。工程保险与一般财产保险不同，随着施工的进展，建筑工程的价值不断增加，则保险金额也不断增加，所以基于谨慎原则，计算工程险准备金时，会使用逆七十八法则。

（5）风险特点。工程险的风险主要是由工程本身的复杂性、施工单位的资质和施工地点的风险决定的。如海上石油钻井平台的施工难度比一般的房屋建筑要高很多；大型高级别的施工单位比普通的小型施工单位风险要小；某些地点如复杂地形等风险比普通平地要高。

（6）展延期和试车期。由于受天气等施工条件的影响，工程险不一定能完全按照原来约定的时间完成，则经过与保险公司的协商，可以给予一定时间的延长期，这就是保险期间的展延；工程完工后一般会进入试运行期间，根据事先约定，如试运行期间发生事故也可以给予赔偿，工程险一般称为试车期。不论是展延期还是试车期，都应该在保险合同中明确列明。

三、短期意外险

短期意外险是指一段时间内，被保险人因遭受意外伤害而造成的死亡、残疾、医疗费用支出或暂时丧失劳动能力为给付保险金条件的保险，下面以普通意外险为例进行介绍。

（一）保险责任

在保险期间内，保险人承担如下保险责任。

1. 身故保险责任。被保险人遭受意外伤害，并自该意外伤害发生之日起180日内因该意外伤害身故的，或虽然超过180日，但有证据表明身故与该意外伤害有直接因果关系的，保险人按保险金额给付身故保险金，对该被保险人的保险责任终止。

被保险人因遭受意外伤害且自该意外伤害发生日起下落不明，后经人民法院宣告死亡的，保险人按保险金额给付身故保险金。但若被保险人被宣告死亡后生还的，保险金受领人应于知道或应当知道被保险人生还之日起30日内退还保险人给付的身故保险金。

被保险人身故前保险人已给付伤残保险金的，身故保险金应扣除已给付的伤残保险金。

为未成年人投保的人身保险，在被保险人成年之前，因被保险人身故给付的保险金总和不得超过国务院保险监督管理机构规定的限额，身故给付的保险金额总和约定也不得超过前述限额。

2. 伤残保险责任。被保险人遭受意外伤害，并自该意外伤害发生之日起180日内因该意外伤害造成本保险合同所附《人身保险残疾评定标准及代码》所列伤残类别，保险人按该标准规定的评定原则对伤残项目进行评定，并按评定结果所对应的给付比例乘以保险金额给付伤残保险金。如自意外伤害发生之日起180日内治疗仍未结束的，则按该意外伤害发生之日起第180日的身体情况进行伤残评定，并据此给付伤残保险金。

当同一保险事故造成两处或两处以上伤残时，首先对各处伤残程度分别进行评定，如果几处伤残等级不同，以最重的伤残等级作为最终的评定结论；如果两处或两处以上伤残等级相同，伤残等级在原评定基础上晋升一级，最高晋升至第一级。对于同一部位和性质的伤残，不适用以上晋级规则。

人身保险伤残程度等级相对应的保险金给付比例分为十档，伤残程度第一级对应的保险金给付比例为100%，伤残程度第十级对应的保险金给付比例为10%，每级相差10%。

意外伤残保险金以保险金额为限，累计给付的意外伤残保险金的总额达到保险金额时，本合同终止。

（二）责任免除

因下列情形之一导致被保险人身故、伤残的，保险人不承担给付保险金责任。

1. 投保人对被保险人的故意杀害、故意伤害；

2. 被保险人故意自伤、故意犯罪、抗拒依法采取的刑事强制措施或自杀，但被保险人自杀时为无民事行为能力人的除外；

3. 因被保险人挑衅或故意造成打斗、被袭击；

4. 被保险人妊娠、流产、分娩、疾病、药物过敏、中暑、猝死或受酒精、毒品、管制药物影响；

5. 被保险人接受包括美容、整容、整形手术在内的任何医疗行为而造成的意外；

6. 被保险人未遵医嘱，私自服用、涂用、注射药物；

7. 被保险人酒后驾驶、无有效驾驶证驾驶或驾驶无有效行驶证的机动车；

8. 恐怖袭击、战争、军事行动、武装叛乱或暴乱；

9. 被保险人从事潜水、跳伞、热气球运动、攀岩运动、探险活动、武术比赛、摔跤比赛、特技表演、赛马、赛车等高风险运动或参加职业或半职业体育运动；

10. 非因意外伤害导致的细菌或病毒感染；

11. 核爆炸、核辐射或核污染；

12. 被保险人患有艾滋病（AIDS）、感染艾滋病病毒（HIV）或存在精神和行为障碍（以世界卫生组织颁布的《疾病和有关健康问题的国际统计分类（ICD-10)》为准）。

发生上述第1项情形导致被保险人身故的，本合同终止，保险人向受益人退还本合同的未满期净保险费。若投保人与受益人为同一人且无其他受益人的情况下，则向被保险人的继承人退还本合同的未满期净保险费。发生上述其他情形导致被保险人身故的，本合同终止，保险人向投保人退还本合同的未满期净保险费。

（三）产品特点

保险标的。短期意外险的保险标的主要是人的身体，这与一般的非寿险业务不一样。

1. 保险责任。普通意外险保险责任主要包含两部分，一是身故责任，就是当被保险人发生意外事故导致身故的，按约定的保险金额给付保险金；二是残疾责任，就是当被保险人发生意外事故导致身体残疾的，按残疾程度对应的保险金额比例给付保险金。

2. 责任免除。意外险的责任免除主要包含被保险人身体本身存在缺陷、故意行为、违法行为和核爆炸等原因导致的意外事故。

3. 保险金额。一般认为，人的身体不能用金钱来衡量，所以意外险的保险金额是由投保人和保险人约定的固定金额，当发生事故时，按约定的金额进行给付。但为了控制风险，一般公司会对保险金额上限进行限制，主要是根据被保险人的收入和财产的一定比例确定。

4. 风险特点。影响意外险的风险因素主要是被保险人身处的环境，主要包括工作环境和地区，工作环境通过职业类别进行区分，一般而言，认为最危险的职业是挖矿的工人；地区可以通过行政区域进行划分，如中东、非洲地区风险要明显高于国内。

5. 相关保险。除了普通意外险，还有旅行意外险和交通工具意外险，同时也会有一些相关的附加险，如有意外医疗保险和意外住院津贴保险。

旅游意外险指的是被保险人在国际或者国内旅游过程发生了保险合同约定的意外或者其他事故，保险公司将依据保险合同的约定，对其予以保险金赔偿的一种保险业务形式。除了人身意外责任之外，一般还包括医疗费用、意外双倍赔偿、紧急医疗运送、运返费用、个人行李、行李延误、取消旅程、旅程延误、缩短旅程、个人钱财及证件，还有个人责任等诸多种。

交通工具意外险。指被保险人作为乘客在乘坐客运大众交通工具（包括飞机、火车、轮船和公共汽车等）期间因遭受意外伤害事故时导致的意外身故、残疾或者医疗费用支出等为给付保险金条件的保险形式。交通工具意外险属于极短期保险，与一般意外险的风险大小取决于被保险人职业和年龄不同，交通工具意外险的风险大小一般取决于交通工具本身的风险特点，对于一些普通意外险不承保的老年人交通工具意外险特别是航空意外险仍然可以承保。

意外医疗保险是针对发生意外事故后进行治疗需要花费的医疗费用补偿；意外住院津贴保险是针对发生意外事故后被保险人在诊疗期间暂时丧失劳动能力，不能工作，给予一定的补贴。

四、短期健康险

健康险是以被保险人的身体为保险标的，以被保险人在保险期间内因疾病原因不能从事正常工作，或因疾病原因造成残疾或死亡时由保险人给付保险金的一种保险。

短期健康保险是指，保险期间在一年及一年以下且不含有保证续保条款的健康保险。

由于疾病的种类繁多，下面仅以重大疾病保险为例进行介绍。

（一）保险责任

1. 本保险合同中的重大疾病分为基本重大疾病与其他重大疾病两类，基本重大疾病投保人在投保时必须投保，其他重大疾病投保人在投保时可以选择投保，具体疾病种类及疾病定义以本保险合同释义为准。

2. 在保险期间内，保险人承担下列保险责任：被保险人经医院诊断于其保险责任生效日起30日后（续保从续保生效日起）初次患本保险合同所附且经投保人投保的重大疾病，保险人按重大疾病保险金额给付重大疾病保险金，对该被保险人保险责任终止。被保险人经医院诊断于其保险责任生效日起30日内（续保无等待期）初次患重大疾病，保险人对投保人无息返还该被保险人对应的所交保险费，对该被保险人保险责任终止。

（二）责任免除

因下列情形之一，导致被保险人发生疾病、达到疾病状态或进行手术的，保险人不承担保险责任：投保人对被保险人的故意杀害、故意伤害；被保险人故意自伤、故意犯罪或拒捕；被保险人服用、吸食或注射毒品；被保险人酒后驾驶、无合法有效驾驶证驾驶，或驾驶无有效行驶证的机动车；被保险人患艾滋病或感染艾滋病病毒；战争、军事冲突、暴乱、武装叛乱、恐怖活动；核爆炸、核辐射或核污染；遗传性疾病，先天性畸形、变形或染色体异常。

发生上述情形，被保险人身故的，保险人对该被保险人保险责任终止，并对投保人按日计算退还该被保险人的未满期净保费（经过日数不足一日按一日计算）。

（三）产品特点

1. 保险标的。与意外险一样，健康险的保险标的也是人的身体，更严格来说是人的身体健康。

2. 保险责任。在2007年之前，各家公司对重大疾病的定义千差万别，因此中国保险行业协会颁布了《重大疾病保险的疾病定义使用规范》，对重大疾病进行了定义和规范，重大疾病保险至少需要包含25种基本疾病种类，各家公司可以在此之上进行增加。

3. 责任免除。重大疾病保险的责任免除主要包含被保险人身体本身先天疾病、故意行为、违法行为和核爆炸等原因导致的重大疾病。

4. 保险金额。与意外险一样，重大疾病保险的保险金额是由投保人和保险人约定的固定金额，当发生事故时，按约定的金额进行给付。同样，保险公司会根据被保险人的收入和财产状况对保险金额的上限进行限制。

5. 风险特点。影响健康险的风险因素主要是被保险人的年龄和遗传疾病，一般而言，遗传疾病是除外责任，年龄则是健康险制定费率最终要的依据，年龄越大一般保费越高。为了避免被保险人带病投保，通常健康险会设定一个观察期，一般为 90 天，同时对以往的疾病不予承保。

6. 相关保险。由于重大疾病保险条款对疾病种类有限制，一些公司也开发针对某种类别的大病保险，如特定癌症保险；除了重大疾病之外，健康险也承保一些轻症疾病、住院医疗、住院津贴等相关保险。

对于住院医疗保险，为了防止过度医疗，一般保险公司对治疗手段和药品会有限制，如限制检查费用，用药范围一般以医保目录药品为主。当然随着被保险人需求的扩展，保险公司也开发了相应的产品，如某保险的国民 1 号产品，就没有限制任何的用药范围，对于医生认为必须使用的药品的治疗手段，当费用超过 1 万元时，可以 100% 的给予赔付，最高保额得到 600 万元，基本可以满足目前各类疾病的治疗要求。

五、责任险

责任保险是指以保险客户的法律赔偿风险为承保对象的一类保险。按业务内容，可分为公众责任保险、产品责任保险、雇主责任保险和职业责任保险等业务。

下面以较为常见的公众责任保险为例进行介绍，公众责任保险以被保险人的公众责任为承保对象，是责任保险中独立的、适用范围最为广泛的保险类别。

（一）保险责任

在本保险有效期限内，被保险人在本保险单明细表中列明的地点范围内依法从事生产、经营等活动以及由于意外事故造成下列损失或费用，依法应由被保险人承担的民事赔偿责任，保险人负责赔偿。

1. 第三者人身伤亡或财产损失；
2. 事先经保险人书面同意的诉讼费用；
3. 发生保险责任事故后，被保险人为缩小或减少对第三者人身伤亡或财产损失的赔偿责任所支付的必要的、合理的费用。

保险人对上述第 1 项与第 2 项的每次事故赔偿总金额不超过本保险单明细表中列明的每次事故赔偿限额；如本保险合同约定了每人人身伤亡赔偿限额的，保险人对每次事故每人人身伤亡的赔偿金额不超过每人人身伤亡赔偿限额。保险人对上述第 3 项的每次事故赔偿金额不超过本保险单明细表中列明的每次事故赔偿限额。在保险期限内，保险人对被保险人的累计赔偿总金额不得超过本保险单明细表中列明的累计赔偿限额。

（二）责任免除

1. 出现下列任一情形时，保险人不负责赔偿：未经有关监督管理部门验收或经验收不合格的固定场所或设备发生火灾爆炸事故造成第三者人身伤亡或财产损失的赔偿责任；因保险固定场所周围建筑物发生火灾、爆炸波及保险固定场所，再经保险固定场所波及他处的火灾责任；被保险人因在本保险单列明的地点范围内所拥有、使用或经营的游泳池发生意外事故造成的第三者人身伤亡或财产损失；被保险人因在本保险单列明的固定场所内布置的广告、霓虹灯、灯饰物发生意外事故造成的第三者人身伤亡或财产损失；被保险人因在本保险单列明的地点范围内所拥有、使用或经营的停车场发生意外事故造成的第三者人身伤亡或财产损失；被保险人因出租房屋或建筑物发生火灾造成第三者人身伤亡或财产损失的赔偿责任；被保险人或其雇员因从事医师、律师、会计师、设计师、建筑师、美容师或其他专门职业所发生的赔偿责任；不洁、有害食物或饮料引起的食物中毒或传染性疾病，有缺陷的卫生装置，以及售出的商品、食物、饮料存在缺陷造成他人的损害；对于未载入本保险单而属于被保险人的或其所占有的或以其名义使用的任何牲畜、车辆、火车头、各类船只、飞机、电梯、升降机、自动梯、起重机、吊车或其他升降装置造成的损失；由于震动、移动或减弱支撑引起任何土地、财产、建筑物的损害责任；被保险人因改变、维修或装修建筑物造成第三者人身伤亡或财产损失的赔偿责任。

2. 下列原因造成的损失、费用和责任，保险人不负责赔偿：投保人、被保险人及其代表的故意行为；战争、敌对行动、军事行为、武装冲突、罢工、骚乱、暴动、恐怖活动、盗窃、抢劫；核辐射、核爆炸、核污染及其他放射性污染；烟熏、大气污染、土地污染、水污染及其他各种污染；行政行为或司法行为；地震、雷击、暴雨、洪水、火山爆发、地下火、龙卷风、台风暴风等自然灾害；锅炉爆炸、空中运行物体坠落。

3. 下列损失、费用和责任，保险人不负责赔偿：被保险人或其雇员的人身伤亡及其所有或管理的财产的损失；被保险人应该承担的合同责任，但无合同存在时仍然应由被保险人承担的经济赔偿责任不在此限；罚款、罚金及惩罚性赔偿；精神损害赔偿；间接损失；本保险合同中载明的免赔。

4. 其他不属于本保险责任范围内的损失、费用和责任，保险人不负责赔偿。

（三）产品特点

1. 保险标的。责任险的保险标的是被保险人在法律上应负的民事损害赔偿责任。

2. 保险责任。责任险保障范围主要包括三部分，对第三方的人身伤亡和财产损失责任、诉讼费用和施救费用。

3. 责任免除。责任险的责任免除主要包含原因免除和费用免除，原因免除主要是被保险人故意行为、政府强制行为、地震和核爆炸等，这与一般的财产保险基本一致；费用免除除了一般的规定外，由于是责任保险，所以对被保险人及其雇员本身的损失是不予赔偿的；除此之外，根据责任险种类不同，也会规定相关的除外责任，如公众责任险与营业场所相关，则营业场所本身缺陷导致的责任也是不赔偿的。

4. 保险金额。责任险的保险金额一般称为赔偿限额，与一般财产险不同的是，责任险赔偿的对象是不特定的第三方，所以一般要规定每人身故赔偿限额、每次事故赔偿限额和累计赔偿限额，数据统计时使用的一般是累计赔偿限额。

5. 风险特点。公众责任险具有责任对象不确定，应用范围广泛的特点，承保的既可以是人身伤害，又可以是财产损失，甚至还可以扩展到间接损失和精神损失。

公众责任险的风险要素主要有行业性质、建筑物性质、相关设备配置和经营场所的面积等。

6. 相关保险。除了公众责任险，责任险的种类很多，主要有产品责任保险、雇主责任保险、职业责任保险和安全生产责任保险等。

产品责任保险是指以产品制造者、销售者和维修者等提供的产品因其缺陷而造成用户、消费者或公众的人身伤亡或财产损失时，依法应当由产品供给方（包括制造者、销售者、修理者等）承担的民事损害赔偿责任为承保风险的一种责任保险，而产品责任又以各国的产品责任法律制度为基础。由于各国对产品责任的法律制度规定差异较大，所以各国的产品责任险费率差异较大，其中以北美的产品责任风险为最高。

雇主责任保险是以被保险人即雇主的雇员在受雇期间从事业务时因遭受意外导致伤、残、死亡或患有与职业有关的职业性疾病而依法或根据雇佣合同应由被保险人承担的经济赔偿责任为承保风险的一种责任保险。雇主责任保险与意外险的责任范围有类似之处，都是遭受意外事故，但主要的差异是是否是为了工作而发生的意外事故，一般而言对于加班和上下班途中发生的事故，雇主责任险也负责赔偿。

职业责任保险是以各种专业技术人员在从事职业技术工作时因疏忽或过失造成合同对方或他人的人身伤害或财产损失所导致的经济赔偿责任为承保风险的责任保险。职业责任保险所承保的职业责任风险，是从事各种专业技术工作的单位或个人因工作上的失误导致的损害赔偿责任风险，它是职业责任保险存在和发展的基础。

安全生产责任保险是生产经营单位在发生生产安全事故以后对死亡、伤残者履行赔偿责任的保险，对维护社会安定和谐具有重要作用。对于高危行业分布广泛，伤亡事故时有发生的地区，发展安全生产责任保险，用责任保险等经济手段加强和改善安全生产管理，是强化安全事故风险管控的重要措施，有利于增强安全生产意识，防范事故发生，促进地区安全生产形势稳定好转；有利于预防和化解社会矛盾，减轻各级政府在事故发生后的救助负担；有利于维护人民群众的根本利益，促进经济健康运行，保持社会稳定。安全生产责任保险在有些省市已经列为强制责任保险。

六、信用保证保险

信用保证保险是以信用风险为保险标的的保险，它实际上是由保险人（保证人）为信用关系中的义务人（被保证人）提供信用担保的一类保险业务。在业务习惯上，因投保人在信用关系中的身份不同，而将其分为信用保险和保证保险两类，简单地讲为他人信用投保的是信用保险，为自己信用投保的是保证保险。

下面以个人贷款保证险为例进行介绍。

（一）保险责任

在保险期间内，当超过贷款合同约定的应付款日或被保险人宣布的贷款提前到期日，投保人仍未履行或未完全履行还款（或付息）义务，且超过保险单载明的期限（以下简称"赔款等待期"）的，视为保险事故发生。保险人对保险事故发生时投保人在所投保的贷款合同项下未偿还的全部贷款本金和相应的利息按照本保险合同的约定承担赔偿责任。

赔款等待期是指保险人为了确定保险损失已经发生，被保险人提出索赔前必须等待的一段时期。赔款等待期从贷款合同中约定的应付款日开始，由保险合同双方商定，并在保险单中载明。

（二）责任免除

1. 下列原因造成的损失、费用和责任，保险人不负责赔偿：战争、敌对行为、恐怖行为、军事行动、武装冲突、罢工、暴动、民众骚乱；非投保人原因导致的行政行为或司法行为；被保险人或其雇员的故意行为。

2. 存在下列情况之一的，保险人不负责赔偿：投保人与被保险人订立的贷款合同被依法认定无效或被撤销；投保人、被保险人采用欺诈、串通等恶意手段订立的贷款合同；投保人与被保险人对原贷款合同及附件内容进行修改，而事先未征得保险人书面同意的；未经保险人书面同意，被保险人与投保人、担保人就偿还贷款合同的贷款达成和解协议的；在保险期间内，投保人将担保合同约定的抵（质）押物进行转卖、转让或转赠；被保险人违反《中华人民共和国商业银行法》或《贷款通则》等有关规定未对投保人进行资信调查或未按规定程序进行贷款审批的。

3. 对下列损失、费用和责任，保险人不负责赔偿：除贷款本金、利息以外的任何费用；按本保险单列明的绝对免赔率计算的免赔金额；本保险合同保险责任约定的按比例计算赔偿额之外的其他损失以及该条约定的保险人有权从应付赔偿额中进行扣除的金额。

（三）产品特点

1. 保险标的。信用保证险保险标的是信用风险，就是当被保险人未按原来的约定履行责任时，保险公司将根据权利人的损失进行赔偿。

2. 保险责任。个人贷款保证险除了赔偿被保险人的本金之外，有时还根据约定赔偿被保险人的利息损失。

3. 责任免除。个人贷款保证险的责任免除包括三部分：原因免除，如被保险人故意行为、战争和政府强制行为等；损失免除，除了本金和利息之外，其他损失不给予赔付；合同本身存在问题，因为信用保证险是基于合同约定为基础提供保障，如果合同本身不合法或者不成立则不给予赔付。

4. 保险金额。贷款保证险的保险金额以本金和利息的总和为限，当然关于利息的赔付是否导致被保险人获得额外的利益这是有所争议的，理论上来说，只需要赔偿被保险人至赔偿日之前的利息，之后的利息可以无须赔偿，因为被保险人获得本金赔偿后，可以将本金重新放款，后续是没有利息损失的，当然被保险人重新放款也需要一定的时间和成本，所以被保险人认为这也会导致利息损失。

5. 风险特点。信用保证险的保险风险最低资本系数为0.467，是所有业务种类中要求的最低资本最高的险种，达到车险的5倍之多，从这个方面而言，信用保证险属于风险最大的保险业务，保险公司对信用保证险要谨慎对待。如贷款保证险，保险费率远高于银行的坏账率，但在没有保险的情况下，银行风险控制会做得很好，如果有了保险以后，银行对风险的控制可能就会流于形式，这样就会大大提高坏账的可能性。

一般来说，为了控制逆选择风险，贷款保证险要求同一类或者同一渠道业务的所有贷款人均要购买保险，而不允许被保险人选择性投保。

6. 相关保险。除了贷款信用险和贷款保证险之外，信用保证险主要还有雇员忠诚保证保险和履约保证保险。

雇员忠诚保证保险又称忠诚担保保险，是承保雇主因雇员的不忠诚行为而受到的经济损失。雇员忠诚保证保险项目主要包括盗窃、贪污、侵占、非法挪用、故意误用、伪造、欺骗等。

履约保证保险是指保险公司向履约保证保险的受益人承诺，如果投保人不按照合同约定或法律的规定履行义务，则由该保险公司承担赔偿责任的一种保险形式。

七、船货特险

船货特险包含了船舶险、货运险和特殊风险保险，其中船舶险和特险由于保险金额较高，一般保险公司较少开展相关业务，下面主要以最常见的货运险为例进行介绍。

货运险全称为货物运输保险，是以运输途中的货物作为保险标的，保险人对由自然灾害和意外事故造成的货物损失负责赔偿责任的保险。下面以海洋货物运输保险为例进行介绍。

（一）保险责任

本保险分为平安险、水渍险及一切险三种。被保险货物遭受损失时，本保险按照保险单上订明承保险别的条款规定，负赔偿责任。

1. 平安险。本保险负责赔偿以下几个方面。

（1）被保险货物在运输途中由于恶劣气候、雷电、海啸、地震、洪水自然灾害造成整批货物的全部损失或推定全损。当被保险人要求赔付推定全损时，须将受损货物及其权利委付给保险人。被保险货物用驳船运往或运离海轮的，每一驳船所装的货物可视作一个整批。推定全损是指被保险货物的实际全损已经不可避免，或者恢复、修复受损货物以及运送货物到原定目的地的费用超过该目的地的货物价值。

（2）由于运输工具遭受搁浅、触礁、沉没、互撞、与流冰或其他物体碰撞以及失火、爆炸意外事故造成货物的全部或部分损失。

（3）在运输工具已经发生搁浅、触礁、沉没、焚毁意外事故的情况下，货物在此前后又在海上遭受恶劣气候、雷电、海啸等自然灾害所造成的部分损失。

（4）在装卸或转运时由于一件或数件整件货物落海造成的全部或部分损失。

（5）被保险人对遭受承保责任内危险的货物采取抢救、防止或减少货损的措施而支付的合理费用，但以不超过该批被救货物的保险金额为限。

（6）运输工具遭遇海难后，在避难港由于卸货所引起的损失以及在中途港、避难港由于卸货、存仓以及运送货物所产生的特别费用。

（7）共同海损的牺牲、分摊和救助费用。

（8）运输契约订有"船舶互撞责任"条款，根据该条款规定应由货方偿还船方的损失。

2. 水渍险。除包括上列平安险的各项责任外，本保险还负责被保险货物由于恶劣气候、雷电、海啸、地震、洪水自然灾害所造成的部分损失。

3. 一切险。除包括上列平安险和水渍险的各项责任外，本保险还负责被保险货物在运输途中由于外来原因所致的全部或部分损失。

（二）责任免除

本保险对下列损失不负赔偿责任：被保险人的故意行为或过失所造成的损失；属于发货人责任所引起的损失；在保险责任开始前，被保险货物已存在的品质不良或数量短差所造成的损失；被保险货物的自然损耗、本质缺陷、特性以及市价跌落、运输延迟所引起的损失或费用；保险公司海洋运输货物战争险条款和货物运输罢工险条款规定的责任范围和除外责任。

（三）产品特点

1. 保险标的。货运险的保险标的就是运输途中的货物。

2. 保险责任。海洋货运险的保险责任类型主要有平安险、水渍险和一切险，责任范围依次扩大。平安险责任范围主要包括恶劣天气等自然灾害引起的全部货物损失、运输工具遭受意外事故导致的货物损失、装卸过程中的货物损失和共同海损等损失。水渍险则在平安险的基础上增加了恶劣天气等自然灾害引起的部分货物损失；一切险又在水渍险的基础上增加了运输途中由于外来原因所致的全部或部分损失。

3. 责任免除。海洋货运险责任免除比较简单，主要包括被保险人故意行为、发货方责任、货物品质、自然损耗和战争罢工等情况。

4. 保险金额。货物的价格在不同地方一般不一样，所以一般货运险的保险金额是事先约定的，发生事故时，按确定的金额进行赔偿。海洋货运险的保险金额计算比较复杂，简单而言，就是在货物成本价加上运费保险费的基础上进行一定的加成，具体计算方法如下：

在国际贸易中广泛采用的装运港交货一般有三种价格：离岸价（船上交货价，即 FOB 价）；成本加运费价（即 CFR 价）；到岸价（包括成本加运费加保险费，即 CIF 价）。一般来说，各国保险法及国际贸易惯例一般够规定出口货物运输保险的保险金额在 CIF 货价基础上适当加成，加成率一般是 10%，也可以与被保险人约定不同的加成率，但一般不超过 30%。保险金额 = CIF 货价 × (1 + 加成率)。如果是 CFR 报价，则应折算成 CIF 价，CIF = CFR/[1 − (1 + 加成率) × 保险费率]；如果是 FOB 报价，则需先在 FOB 价中加入运费，变成 CFR 后，再折算成 CIF 价。

5. 风险特点。由于货运险的货物是流动的，承保的运输货物在运送保险期限内可能会经过多次转卖，因此最终保险合同保障受益人不一定是保险单注明的被保险人，而是保单持有人。所以货运险的受益人变更无须事先通知保险公司，保险合同可以通过背书进行转让。另外由于货运险属于航次保险，当保险责任开始后，保险双方均不得解除合同。

共同海损分摊原则，即海洋货运险对共同海损产生的损失给予赔付。在同一海上航程中，当船舶、货物和其他财产遭遇共同危险时，为了共同安全，有意地、合理地采取措施所直接造成的特殊牺牲、支付的特殊费用，由各受益方按比例分摊的法律制度。如在船舶遇难时，为灭火而引海水入舱、为减轻船舶负荷而将全部或部分货物抛入大海或为进行船舶紧急修理而自动搁浅。

由于远洋船舶是在海上航行的，所以海洋货运险除了适用《保险法》外，还适用《海商法》，《海商法》是调整特定的海上运输关系、船舶关系的法律规范的总称。

6. 保险期间。与一般的保险有明确的保险起保日期和终保日期不同，一般货运险没有明确的保险期间，货运险主要的保险责任起止是从货物运输开始到货物运输结束。通常采用仓到仓条款进行约定，即保险责任自被保险货物运离保险单所载明的起运地仓库或储存处所开始，包括正常运输中的海上、陆上、内河和驳船运输在内，直至该箱货物运抵保险单所载明的目的地收货人的最后仓库或储存处所或被保险人用作分配、分派或非正常运输的其他储存处所为止。

7. 相关保险。船舶保险海上保险的一种，是以各种类型船舶为保险标的，承保其在海上航行或者在港内停泊时，遭到的因自然灾害和意外事故所造成的全部或部分损失及可能引起的责任赔偿。船舶保险采用定期保险单或航程保险单。其特点是保险责任仅以水上为限。这与货物运输保险可将责任扩展至内陆的某一仓库不同。

特殊风险保险是指为特殊行业设计的各种保险。主要指航空保险、航天保险、核电站保险和海洋石油开发保险。其特征是高价值、高风险、高技术（其中高技术是指特殊风险保险承保、理赔的技术含量较高）；再保险和共保必不可少；保险险种国际化；承保条件与国际市场同步；原保险人与再保险人共同处理赔案。

八、农业保险

农业保险，简称农险，是专为农业生产者在从事种植业、林业、畜牧业和渔业生产过程中，对遭受自然灾害、意外事故疫病、疾病等保险事故所造成的经济损失提供保障的一种保险。

农业保险在很多地方属于政策性保险，即中央政府或者当地政府给予一定的保费补贴和免税等进行扶持，由商业保险公司进行经营的保险，政策性农业保险对分散农业风险、促进农民增收、促进农业发展提供了支持。

农险主要包含养殖险和种植险，下面主要以能繁母猪保险为例进行介绍。

（一）保险责任

保险期间内，由于下列原因直接造成保险母猪的死亡，保险人按照本保险合同的约定负责赔偿。

1. 重大病害：猪丹毒、猪肺疫、猪水泡病、猪链球菌、猪乙型脑炎、附红细胞体病、伪狂犬病、猪细小病毒、猪传染性萎缩性鼻炎、猪支原体肺炎、旋毛虫病、猪囊尾蚴病、猪副伤寒、猪圆环病病毒、猪传染性胃肠炎、猪魏氏梭菌病、口蹄疫、猪瘟、高致病性蓝耳病及其强制免疫副反应；

2. 自然灾害：洪水（政府行蓄洪除外）、雷击、风灾、暴雨、地震、冰雹、冻灾、泥石流、山体滑坡；

3. 意外事故：火灾、爆炸、建筑物倒塌、空中运行物体坠落；

4. 因发生高传染性疫病，政府实施强制扑杀导致能繁母猪的死亡责任，但其赔偿金额以保险金额扣减政府扑杀专项补贴金额的差额为限。

（二）责任免除

1. 下列原因造成的损失、费用，保险人不负责赔偿：投保人及其家庭成员、被保险人及其家庭成员、投保人或被保险人雇佣人员的故意行为、重大过失、管理不善；行政行为或司法行为；战争、军事行动；保险母猪在疾病观察期内患有保险责任范围内的疾病；发生保险责任范围内的损失后，投保人、被保险人自行处理保险母猪；发生重大病害或疫病后不采取有效防治措施，致使损失扩大的；失去生育能力或丧失生育能力后宰杀的。

2. 下列损失、费用，保险人也不负责赔偿：发生上述 1. 款所列保险责任事故后，投保人、被保险人所发生的任何直接或间接费用。

3. 其他不属于本保险合同责任范围内的损失、费用，保险人也不负责赔偿。

（三）产品特点

1. 保险标的。养殖险的保险标的就是养殖的动物。

2. 保险责任。养殖险的保险责任主要包括养殖动物遭受意外事故或者疾病导致的养殖动物的死亡，行业形象地称养殖险是动物的意外健康险。

3. 责任免除。能繁母猪保险的责任免除主要包括被保险人故意行为、政府行为、带病投保和被宰杀等。

4. 保险金额。一般养殖险采用定额保险，就是按每头动物按预先确定的固定金额进行投保，出险时按固定金额给予赔付，为了防止道德风险，一般保险金额低于动物本身的市场价格。

5. 风险特点。由于养殖险的保险标的是动物，所以存在道德风险的可能性较大，如当猪肉价格下跌的时候，由于养猪亏损，可能导致养殖户宰杀能繁母猪后向保险公司索赔。其他的道德风险还包括多养少保，减少保费收入；一猪多赔，一头猪死亡后进行多次索赔的情况也很多；理赔后未进行无害化处理，将事故猪宰杀出售等。

6. 相关保险。养殖险除了能繁母猪保险外还有育肥猪保险，另外，还有牛、羊、马和水产养殖等保险。种植险是指以农作物及林木为保险标的，对在生产或初加工过程中发生约定的灾害事故造成的经济损失承担赔偿责任的保险，种植业保险一般分为农作物保险和林木保险两类。

第二节 承　保

承保是保险经营的重要环节，是指保险人对被保险人的选择，即保险人决定接受或拒绝投保人投保的行为。指保险人在投保人提出投保请求后，经审核认为符合承保条件并同意接受投保人申请，承担保单合同规定的保险责任的行为。承保工作中最主要的环节为核保，核保的目的是避免危险的逆选择，实现企业有效益的发展，核保活动包括选择被保险人、对危险活动进行分类、决定适当的承保范围、确定适当的费率或价格、为展业人员和客户提供服务等几个方面。是保险经营的重要环节，是指保险人对被保险人的选择，即保险人决定接受或拒绝投保人投保的行为。承保的基本目标是为保险公司安排一个安全和盈利的业务分布与组合。

一、接受投保申请

投保人购买财产保险，首先要提出投保申请，即填写投保单，交给财险公司。投保单是投保人向财险公司申请订立财险合同的书面要约。投保单通常由财险公司采用统一格式印刷，投保人依投保单上所列项目逐一填写。投保单按不同险种有不同的内容，但共同的主要内容包括投保人和被保险人资料（姓名、地址等）、投保险种及适用条款、保险标的及其位置、保险金额（赔偿限额）、保险责任、保险期限、保费支付方式及日期、过去损失记录、投保人申明所填写资料属实、投保人签章、投保日期等。

二、财产保险核保

财产保险核保是指财险公司的专业技术人员对投保人的申请进行风险评估，决定是否接受这一风险，并在决定接受风险的情况下，决定承保的条件，包括使用的条款和附加条款、确定费率和免赔额等。可见，核保就是风险选择的过程，是财险公司承保工作的核心。关于核保的具体内容后面将作详细介绍。

三、缮制保险单证

财险公司核保部门拟定承保条件决定承保后，由出单部门或经办机构缮制保险单或保险凭证等保险合同文件。缮制保险单证是承保工作的重要环节，其质量好坏关系到财险合同双方当事人的权利义务是否能顺利履行。单证的缮制要求字迹清楚，内容准确，数字计算无误，项目完整，不能任意涂改。对投保多项财产的要套写保险单附表（或财产清单），粘贴在保险单正、副本上，并加盖骑缝章。若有附加条款，将其粘贴在保险单正本背面并加盖骑缝章。制单员应在缮制完毕的单证上签章，并在投保单上注明缮制日期、单证号码。

四、复核鉴章

对财产保险合同单证进行复核是对承保业务质量的最后把关，只有业务素质较高的人才能担当此任。复核从以下内容着手：保险单的内容是否齐全；保险单、保险凭证等是否与投保单各项内容相符；保险金额的确定是否符合规定；分项保额是否和总保额相符；费率的确定是否准确；保险费及大小写是否正确无误；等等。复核后，复核员要在保险单正本、副本上加盖业务专用章和私章。

五、收取保费

经办人员应该按照保险单等单证上载明的保险费数额填写保险费收据，由投保人凭此交保费。财会人员根据保险单及保险费收据，经复核无误后，核收投保人应缴纳的保险费。

六、单证清分

对已填的投保单及附表、保险单、保费发票，内勤人员应进行清分归类。清分时按下列要求进行：（1）投保人留存：保单正本、保费发票（发票联），投保清单复印件粘贴于保单正本背面，并加盖骑缝章。（2）业务留存：保单副本一份、保费发票（业务留存联）、投保单及附表（原件），其中投保单、投保清单粘贴于保单副本，并加盖骑缝章。(3) 财务留存：保单副本一份、保费发票（记账联）。业务部门内勤根据留存的相关单证，分险种按保单编号登记"承保登记簿"后，将承保单证装订归档。

七、财险合同的变更

财险合同的变更必须有合理依据，须获得保险人与被保险人的同意，同时，保险合同的变更必须采用书面的形式（批单）。

八、到期通知

在保单到期前的一段时间，相关人员应通知被保险人，以便让其及时办理续保手续避免保险中断。

第三节 理 赔

财产保险理赔是财产保险赔偿处理的简称，是保险人或委托的理赔代理人在承保的保险标的发生保险事故，被保险人提出索赔要求后，根据财产保险合同有关条款的规定，对遭受的财产损失或人身伤亡所进行的一系列调查核实并予以赔付的行为。

保险理赔是保险经营的一个关键环节，理赔功能的切实发挥是保险保障功能的体现，是保险制度存在价值的体现。投保人购买保险的主要目的之一正是保险事故发生后能够迅速得到理赔，获得实际的保险保障；而保险公司认真审核认定保险责任，提供周到的保险理赔服务是履行合同义务的具体体现。因此，在保险市场竞争激烈的时代，理赔直接关系到保险公司的形象和信誉。

财产保险理赔的程序依险种和案情的不同而不同，但一般需经过登记立案、单证审核、现场查勘、责任认定、赔款计算、赔付结案、代位追偿等环节。

一、登记立案

财险公司在接到报案时要详细询问被保险人名称、保单号码、出险日期、出险地点、估计损失等并记录下来，同时请被保险人尽快填报出险通知。财险公司接到出险通知后，无论是否属于保险责任，均应及时立案。并根据被保险人的出险通知，及时复印有关投保单、保险单、批单副本，以便在现场查勘前先了解承保情况，同时要与报案记录内容详细核对，以分清是否属于本保险项下责任。

二、单证审核

被保险人在损失通知后，应该向财险公司提供索赔所必需的各种单证。索赔单证的种类因险种和具体情况的不同而不同。如海洋货物运输保险的索赔单证有保险单或保险凭证正本、运输合同、发票、装箱单、磅码单、检验报告、货损货差证明和索赔清单等；如果损失涉及承运人和托运人等第三者的责任，被保险人还应提供向第三者责任方索赔的书面文件；如果损失涉及海难，被保险人应提供海事报告书或海事声明书。又如家庭财产保险的索赔单证有保险单、损失清单、保险公司估价单、消防部门失火证明（火灾事故）、公安部门报案受理单（盗窃事故）、公安部门三个月未破案证明（盗窃事故）、气象部门证明或相关报纸报道信息（自然灾害）等。单证审核的目的是财险公司据此决定是否有必要全面展开理赔工作。单证的审核内容包括保单是否有效、损失是否属于保险责任范围、索赔人在索赔时对保险标的是否具有保险利益、其他相关单证是否有效、损失的财产是否为保险财产、损失是否发生在保险期限内等。在初步确定赔偿责任后，财险公司根据损失通知编号立案，将保单副本与出险通知单核对，为现场勘查做准备。

三、现场查勘

查勘人员在赶赴现场之前，首先要了解保险标的的基本情况，然后根据灾害事故类别，携带必要的查勘工具如相机、皮尺等以及现场查勘记录本、保险单复印件。现场查勘工作的具体内容有以下几个方面。

1. 了解事故的详细过程。

2. 确认出险时间、地点以及当时的自然条件、周围环境，必要时绘制现场草图。

3. 查明出险原因，初步判别是否属于该保单的保险责任，保险事故是否由第三者造成。

4. 把受损标的的情况与保险单记载的内容相对照，并查阅有关财务账册，以确认受损标的是否为保险标的。

5. 现场清点残余物资。现场清点往往是确定损失金额的基础，是保险理赔中相当重要的一环。现场清点时要求与被保险人共同清点，清点后双方签字。清点时既要清点受损物资的数量，又要清点未受损物资的数量。对于有些被保险人已经清理过的标的，可以要求被保险人先提供保险标的损失清单，根据损失清单进行现场清点核对，损失清单上应当加盖被保险人公章。

6. 施救。若风险事故还未结束，应立即督促、协助被保险人及时施救，减少保险财产损失。施救费用应分明细列明，并提供相关证明资料。

7. 现场取证和获得举证资料。查勘人员应尽量拍摄事故现场照片，拍出事故现场全景，并尽可能准确、详细、全面地反映所有受损标的的数量、标记、类型、受损程度，并附上简要文字说明。同时还应督促、协助被保险人尽快提供有关部门出具的出险证明、事故证明及有关单证。

8. 聘请专家或公估人。对于专业技术性强、损失原因或损失程度不易判定的案例，或损失额特别大的个案，应及时聘请有关权威部门、专家或公估人进行鉴定，尽可能取得具有权威性和法律效力的证明材料。

9. 撰写现场查勘报告。现场查勘报告的内容包括事故的起因、经过、结果、损失情况、估损金额等。

四、责任认定

现场查勘结束后，财险公司应根据查勘报告和有关单证，进行责任审核。

（一）明确赔偿责任和范围

财险公司在对损失清单、各项单证和查勘结果进行认真审查核实，确认各种单证的有效性和可靠性的基础上，认为风险事故是属于保险事故的，应明确表示予以赔偿，并进一步确认赔偿的范围，对于未保、漏保或保险期满后未续保的财产损失、灾前残损残次的财产等，财险公司不承担赔偿责任。

（二）核定施救等费用

我国《保险法》第五十七条规定："保险事故发生时，被保险人应当尽力采取必要的措施，防止或者减少损失。保险事故发生后，被保险人为防止或者减少保险标的的损失所支付的必要的、合理的费用，由保险人承担；保险人所承担的费用数额在保险标的损失赔偿金额以外另行计算，最高不超过保险金额的数额。"所以，财险公司责任审核的内容也扩大到了审核施救费用是否必要、合理。保险人支付的施救、整理、保护费用，应以发生保险责任范围内的事故为前提，以减少保险财产的损失为目的，以必要、合理为限度，既要避免不必要的施救，又要防止赔付过严影响防灾减损。

《保险法》第六十四条还规定："保险人、被保险人为查明和确定保险事故的性质、原因和保险标的的损失程度所支付的必要的、合理的费用，由保险人承担。"第66条又规定："责任保险的被保险人因给第三者造成损害的保险事故而被提起仲裁或者诉讼的，被保险人支付的仲裁或者诉讼费用以及其他必要的、合理的费用，除合同另有约定外，由保险人承担。"可见，财产公司还要审核和承担除施救费用外的法律规定的其他相关费用。

五、赔款计算和赔付

财产保险的赔款计算要以保险金额为限、以实际损失为限、以保险利益为限。财产保险赔偿方式主要有四种，即比例责任赔偿方式、第一危险责任赔偿方式、限额责任赔偿方式和免责限度赔偿方式。理赔人员通常根据不同险种的具体要求，按保险赔偿方式计算出被保险人可以获得的赔款金额。财产保险赔偿一般以现金支付，但有时财险公司与被保险人也可约定采用恢复原状、更换、修理和重置等方式。

六、代位追偿

如果保险事故是由第三者引起，财险公司自向被保险人赔偿保险金之日起，应取得由被保险人填写的权益转让书，在赔偿金额范围内由财险公司代位被保险人向第三者请求赔偿。

第四节 再 保 险

再保险是指保险人将其承担的保险业务，部分转移给其他保险人的经营行为。转让业务的是原保险人，接受分保业务的是再保险人。这种风险转嫁方式是保险人对原始风险的纵向转嫁，即第二次风险转嫁。

再保险的作用、种类，很多书本已经介绍得很清楚，不再重复。这边主要关注再保险的数据处理流程。主要包括业务数据进入再保系统、生成分保单、生成再保账单、再保账单传送财务系统、生成再保结算单、再保结算单确认。

一、业务数据进入再保系统

再保险的基础数据来源于核心业务系统数据，即承保系统和理赔系统，业务数据进入再保系统前需要判断是否分保，如进行分保的保单则需要传送再保系统，与直接业务不同之处，再保对危险单位的划分不是按保单进行划分的，而一张保单往往含有多个危险单位，如企财险承保了一个工厂，但工厂中含有多个建筑物，每个独立的建筑物就是一个危险单位，一张团体意健险保单包含多个被保险人，每个人都是一个危险单位。所以保单在传送再保系统前要先拆分危险单位，按危险单位根据再保协议判断其分保比例。

除了一张保单包含多个危险单位之外，实际上还存在一个危险单位对应多张保单的情况，如一个人即投保了一张一年期普通意外险，又投保了短期旅游意外保险，在旅行期间如发生意外死亡事故，则需要赔付的金额包含了两张保单的保险金额。原则上在短期旅游保险期间该危险单位的保额应该把两张保单的保额进行叠加。当然进入再保系统前是否进行叠加处理则根据公司的再保需求和再保协议进行处理。

二、生成分保单

每个参与分保的保单会生成一张分保单，即会生成一个分保单号，再保系统通过分保单号关联保单号，再关联到相应的承保和理赔信息。

三、生成再保账单

一般而言，公司不需要把详细的保险清单发给再保险公司，只需要一些汇总的数据，这就是再保账单，再保账单是公司与再保公司结算保费和赔款的依据。

再保账单生成后要传送到财务系统，这样财务系统才能将再保账单包含到财务系统中，生成相应的再保财务数据。

四、生成结算单及确认

财务系统根据再保账单生成与再保公司结算的结算单，需要注意的是，结算单需要进行确认，就是进行数据核对，确认无误后才能与再保公司结算。

五、再保结算

公司会按月生成利润表，但一般与再保公司的结算通常按季度进行结算，当然公司本身做账时还是需要按权责发生制每个月进行结账，再在财务系统中挂应付再保保费和应收摊回分保赔款。

图1-1是某家公司再保数据流程。

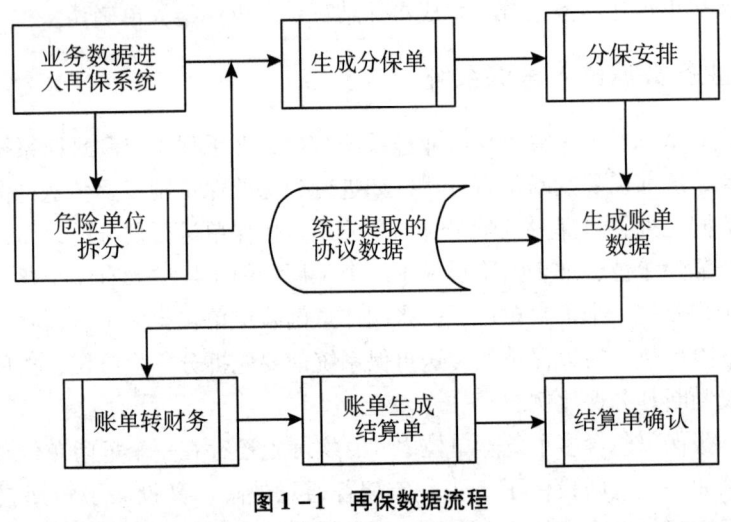

图1-1　再保数据流程

资料来源：根据作者经验整理。

第五节　财务报表

财务报表是以会计准则为规范编制的，向所有者、债权人、政府及其他有关各方及社会公众等外部反映会计主体财务状况和经营的会计报表。财务报表包括资产负债表、损益表、现金流量表或财务状况变动表、附表和附注。

作为精算人员，总是离不开数据分析，而保险公司最重要的数据报表就是财务报表，充分理解财务报表是一位合格精算人员的必备知识，财务报表也是精算人员与其他部门人员沟通的基础工具之一。

下面主要介绍财务报表中最重要的三张报表，即利润表、资产负债表和现金流量表。

一、利润表

利润表是反映企业在一定会计期间经营成果的报表。由于它反映的是某一期间的情况，所以利润表是动态报表。利润表也称为损益表或收益表。

（一）主要科目说明

利润表是精算人员接触最多的财务报表，每个精算人员都需要掌握利润表中每个科目的含义以及科目之间的关系。下面以实际利润表为例，介绍利润表中主要科目及其之间的关系，表1-2是一张利润表。

表1-2　　　　　　　　　　2017年2月利润表　　　　　　　　单位：人民币元

项目	序号	本月数	本年累计数
一、营业收入	1=2+6+7+8+9	900,094,123.73	1,782,186,364.98
已赚保费	2=3-4-5	849,890,593.05	1,682,783,374.24
保险业务收入	3	1,165,623,639.08	2,307,934,805.38
其中：分保费收入	3-1	0.00	0.00
减：分出保费	4	107,833,162.94	213,509,662.62
提取未到期责任准备金	5	207,899,883.09	411,641,768.52
投资收益（损失以"-"号填列）	6	45,731,609.22	90,548,586.26
其中：对联营企业和合营企业的投资收益	6-1		
公允价值变动收益（损失以"-"号填列）	7	3,843,077.64	7,609,293.72
汇兑收益（净损失以"-"号填列）	8	-2,237,919.58	-4,431,080.78
其他业务收入	9	2,866,763.40	5,676,191.53
二、营业支出	10	889,578,934.04	1,739,344,289.41
退保金	11		
赔付支出	12	531,876,095.05	1,053,114,668.20
减：摊回赔付支出	13	75,029,166.31	148,557,749.30
提取保险责任准备金	14	38,728,549.36	76,682,527.73
减：摊回保险责任准备金	15	-37,797,013.15	-74,838,086.04
提取保费准备金	16		

续表

项目	序号	本月数	本年累计数
保单红利支出	17		
分保费用	18	0.00	0.00
营业税金及附加	19	1,518,718.20	3,007,062.04
手续费及佣金支出	20	245,650,922.82	486,388,827.18
业务及管理费	21	142,392,031.38	259,914,222.14
减：摊回分保费用	22	38,186,043.70	75,608,366.52
其他业务成本	23	4,830,814.09	9,565,011.89
资产减值损失	24	0.00	0.00
三、营业利润（亏损以"-"号填列）	25	10,515,189.69	42,842,075.58
加：营业外收入	26	1,000,012.51	1,523,624.77
减：营业外支出	27	2,181,481.30	4,319,332.98
四、利润总额（亏损总额以"-"号填列）	28	9,333,720.90	40,046,367.37
减：所得税费用	29	2,333,430.22	10,011,591.84
五、净利润（净亏损以"-"填列）	30	7,000,290.67	30,034,775.53

注：表中数据为虚构数据。

对于表1-2中的科目不进行一一介绍，大家可以自行查阅相关资料进行了解，这里只介绍几个重要的科目，包括营业收入、已赚保费、保险业务收入、提取未到期责任准备金、营业支出、赔付支出、提取保险责任准备金、分保费用、手续费及佣金支出、业务管理费用和营业利润，具体如表1-3所示。

表1-3　　　　　　　　　　利润表科目说明

利润表主要科目	科目说明
营业收入	指确认为公司收入的部分，与保费收入不同；既包含了已赚保费部分，也包含了投资收益部分
已赚保费	已赚保费即保险业务收入确认为已赚的部分，需要注意的是利润表的已赚保费都是指再保后的已赚保费
保险业务收入	指再保前的总体保费收入，包括分入保费
提取未到期责任准备金	指再保后未到期准备金的提转差，即期末数减去期初数，精算所指的未到期准备金一般指期末数

续表

利润表主要科目	科目说明
营业支出	指公司的营业成本，主要包括赔付支出、税费、手续费和业务管理费等
赔付支出	指用于赔付被保险人赔款的支出，包含已决赔款和相应的理赔费用；与精算评估使用的终极赔款不同
提取保险责任准备金	指再保前未决赔款准备金的提转差，即期末未数减去期初数，精算所指的未决赔款准备金一般指期末数
分保费用	指对应分入业务发生的费用
手续费及佣金支出	指对应再保前保费收入发生的手续费及佣金支出
业务管理费用	指用于公司经营发生的管理费用，包含除了税金和手续费及佣金之外的所有费用，主要包括人员薪酬、系统、场地租金等
营业利润	指营业收入扣除营业支出后的金额

需要注意的是利润表中有的科目用的是再保前的数据，有的科目用的是再保后的数据，使用的时候需要注意，一般而言，如果后面有"减摊回"的数据，则指再保前的数据，如果没有"减项"则指再保后的数据。

（二）科目之间关系

一般而言，阅读利润表，建议首先按科目从"大"到"小"进行阅读，"大"的科目就是前面有标注"一、二、三……"序号的科目；其次再阅读各个"大"科目下面的"小"科目，因为每个"大"科目都是由下面的"小"科目加减得到的。

注意"其中、加、减"的含义。"其中"是指该科目是上面科目的一部分；"加"是指该科目是利润表的加项；"减"是指该科目是利润表的减项。此外，没有标注的科目都是各"大"科目项下的加项。具体各个科目的关系如表1-4所示。

表1-4　　　　　　　　　　利润表科目关系

项目	序号	计算公式（用序号代替各个科目）
一、营业收入	1	1 = 2 + 6 + 7 + 8 + 9
已赚保费	2	2 = 3 - 4 - 5
保险业务收入	3	3
其中：分保费收入	3 - 1	3 - 1
减：分出保费	4	4
提取未到期责任准备金	5	5
投资收益（损失以"-"号填列）	6	6

续表

项目	序号	计算公式（用序号代替各个科目）
其中：对联营企业和合营企业的投资收益	6-1	6-1
公允价值变动收益（损失以"-"号填列）	7	7
汇兑收益（净损失以"-"号填列）	8	8
其他业务收入	9	9
二、营业支出	10	10 = 11 + 12 - 13 + 14 - 15 + 16 + 17 + 18 + 19 + 20 + 21 - 22 + 23 + 24
退保金	11	11
赔付支出	12	12
减：摊回赔付支出	13	13
提取保险责任准备金	14	14
减：摊回保险责任准备金	15	15
提取保费准备金	16	16
保单红利支出	17	17
分保费用	18	18
营业税金及附加	19	19
手续费及佣金支出	20	20
业务及管理费	21	21
减：摊回分保费用	22	22
其他业务成本	23	23
资产减值损失	24	24
三、营业利润（亏损以"-"号填列）	25	25 = 1 - 10
加：营业外收入	26	26
减：营业外支出	27	27
四、利润总额（亏损总额以"-"号填列）	28	28 = 25 + 26 - 27
减：所得税费用	29	29 = 28 * 所得税率
五、净利润（净亏损以"-"号填列）	30	30 = 28 - 29

（三）利润表衍生指标

我们做利润表分析时，一般不仅分析利润表科目的金额，更重要的是分析由利润表对应的各个指标的数值，如综合赔付率、综合费用率和综合成本率等，我们把这些指标称为衍生指标。

主要的衍生指标与利润表的关系如表1-5所示。

表 1-5　　　　　　　　　　　　　利润表衍生指标

利润表衍生指标	计算公式
综合赔付成本	=赔付支出-摊回赔付支出+提取保险责任准备金-摊回保险责任准备金
综合赔付率	=综合赔付成本÷已赚保费
综合费用	=分保费用+营业税金及附加+手续费及佣金支出+业务及管理费-摊回分保费用
综合费用率	=综合费用÷已赚保费
综合成本率	=综合赔付率+综合费用率
利润率	=1-综合成本率
手续费率	=手续费及佣金支出÷(保险业务收入-分保费收入)
管理费用率	=业务及管理费用÷已赚保费
摊回费用率	=摊回分保费用÷分出保费
分保费用率	=分保费用÷分保费收入

(四) 与业务指标的关系

由于利润表的重要性，很多人喜欢用利润表的数据进行业务分析，所以清楚利润表科目与相关业务指标的关系也是很重要的。当然利润表的科目与业务指标既有关联又有差异，有些科目可以通过快速估算得到对应指标的估计值，厘清之间的关联和差异会有助于精算与业务部门之间的沟通。

1. 保费收入：利润表中没有保费收入一项，很多业务部门会把保险业务收入作为保费收入进行业务分析，正如前面所述，保险业务收入包含了分入保费，所以如果有分入业务，则保险业务收入会大于保费收入。

2. 销售费用：业务部门所说的销售费用通常包含销售人员的薪酬、绩效和奖励等，所以业务所说的销售费用一般大于利润表的手续费及佣金支出，所以销售费用率会高于利润表的手续费率，如果业务部门以利润表的手续费率低于预算的销售费用率为由要求增加销售投入，则应予以拒绝，并说明之间的差异。由于销售人员的薪酬、绩效和奖励相对固定，如有的公司规定不超过保费收入的2%，则可以用利润表手续费率+2%作为销售费用率与销售费用预算进行比较，分析业务部门的要求是否合理。

3. 已赚保费：利润表的已赚保费与精算评估使用的已赚保费统计口径不一样，正常情况下两者肯定不一致，但并不表示两者没有关系，对于正常业务，如果不需要计提保费不足准备金，在保费收入快速增长的情况下，利润表的已赚保费会大于精算评估使用的已赚保费，这也是新公司或者快速增长的公司综合成本率较低的原因；如果保费收入负增长，则情况正好相反。需要注意的是，利润表只有再保后的已赚保费，没有再保前的已赚保费，在与精算评估使用的已赚保费做比较时，也要使用再保后的已赚保费。

4. 准备金：利润表中有两个准备金科目"提取未到期责任准备金"和"提取保险责任准备金"，这边指的都是准备金提转差，即"期末准备金 – 期初准备金"，前者指的是未到期准责任准备金提转差；后者指的是未决赔款准备金提转差，所以在利润表中有时"提取准备金"的金额也可能是"负数"。在资产负债表中会介绍与利润表准备金科目的关系。

更详细的指标，如首日费用率、销售人员薪酬占比、变动费用率、固定费用率、理赔费用率等需要更详细的财务报表才能得到。

二、资产负债表

资产负债表是反映企业在某一特定日期（如月末、季末、年末）全部资产、负债和所有者权益情况的会计报表，是企业经营活动的静态体现，根据"资产 = 负债 + 所有者权益"这一平衡公式，依照一定的分类标准和一定的次序，将某一特定日期的资产、负债、所有者权益的具体项目予以适当的排列编制而成。它表明权益在某一特定日期所拥有或控制的经济资源、所承担的现有义务和所有者对净资产的要求权。它是一张揭示企业在一定时点财务状况的静态报表。资产负债表利用会计平衡原则，将合乎会计原则的"资产、负债、股东权益"交易科目分为"资产"和"负债及股东权益"两大区块，在经过分录、转账、分类账、试算、调整等会计程序后，以特定日期的静态企业情况为基准，浓缩成一张报表。其报表功用除了企业内部除错、经营方向、防止弊端外，也可让所有阅读者于最短时间了解企业经营状况。

（一）主要科目说明

对于一般的精算人员，资产负债表接触较少，也不常用资产负债表做分析，但对于从事偿付能力管理的精算人员，资产负债表是非常重要的。此外有些科目在利润表中是提转差，只有资产负债表才能看到期末数，像准备金数据，如要查看财务报表计提的准备金期末数，只能查看资产负债表。下面以实际资产负债表为例，介绍资产负债表中主要科目及其之间的关系，表1-6是一张资产负债表。

对于表1-6中的科目不进行一一介绍，大家可以自行查阅相关资料进行了解，这里只介绍几个重要的科目，包括应收保费、应收代位追偿款、应收分保账款、应收分保未到期责任准备金、应收分保未决赔款准备金、预付赔款、预收保费、未到期责任准备金和未决赔款准备金，具体如表1-7所示。

需要注意的是资产负债表中的准备金科目原保险和再保分出是分开的，原保险（含分入业务）的准备金对保险公司来说是负债，放在负债项下；再保分出对应的准备金对保险公司来说是资产，放在资产项下。

表1-6　2017年2月份资产负债表

单位：人民币元

序号	项目	期初余额	期末余额	序号	项目	期初余额	期末余额
	资产：				负债：		
1	货币资金	1,157.09	753.65	40	短期借款		
2	拆出资金			41	拆入资金		
3	以公允价值计量且其变动计入当期损益的金融资产	1,553.17	1,557.01	42	以公允价值计量且其变动计入当期损益的金融负债		
4	衍生金融资产			43	衍生金融负债		
5	买入返售金融资产	850.85	2,102.10	44	卖出回购金融资产款	1,199.20	1,290.29
6	应收利息	433.98	464.05	45	预收保费	320.51	299.03
7	应收保费	251.21	310.51	46	应付手续费及佣金	323.02	299.73
8	应收代位追偿款	2.21	2.16	47	应付分保账款	1,218.93	1,326.46
9	应收分保账款	1,142.27	1,257.76	48	应付职工薪酬	302.27	109.26
10	应收分保未到期责任准备金	563.36	556.88	49	应交税费	127.54	170.81
11	应收分保未决赔款准备金	716.67	678.87	50	应付赔付款	7.99	1.90
12	应收分保寿险责任准备金			51	应付保单红利		
13	应收分保长期健康险责任准备金			52	其他应付款	205.94	167.18
14	应收款项类金融资产	1,421.42	920.92	53	保户储金及投资款		
15	保户质押贷款	0	0	54	未到期责任准备金	5,682.30	5,883.72
16	预付赔付款	152.88	159.32	55	未决赔款准备金	3,658.14	3,696.87
17	其他应收款	349.41	136.03	56	寿险责任准备金	0	0
18	定期存款	847.70	843.78	57	长期健康险责任准备金	0	0

续表

项目	序号	期初余额	期末余额	项目	序号	期初余额	期末余额
可供出售金融资产	19	8,944.63	9,160.82	保费准备金	58	0	0
持有至到期投资	20	600.24	99.85	长期借款	59	0	0
长期股权投资	21	242.49	237.93	应付债券	60	0	0
存出资本保证金	22	3,003.00	3,003.00	独立账户负债	61	0	0
贷款	23			递延所得税负债	62	7.87	21.88
投资性房地产	24			其他负债	63	351.02	139.63
固定资产	25	212.31	207.96	存入保证金	64	124.55	124.55
在建工程	26			长期应付款	65	0	0
固定资产清理	27			递延收益	66	0.66	0.65
无形资产	28	428.19	406.68	应付利息	67	2.65	2.17
商誉	29			应付证券清算款	68	200.02	0
长期待摊费用	30	55.70	53.51	保险保障基金	69	23.14	12.25
抵债资产	31			负债合计	70	13,404.75	13,406.77
独立账户资产	32			所有者权益（或股东权益）：			
递延所得税资产	33			股本	71	15,015.00	15,015.00
其他资产	34	645.37	607.83	其他权益工具	72	0	0
其中：内部往来	35			资本公积	73	0	0
损余物资	36	0.01	0.01	减：库存股	74	0	0
应收证券清算款	37	35.69	0	其他综合收益	75	22.06	61.21
存出保证金	38	0.81	0.93	盈余公积	76	0	0

续表

项目	序号	期初余额	期末余额
其他长期资产	39		
资产合计		23,574.15	23,520.62

项目	序号	期初余额	期末余额
一般风险准备	77	0	0
大灾风险利润准备	78	0	0
未分配利润	79	-4,867.66	-4,962.36
所有者权益（或股东权益）合计	80	10,169.40	10,113.85
负债及所有者权益（或股东权益）合计	81	23,574.15	23,520.62

注：表中数据为虚构数据。

表 1-7　　　　　　　　　　　资产负债表主要科目

资产负债表主要科目	资产/负债	科目说明
应收保费	资产	指已经起保的保单，投保人还没有交给保险公司的保费金额；如果应收保费占比太高，说明公司对应收款项的管理不到位；其中，车险不应该有应收保费
应收代位追偿款	资产	指保险公司按照保险合同约定承担赔付保险金责任后，取得对责任方的代位追偿权利对应的金额；一般应收代位追偿款是已经确认可以收回还未收回的代位追偿金额
应收分保账款	资产	指公司开展分保业务而发生的各种应收款项
应收分保未到期责任准备金	资产	指公司分出的保单中应计提的未到期责任准备金
应收分保未决赔款准备金	资产	指公司分出的保单中对应未决赔案应计提的未决赔款准备金
预付赔款	资产	对于未决案件，应被保险人要求公司提前支付给被保险人的赔款款项；名义上预付赔款对应的是未决赔款，但实务中，该部分赔款基本不可能收回，未来只能作为未决赔款的减项
预收保费	负债	指公司已经收到投保人的保费，但保单还未起保对应的保费；一般而言，通过预收保费可以看出公司续保的能力，预收保费占比越高，公司提前续保的能力越强
未到期责任准备金	负债	指对应原保险合同和分入保险合同应计提的未到期责任准备金；这里的未到期责任准备金是期末数，与精算评估值应该一致
未决赔款准备金	负债	指对应原保险合同和分入保险合同应计提的未决赔款准备金；这里的未决赔款准备金是期末数，与精算评估值应该一致

(二) 科目之间关系

上述科目中与精算工作关系最密切的是准备金的科目，就是四个准备金的科目。资产负债表的准备金是期末数，与精算人员评估的准备金结果完全一致。《保险公司非寿险业务准备金基础数据、评估与核算内部控制规范》第四条第二款规定要求："保险公司财务部门同时应作为准备金核算的职能部门，负责将保险公司董事会和公司管理层确定的准备金核算结果计入会计分录，并编制会计报表。"指的就是资产负债表中的准备金数据要与精算评估结果一致。

但是通常而言，大家更直观的是利润表中的准备金科目，那么，利润表中的准备金科目与资产负债表中的准备金科目有什么关系呢？利润表中的准备金科目是一个提转差，它等于资产负债表中的准备金科目期末数减去期初数，具体关系如表1-8所示。

表1-8 利润表与资产负债表科目对应关系

利润表科目	资产负债表科目
提取未到期责任准备金	=（未到期责任准备金期末数 – 未到期责任准备金期初数）–（应收分保未到期责任准备金期末数 – 应收分保未到期责任准备金期初数）
提取保险责任准备金	=未决赔款准备金期末数 – 未决赔款准备金期初数
摊回保险责任准备金	=应收分保未决赔款准备金期末数 – 应收分保未决赔款准备金期初数

三、现金流量表

现金流量表是反映一定时期内（如月度、季度或年度）企业经营活动、投资活动和筹资活动对其现金及现金等价物所产生影响的财务报表。

现金流量表的主要作用是反映公司短期生存能力，特别是缴付账单的能力。它是反映一家公司在一定时期现金流入和现金流出动态状况的报表。其组成内容与资产负债表和利润表相一致。通过现金流量表，可以概括反映经营活动、投资活动和筹资活动对企业现金流入流出的影响，对于评价企业的实现利润、财务状况及财务管理，从另一个角度提供了评判依据。

如果一家公司经营活动产生的现金流无法支付股利与保持股本的生产能力，从而它得用借款的方式满足这些需要，那么这就给出了一个警告，这家公司从长期来看无法维持正常情况下的支出。现金流量表通过显示经营中产生的现金流量的不足和不得不用借款来支付无法永久支撑的股利水平，从而揭示了公司内在的发展问题。

具体现金流量表如表1-9所示。

（一）主要科目说明

对于现金流量表科目不进行一一说明，主要介绍的是经营活动现金流的科目，对于投资活动和筹资活动现金流有兴趣的读者可以查阅其他资料，表1-10是保险公司现金流量表主要科目的简要说明。

表1-9　　　　　　　　　　　　　　　现金流量表

2017年2月份现金流量表　　　　　　　　　　　　　　　　单位：人民币元

项目	序	本月数	本年累计数	项目	序	本月数	本年累计数
一、经营活动产生的现金流量：				取得子公司及其他营业单位支付的现金净额	22	0.00	0.00
收到原保险合同保费取得的现金	1	388,302,020.30	1,537,126,806.10	支付其他与投资活动有关的现金	23	6,330,902,067.90	38,738,718,531.30
收到再保业务现金净额	2	-9,724,156.40	-12,116,454.70	其中：买入返售金融资产支付的现金	24	6,330,000,000.00	38,730,000,000.00
保户储金及投资款净增加额	3	0.00	0.00	投资活动现金流出小计	25	11,795,998,830.40	48,049,486,855.50
收到其他与经营活动有关的现金	4	8,241,407.00	4,743,860.70	投资活动现金流量净额	26	536,664,857.70	69,371,262.50
经营活动现金流入小计	5	386,819,270.90	1,529,754,212.10	三、筹资活动产生的现金流量：			
支付原保险合同赔付款项的现金	6	334,646,420.40	842,069,420.70	吸收投资收到的现金	27	0.00	0.00
支付手续费及佣金的现金	7	172,773,400.70	424,439,983.40	发行债券收到的现金	28	0.00	0.00
支付保单红利的现金	8	0.00	0.00	收到其他与筹资活动有关的现金	29	1,600,000,000.00	2,800,000,000.00
支付给职工以及为职工支付的现金	9	186,873,145.20	258,656,667.30	其中：卖出回购金融资产收到的现金	30	1,600,000,000.00	2,800,000,000.00
支付的各项税费	10	104,665,180.70	202,391,678.40	筹资活动现金流入小计	31	1,600,000,000.00	2,800,000,000.00
支付其他与经营活动有关的现金	11	176,910,609.30	315,480,398.30	偿还债务支付的现金	32	0.00	0.00
经营活动现金流出小计	12	975,868,756.30	2,043,038,148.10	分配股利、利润或偿付利息支付的现金	33	0.00	0.00
经营活动现金流量净额	13	-589,049,485.40	-513,283,936.00	支付其他与筹资活动有关的现金	34	1,600,843,506.80	2,730,404,148.10
二、投资活动产生的现金流量：				其中：回购金融资产支付的现金	35	1,600,843,506.80	2,730,404,148.10
收回投资收到的现金	14	2,674,870,801.10	9,279,672,346.30	筹资活动现金流出小计	36	1,600,843,506.80	2,730,404,148.10
取得投资收益收到的现金	15	6,878,957.00	6,878,957.00	筹资活动现金流量净额	37	-843,506.80	69,595,851.90
收到其他与投资活动有关的现金	16	9,650,913,930.00	38,832,306,814.70	四、汇率变动对现金及现金等价物的影响	38	-367,621.40	2,642,539.90
其中：返售金融资产收到的现金	17	9,650,682,399.60	38,831,833,908.20	五、资金划拨转现金流入	39	1,587,560,437.10	4,175,204,179.30
投资活动现金流入小计	18	12,332,663,688.10	48,118,858,118.00	六、资金划拨转现金流出	40	1,587,560,437.10	4,175,204,179.30
投资支付的现金	19	5,459,709,110.50	9,304,306,333.40	七、现金及现金等价物净增加额	41	-53,595,755.90	-371,674,281.70
质押贷款净增加额	20	0.00	0.00	加：期初现金及现金等价物余额	42	1,268,939,488.00	1,587,018,013.80
购建固定资产、无形资产和其他长期资产支付	21	5,387,652.00	6,461,990.80	八、期末现金及现金等价物余额	43	1,215,343,732.10	1,215,343,732.10

注：表中数据为虚拟数据。

表1-10　　　　　　　　　　　　　　　现金流量表主要科目

现金流量表科目	科目说明
一、经营活动产生的现金流量	指的是保险经营活动产生的现金流入、流出的数量
收到原保险合同保费取得的现金	指原保险合同相关的保费收入
收到再保业务现金净额	与再保业务相关的现金，需要注意的是这边是净额，包含流入和流出，如果流出大于流入，则为负数
保户储金及投资款净增加额	只有开展投资理财型业务的保险公司才会有该项收入
收到其他与经营活动有关的现金	该项包括政府补助、个人还款、租金收入等
经营活动现金流入小计	所有经营活动现金流入的合计数
支付原保险合同赔付款项的现金	指用于支付原保险合同的赔款的现金
支付手续费及佣金的现金	指用于支付原保险合同的手续费及佣金
支付其他与经营活动有关的现金	该项包括经营活动的租金、会议费、招待费等
经营活动现金流量净额	反映经营活动现金净流量状况，一般为正的话反映公司经营活动状况较好，为负则相反
二、投资活动现金流量净额	反映投资活动现金净流量状况，该项比较复杂，不能简单地根据正负值进行判断

续表

现金流量表科目	科目说明
三、筹资活动现金流量净额	反映筹资活动的现金净流量状况，该项目比较复杂，不能简单地根据正负值进行判断
四、汇率变动对现金及现金等价物的影响	指汇率变动导致的现金及现金等价物换算成本币的变动
五、资金划拨流转现金流入	指收到的银行存款
六、资金划拨流转现金流出	指付出的银行存款
七、现金及现金等价物净增加额	指现金流量表前面四项现金流量净额的合计
加：期初现金及现金等价物余额	期初数
八、期末现金及现金等价物余额	期末数

（二）科目之间的关系

对于现金流量科目之间的关系，除了介绍内部科目的关系之外，还介绍与利润表相关的一些科目的关系，具体如表 1–11 所示。

表 1–11　　　　　　　　　现金流量表主要科目关系说明

序号	现金流量表科目	科目关系说明
(1)	收到原保险合同保费取得的现金	可以与利润表的保险业务收入（扣除分保费收入）进行对比，两者应该基本相当，如果该项目较小，说明公司的应收保费太高，应该加以重视
(2)	收到再保业务现金净额	反映公司所有与再保险业务相关的所有现金流出与现金流入的差额，如果长期都是现金流出金额较大，要检查公司的再保安排是否合理
(3)	支付原保险合同赔付款项的现金	可以与利润表中的赔付支出进行对比，两者应该差异不大，如果差异较大要分析原因，如财务支付赔款的速度是否有问题等
(4)	支付手续费及佣金的现金	可以与利润表中的手续费及佣金支出进行对比，如果差异较大，要分析原因，如是否拖延支付等
(5)	经营活动现金流量净额	该项目是反映公司经营活动的重要指标之一，如果长期为负，且金额较大，则公司的经营活动可能出问题，要引起重视
(6)	投资活动现金流量净额	反映投资活动现金净流量状况，该项目比较复杂，不能简单地根据正负值进行判断
(7)	筹资活动现金流量净额	反映筹资活动的现金净流量状况，该项目比较复杂，不能简单地根据正负值进行判断

续表

序号	现金流量表科目	科目关系说明
(8)	四、汇率变动对现金及现金等价物的影响	指汇率变动导致的现金及现金等价物换算成本币的变动
(9)	五、资金划拨流转现金流入	指收到的银行存款
(10)	六、资金划拨流转现金流出	=(9)
(11)	七、现金及现金等价物净增加额	=(5)+(6)+(7)+(8)，该项目现金净流量的整体反映，如果长期为负数，也要检验公司的整体运营是否存在问题
(12)	加：期初现金及现金等价物余额	期初数
(13)	八、期末现金及现金等价物余额	=(11)+(12)

总体而言，作为精算人员不一定要像财务人员那样精通财务报表，但要熟悉财务报表、能较轻松读懂财务报表、清楚财务报表主要科目之间的关系对精算工作会有很大帮助。

第二章 基础软件

第一节 Excel

熟练掌握基础软件是我们工作必备的技能，最基础的软件主要包括 Excel、Word、PPT 和 Outlook，当然有的人可能认为如果不懂 Excel、Word、PPT 和 Outlook 还能工作吗？作为精算人员，对这些工具掌握的要求要高一些，特别是 Excel。

我们收到简历时，经常会看到大家对软件掌握的描述，如精通 Excel 或者熟悉 Excel，但是经常发现精通 Excel 的毕业生水平还不如熟悉 Excel 的人，这就是大家对熟悉和精通的程度理解不同，但是作为精算人员对 Excel 的要求是不一样的，不是会用 Excel 作简单数据分析的就叫精通 Excel。我们通常会在面试的时候问两个问题确认 Excel 的熟练程度：一是，是否熟练运用 Vlookup 和 Indirect 等公式作为熟悉 Excel 的分界线；二是，熟练运用 VBA 作为精通 Excel 的分界线。所以作为精算人员，如果连 Vlookup 都不知道的以后千万别说自己熟悉 Excel。

一、表格设计

表格的格式设计也可以看出一个人对 Excel 的熟练程度，有的人只是把 Excel 当成不用画表格的 Word 使用，我们经常会用 Excel 对数据作分析，但是每个人做出来的表格差异却很大，有的人做出来的表格很乱，有的人做出来的表格很清晰，为了让 Excel 表格看起来清晰明了，建议大家将 Excel 表格分成三类表：结果汇总表、过程分析表、基础数据表，不同表格要分开，有不同的要求，切记不要把三类表格放在同一张 Sheet 中。

（一）给工作表命名

一个新的 Excel 工作簿会自带 3 个工作表，表格的名称默认为 Sheet1、Sheet2 和 Sheet3，我们经常会收到默认名称的工作表，如果是简单的 Excel 文件，只有简单的表格和数值，这不会有太大影响，但是如果有比较多的表格，没有命名的话，就会给文件阅读者带来比较大的麻烦。为了便于阅读者阅读文件，一定要对工作表命名，因为工作表名称也能体现信息，即使只有一个工作表，也建议对工作表命名，如保费收入、已决赔款、未决赔款，阅读者通过工作表就能一目了然地清楚工作表提供的是什么数据。作为一个标准的 Excel 文件通常包括以下工作表：编制说明、索引表、结果汇总表、过程分析表和基础数据表。

（二）编制说明

编制说明，可以方便阅读者阅读文件，主要包括编制目的、更新步骤和注意事项。

1. 编制目的：说明这个文件编制的目的，通常用一两句话就可以描述文件的编制目的，如准备金评估模型的编制目的：准确、合理评估每个季度未决赔款准备金，并将准备金评估结果提供给财务入账。

2. 更新步骤：说明如何更新该 Excel 文件，如对于准备金评估模型的更新步骤如下：（1）更新评估时间，在 index 表 B25 单元格输入最新的评估时间；（2）基础数据更新，更新 input 表已赚保费、已赚保额、已暴露风险单位数（数据来源于已赚保额、已暴露风险单位数工作表，已赚保费数据来源于统计报表系统已赚赔付率分析表）；（3）更新分险种评估表累计已决赔款、累计已结案件数、未决赔款、未决案件数三角形（评估表黄底部分，数据来源于已决赔款三角形和未决赔款三角形）。

3. 注意事项：说明该文件更新或者阅读时需要注意的事项，如所有评估基础数据需要与财务数据进行核对，确保评估数据与财务数据一致。

（三）索引表

如果表格比较多，为了方便阅读，建议增加索引表，将每个表的名称列出来，必要的话还可以增加相应的说明，如以下就是中国银保监会提供的偿付能力报表索引表的部分节选。从中可以很清楚地看出，该文件总共有多少个表格，每个表格的作用，并且由于做了超链接，直接报表名称就可以跳转到相应的表格，方便使用，如表 2-1 所示。

（四）结果汇总表

结果汇总表作为展示最终结果的表格，建议放在最前面，数据不要太多，在结果汇总表中，最好把最重要的数据结果放在最前面，如保险公司合计、分公司、中心支公司……，而不是像默认格式把总计放在最后面，这样设计的好处是便于阅读，一般最关心的是保险公司的业绩情况，整体业绩好坏一目了然，了解保险公司业绩后如有需要再进一步了解分公司、中心支公司的详细情况，如保费业绩快报如表 2-2 所示。

（五）过程分析表

过程分析表是指数据的过程分析，通常大部分的公式编辑均在此表完成，如汇总、匹配等，当然是否需要过程分析表主要看基础数据的数量以及需要运算的步骤，如果基础数据的数量较少、运算比较简单，则未必一定需要过程分析表。也可以直接从基础数据表到汇总表。

表 2-1　　　　　　　　　　索引表

序列号	报表大类	报表名称	适用的公司
1	主表	S01-偿付能力状况表	
2	主表	S02-实际资本表	
3	主表	S03-认可资产表	
4	主表	S04-认可负债表	
5	主表	S05-最低资本表	
6	明细表	AC01-资本工具表	
7	明细表	L01-寿险合同未到期责任准备金负债	
8	明细表	IR01-财险和人身险公司非寿险业务保险风险-保费和准备金风险	仅适用于财险和人身险公司
9	明细表	IR02-财险和人身险公司非寿险业务保险风险-巨灾风险	仅适用于财险和人身险公司
10	明细表	IR03-再保险公司非寿险再保险业务保险风险-保费和准备金风险	仅适用于再保险公司
11	明细表	IR04-再保险公司非寿险再保险业务保险风险-巨灾风险	仅适用于再保险公司
12	明细表	IR05-寿险业务保险风险	
13	明细表	MR01-人身保险公司利率风险	仅适用于人身险公司
14	明细表	MR02-再保险公司利率风险	仅适用于再保险公司
15	明细表	MR03-利率风险-债券类资产（未套保及不符合条件的套保）	
16	明细表	MR04-利率风险-资产证券化产品	
17	明细表	MR05-利率风险-利率类金融衍生品-利率互换	
18	明细表	MR06-利率风险-利率类金融衍生品-国债期货（符合条件套保）	
19	明细表	MR07-利率风险-利率类金融衍生品-国债期货（未套保）	
20	明细表	MR08-利率风险-其他固定收益类产品	
21	明细表	MR09-权益价格风险-股票（未套保及不符合条件的套保）	
22	明细表	MR10-权益价格风险-股票（符合条件的套期保值）	
23	明细表	MR11-权益价格风险-未上市股权	
24	明细表	MR12-权益价格风险-证券投资基金	
25	明细表	MR13-权益价格风险-证券投资基金（穿透法还原后持有）	
26	明细表	MR14-权益价格风险-可转债	
27	明细表	MR15-权益价格风险-基础设施股权投资计划	
28	明细表	MR16-权益价格风险-资产管理产品	
29	明细表	MR17-权益价格风险-未上市股权投资计划	
30	明细表	MR18-权益价格风险-权益类信托计划	
31	明细表	MR19-权益价格风险-股指期货空头（不符合有效性）	
32	明细表	MR20-权益价格风险-优先股	
33	明细表	MR21-权益价格风险-优先股（穿透法还原后持有）	
34	明细表	MR22-权益价格风险-对子公司、合营企业和联营企业的长股投	
35	明细表	MR23-房地产价格风险所涉资产风险明细表	

表 2-2　　　　　　　　　　保费业绩快报表

整体业绩快报

统计口径：按核算日期
统计时间：2016年10月13日　　数据截止日期：2016年10月13日

机构		10月13日			当月		
		保费收入	确保保费计划	挑战保费计划	保费收入	确保保费计划达成率	挑战保费计划达成率
全司		417.9	8996.5	10255.7	3518.9	39.1%	34.3%
广东	广东合计	237.1	4953.8	5661.7	1809.6	36.5%	32.0%
	广州	99.2	1934.5	2163.5	679.0	35.1%	31.4%
	番禺	19.6	340.8	420.0	128.6	37.7%	30.6%
	花都	13.0	196.0	225.0	88.3	45.0%	39.2%
	汕头	9.1	105.3	150.2	66.2	62.8%	44.1%
	惠州	11.4	275.3	320.7	124.0	45.0%	38.7%
	东莞	13.8	744.5	908.3	150.3	20.2%	16.5%
	中山	20.7	285.6	285.6	159.1	55.7%	55.7%
	珠海	20.7	292.1	292.1	125.5	43.0%	43.0%
	肇庆	4.5	136.0	165.0	74.9	55.1%	45.4%
	江门	15.6	275.5	305.0	100.6	36.5%	33.0%
	清远	3.9	145.8	175.0	43.8	30.1%	25.1%
	茂名	3.7	145.2	159.7	32.7	22.5%	20.5%
	湛江	1.9	77.3	91.7	36.5	47.2%	39.8%
深圳	深圳合计	39.1	930.0	1037.0	342.2	36.8%	33.0%
	福龙	21.4	510.0	582.0	176.3	34.6%	30.3%
	泰然	2.0	332.0	345.0	30.3	9.1%	8.8%
	直属业务部	15.7	88.0	110.0	135.6	154.1%	123.3%
	上海合计	9.5	651.7	782.0	74.7	11.5%	9.5%

注：表 2-2 为虚拟数据。

（六）基础数据表

基础数据表主要指清单式的数据，需要注意清单数据不要有汇总的信息，就是不要在数据的最后面增加合计数据，这样有利于清单数据的扩展和增加。有时候清单数据非常多，如果全部放在同一个表格，可能会导致 Excel 文件运算非常缓慢，这时最好把清单数据和分析过程保存在另外一个文件，汇总表做跨文件链接即可。

当然不是每个表格都要有上述的三个表格，在做分析的时候注意数据表格大概属于哪一类的表格，这样可以清楚需要注意的事项。当然有时很难分清楚清单与过程分析数据的差异，如有的数据已经是对清单做了一定程度的汇总，是作为过程数据还是清单数据，我们一般是根据数据的条数来划分的，过程数据是百条的数量，千条数据以上的一般作为清单数据处理。

（七）其他注意事项

1. 最重要的工作表放在最前面。

有时一个 Excel 文件会包含多个工作表，既有汇总结果表，又有基础数据表和过程分析表，当工作表太多时，如果不加以区分和不加以标注，则阅读者很难区分要看哪些表格，所以一般要把最重要的工作表放在最前面，以便于阅读，可以采用以下几种方式：如果对方不关注过程，则可以考虑只提供结果信息，计算过程放在另一个文件；也可以把过程工作表隐藏起来；如果确实需要提供过程工作表，可以给不同类别的工作表添加标签颜色（注：因印刷原因，图 2-1 显示的颜色是黑灰色），以方便阅读，如图 2-1 所示。

图 2-1　工作表标签颜色示例

2. 不同类型表格要分开。

有的人会把所有的数据放在同一个工作表中，这样给人感觉很不清晰，如表 2-3 所示，目的是统计 4 个分支机构的保费收入，左边是汇总数据，右边是清单数据，一般我们关注的是汇总数据，但如果放在同一个表格，由于右边的清单数据条数较多，给人喧宾夺主的感觉。所以要把汇总数据和清单数据分别放在两个工作表中。

3. 表格设计要考虑到未来的需要。

不要经常变动表格的格式，如分析不同分支机构的业务，有的分支机构的险种没有数据，但建议格式还是统一，没有数值的单元格可以放空，未来如有相应业务就不用再进一步修改。对比下面两个表格，大家就会发现表 2-4-1 设计明细要好于表 2-4-2：一方面，各家分支机构表格统一，虽然目前有的险种没有开展业务，但是未来如果开展业务，也不需要变动表格，同时也便于不同机构相同险种业务的比例;另一方面,尽管还没到4季度,但是先预留了4季度的表格,下个季度表格无须变动,甚至2017年只要修改年度就可以继续使用表格,如表2-4-1所示。

表2-3　　　　　　　　　　清单汇总数据表

	A	B	C	D	E	F	G	H	I	J	K
1					分公司	保单号	险种	币种	保费收入	起保日期	终保日期
2			保费收入(万元)		广州	PCBA200844092300000003	CBA	CNY	1,588.89	2008/7/7	2009/7/6
3		广州	1,301		广州	PCBA200844092300000006	CBA	CNY	20,537.82	2008/9/8	2009/9/7
4		佛山	3,897		广州	PCBA200844090092000009	CBA	CNY	26,153.68	2008/9/1	2009/8/31
5		珠海	7,545		广州	PCAD200844018170000002	CAD	CNY	34,205.60	2008/7/3	2009/11/2
6		中山	6,772		广州	PCAD200844011320000003	CAD	CNY	54,000.00	2008/6/26	2009/10/31
7					广州	PCAD200844011320000004	CAD	CNY	74,753.00	2008/6/26	2010/2/28
8					广州	PCAA200844940900000490	CAA	CNY	7,333.02	2008/9/14	2009/9/13
9					广州	PCAA200844940900000492	CAA	CNY	7,333.02	2008/9/14	2009/9/13
10					广州	PCAA200844940900000494	CAA	CNY	7,333.43	2008/9/14	2009/9/13
11					广州	PCAA200844940900000496	CAA	CNY	7,333.43	2008/9/14	2009/9/13
12					广州	PCAA200844940900000448	CAA	CNY	13,595.83	2008/7/1	2009/8/31
13					广州	PCAA200844940900000456	CAA	CNY	152,876.70	2008/9/1	2009/8/31
14					广州	PCAA200844940900000209	CAA	CNY	244.37	2008/1/1	2008/12/31
15					广州	PCAA200844940900000485	CAA	CNY	574,797.67	2008/9/28	2008/11/19
16					广州	PCAA200844940900000488	CAA	CNY	5,173.32	2008/9/14	2009/9/13
17					广州	PCAA200944940900000400	CAA	CNY	6,176.79	2008/9/12	2009/1/30
18					广州	PCAA200844940900000491	CAA	CNY	7,333.02	2008/9/14	2009/9/13
19					广州	PCAA200844940900000497	CAA	CNY	7,333.43	2008/9/14	2009/9/13
20					广州	PCAA200844940900000455	CAA	CNY	40,767.12	2008/7/1	2009/8/31
21					广州	PCAA200844940900000487	CAA	CNY	5,173.32	2008/9/14	2009/9/13
22					广州	PCAA200844940900000489	CAA	CNY	5,176.67	2008/9/14	2009/9/13
23					广州	PCAA200844940900000450	CAA	CNY	22,306.41	2008/9/14	2009/9/13
24					广州	PCAA200844940900000493	CAA	CNY	7,333.02	2008/9/14	2009/9/13
25					广州	PCAA200844940900000495	CAA	CNY	7,333.43	2008/9/14	2009/9/13
26					广州	PCAA200844940900000446	CAA	CNY	58,772.60	2008/7/1	2009/8/31
27					广州	PCAD200844200400000002	CAD	CNY	33,971.96	2008/4/9	2009/10/8
28					广州	PCAA200844940900000516	CAA	CNY	47,810.87	2008/11/17	2009/6/10
29					广州	PCAA200844094090000210	CAA	CNY	8.29	2008/1/1	2008/12/31
30					广州	PCAA200844940900000486	CAA	CNY	74,802.40	2008/9/28	2008/11/19
31					广州	PCAD200844060606F0000001	CAD	CNY	20,836.94	2008/8/26	2009/10/25
32					广州	PCBA2008440102E0000001	CBA	CNY	25,341.96	2008/1/1	2008/12/10

表2-4-1　　　　　　　　　　数据汇总格式

	A	B	C	D	E	F	G	H	I	J	K	L	M	N
1														
2							2016年保费收入							
3			广东	商业车险	交强险	企财险	家财险	工程险	信用保证险	责任险	货运险	船舶险	意外险	健康险
4			2016年1季度	8,551	131	838	945	7	650	939			106	248
5			2016年2季度	5,738	7,149	154	966	756	700	802			553	770
6			2016年3季度	1,054	4,923					329			817	845
7			2016年4季度											
8														
9			深圳	商业车险	交强险	企财险	家财险	工程险	信用保证险	责任险	货运险	船舶险	意外险	健康险
10			2016年1季度	4,242	8,871		435						336	466
11			2016年2季度	8,417	9,131		685						461	460
12			2016年3季度	6,221	4,120								40	818
13			2016年4季度											
14														
15			浙江	商业车险	交强险	企财险	家财险	工程险	信用保证险	责任险	货运险	船舶险	意外险	健康险
16			2016年1季度	8,722	1,973	245		977					984	893
17			2016年2季度	5,337	7,325	887		844					106	753
18			2016年3季度	9,559	170								230	210
19			2016年4季度											

表 2-4-2　　　　　　　　　　　数据汇总格式

2016年保费收入

广东	商业车险	交强险	企财险	家财险	工程险	信用保证险	责任险	意外险	健康险
2016年1季度	8,551	2,031	838	945	7	650	939	106	248
2016年2季度	5,738	3,149	154	966	756	700	802	553	770
2016年3季度	7,054	4,923					329	817	845

深圳	商业车险	交强险	家财险	意外险	健康险
2016年1季度	4,242	8,871	435	336	466
2016年2季度	8,417	9,131	685	461	460
2016年3季度	6,221	4,120		40	818

浙江	商业车险	交强险	企财险	工程险	意外险	健康险
2016年1季度	8,722	1,973	245	977	984	893
2016年2季度	5,337	1,325	887	844	106	753
2016年3季度	9,559	2,170			230	210

4. 可以增加颜色使表格更加可视化。

人类对颜色的敏感度要远远超过数值，所以在结果表的展示可以通过增加颜色使表格更加可视化（注：因印刷原因，书中显示的是黑灰色），如表 2-5 所示，由于增加了数据条的条件格式，可以一目了然地看出各家分支机构在不同季度的保费对比情况。

表 2-5　　　　　　　　　　　数据条件格式显示

2016年保费收入

广东	商业车险	交强险	企财险	家财险	工程险	信用保证险	责任险	货运险	船舶险	意外险	健康险
2016年1季度		2,031	838	945	7	650	939			106	248
2016年2季度		3,149	154	966	756	700	802			553	770
2016年3季度		2,923					329			817	845
2016年4季度											

深圳	商业车险	交强险	企财险	家财险	工程险	信用保证险	责任险	货运险	船舶险	意外险	健康险
2016年1季度	,242	1,871		435						336	466
2016年2季度		2,131		685						461	460
2016年3季度	,221	1,120								40	818
2016年4季度											

5. 单元格数据格式。

在 Excel 表中，除非是打印需要，一个单元格只能包含一个元素，不要包含多个元素，如"18 岁女性"，单位不要放在单元格中，为了方便计算，能用数值表示的尽量用数值表示。

如表2-6所示，有4个表格，表1把性别年龄都放在同一单元格中，这是最不合理的；表2虽然把性别和年龄分开了，但是把年龄单位放在单元格中，不利于计算，如需要计算平均年龄无法运算；表3就是常用的格式了，把年龄单位（岁）放在标题栏中，以方便统计运算；表4则是另一种展现格式，用1、0代替性别，这样更方便于运算，如性别的计数和就是人数总和，值的加总就是男性总人数，平均数就是男性占比。表3和表4哪种更好主要看需要，如果作为打印出来的结果则表3更合适，如果作为基础数据则表4更为合适。

此外，如果遇到表1和表2，要转换成表3是否需要重新录入呢，这个大可不必，可以采用分列操作将表格调整为合适的形式，具体如何使用在后面会加以说明。

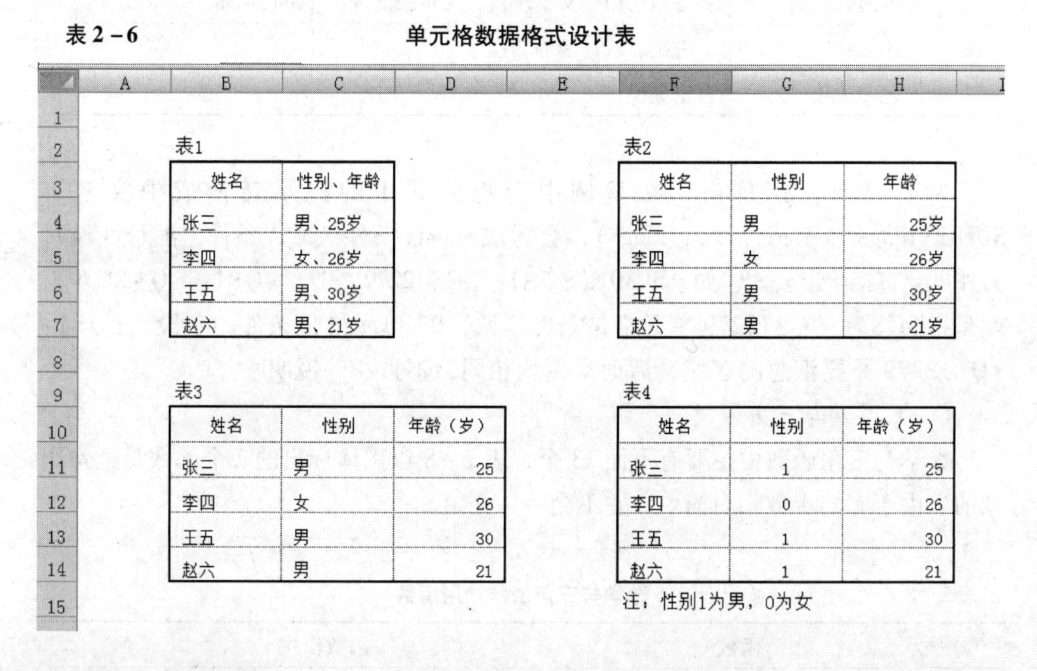

表2-6　　　　　　　　　单元格数据格式设计表

表1			表2		
姓名	性别、年龄		姓名	性别	年龄
张三	男、25岁		张三	男	25岁
李四	女、26岁		李四	女	26岁
王五	男、30岁		王五	男	30岁
赵六	男、21岁		赵六	男	21岁

表3			表4		
姓名	性别	年龄（岁）	姓名	性别	年龄（岁）
张三	男	25	张三	1	25
李四	女	26	李四	0	26
王五	男	30	王五	1	30
赵六	男	21	赵六	1	21

注：性别1为男，0为女

二、常用函数

Excel的函数总共包含11类函数，表2-7简要列出了11类函数的作用，并对常用的函数进行简单举例。后面并不对各类函数一一进行介绍，主要是根据作者个人的工作经验，结合非寿险精算工作中常用到的公式和使用技巧进行说明。

表2-7　　　　　　　　　　　　常用函数

序号	函数类型	作用	举例
1	数据库和清单管理函数	求和、计数、平均值、最大最小值等	sum、count

续表

序号	函数类型	作用	举例
2	日期和时间函数	年、月、日、周等函数	year、month、day
3	财务函数	利率、内部收益率、现值等	pv、irr
4	信息函数	判断是否数字、文本，返回单元格信息等	iserror、isnumber、istext
5	逻辑函数	条件、和、或函数	if、and、or
6	查找和引用函数	查找、引用满足条件的数值，行、列号	vlookup、indirect
7	数学和三角函数	求和、条件求和、取整等	sumif
8	统计函数	排位、计数、增长率等	rank、count、growth
9	文本函数	字符串引用、文本转换、文本长度等	left、right
10	工程函数	二进制、八进制等转换	
11	自定义函数	自定义	

为了便于大家理解，在举例中会将公式中的提示转换成中文，如SUMIF(range，criteria，sum_range)，会写成sumif(条件区域，条件，汇总区域)，另外也会直接给出公式，如=SUMIF($G$1：$G$12279，B7，$Q$1：$Q$12279)，就是指$G$1：$G$12279单元格是条件区域，B7单元格是条件的字段，$Q$1：$Q$12279是要汇总的区域，后面举例均相同，不再一一说明。

（一）数学与三角函数

数学与三角函数中主要有下面13个，表2-8以黑体标出的7个函数是经常用到的。由于有的函数相对简单，并不会一一介绍。

表2-8　　　　　　　　　　数学与三角函数常用函数

序号	函数	函数作用
1	POWER	返回数的乘幂结果
2	QUOTIENT	返回商的整数部分
3	RAND	返回0和1之间的随机数
4	RANDBETWEEN	返回指定数之间的随机数
5	ROMAN	将阿拉伯数字转换为文本形式的罗马数字
6	ROUND	将数取整至指定位数
7	ROUNDDOWN	将数向下0值取整
8	ROUNDUP	将数向上远离0值取整
9	SUM	求和
10	SUMIF	对满足条件的单元格求和

续表

序号	函数	函数作用
11	SUMIFS	对满足多个条件的单元格求和
12	SUMPRODUCT	返回相对应的数组部分的乘积和
13	TRUNC	将数截尾为整数

1. RAND。RAND 是没有参数的，只要在单元格输入 RAND( )，就会返回一个介于 0 和 1 之间的随机数，这可以用于模拟一些随机的情况，当然一般我们经常使用的模拟数可能不在 0 和 1 之间，如我们希望模拟 0 到 100 之间的数值，则可以在单元格中输入 = 100 × RAND( )；如我们希望模拟 50 到 70 之间，则可以在单元格中输入 = 20 × RAND( ) + 50。

需要注意的是每次 Excel 重新计算，返回的随机数都会发生变化，如果希望数值不再变动，则要把它拷贝粘贴成数值。

2. ROUND。ROUND（数值，小数位数），经常会使用 ROUND 将数值四舍五入到指定的小数位数，如在单元格中输入公式 = ROUND(586.957，2)，则得到 586.96。特别有意思的是小数位数是可以输入负数的，如果输入公式 = ROUND(586.957，-1)，则得到 590，也就是四舍五入到十位数。

3. SUMIF。SUMIF（条件区域，条件，汇总区域），这是个使用频率非常高的函数，经常用于汇总分支机构或者分险种的保费、赔款数据等，如要汇总各个分支机构的保费，其中 G 列是分支机构字段，Q 列是保单保费，B7 是分公司，在单元格输入公式 = SUMIF($G$1：$G$12279，B6，$Q$1：$Q$12279)，可得到不同分支结构的保费收入合计数，具体如表 2 - 9 所示。

表 2 - 9　　　　　　　　　　SUMIF 函数示例

4. SUMIFS。SUMIFS（汇总区域，条件区域 1，条件 1，条件区域 2，条件 2……），经常用于两个条件以上的保费、赔款等数据汇总，如要汇总分支机构、分险种的保费，其中 G 列是分支机构字段，H 列是分险种字段，Q 列是保单保费，B18 是分公司，C17 是险种，则在单元格输入公式 = SUMIFS($Q$1：$Q$12279，$G$1：$G$12279，$B18，$H$1：$H$12279，C$17)，可得到不同分支机构、分险种的二维保费汇总表，具体如表2-10所示。

表2-10　　　　　　　　SUMIFS函数示例

C3　　　fx　=SUMIFS($Q$1:$Q$12279,$G$1:$G$12279,$B3,$H$1:$H$12279,C$2)

	B	C	D	E	G	H	Q
1					分公司	险种产品	保费合计
2	险种\分公司	商业车险	交强险	提车险	广东分公司	商业车险	4,816
3	广东分公司	29,021,334	5,283,850	2,972	广东分公司	商业车险	3,830
4	深圳分公司	3,457,845	527,082	-	广东分公司	交强险	665
5					广东分公司	商业车险	4,001
6					广东分公司	交强险	1,100

为了便于说明上面只用了2个分支机构和3个险种，实务中一般会用更多的分支机构和险种，公式是一样的。

5. SUMPRODUCT。SUMPRODUCT（乘数区域，乘数区域……），经常用于计算加权平均数，如已知分险种的已赚保费和赔付率，计算合计的赔付率，C列是已赚保费，D列是赔付率，C31是合计的已赚保费，可以在单元格输入公式=SUMPRODUCT(C29：C30，D29：D30)/C31，即可得到合计的赔付率，如表2-11所示。

表2-11　　　　　　　　SUMPRODUCT函数示例

D31　　　fx　=SUMPRODUCT(C29:C30,D29:D30)/C31

	A	B	C	D	E
27					
28		险种	已赚保费	赔付率	
29		商业车险	1,500	55.3%	
30		交强险	390	65.6%	
31		合计	1,890	57.4%	
32					

SUMPRODUCT不仅可用于两组数据的对应相乘，也可以用于多组数据的对应相乘，不过这个在实务中比较少用到。

（二）统计函数

毫无疑问，统计函数在精算工作中使用频率非常高，具体如表2-12所示，很多函数大家非常熟悉，属于基本不用介绍的情况，如AVERAGE、MAX、MIN等（如表2-12所示），下面只简单介绍两个函数。

1. 0COUNTIF。COUNTIF（计数区域，条件），一般用于统计清单的数量，如保单数量、赔案件数等，如要汇总各个分支机构的保单数量，其中G列是分支机构字段，B11是分公司，在单元格输入公式=COUNTIF($G$1：$G$12279，B11)，则可得到分支机构的保单数量，具体如表2-13所示。

表 2–12　　　　　　　　　　　　　统计函数表

序号	函数	函数作用
1	AVERAGE	返回参数的平均值
2	AVERAGEA	返回参数的平均值，包括数字、文本和逻辑值
3	COUNT	计算上列数据中包含数字的单元格的个数
4	COUNTA	计算非空单元格的个数
5	COUNTIF	计算满足条件的单元格的个数
6	COUNTIFS	计算满足多个条件的单元格的个数
7	GROWTH	根据给定的数据预测指数增长值
8	HARMEAN	返回数据集合的调和平均值
9	MAX	返回参数列表中的最大值
10	MEDIAN	返回给定数字的中位数
11	MIN	返回参数列表的最小值
12	MODE	返回数据集中的出现最多的值
13	RANK	返回某数在数字列表中的排位
14	SMALL	返回数据集中的第 K 个最小值
15	TREND	返回沿线性趋势的值

表 2–13　　　　　　　　　　　COUNTIF 函数示例

	D	E	F	G	H	I	Q
				=COUNTIF($G$1:$G$12279,D3)			
1				分公司	险种产品	分公司	保费合计
2	分公司	承保保单数		广东分公司	商业车险	广东分公司	4,816
3	广东分公司	11,181		广东分公司	商业车险	广东分公司	3,830
4	深圳分公司	1,097		广东分公司	交强险	广东分公司	665
5				广东分公司	商业车险	广东分公司	4,001
6				广东分公司	交强险	广东分公司	1,100

2. COUNTIFS。COUNTIFS（计数区域 1，条件 1，计数区域 2，条件 2……），用于统计符合两个条件以上的保单、赔案等数量汇总，如要汇总分支机构、分险种的保单数量，其中 G 列是分支机构字段，H 列是分险种字段，Q 列示保单保费，B18 是分公司，C17 是险种，则在单元格输入公式 = COUNTIFS（$G$1：$G$12279，$B23，$H$1：$H$12279，C$22），可得到不同分支机构、分险种的二维保单数量汇总表，具体如表 2–14 所示。

表 2 – 14　　　　　　　　　　COUNTIFS 函数示例

	A	B	C	D	E	F	G	H	I	Q
1							分公司	险种产品	分公司	保费合计
2		险种\分公司	商业车险	交强险	提车险		广东分公司	商业车险	广东分公司	4,816
3		广东分公司	5,603	5,558	20		广东分公司	商业车险	广东分公司	3,830
4		深圳分公司	548	549	—		广东分公司	交强险	广东分公司	665
5							广东分公司	商业车险	广东分公司	4,001
6							广东分公司	交强险	广东分公司	1,100

C3 单元格公式：=COUNTIFS($G$1:$G$12279,$B3,$H$1:$H$12279,C$2)

总体而言，COUNTIF 和 COUNTIFS 使用方法与 SUMIF 和 SUMIFS 基本一致，但需要注意的是统计数量和金额有一定的差别，如统计保费时，对于金额为 0 的保单或者批单并不影响保费的合计数，但如果将 0 保费的保单进行数量统计则会增加保单的数量，所以在进行件数统计前一定要明确规则，对于退保、批单、零赔案等是否进行数量统计；如果不进行统计，则要提前删除，否则会影响件数计算的准确性。这不仅仅使用 Excel 进行数量统计会出现，用 Access 和 SAS 进行统计是也需要注意相应的情况。

（三）逻辑函数

逻辑函数中用的最多的是 IF 函数，就是判断条件是否符合，如果符合得到一种结果，不符合就得到另一种结果，具体如表 2 – 15 所示。

表 2 – 15　　　　　　　　　　逻辑函数表

序号	函数	函数作用
1	AND	如果所有参数为 TRUE，则返回 TRUE
2	IF	指定要执行的逻辑检测
3	IFERROR	如果公式计算出错误，则返回您指定的值；否则返回公式结果
4	OR	如果任何参数为 TRUE，则返回 TRUE

IF（判断条件，符合条件结果，不符合条件结果），如最常用的判断成绩是否合格；可在单元格中输入公式 = IF(B21 > = 60，"合格"，"不合格")，当成绩大于等于 60 分时就会显示合格，否则就是不合格；需要注意的是，使用 if 语句在 Excel 中显示文本时，要加半角的双引号，即 " "，否则会显示出错。

在实务应用中会经常使用多重 IF 语句，如手续费比例与每单保费档次等级挂钩，保费金额越高，手续费比例越高，如要实现表 2 – 16 的规则，其中 G 列是险种，P 列是保费，可在单元格中输入公式 = IF(G2 = "交强险"，4%，IF(P2 < 3000，10%，IF(P2 < 5000，12%，14%)))，即可得到对应的手续费等级，公式中使用了 3 个 IF 语句。上面的公式是为了简要说明直接把数值录入到公式中，一般使用时，通常采用引用单元格数值的形式，如 = IF(G2 = $B$10，$D$10，IF(P2 < $E$11，$D$11，IF(P2 < $E$12，$D$12，$D$13)))，这样当手续费比

例和保费档次规则发生变化时，只需修改对应规则表就可以得到新的结果，而无须修改公式，具体如表2-16所示。

表2-16　　　　　　　　　　　IF函数示例

险种	保费档次	手续费比例
交强险		4%
商业险	<3,000	10%
	3,000~5,000	12%
	>5,000	14%

此外，实务应用中IF函数经常与其他公式嵌套使用，使用原理是一样的，只是将上面的数值换成公式而已，后面函数介绍中会提到。

（四）日期和时间函数

日期和时间函数也是经常会用到的，而且也都比较简单，如用YEAR（起保日期）函数判断保单年度，但一般来说很少单独使用，通常而言会与其他函数一起使用。

另外，因为Excel中的日期函数可以进行加减，经常会用日期函数与数值进行运算，需要注意的是，Excel中的日期加减是以天为单位进行计算的，如要计算年龄，用当天减去出生日期，得到的是天数，如果要得到具体是几岁，则要用YEAR（截止日期）-YEAR（出生日期）。表2-17列出了常用的日期和时间函数。

表2-17　　　　　　　　　　　日期和时间函数表

序号	函数	函数作用
1	DAY	将系列数转换为月份中的日
2	MONTH	将系列数转换为月
3	NOW	返回当前日期和时间的系列数
4	TODAY	返回当天日期的系列数
5	WEEKDAY	将系列数转换为星期
6	YEAR	将系列数转换为年

业务人员可以用TODAY函数来管理保单的续保，可用当天日期与终保日期对比，判断保单是否需要进行续保提醒，如终保日期已过，则显示"脱保"；如离续保不到30天，则显示"即将续保"，否则显示距续保的天数；如C列是终保日期，在单元格中输入公式=IF(C24-TODAY()<0,"脱保",IF(C24-TODAY()<30,"即将续保",C24-TODAY()))。

(五) 信息函数

信息函数主要是用于判断"是""否"，精算实务中不常用到，有时 Excel 表中会存在文本型数值，在计算的时候可能发生错误，这时可以用 ISNUMBER 进行检验，如果检验出文本，需要转换成数值时，可以使用分列操作，后面"菜单命令"部分会进行介绍。表 2-18 列出了常用的信息函数。

表 2-18　　　　　　　　　　　信息函数

序号	函数	函数作用
1	CELL	返回有关单元格格式、位置或内容的信息
2	COUNTBLANK	计算区域中空单元格的个数
3	ISERROR	如果值为任何错误值，则返回 TRUE
4	ISNUMBER	如果值为数字，则返回 TRUE
5	ISTEXT	如果值为文本，则返回 TRUE

(六) 财务函数

财务函数非寿险精算实务中较少用到，表 2-19 列出了常用的财务函数，如果参与财务预测、投资测算的精算人员可以自行上网查询或者使用 Excel 中的帮助进行学习。

表 2-19　　　　　　　　　　　财务函数

序号	函数	函数作用
1	EFFECT	返回实际年利率
2	FV	返回投资的未来值
3	IRR	返回一组现金流的内部收益率
4	PV	返回投资的现值

(七) 查找和引用函数

查找和引用函数在精算实务中经常会使用，尤其 VLOOKUP、HLOOKUP、INDIRECT、ADDRESS 和 OFFSET。表 2-20 列出了常用的查找和引用函数。

表 2-20　　　　　　　　　　　查找和引用函数

序号	函数	函数作用
1	ADDRESS	以文本形式返回对工作表中单个单元格的引用
2	COLUMN	返回引用的列号

续表

序号	函数	函数作用
3	COLUMNS	返回引用中的列数
4	HLOOKUP	查找数组的顶行并返回指示单元格的值
5	INDEX	使用索引从引用或数组中选择值
6	INDIRECT	返回由文本值表示的引用
7	OFFSET	从给定引用中返回引用偏移量
8	ROW	返回引用的行号
9	ROWS	返回引用中的行数
10	TRANSPOSE	返回数组的转置
11	VLOOKUP	查找数组的第一列并移过行，然后返回单元格的值

1. VLOOKUP。是否能熟练使用 VLOOKUP 函数可以作为是否熟练使用 Excel 的标志之一。

VLOOKUP（查找目标，查找范围，查找第几列，是否精确匹配），如经常要将代码转换成具体的分支机构或者险种名称，如 H 列是机构代码，Index！$B$2：$C$55 区域是机构代码对应的机构名称表，在单元格中输入公式 =VLOOKUP(H2，Index！$B$2：$C$55，2)，可以将机构代码转换成机构名称，如"4400"为"广东分公司"。

VLOOKUP 还经常用于两张清单表的信息匹配，如通过保单号或者赔案号进行起保日期、出险日期等信息匹配。

需要注意的是最后一个参数，false 才是精确匹配，就是要完全一致才能返回匹配的信息；true 表示近似匹配，即使不完全一致也能返回匹配的信息。一般来说，我们使用的是精确匹配。此外，可以用 0 或空值代表 false，用 1 代表 true；另外需要注意的是如果最后参数用空值，而前面的逗号不小心遗漏的话，返回的是近似匹配的信息。如 =VLOOKUP(H2，Index！$B$2：$C$55，2)，在使用中要注意。

HLOOKUP 的使用和 VLOOKUP 的使用基本一致，稍有差异的是 HLOOKUP 是按行查找的，大家可以自己尝试，这里不再赘述。

2. INDIRECT 和 ADDRESS。INDIRECT 和 ADDRESS 组合的函数是非常好用的函数，主要用于多表格操作，即将多个表格的信息汇总到其中一个表格，或者将一张表格的信息拆分到多张表格，可以极大地提高效率，减少错误。

INDIRECT（ADDRESS（行号，列号,,,工作表名称）），ADDRESS 函数用于获取单元格的地址，如在单元格中输入公式 =ADDRESS(5，3,,,"保费清单")，则得到"保费清单！$C$5"，就是保费清单表中 C5 单元格的地址，indirect 是得到该单元格的信息，假设"保费清单！$C$5"单元格录入的是广东，输入公式 =INDIRECT(ADDRESS(5，3,,,"保费清单"))，则得到"保费清单！$C$5"单元格的信息"广东"。

ADDRESS 函数中的参数都是可以直接引用单元格信息的,这样改变"行号、列号和工作表名称"就可以获取不同表格、不同单元格的信息。

如我们让各家分支机构报送了下面格式的信息,并希望汇总到同一张表格中,我们就可以用 INDIRECT 和 ADDRESS 函数进行汇总,具体如表 2 - 21 - 1 和表 2 - 21 - 2 所示。

表 2 - 21 - 1　　　　　　INDIRECT 和 ADDRESS 组合函数示例

	交强险	商业车险	提车险
非营业党政机关事业团体	24,953	94,753	—
非营业个人	3,824,044	22,216,757	2,972
非营业企业	869,886	4,584,891	—
摩托车	240	176	—
特种车	17,442	92,322	—
营业城市公交	55,266	205,244	—
营业公路客运	118,658	242,131	—
营业货运	68,262	302,142	—

只要在汇总表中输入公式 = INDIRECT(ADDRESS($A8, 3,,, E$2)),即可将各家分支机构交强险的保费收入汇总到同一张表格中,其中需要注意行号要引用下表中左边第一列的行号,表格名称要引用下表中第一行的表格名称(注:表格名称用的是代码)。

表 2 - 21 - 2　　　　　　INDIRECT 和 ADDRESS 组合函数示例

	表格代码	4401	4403	4405	4406	4413	4419
	交强险						
行号		广州	深圳	佛山	中山	惠州	梅州
4	非营业党政机关事业团体	24,953	—	—	1,070	—	—
5	非营业个人	3,824,044	472,390	26,880	24,485	51,780	99,358
6	非营业企业	869,886	42,627	900	904	5,901	11,741
7	摩托车	240	—	—	—	—	—
8	特种车	17,442	—	—	—	—	—
9	营业城市公交	55,266	—	—	—	—	—
10	营业公路客运	118,658	—	—	—	—	—
11	营业货运	68,262	12,065	—	—	—	—

反之，也可以用 INDIRECT 和 ADDRESS 将汇总的信息拆分到各个表格中去，如拆分成不同机构或者拆分成不同险种，这在实务工作中经常用到。

这两个组合函数灵活使用的关键是"行号、列号和表格名称"的灵活应用，一般不在公式中直接输入具体的"数字和表格名称"，而是引用单元格的"数字和名称"，结合引用单元格的变化，改变"行、列号和表格名称"，就可以获取不同表格、不同单元格的信息。

3. OFFSET。OFFSET（参照单元格，偏移行数，偏移列数，引用行数，引用列数），可以用于流量三角形的形式转换。

我们原始生成的流量三角形如下，是向右偏的，纵向是出险时间，横向是赔付时间，这种三角形便于汇总各个赔付区间的赔款，以便与财务数据和进行核对。如表 2–22–1 所示。

表 2–22–1　　　　　　　　　　　OFFSET 函数示例

DM/PM	201401	201402	201403	201404	201405	201406	201407	201408	201409	201410	201411	201412
201401	5,316,092	2,768,212	2,943,602	1,221,845	767,121	142,825	198,939	39,806	34,742	25,020	420,377	126,140
201402	-	4,216,862	4,714,751	1,624,784	653,347	177,611	230,452	82,568	16,602	19,339	157,142	96,480
201403	-	-	4,710,600	3,982,391	1,952,947	607,926	332,900	141,000	102,790	60,278	44,197	34,903
201404	-	-	-	4,916,330	3,330,958	1,798,523	472,224	242,771	157,094	148,222	135,162	61,733
201405	-	-	-	-	6,182,054	5,544,515	2,307,558	686,844	411,245	232,131	227,002	54,786
201406	-	-	-	-	-	4,967,473	4,380,467	1,776,864	747,747	160,231	387,787	265,239
201407	-	-	-	-	-	-	6,004,447	4,529,920	1,908,244	445,477	546,483	673,699
201408	-	-	-	-	-	-	-	5,522,986	5,637,393	2,027,336	784,129	782,016
201409	-	-	-	-	-	-	-	-	5,848,724	4,487,817	2,380,920	1,522,453
201410	-	-	-	-	-	-	-	-	-	6,455,232	5,691,094	2,728,619
201411	-	-	-	-	-	-	-	-	-	-	5,892,990	6,489,173
201412	-	-	-	-	-	-	-	-	-	-	-	8,455,669

但我们一般做准备金评估时使用的是，希望纵向是出险时间，横向是进展时间，如表 2–22–2 所示。

表 2–22–2　　　　　　　　　　　OFFSET 函数示例

DM/PM	1	2	3	4	5	6	7	8	9	10	11	12
201401	5,316,092	2,768,212	2,943,602	1,221,845	767,121	142,825	198,939	39,806	34,742	25,020	420,377	126,140
201402	4,216,862	4,714,751	1,624,784	653,347	177,611	230,452	82,568	16,602	19,339	157,142	96,480	
201403	4,710,600	3,982,391	1,952,947	607,926	332,900	141,000	102,790	60,278	44,197	34,903		
201404	4,916,330	3,330,958	1,798,523	472,224	242,771	157,094	148,222	135,162	61,733			
201405	6,182,054	5,544,515	2,307,558	686,844	411,245	232,131	227,002	54,786				
201406	4,967,473	4,380,467	1,776,864	747,747	160,231	387,787	265,239					
201407	6,004,447	4,529,920	1,908,244	445,477	546,483	673,699						
201408	5,522,986	5,637,393	2,027,336	784,129	782,016							
201409	5,848,724	4,487,817	2,380,920	1,522,453								
201410	6,455,232	5,691,094	2,728,619									
201411	5,892,990	6,489,173										
201412	8,455,669											

这时我们可以用 OFFSET 函数进行转换，我们观察到行的排列是不变的，只是把下一行往左移动一列，这样我们以原表的单元格作为参照单元格，每下移一行就往左移动一列，在相应表格中输入公式 = OFFSET(C4,, $O18,,)，并填充到三角形中，就可得到转换的三角形。注意参照单元格"C4"和偏移列数"$O18"引用相应的单元格信息，具体表 2–22–3 所示。

表 2-22-3　　　　　　　　　OFFSET 函数示例

（表格图像，OFFSET 函数使用示例，包含两个数据表，显示了原始数据矩阵和经 OFFSET 函数处理后的数据矩阵，以及公式 =OFFSET(C4,,$O18,,)）

4. TRANSPOSE。TRANSPOSE 用于数组行和列的转换，即可以将一列数转换成一行数，也可以将一行数转换成一列数，需要注意的是，输入公式的时候要同时选择同样的单元格数量，行和列的数量要一致，在公式编辑栏中输入公式如 =TRANSPOSE(C17：C28) 后要同时按 Ctrl + Shift + Enter 键才能完成转换，如果只按 Enter 键会出错。

5. ROW 和 COLUMN。ROW 函数用于引用单元格的行号，如在 C5 单元格中输入 =ROW() 得到 5，我们在编辑公式时，有时需要在公式中添加参数，而参数的变动正好与行号的变动一致的时候，就可以直接引用单元格的行号作为参数。COLUMN 的使用与 ROW 一样。

（八）文本函数

文本函数主要用于获取一段文本中的某几个字符，在实务中也会经常用到，如在保单号中获取机构代码或者险种代码，在身份证号中获取出生年月日等。表 2-23 列出了常用的文本函数。

表 2-23　　　　　　　　　　　文本函数

序号	函数	函数作用
1	CHAR	返回由编码号码所指定的字符
2	CODE	返回文本串中第一个字符的数字编码
3	FIND	在其他文本值中查找文本值（区分大小写）
4	LEFT	返回文本值中最左边的字符
5	LEN	返回文本串中字符的个数

续表

序号	函数	函数作用
6	LOWER	将文本转换为小写
7	MID	从文本串中的指定位置开始返回特定数目的字符
8	PROPER	将文本值中每个单词的首字母设置为大写
9	RIGHT	返回文本值中最右边的字符
10	SEARCH	在其他文本值中查找文本值（不区分大小写）
11	TEXT	设置数字的格式并将其转换为文本
12	UPPER	将文本转换为大写
13	&	将两串字符连接

1. LEFT 和 RIGHT。LEFT（字符串，字符数），可用于获取一段文本中左边的字符，如我们导出清单是机构代码显示"广东分公司、深圳分公司……"为了显示简洁，我们只需要显示"广东、深圳……"这时我们可以在单元格中输入公式 = LEFT(C2，2)，则可将 L 列中的分支机构名称进行简化，只得到前两个字符的名称。

RIGHT（字符串，字符数），获取的是文本右边的字符，使用方法与 LEFT 完全一样。

2. MID。MID（字符串，开始字符位置，字符数），可用于获取一段文本中从指定位置开始的指定字符数，如我们需要获取身份证号中的出生年月日，如身份证号为"110203198503251123"，可以在单元格中输入公式 = MID(B7，7，8)，则可获取从第七个数字开始的 8 位数"19850325"。

3. &。与 MID 函数相反，& 是将两个或者多个字符串连起来成为文本，如人力资源部在收集员工信息时候，有时会将姓和名分开，在使用时如需要将姓名和起来，可以采用 & 函数。

如表 2 – 24 的姓和名，在单元格中输入公式 = C2&C3，即可将姓名连接起来。有的姓名是两个字，有的是三个字，为了美观，经常会在两个字的中间空一格，这时可以输入公式 = IF(LEN(C2&C3) <3，C2& " " &C3，C2&C3)，先用 IF 函数判断，但姓名的长度小于 3 个字时，在中间增加一个空格"C2& " " &C3"，就得到最后一行的姓名，具体如表 2 – 24 所示。

表 2 – 24 　　　　　　　　　& 函数示例

姓	宋	卢	吴	公孙	关	林	秦	呼延
名	江	俊义	用	胜	胜	冲	明	灼
姓名	宋江	卢俊义	吴用	公孙胜	关胜	林冲	秦明	呼延灼
姓　名	宋　江	卢俊义	吴　用	公孙胜	关　胜	林　冲	秦　明	呼延灼

（九）自定义函数

Excel 有自带函数库，但有时候我们觉得函数不够用，或者需要由多个函数进行组合，输入的参数太多，比较麻烦，这时候可以通过自定义函数来使用，下面简单介绍自定义函数的步骤。

1. 点击"工具"中的"宏"，选择"Visual Basic 编辑器"项（按"Alt + F11"快捷键一样效果），如图 2 - 2 - 1 所示。

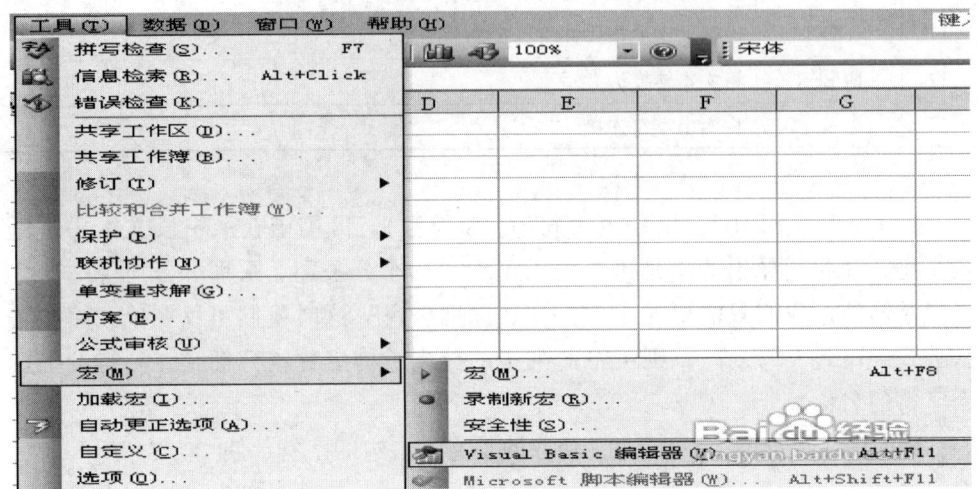

图 2 - 2 - 1　自定义函数示例

2. 在执行步骤 1 后跳出"Visual Basic 编辑器 - Book1"窗口，如图 2 - 2 - 2 所示。

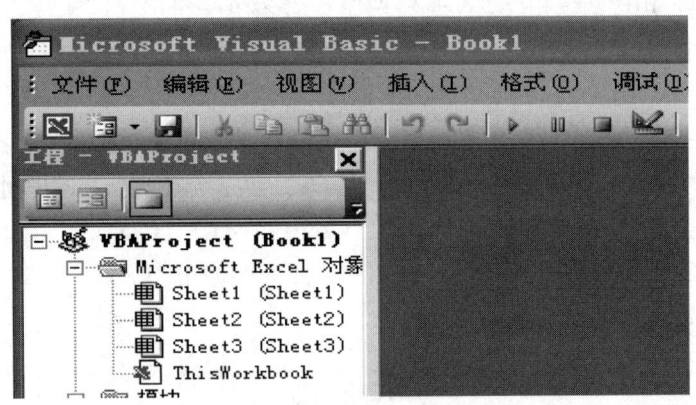

图 2 - 2 - 2　自定义函数示例

3. 在"Visual Basic 编辑器 - Book1"窗口中，点击"插入"中的"模块"项，如图 2 - 2 - 3 所示。

图 2 - 2 - 3　自定义函数示例

4. 执行步骤 3，会跳出如下命令窗口，如图 2 - 2 - 4 所示。

图 2 - 2 - 4　自定义函数示例

5. 在"Book1 - 模块 1（代码）"窗口里输入：
Function S(a, b)
S = a * b/2
End Function
如图 2 - 2 - 5 所示。

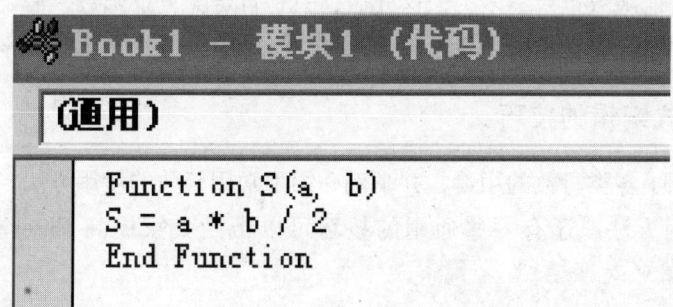

图 2 - 2 - 5　自定义函数示例

6. Function S(a, b) 是定义函数及参数的, 自定义函数必须首先这么定义自己的函数, 然后以 End Function 作结束。输入完毕, 关闭窗口, 自定义的函数就完成了。

7. 下面看看我们自定义的函数实际的运用, 如图 2-2-6 中的两组数据, 我们来计算面积。

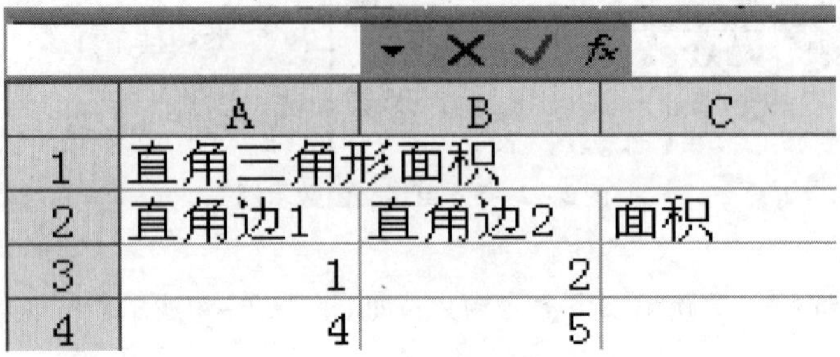

图 2-2-6 自定义函数示例

8. 表格中, 点击 C3 单元格, 在 fx 处输入"=S(A3, B3)"就行了, 只要一回车确定, 面积就出来了, 如图 2-2-7 所示。

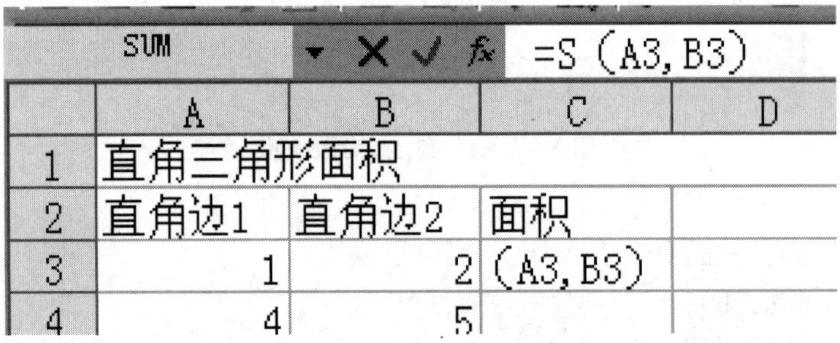

图 2-2-7 自定义函数示例

9. C4 单元格面积的确定, 和 C3 单元格一样, 只是"=S(A4, B4)"。依次类推, 其实, 其他函数也差不多类似这样做, 只是自定义复杂函数, 需要更复杂的数学知识和 VBA 知识, 这需要不断的学习和积累。

三、公式编辑的技巧

上面介绍了各类行数的用途, 并举例介绍了常用函数的使用方法, 除了各个函数的具体使用方法, 还有一些通用的技巧可以帮助大家提高 Excel 函数的使用技能。

(一) 公式中数值或名称的引用

在函数公式编辑中, 经常会输入数值或名称, 如我们要汇总保费清单中"广东分公司"的保费数据，可以输入公式＝SUMIF（＄G＄1：＄G＄12279,"广东分公司"，＄Q＄1：＄Q＄12279），这样可以将清单中广东分公司的保费进行汇总，过一天我们需要汇总深圳分公司的数据，则我们把公式修改为＝SUMIF（＄G＄1：＄G＄12279,"深圳分公司"，＄Q＄1：＄Q＄12279），这样可以达到我们的目的，但每次都要修改公式，而且看起来不够直观，我们要确定汇总的数据到底是"广东分公司"还是"深圳分公司"时，我们需要查看公式才知道。

另一种方式是，把公式中的名称"广东分公司"修改成引用单元格的信息，如＝SUMIF（＄G＄1：＄G＄12279，B1，＄Q＄1：＄Q＄12279），这样每次只要修改B1单元格中分公司的名称就可以得到对应分公司的数据，如表2－25所示。

表2－25　　　　　　　　　公式中名称的引用示例

	A	B	C	D	E
1	分公司	广东分公司			
2					
3					
4	保费合计	34,308,155			
5					

B4单元格公式：=SUMIF($G$1:$G$12279, B1, $Q$1:$Q$12279)

引用数值也会有同样的情况，通常编辑公式不能只按一次使用考虑，为了以后方便修改，除了一般不会变动的数值和名称外，通常不建议在公式中输入具体的数值和名称，而是引用单元格的数值和名称，这样只要修改单元格的数值和名称就能得到新的结果。

（二）灵活使用单元格的绝对引用和相对引用

从上面的例子中，大家可以看到，大部分函数都会引用表格中的单元格，有些单元格地址前面会有一个"＄"符号，这时表示绝对引用的意思，一般而言，我们编辑函数，不可能只填充在一个单元格，有可能用于一行或者一列，或者是一个二维区域，当公式在不同单元格时，如果我们希望引用的区域或者单元格不发生变化，就在前面增加一个"＄"符号，每个单元格的地址都是一个二维的代码，就是由列和行组成的，Excel默认的单元格引用是相对引用的，就是当公式向下填充的时候行标会发生变化，向右填充的时候，列标会发生变化，如表2－26－1所示，我们看到公式向下填充的时候行标逐渐增加"C4→C5→C6→C7……"，向右填充的时候列标逐渐增加"C4→D4→E4……"，如表2－26－1所示。

表2－26－1　　　　　　　　　相对引用和绝对引用示例

＝C4	＝D4	＝E4
＝C5	＝D5	＝E5
＝C6	＝D6	＝E6
＝C7	＝D7	＝E7

如果要完全固定一个单元格地址，则要在列标和行标前都加上"＄"符号，如"＄C＄4"，这样公式在拖曳填充的过程中，"＄C＄4"单元格都是不变的，如表 2-26-2 所示。

表 2-26-2　　　　　　　　　　相对引用和绝对引用示例

＝＄C＄4	＝＄C＄4	＝＄C＄4
＝＄C＄4	＝＄C＄4	＝＄C＄4
＝＄C＄4	＝＄C＄4	＝＄C＄4
＝＄C＄4	＝＄C＄4	＝＄C＄4

如果只在列标上加"＄"符号，如"＄C4"，则公式在向下拖曳填充的时候，行标是会发生变化的，但公式在向右拖曳填充时，列标由于使用了"绝对应用"，都不会发生变化。具体如表 2-26-3 所示。

表 2-26-3　　　　　　　　　　相对引用和绝对引用示例

＝＄C4	＝＄C4	＝＄C4
＝＄C5	＝＄C5	＝＄C5
＝＄C6	＝＄C6	＝＄C6
＝＄C7	＝＄C7	＝＄C7

反之，列标变化，行标不变。具体如表 2-26-4 所示。

表 2-26-4　　　　　　　　　　相对引用和绝对引用示例

＝C＄4	＝D＄4	＝E＄4
＝C＄4	＝D＄4	＝E＄4
＝C＄4	＝D＄4	＝E＄4
＝C＄4	＝D＄4	＝E＄4

如公式＝SUMIFS（＄Q＄1：＄Q＄12279，＄G＄1：＄G＄12279，＄B18，＄H＄1：＄H＄12279，C＄17），第一项"＄Q＄1：＄Q＄12279"是清单的保费，第二项"＄G＄1：＄G＄12279"和第四项"＄H＄1：＄H＄12279"是清单中的机构和险种，需要与保费一一对应，所以都不希望发生变动，列标和行标都加了"＄"符号；第三项"＄B18"是引用汇总表中的机构，因为一行代表一个机构，所以希望在不同行引用不同机构，但不同列仍然保持相同的机构，即行标可以变动、列标不变，所以在列标前加"＄"符号，这样在同一行引用的都是"＄B18"，而在下一行引用的

是"$B19";第五项"C$17"是引用汇总表中的险种,每列代表不同险种,所以希望在不同列引用不同的险种,但不同行仍然保持相同的险种,即列标可以变动、行标不变,所以在行标前加"$"符号,这样在下一行仍然引用"C$17",但在右边列引用的是"D$17"。具体如表2–26–5所示。

表2–26–5　　　　　　　　　　相对引用和绝对引用示例

险种/ 分公司	商业车险	交强险
广东 分公司	= SUMIFS （$Q$1：$Q$12279, $G$1：$G$12279, $B18, $H$1：$H$12279, C17）	= SUMIFS （$Q$1：$Q$12279, $G$1：$G$12279, $B18, $H$1：$H$12279, D17）
深圳 分公司	= SUMIFS （$Q$1：$Q$12279, $G$1：$G$12279, $B19, $H$1：$H$12279, C17）	= SUMIFS （$Q$1：$Q$12279, $G$1：$G$12279, $B19, $H$1：$H$12279, D17）

　　Excel编辑公式引用单元格时,默认的是相对引用,如果要改成绝对引用,可以在公式编辑栏上直接输入"$"符号,即"shift+数字键4",也可在公式编辑栏按"F4"进行转换,每按一下"F4"键,转换的过程分别是"相对引用→全绝对引用→行绝对引用→列绝对引用→相对引用"。

　　什么时候使用绝对引用,一般而言,对于清单或者原始数据因为希望汇总的清单区域是不变的,会用全绝对引用;对于汇总表或者合计表中行标签(行标签和列标签的区分参照数据透视表)对列使用绝对引用,对行使用相对引用;对于列标签对行使用绝对引用,对列使用相对引用;对于整个表的筛选条件使用全绝对引用。绝对引用和相对引用只要对用、多试,很快就会熟悉。

(三) 对清单汇总区域预留更多的行

　　如前面提到的公式=SUMIF($G$1：$G$12279, B1, $Q$1：$Q$12279),从公式中我们可以看出,是对12279行的数据进行汇总,假如这是一个月的数据,未来我们都要按这个格式进行汇总,我们知道数据量大概都是1万多行,有时多一些,有时少一些,为了避免以后每次都要修改公式,我们可以在编辑公式时预留更多的行,如把公式写出=SUMIF($G$1：$G$20000, B1, $Q$1：$Q$20000),这样只要数据不超过2万行,就不用再修改公式,只要更新清单数据就能得到结果了。

　　假如可能会用更多的数据,这时还有另一个方法,就是引用整列,如把公式修改为==SUMIF(G：G, B1, Q：Q),这样就是引用整个G列和Q列的数据,只要数据清单不超过Excel行数1,048,576行的数量,就不用修改数据,而且如果超过Excel的行数一般也不会再使用Excel进行汇总了。

　　既然可以引用整列,有的人可能会说,那我以后每次都引用整列就好了,这也会有一个问题，如果公式太过复杂，可能会导致运算速度下降，所以通常要有个取舍，一般还是不建议引用整列，预留的行次只要够用就行。

（四）不同公式可以实现同样功能

前面提到用 OFFSET 可以实现流量三角形的转换，实际上使用 INDEX 也同样可以实现同样的转换，INDEX（引用区域，区域行数，区域列数），就是可以按指定行、列返回引用区域内的数值，如表 2-27-1 和表 2-27-2 所示。

表 2-27-1   不同公式实现同样功能示例

DM/PM	201401	201402	201403	201404	201405	201406	201407	201408	201409	201410	201411	201412
201401	5,316,092	2,768,212	2,943,602	1,221,845	767,121	142,825	198,939	39,806	34,742	25,020	420,377	126,140
201402	-	4,216,862	4,714,751	1,624,784	653,347	177,611	230,452	82,568	16,602	19,339	157,142	96,480
201403	-	-	4,710,600	3,982,391	1,952,947	607,926	332,900	141,000	102,790	60,278	44,197	34,903
201404	-	-	-	4,916,330	3,330,958	1,798,523	472,224	242,771	157,094	148,222	135,162	61,733
201405	-	-	-	-	6,182,054	5,544,515	2,307,558	686,844	411,245	232,131	227,002	54,786
201406	-	-	-	-	-	4,967,473	4,380,467	1,776,864	747,747	160,231	387,787	265,239
201407	-	-	-	-	-	-	6,004,447	4,529,920	1,908,244	445,477	546,483	673,699
201408	-	-	-	-	-	-	-	5,522,986	5,637,393	2,027,336	784,129	782,016
201409	-	-	-	-	-	-	-	-	5,848,724	4,487,817	2,380,920	1,522,453
201410	-	-	-	-	-	-	-	-	-	6,455,232	5,691,094	2,728,619
201411	-	-	-	-	-	-	-	-	-	-	5,892,990	6,489,173
201412	-	-	-	-	-	-	-	-	-	-	-	8,455,669

表 2-27-2   不同公式实现同样功能示例

DM/PM	201401	201402	201403	201404	201405	201406	201407	201408	201409	201410	201411	201412
201401	5,316,092	2,768,212	2,943,602	1,221,845	767,121	142,825	198,939	39,806	34,742	25,020	420,377	126,140
201402	4,216,862	4,714,751	1,624,784	653,347	177,611	230,452	82,568	16,602	19,339	157,142	96,480	-
201403	4,710,600	3,982,391	1,952,947	607,926	332,900	141,000	102,790	60,278	44,197	34,903	-	-
201404	4,916,330	3,330,958	1,798,523	472,224	242,771	157,094	148,222	135,162	61,733	-	-	-
201405	6,182,054	5,544,515	2,307,558	686,844	411,245	232,131	227,002	54,786	-	-	-	-
201406	4,967,473	4,380,467	1,776,864	747,747	160,231	387,787	265,239	-	-	-	-	-
201407	6,004,447	4,529,920	1,908,244	445,477	546,483	673,699	-	-	-	-	-	-
201408	5,522,986	5,637,393	2,027,336	784,129	782,016	-	-	-	-	-	-	-
201409	5,848,724	4,487,817	2,380,920	1,522,453	-	-	-	-	-	-	-	-
201410	6,455,232	5,691,094	2,728,619	-	-	-	-	-	-	-	-	-
201411	5,892,990	6,489,173	-	-	-	-	-	-	-	-	-	-
201412	8,455,669	-	-	-	-	-	-	-	-	-	-	-

观察表 2-27-1、表 2-27-2 的差异，我们发现，行的次序是没有变化的，列的次序每往下一行，列依次增加一列。由于第一行与原表一样，对于这种情况，一般建议从第二行开始编辑公式，我们可以编辑公式 = INDEX（$C$3：$N$14，$O33，C$30＋$O33－1），"$C$3：$N$14"表示引用的区域，即原始流量三角形；"$O33"表示行序，因为不会变化，所以只有一个参数，每一行往下依次增加 1；"C$30＋$O33－1"表示列序，因为第二行的第一列引用的是原表中第二行的第二列，"C$30"表示原来的列序，也是依次增加的，"$O33－1"表示每往下一行需要增加的列序，如第二行就是"2－1＝1"，表示需要在原来基础上增加一列，只要填充公式即可得到表 2-27-3。

表 2-27-3　　　　　　　　　不同公式实现同样功能示例

做完后，我们发现表格中出现了一些"#REF!"，这是表示"无效的单元格引用"，因为原表只有 12 行×12 列，我们引用的列序超过 13 的时候就会出现错误，这时可以在公式前增加 IFERROR 公式解决，输入公式 =IFERROR(INDEX($C$3:$N$14, $O49, C$30+$O49-1)," ")，即出现错误时，显示空值，结果如表 2-27-4 所示。

表 2-27-4　　　　　　　　　不同公式实现同样功能示例

对于采用哪个公式进行编辑，主要取决于每个人对不同函数公式的掌握程度和使用习惯，从前面的分析可以看出，OFFSET 看起来比 INDEX 简洁得多，但实际上 OFFSET 的引用数据也超出了原表的范围，只是正好超出的部分是空白的，所以显示为 0，如果超出的表格部分是有数值的也要修改公式才能符合要求。

同样道理，Excel 的很多不同函数均可以实现同样的功能，有的函数本来就是其他函数的组合，如 IFERROR 就是 IF 和 ISERROR 的组合，在 2003 版之前是没有的，2007 版之后才增加该函数。大家通过不断地使用、积累经验，逐渐就能发现最合适、效率最高、形式最简化的函数。

（五）养成写操作说明的习惯

前面提到，我们在编辑函数公式时通常不是一次性的，一般会重复使用该表格，所以除了一目了然的公式之外，对于每个 Excel 表，建议在前面简要编辑公式说明及注意事项，如对于前面根据分公司保费清单汇总的公式 =SUMIF($G$1:

$G$20000，B1，$Q$1：$Q$20000)，可以编辑更新说明。

1. 只要更改 B1 单元格中的分公司名称就能得到对应分公司的保费汇总数。
2. 更新清单数据，可以得到新的统计时点的分公司保费汇总数。
3. 如果清单数超过 2 万条，要注意修改公式中的行数，否则会遗漏部分数据。

这样便于自己使用，也便于别人使用，如果自己临时有事，只要把表格发给同事，同事也可以帮你完成相应工作。

（六）在函数公式中输入文本的要加双引号

我们输入公式 = IF(A1 > = 60，合格，不合格)，即判断得分是否超过 60 分，超过 60 分的显示"合格"，不足 60 分的显示"不合格"，发现结果是"#NAME?"，原因是输入的文本"合格"和"不合格"未加双引号，正确的公式是 = IF(A1 > = 60，"合格"，"不合格")，需要注意的是 Excel 公式中的双引号是英文输入方式下的双引号，其他公式也是类似情况，如果公式中带有文本字段，当结果出现"#NAME?"，需要检查文本是否加了双引号。

四、菜单命令

大家对 Excel 等软件的菜单命令都比较熟悉，对于一些常用的菜单命令，如字体、格式等跟 Word 同样功能的菜单命令不再一一赘述，下面的菜单命令是 Excel 特有且能提高 Excel 使用能力的常用菜单命令。下面列出了常用菜单命令所在的位置及简单的作用描述，具体如表 2 - 28 所示。

表 2 - 28　　　　　　　　　　菜单命令

菜单命令	位置	作用
条件格式	开始 - 条件格式	按条件标示不同颜色
选择性粘贴	开始 - 粘贴 - 选择性粘贴	将内容粘贴成需要的格式
排序	数据 - 排序	按一定条件对单元格进行排序
分列	数据 - 分列	将整行内容分成几列
数据有效性	数据 - 数据有效性	允许输入数据的类型和范围
删除重复项	数据 - 删除重复项	删除重复的数据
编辑链接	数据 - 编辑链接 - 更改源	更改引用的"源文件"，将外部引用更新到最新的文件
追踪引用单元格	公式 - 追踪引用单元格	追踪引用的单元格
显示公式	公式 - 显示公式	查看单元格的公式
公式	计算选项 - 手动	将 Excel 的自动计算切换成手动计算
打印区域	页面布局 - 打印区域	设置需要打印的区域

续表

菜单命令	位置	作用
分页预览	视图－分页预览	突出显示打印的区域
打印标题	页面布局－打印标题	打印时每页都打印标题
保护工作表	审阅－保护工作表	对锁定的区域进行保护

下面就表2-28中的各项菜单命令做一个简要的介绍和举例说明。

（一）条件格式

尽管经常与数据打交道，但是在一组数据中找出最大值和最小值还是要花费较长的时间和精力，由于对图形的敏感性远高于对数据的敏感性，如果加上颜色或者图标则可以一目了然，条件格式就是为此而设置的。

条件格式包括突出显示单元格规则、项目选取规则、数据条、色阶、图标集等相关标识规则，可以为数据的大小做标识。其中比较常用的有突出显示单元格规则和数据条。

1. 突出显示单元格规则。设置一定的规则，符合规则的就会突出显示，可以设置字体或者单元格底色等突出显示，让使用者一眼就能看到符合规则的数据。如设置点播次数大于40,000的填充不同的颜色和文本颜色，设置后就能轻松发现相应的数据，具体如图2-3-1所示。

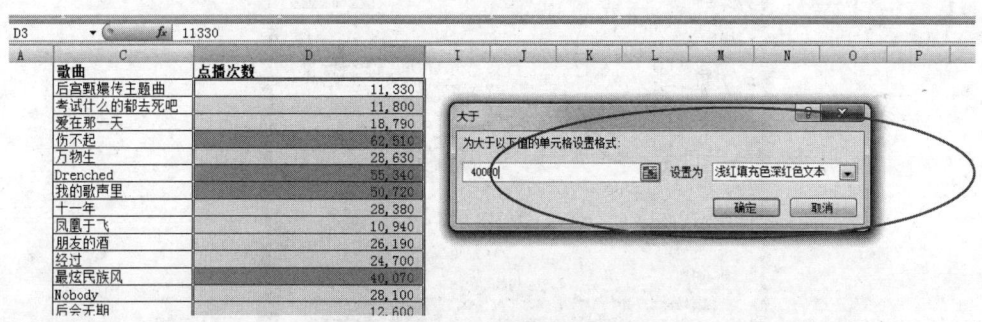

图2-3-1　条件格式使用示例

注：图片是电脑截图，下同。

2. 数据条。通过设置数据条，能轻松地比较数据的大小，具体如图2-3-2所示。

其他的设置类似，不再一一说明。

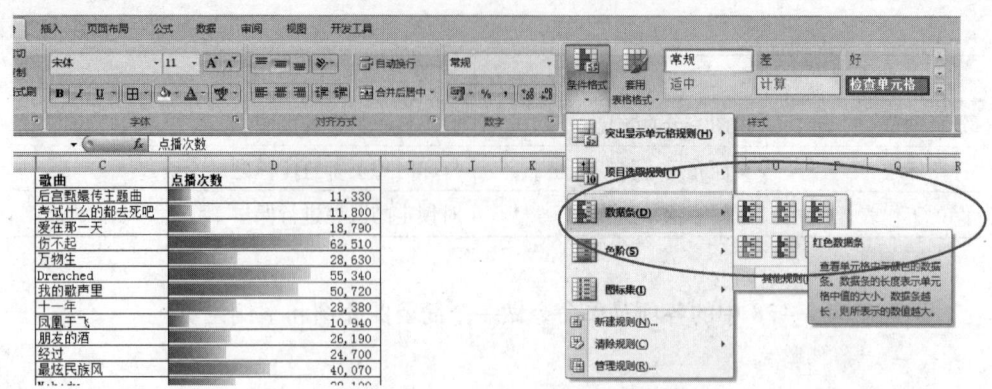

图 2-3-2 条件格式使用示例

（二）选择性粘贴

有时我们在编辑公式得到计算结果后，把结果拷贝到另一个文件时，由于另一个文件没有基础数据，粘贴后显示的是错误的结果，这时我们可以采用选择性粘贴的功能。

即把结果选择性粘贴成数值，这样在另一个文件中显示的就是数值的结果，不会因为基础数据没有拷贝过去而显示错误的结果。具体如图 2-4 所示。

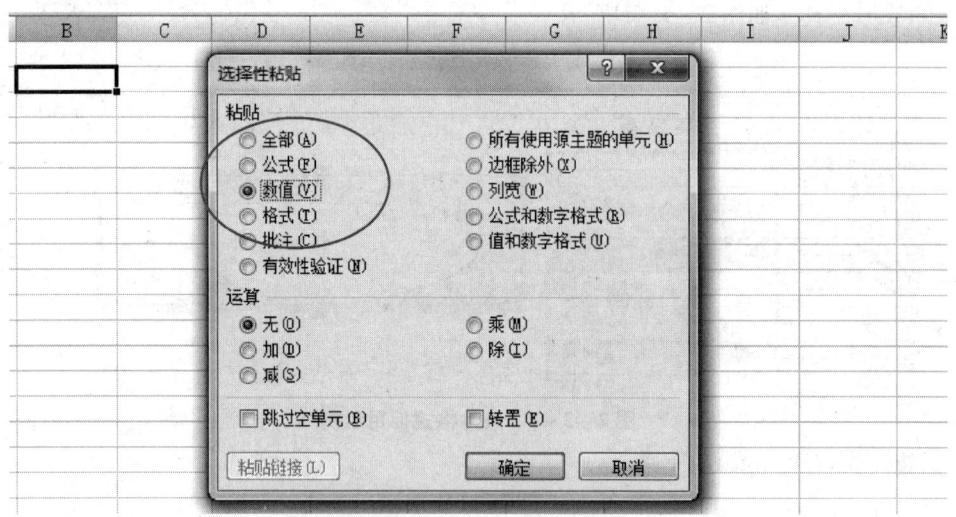

图 2-4 选择性粘贴使用示例

除了选择性粘贴为数值之外，还可以选择性粘贴公式、格式或者批注等，如我们要给另一个表格增加同样的批注内容，但单元格的公式是不一样的，这时可以选择性粘贴批注。

（三）排序

我们经常根据数据的大小进行排列，如我们要看看分支机构的保费收入高低排名，就可以通过“排序”命令进行排名，这个命令比较简单。Excel 默认的排序是“升序”，就是“从小到大”进行排序，如果要“从大到小”进行排序，则要把选项改成“降序”，除此还可以进行自定义排序。

Excel2007 以上版本除了根据数据大小和字母顺序进行排序外，还提供了根据颜色和图标进行排序的选择，这可以通过修改“排序依据”进行相应操作，具体如图 2-5-1 所示。

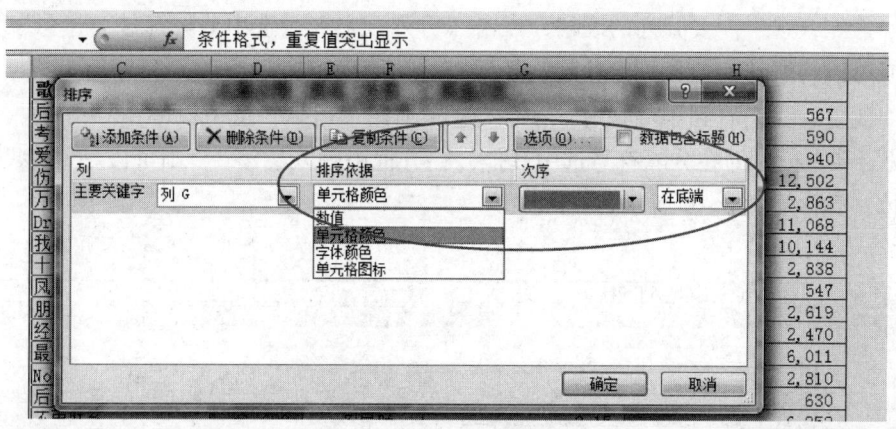

图 2-5-1　排序使用示例

使用“排序”时，有两个注意事项：一是对数据排序时需要选择所有的数据，而不是只选择要排序的列，否则会出现数据类进行新的排序，但其他字段没有变动，导致数据表出现错误，如图 2-5-2 所示，点击次数出现了排序，但歌手和歌名并没有跟着点击次数一起变化；二是一般数据表都有标题，这时要勾选“数据包含标题”，不然排序时也会将标题进行排序。

H2　点播次数

歌手	歌曲	点播次数
凤凰传奇	最炫民族风	340070
王麟	伤不起	62510
曲婉婷	Drenched	55340
曲婉婷	我的歌声里	50720
夏天Alex	不再联系	41680
黄晓明	匹夫	41510
汪峰	再见青春	31440
萨顶顶	万物生	28630
邱永传	十一年	28380
Wonder Girls	Nobody	28100
李晓杰	朋友的酒	26190
何洁	经过	24700

歌手	歌曲	点播次数
姚贝娜	后宫甄嬛传主题曲	340070
徐良	考试什么的都去死吧	62510
武艺	爱在那一天	55340
王麟	伤不起	50720
萨顶顶	万物生	41680
曲婉婷	Drenched	41510
曲婉婷	我的歌声里	31440
邱永传	十一年	28630
刘欢	凤凰于飞	28380
李晓杰	朋友的酒	28100
何洁	经过	26190
凤凰传奇	最炫民族风	24700

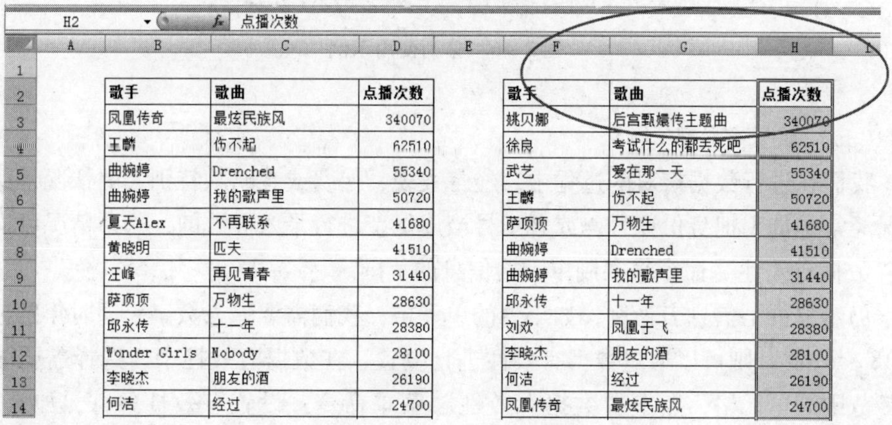

图 2-5-2　排序使用示例

（四）分列

前面提到有些数据录入不规范，如在单元格里同时录入了多个信息"张三，男，45岁"，一个单元格包含三个字段的信息，这时希望改成规范的信息，即把姓名、性别和年龄分开，最笨的办法就是将名单重新录入，当然如果名单只有三五个采用这种方法也不会增加太多工作量，但如果名单是数百个、数千个，则工作量就会很大。实际上 Excel 提供了一个很好用的功能——"分列"，即把一列的数据根据需要分成多列。

首先，选中需要分列的表格，点击"分列"命令，选中分隔符号"逗号"，这样就可以将所选的信息进行分列，如图2-6所示。

此外，我们看到年龄含有"岁"，这样不便于运算，也可以采用"分列"，把"岁"字去掉，即在分隔符号选中其他，在方框中输入"岁"，则可以把"岁"字去掉，具体如图2-6所示。

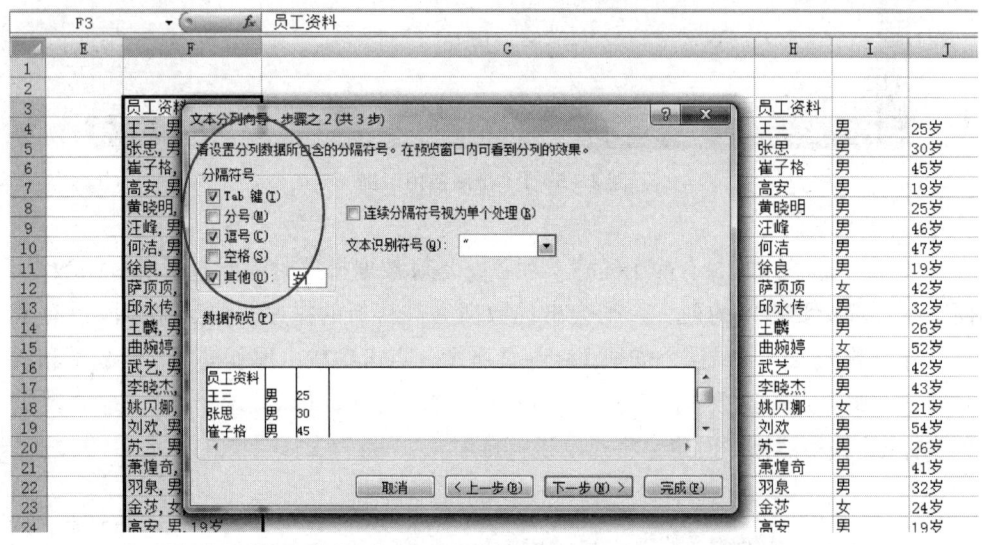

图2-6 分列使用示例

（五）数据有效性

我们在进行数据核对的过程中，经常发现，保费或者赔款特别大的情况，这种情况经常是员工把身份证号码或者工号当成保费进行录入导致的，这种情况可以通过"数据有效性"命令来限制单元格信息的范围。

仍然以员工信息表为例，如年龄的单元格，我们需要输入数字，同时年龄范围是18~60岁，则可以通过数据有效性进行设置，在数据有效性中，选择需要限制年龄范围的单元格，点击"数据有效性"菜单命令，设置有效性条件，如整数，介于18~60之间，则如果输入的值超过这个范围，就会提醒输入了非法值，具体如图2-7-1、图2-7-2所示。

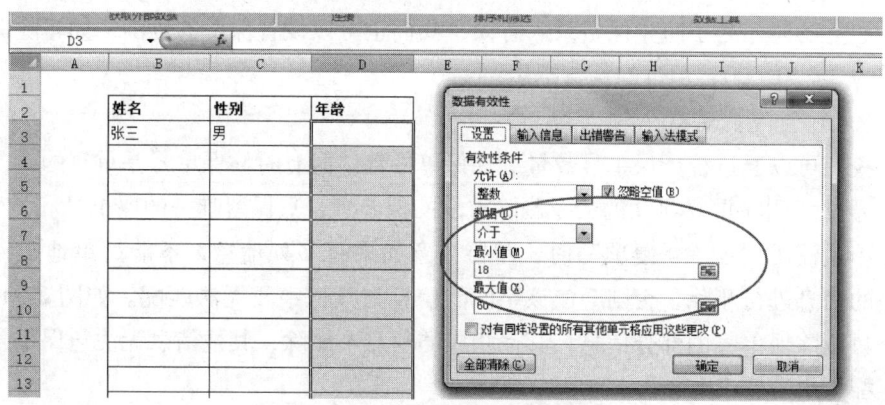

图2-7-1 数据有效性使用示例

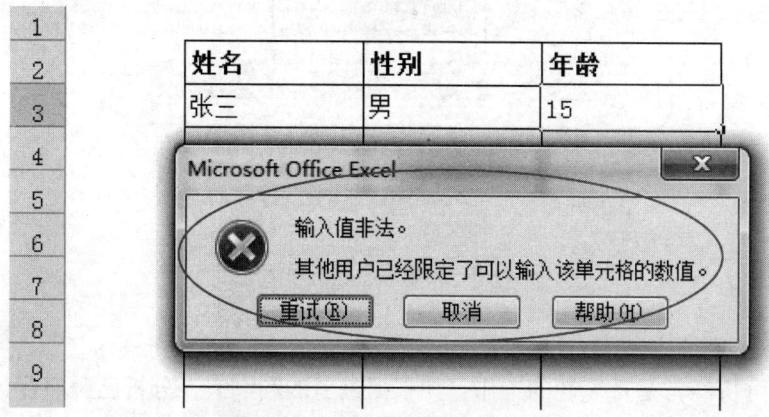

图2-7-2 数据有效性使用示例

当然，有时由于特殊原因，年龄可能会超过18～60这个范围，这时可以选择警告的方式，在"出错警告"中选择"警告"，并输入警告信息如"请确认年龄是否有误？"，则当输入的年龄超过范围时，会提醒是否有误，如果确认无误则点击"是"即可，如图2-7-3所示。

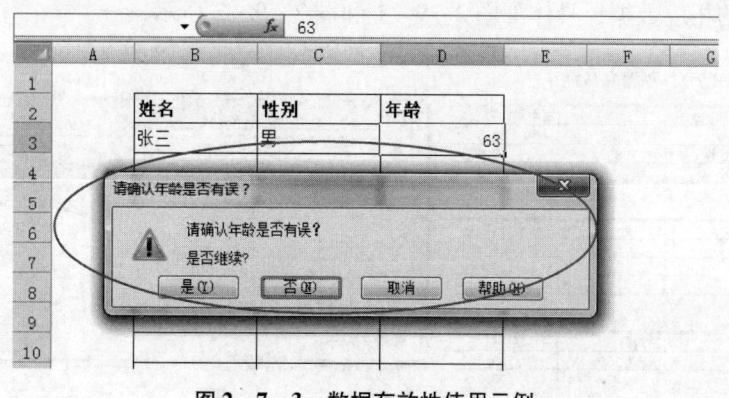

图2-7-3 数据有效性使用示例

如前所述，为了防止保费录入有误，我们也可以设置保费的范围，如车险保费范围为 0～20,000，超过的警告提示。

（六）删除重复项

我们可以通过统计保单号数量统计保单件数，但有时候保单号是重复的，这时可以通过"删除重复项"的命令删除重复的保单号，只保留唯一的保单号。

但是使用"删除重复项"时，需要注意如果有多列信息，不能简单地把该列重复的信息进行删除，否则会使该字段的信息与其他字段无法匹配。如图 2-8 所示，只删除保单号的部分信息，其他相应的信息不删除，其他信息无法与保单号一一匹配，出现错误。

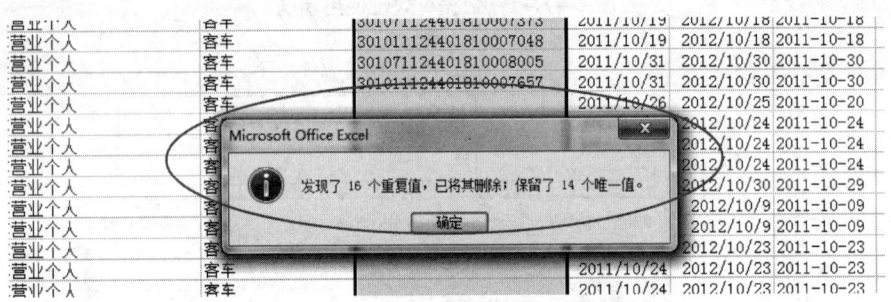

图 2-8　删除重复项使用示例

（七）编辑链接

数据分析经常是重复性的工作，如根据最新的利润表，分析已赚保费、综合赔付率、综合费用率等数据，这时可以通过"编辑链接"命令，将引用的源文件更新到最新的状态。如我们之前已经分析了 2012 年 1 月份的数据，当有了 2012 年 2 月份的利润表后，我们并不需要重新打开 2012 年 2 月份的利润表，将数据一一引用，只需通过"编辑链接"即可生成最新的分析表。操作步骤为：（1）打开已有分析表，点击"编辑链接"；（2）点击"更新源"，打开相应的文件夹；（3）选择对应的 2012 年 2 月份的利润表，打开新的利润表，点击关闭，即可得到新的 2012 年 2 月份的相应数据，具体如图 2-9-1 和图 2-9-2 所示。

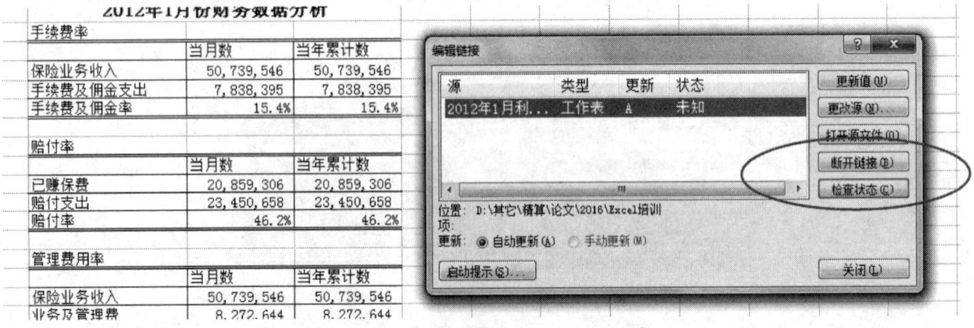

图 2-9-1　编辑链接使用示例

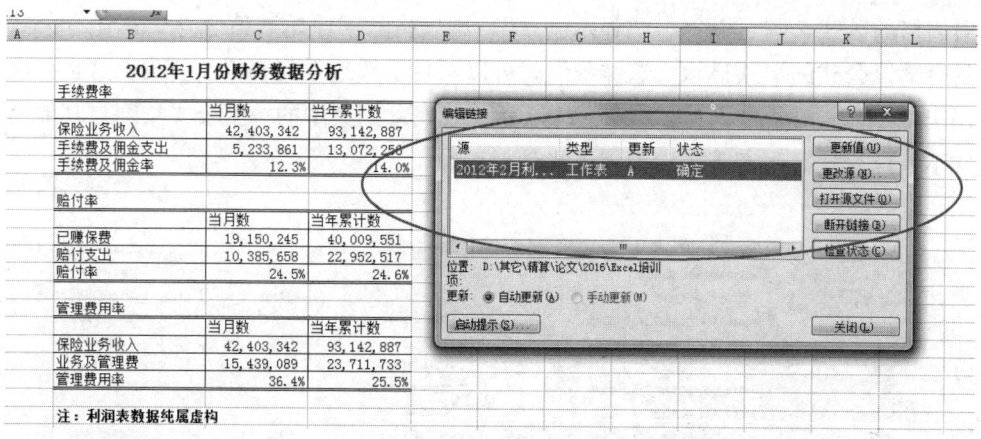

图 2-9-2　编辑链接使用示例

需要注意的是新的"源文件"格式需要与原来的文件格式包括数据所在单元格一模一样，否则会产生错误的引用，如上例2012年2月份利润表的格式需要与2012年1月份利润表的格式一样。通过"编辑链接"更改"源文件"，当引用数据越多，提高效率越多。如果有多个链接文件的时候，需要注意更新的文件要与原来文件一致。

（八）追踪引用单元格

对于比较复杂的模型，Excel行数和列数比较多，公式引用的单元格距离目标单元格比较远，为了方便查看公式引用的单元格，可以选择目标单元格后，点击"追踪引用单元格"，通过表格中蓝色（注：因印刷原因，图2-10显示黑色线）的引导线即可查看引用的具体单元格，通过双击蓝色引导线可以在引用单元格与目标单元格之间进行切换；如果引用的是另一张表格的单元格则会出现黑色的虚线，双击虚线就出现引用单元格的具体表格，具体如图2-10所示。

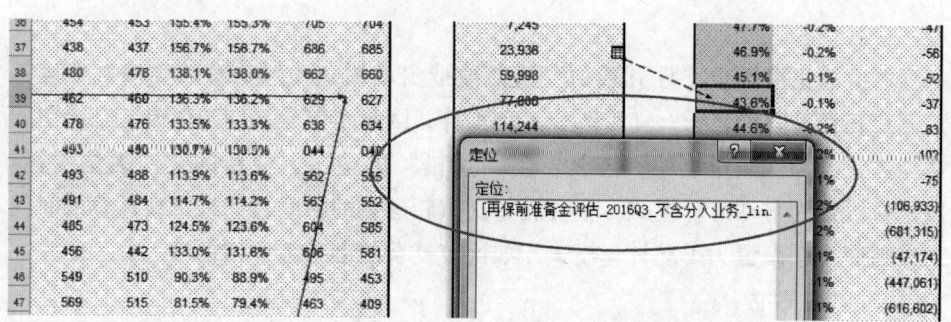

图 2-10　追踪引用单元格使用示例

（九）显示公式

正常情况下，我们看到的表格显示的都是编辑公式后的结果，如果我们需要查看表格的公式，则可以单击"显示公式"，则表格除了原始数值之外，其他有公式的全部以公式的形式显示，这样我们就可以一目了然地看到表格的公式，这也可以用于检查公式是否准确，如图 2-11 所示，我们看到其中的一个公式长度与其他公式不一样，这时我们需要检查该公式是否正确。

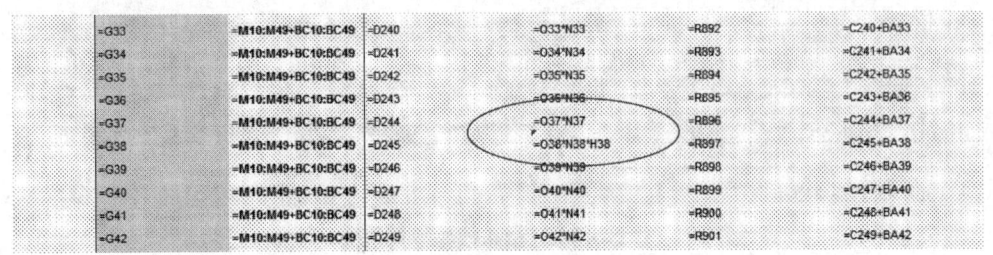

图 2-11　显示公式使用示例

（十）公式

有时拿到一个 Excel 文件后，输入新的参数，但是结果仍然没有发生变化，这个时候我们需要检查"计算选项"是否被设置为"手动"模式，如果是的话，可以按功能键"Shift + F9"重新计算当前表格，或者按功能键"F9"重新运行 Excel 计算，如图 2-12 所示。

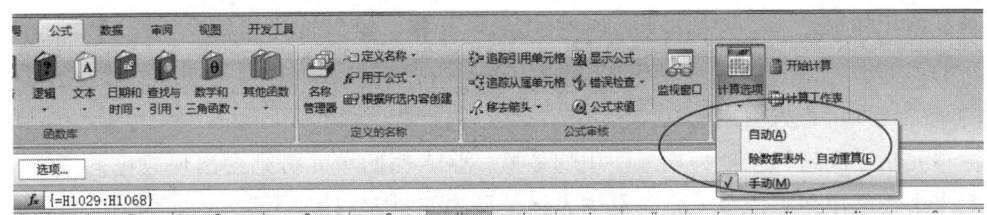

图 2-12　计算选项-手动使用示例

当然上面也可以把"计算选项"直接改成自动模式，但是有的表格重新运算一次需要花费的时间较长，如果改成自动预算，则每个单元格的数值改变都会引起重新计算，会降低工作效率，甚至发生"死机"的情况，使新的文件无法保存。所以是否设置为手动计算模式，主要看每次重新运算的时间，如果重新运算的时间较长，则通常会设置为手动计算模式，如比较复杂的准备金评估模型等。

（十一）打印区域

有时 Excel 表格较大，但是我们并不需要打印所有的信息，只需打印部分信息，这时可以通过"打印区域"进行设置，即先选择需要打印的区域，点击"打印区域"设置打印区域即可，具体如图 2-13 所示。

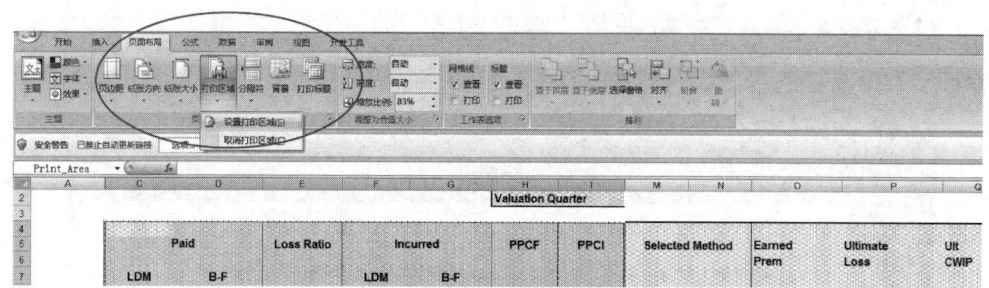

图 2-13 打印区域使用示例

(十二) 分页预览

选择打印区域后，在表格中并不能一眼就看出哪些区域是需要打印的，哪些区域是不需要打印的，这时可以通过"分页预览"进行查看，点击视图的"分页预览"后，我们看到需要打印的区域被蓝色（注：因印刷原因，图 2-14 显示黑色边框）线条框起来，并且还可以通过拉动蓝色的线条变更打印区域的范围，而不需要打印的区域底色变成了灰色，具体如图 2-14 所示。

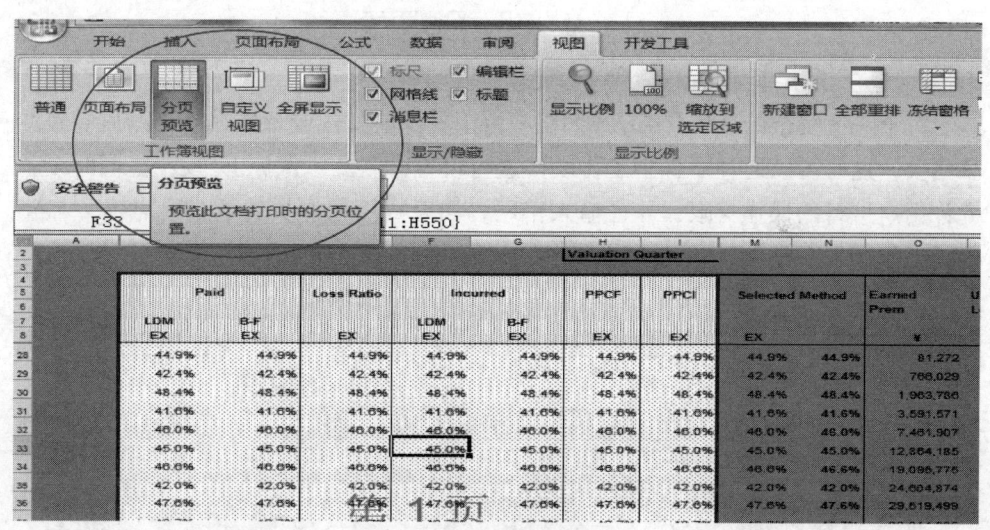

图 2-14 分页预览使用示例

(十三) 打印标题

Excel 中标题行只有一行，且一般放在最顶端或者最左端，通常我们希望打印出来后每一页都带标题，便于查阅，这时可以通过"打印标题"进行设置，点击"打印标题"并且选择标题的区域，如顶端标题行选择"$1：$1"，则第一行的标题都会在每一页中打印出来，具体如图 2-15 所示。

图2-15 打印标题使用示例

（十四）保护工作表

对于一些复杂的Excel表，我们担心由于其中的公式或者数据被更改后导致结果错误，这时可以通过"保护工作表"进行设置，点击"保护工作表"，同时设置允许用户进行的操作权限，并且输入密码，如果要撤销保护的话只要点击"撤销保护工作表"并输入正确的密码即可，具体如图2-16所示。

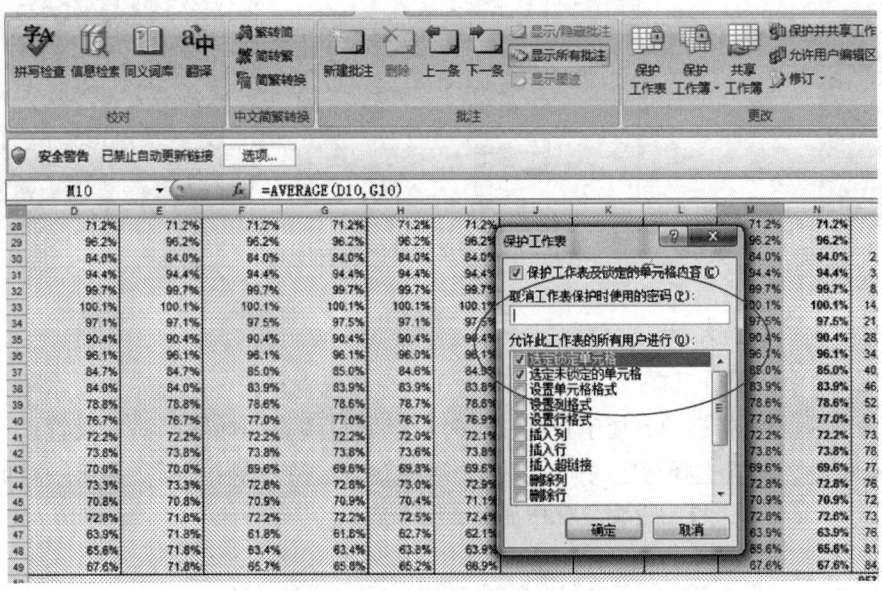

图2-16 保护工作表使用示例

上面只是一些常用的菜单命令，对于一些比较简单或者类似的菜单命令不再一一介绍，总之，只要经常使用，就会慢慢熟悉菜单命令，并且完成相应的设置。

五、常用快捷键

衡量 Excel 的熟练程度除了对公式的掌握外，其中另一个重要的衡量标准就是看对快捷键使用的熟练程度。

对于一些简单的快捷键，如"复制""粘贴"等不再一一说明，由于 Excel 的单元格比较多，能够准确"定位"和"选择区域"对提高 Excel 编辑效率有极大的帮助，如我们经常看到有的同事为了选定一个区域花费很长的时间，特别是当表格较大的时候，用鼠标进行拖拽，经常会拖过头，这时如果用"Shift + 鼠标点击"就可以轻松完成，也不用担心手一抖单元格的定位就发生改变，导致要重新进行选择。常用的快捷键和功能如表 2–29 所示，由于说明简单明了，不再一一进行详细的介绍。

表 2–29   常用快捷键表

快捷键	功能	作用
HOME	定位	移动到行首
CTRL + HOME	定位	移动到工作表的开头
CTRL + END	定位	移动到工作表的最后一个单元格
SHIFT + 鼠标点击	选择区域	选择鼠标两次点击的区域
CTRL + 鼠标点击	选择区域	多重选择鼠标点击的区域
SHIFT + 方向键	选择区域	增加选择下一行或者下一列
CTRL + SHIFT + 方向键	选择区域	选择工作表的整行或整列
CTRL + PAGEDOWN	选择工作表	移动到工作簿中下一个工作表
CTRL + PAGE UP	选择工作表	移动到工作簿中前一个工作表
ALT + TAB	选择文件	选择下一个文件
ALT + ENTER	换行	在同一个单元格中进行换行

上面的快捷键并不难，关键在于反复使用，不断熟悉。

六、图表

我们生活的这个世界是丰富多彩的，几乎所有的知识都来自视觉。我们一般很难记住一连串的数字，以及它们之间的关系和趋势。但是可以很轻松地记住一幅图画或者一条曲线。因此使用图表,会使得用 Excel 编制的工作表更易于理解和交流。下面简要介绍数据透视表/数据透视图和几种常用的图形。

(一) 数据透视表/数据透视图

数据透视表是交互式报表,可快速合并和比较大量数据,可以旋转其行和列以看到源数据的不同汇总,而且可显示感兴趣区域的明细数据。

何时应使用数据透视表呢?如果要分析相关的汇总值,尤其是在要合计较大的数字清单并对每个数字进行多种比较时,可以使用数据透视表。

由于数据透视表是交互式的,因此,可以通过更改数据的视图以查看更多明细数据或计算不同的汇总额,如计数或平均。

下面我们通过一个简单的例子对数据透视表进行介绍,如我们要多维度分析一份承保清单的单均保费,我们打开承保清单后,点击菜单"插入""数据透视表",会生成一张新的空白透视表,如图 2 – 17 – 1 所示。

图 2 – 17 – 1　数据透视表/数据透视图使用示例

我们看到在右边有一个选择框,包含"选择要添加到报表的字段""报表筛选""行标签""列标签"和"数值",具体如图 2 – 17 – 2 所示。

我们只要点击"选择要添加到报表的字段"下面方框的字段,就会看到相应的维度和数值会一一添加到报表中,除了数值外,其他类型的字段都会被默认添加到行标签中,如图 2 – 17 – 3 所示。

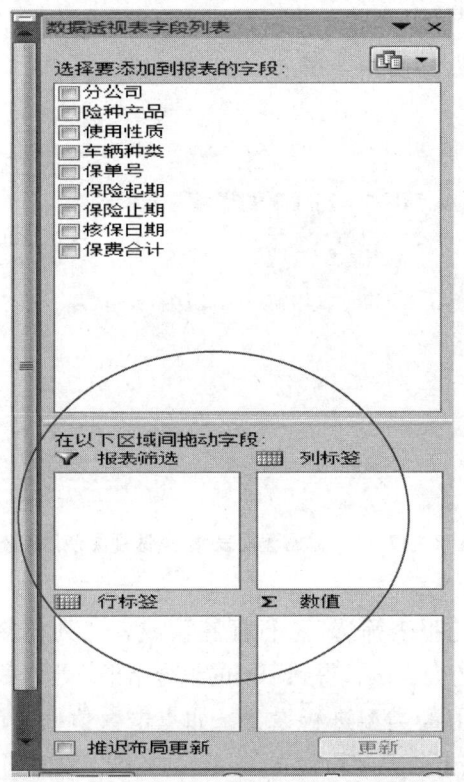

图 2-17-2 数据透视表/数据透视图使用示例

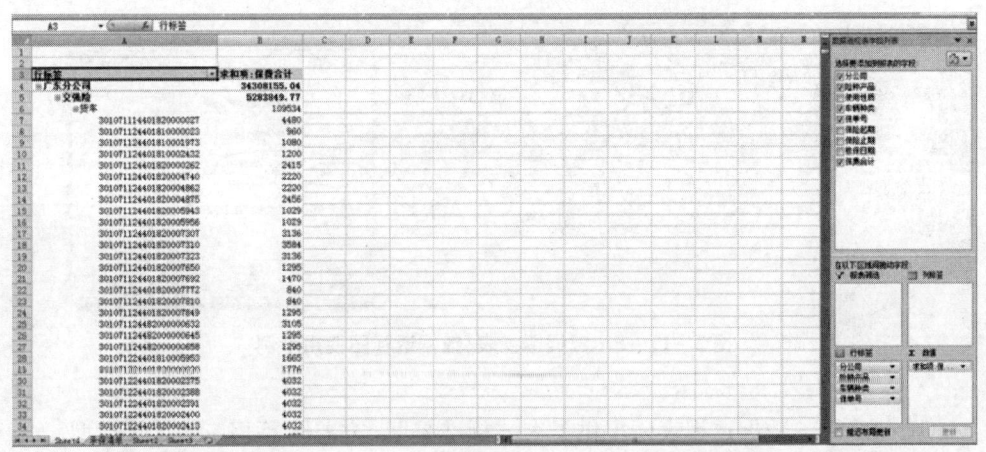

图 2-17-3 数据透视表/数据透视图使用示例

我们看到"保单号"也被放在行标签中,但是我们希望通过计算"保单号"的数量计算保单件数,这时我们可以将相应的字段通过拖拽的方式拖到相应的位置,如我们把"保单号"拖到数值方框中就可以显示保单的数量,为了便于对比,我们再把"分公司"拖到"报表筛选",把"险种产品"拖到"列标签"中,这样我们就可以得到下面的二维表，点击数据透视表中分公司的下拉框，我们可以分析不同的分公司，如图 2-17-4 所示。

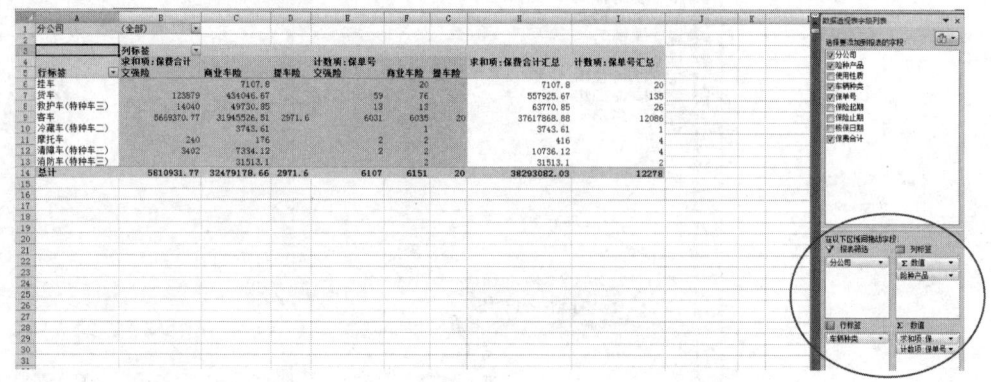

图 2-17-4　数据透视表/数据透视图使用示例

把哪个维度放在"报表筛选""行标签"或者"列标签"主要看分析需要，大家可以进行不同的组合尝试，得到不同的组合结果。当然我们如果只是分析单均保费，也可以通过数值的类型进行设置，如点击数值框中的"求和项：保费合计"，会弹出菜单，点击"值字段设置"，将"求和"改成"平均数"即可得到保费的平均值，具体如图 2-17-5 所示。

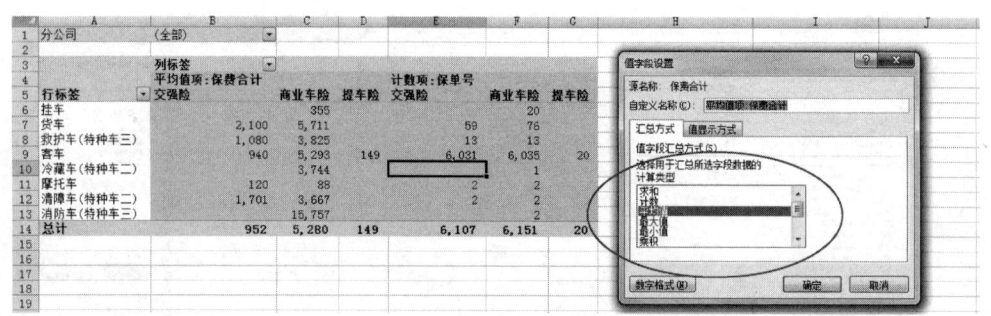

图 2-17-5　数据透视表/数据透视图使用示例

除此之外，数据透视表还提供了求"标准差""方差"等相应的计算类型。

数据透视图使用与数据透视表方法基本一致，只是同时会产生一张图表，可视化更强。

（二）图表

Excel 提供了十一大类图表类型，我们先简要介绍最常见的柱状图和折线图，如我们经常要分析已赚保费和赔付率之间的关系，如我们希望得到图 2-18-1 的图形。

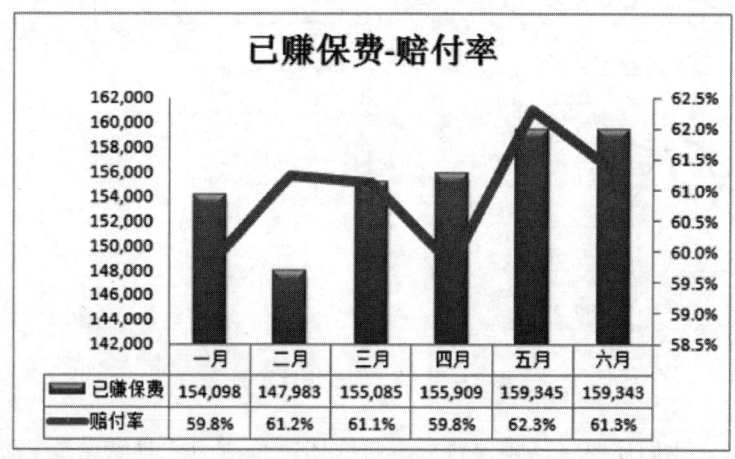

图 2-18-1　图表设计示例

注：数据为虚拟数据，下同。

我们可以选择数据区域，插入图表，我们发现，只能插入一种类型的图表，如柱状图或折线图，如果插入的是"柱状图"，我们会发现由于赔付率与已赚保费对比数值太小，这时，我们根本看不到已赚保费的图，所以我们一般建议先生成"折线图"，这时尽管赔付率仍然在底部，但至少可以看到一条线，具体如图2-18-2所示。

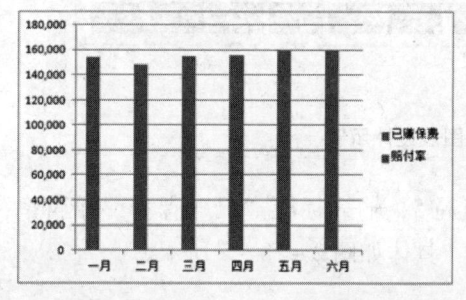 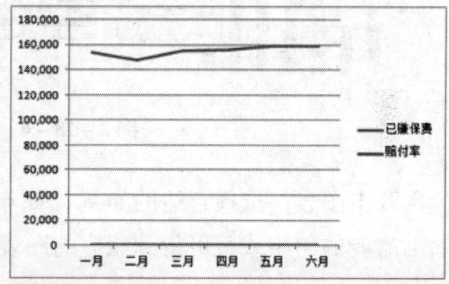

图 2-18-2　图表设计示例

当然，这并不是我们想要的图表，我们希望能够看出赔付率的变化，这时，我们要用将赔付率设置成次坐标轴显示，我们用"右键"点击底部赔付率对应的"直线"，单击弹出对话框的"设置数据系列（F）格式……"，将"系列选项"设置为"次坐标轴"，这时就会看到下面的图表，我们发现赔付率从"直线"变成了对应次坐标轴的"曲线"，具体如图2-18-3所示。

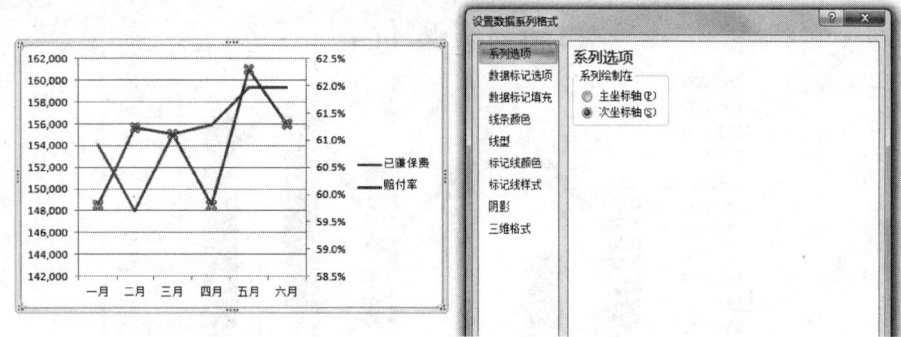

图 2-18-3　图表设计示例

接下来，我们还要将已赚保费从"折线图"修改为"柱状图"，我们点击已赚保费对应的折线，再点击"柱状图"，已赚保费就从"折线图"变成"柱状图"了，如果我们为了图表更有立体感，我们再双击图表修改一下样式，就变成如图 2-18-4 的图形。

图 2-18-4　图表设计示例

再双击图表，选择合适的布局，如布局 5，输入标题"已赚保费-赔付率"，删除不需要的网络线就可得到相应的图表，具体如图 2-18-5 所示。

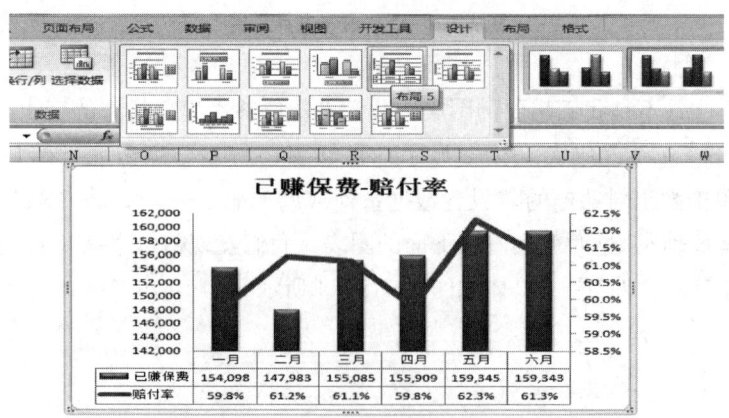

图 2-18-5　图表设计示例

通过前面的说明，我们发现，将图表修改成合适的样式需要经过较多的步骤，不过，如果得到的图表较为常用的话，我们可以将修改后的图表另存为模板，这样每次再次使用时，只要套用模板即可得到原来的样式。操作步骤为：（1）双击想保存为模板的图表；（2）点击左上角"另存为模板"图标；（3）将图表模板保存到 Excel 默认的文件夹中，修改模板名称如"已赚保费 – 赔付率"，保存即可，具体如图 2 – 18 – 6 所示。

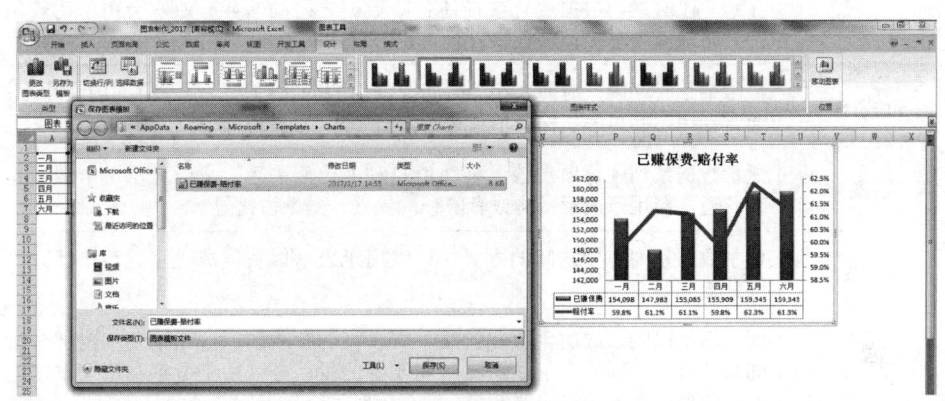

图 2 – 18 – 6　图表设计示例

这样下次想得到相同样式的图表，只要选择数据区域，插入图表类型，点击下拉箭头，选择"所有图表类型"，点击"模板"，即可看到之前保存的"已赚保费 – 赔付率"模板，点击即可生成相应的图表，除了标题有所不同之外，其他的都一致，具体如图 2 – 18 – 7 所示。

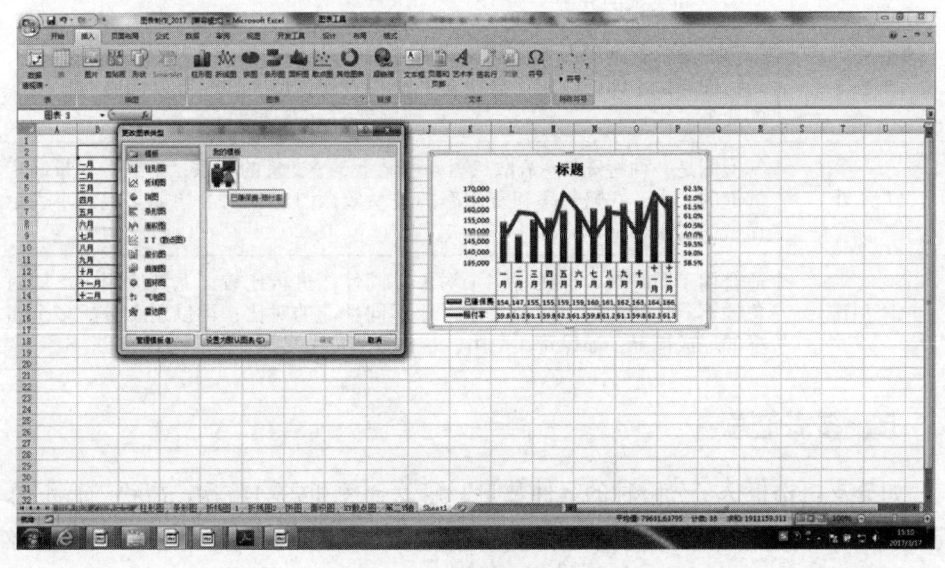

图 2 – 18 – 7　图表设计示例

除了我们最常见的柱状图和折线图外，还有饼图、面积图、气泡图等，不再一一介绍，下面简要列出相应的用途介绍，大家可以通过不断学习尝试，就能做出美观的图表。具体如表2-30所示。

表2-30　　　　　　　　　　　　图表类型用途

图表类型	用途
柱形图	显示一段时期内数据变化或描述各项数据之间的差异；通常会用于比较保费、赔款等表示金额的数据
折线图	显示某个时期内，时间在相等时间间隔内的变化趋势，强调时间的变化率；通常会用于赔付率、保费增长率的分析
饼图	显示数据系列中每项占该系列数值总和的比例关系，只能显示一个数据系列；通常会用于表示机构或者险种的保费、赔款占比等
条形图	显示数据系列各项之间的差异；可以用于表示保费完成进度、客户满意度等分析
面积图	面积图是以阴影或颜色填充折线下方区域的折线图，适用于要突出部分时间系列时，特别适合于显示随时间改变的量；可以用于全年在不同季度的不同险种或者不同机构的保费、赔款随时间变化占比变动的分析等
XY（散点）图	适合于表示表格中数值之间的关系，常用于统计与科学数据的显示；特别适合用于比较两个可能互相关联的变量；可以用于分析费用率与赔付率之间的关系等
股价图	股价图用来显示股价的波动，即最高价、最低价和收盘价等数据；注意必须按正确的顺序组织数据才能创建股价图；可以用于不同时间段保费收入或者赔付率最大值、最小值和平均值的分析等
曲面图	曲面图用于找到两组数据之间的最佳组合；如用于交强险 NCD 和商业车险 NCD 之间关系的分析
圆环图	圆环图显示各个部分与整体之间的关系，但是它可以包含多个数据系列；与饼图类似，如可以用于分析业务结构占比，但圆环图可以同时对比多年的业务占比
气泡图	气泡图是一种特殊的 XY 散点图，可显示3个变量的关系，第三个变量确定气泡的大小；在赔付率和费用率的关系散点图的基础上增加气泡大小表示保费的规模等
雷达图	适合用于同时对单个或者多个对象不同性能进行比较，尤其应用于不同对象的不同性能的对比以及单个对象不同性能的对比；可以用于分析多个指标的完成情况，如保费、费用、赔付率、费用率等

七、多表汇总

如分支机构报送了分险种的案件数量、赔款金额和案均赔款，需要进行汇总，则可以先将分支机构报送的表格汇总到同一个文件中，接着设计汇总表的格式，然后用 INDIRECT 公式提取相应的数据到汇总表。具体公式为"= INDIRECT(AD-

DRESS(10，20，，，机构 A))"，该公式即为获取"机构 A"表中的第 10 行第 20 列单元格的数据，即"J20"单元格的数据，改变数"10""20""机构 A"这三个参数，即可实现不同组合的引用，如表 2-31，就是直接引用"A5-A15"中的数值实现"列号"的变化，引用"B2"单元格中的行号，引用"D4-L4"单元格中的表格名称，即可实现多个工作表的汇总。具体如表 2-31 所示。

表 2-31　　　　　使用 INDIRECT 和 ADDRESS 进行多表汇总

另外两个空缺的参数分别为"绝对引用或者相对引用"和"引用样式"，空缺不影响公式的应用，大家有兴趣的可以另外参阅 Excel 的帮助说明。

在进行多表操作时，需要注意以下事项：

1. 不同 sheet 的格式要完全相同，就是相同的行和相同的列填列的数据要相同；

2. 进行多表操作时，要先选定所有需要编辑的表格，选定表格与快捷键的多区域选定一致，即使用 Ctrl + 鼠标点击（不连续多张表格），Shift + 鼠标点击（连续多张表格），选定表格后再选定需要编辑的区域，如表 2-32 所示。

表 2-32　　　　　使用 INDIRECT 和 ADDRESS 进行多表汇总

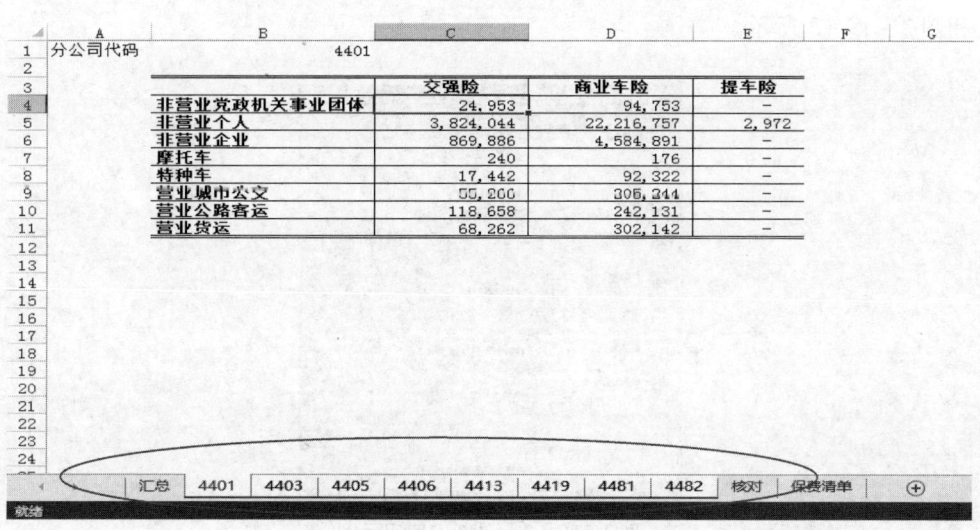

八、VBA 入门

Visual Basic for Applications（VBA）是 Visual Basic 的一种宏语言，是微软开发出来在其桌面应用程序中执行通用的自动化（OLE）任务的编程语言。主要能用来扩展 Windows 的应用程式功能，特别是 Microsoft Office 软件。也可说是一种应用程式视觉化的 Basic 脚本。实际上在 microsoftOffice 软件中，宏语言 VBA 适用于所有应用程序，包括 Word、Excel、PowerPoint、Access、Outlook 以及 Project。由于精算人员更多的工作是对数据的处理，使用 Excel 相对较多，所以主要介绍 VBA 在 Excel 中的使用，有兴趣的可以自己研究 VBA 在其他软件中的应用。

下面主要从初学者的角度出发，简单介绍 VBA 的使用。

（一）录制宏

录制宏实际上就是用 VBA 语言记录你的操作，当你执行宏的时候就会按照你刚才的动作重复一遍。录制完毕后，你可以在 Microsoft Visual Basic 窗口中看到并编辑 VBA 代码。

1. 在功能区显示"开发工具"栏。录制宏，首先要在功能区看到开发工具栏，如图 2-19-1 所示。

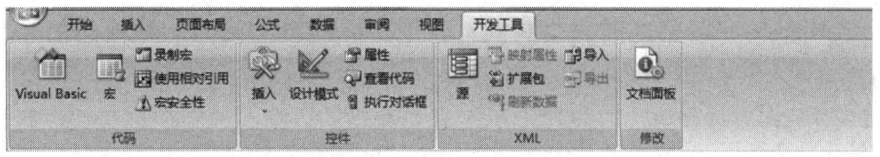

图 2-19-1　录制宏使用示例

如果看不到开发工具栏，则要打开 Excel 选项进行设置，在常用标签中将"在功能区显示'开发工具'选项卡"前面的方框打钩即可。如图 2-19-2 和图 2-19-3 所示。

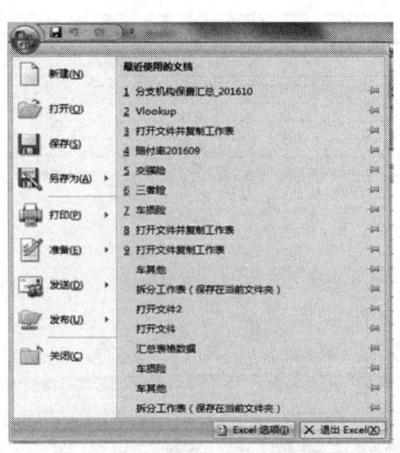

图 2-19-2　录制宏使用示例

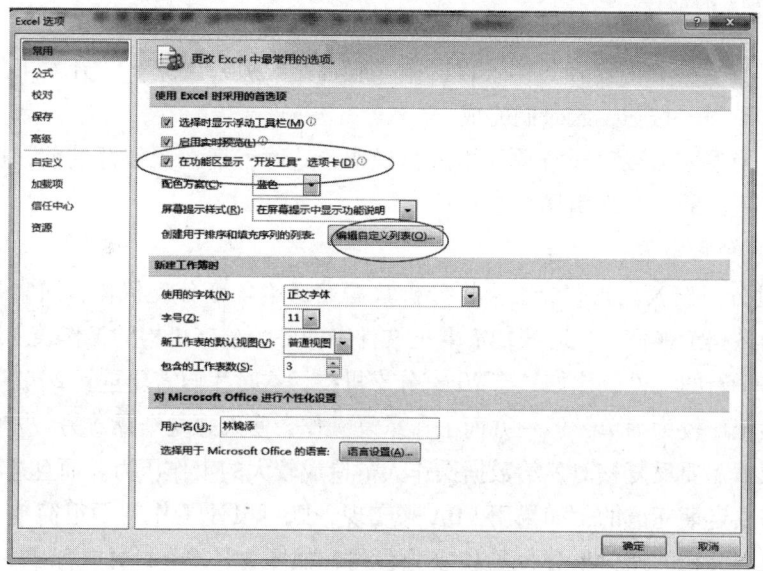

图 2-19-3　录制宏使用示例

2. 录制宏。录制宏的步骤如下：

（1）点击"开发工具→录制宏"命令，打开"录制新宏"对话框，如图 2-19-4 所示。

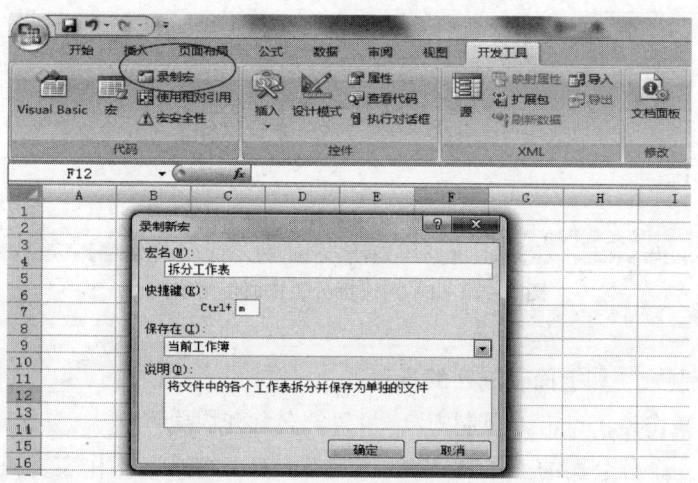

图 2-19-4　录制宏使用示例

（2）在对话框中输入宏名称（如拆分工作表）、快捷键（如 Ctrl + m）和说明（如将文件中的各个工作表拆分并保存为单独的文件），并设置好宏的保存位置（注意：宏的保存位置有三种：当前工作簿——宏只对当前工作簿有效；个人宏工作簿——宏对所有工作簿都有效；新工作簿——录制的宏保存在一个新建工作簿中，对该工作簿有效）。

(3) 点击"确定"按钮即可开始录制宏。

(4) 将"拆分工作表"的过程操作一遍，完成后，按一下"开发工具"栏上的"停止录制"按钮，宏录制完成。

(5) 有些宏需要对任意单元格进行操作，这时，请在操作开始前，选中"停止录制"下面的"相对引用"按钮。

（二）使用举例

1. 拆分工作表。我们经常会将分析数据发送给各个分支机构，通常我们只把该机构的数据给他们，这时我们需要把文件中的各个分支机构的工作表复制出来并另存为一个新的文件，比如，有20家分支机构，这时我们需要重复20次相同的操作。虽然工作较为简单，但一方面工作重复操作会使人感觉烦躁，另一方面由于担心拷错数据需要反复核对，给数据操作人员造成较大的工作压力。而且这种工作一般都是需要定期完成的，如果用VBA来实现，则可以让工作变得很简单。如我们要把5家分公司的赔付率分发给各家分公司，如图2-20-1要拆分成5个文件，并按分公司的名称保存，可以按如下操作。

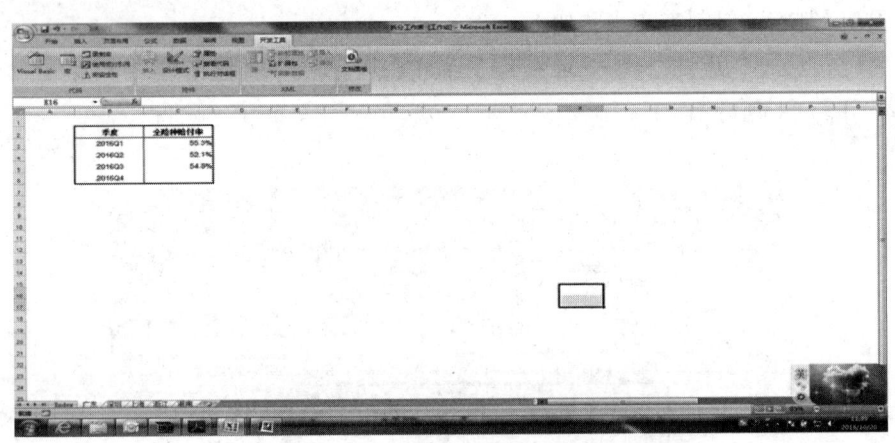

图2-20-1 用宏拆分工作表使用示例

(1) 录制宏。如上面录制宏的步骤：

①打开工作表，点击"录制宏"，设置宏名称和快捷键；

②选中一个分公司的工作表，如"广东"，将"广东"工作表复制到一个新的工作簿；

③将新的工作簿命名为"广东"，保存到原文件的文件夹；

④关闭复制的文件；

⑤点击"停止录制"。

点击开发工具的"Visual Basic"按钮，进入VBA代码编辑窗口，可以看到以下代码。如果看不到可能是窗口隐藏了，可以点击"视图"——"工程资源管理器"，再点击左上方小窗口的"模块"即可，得到图2-20-2。

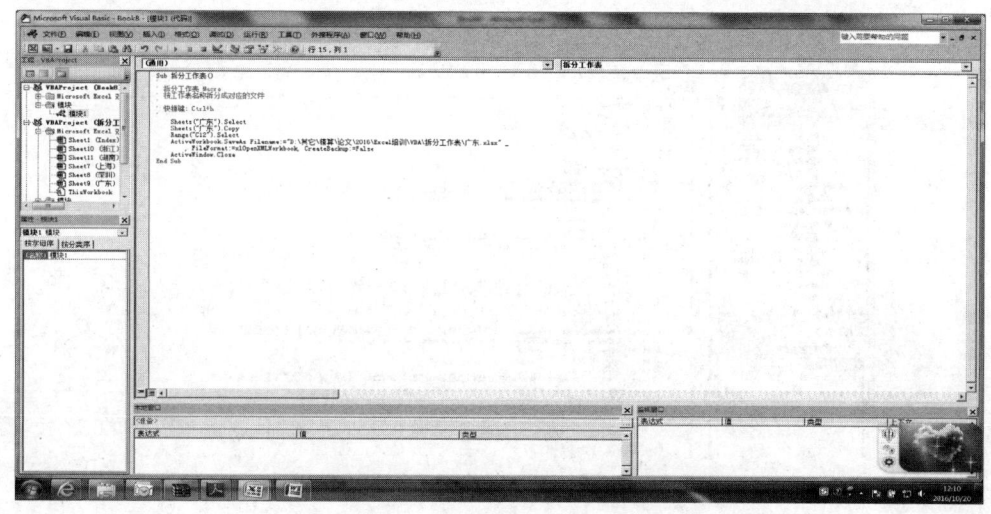

图 2-20-2　用宏拆分工作表使用示例

（2）代码说明。在代码窗口中我们可以看到有部分代码是绿色的（注：因印刷原因，书中显示黑灰色），这表示备注，不参与宏过程的执行，下面我们逐条对代码进行解释：

①Sub 拆分工作表（），"Sub"表示宏过程开始，"拆分工作表"是之前录入的宏名称；

②绿色字体的备注，这是录制宏开始时输入对话框的备注和快捷键；

③Sheets（"广东"）.Select，表示选中文件中的"广东"工作表；

④Sheets（"广东"）.Copy，表示复制"广东"工作表；

⑤ActiveWorkbook.SaveAs Filename：="D:\其它\精算\论文\2016\Excel 培训\VBA\拆分工作表\广东.xlsx"_，FileFormat：=xlOpenXMLWorkbook，CreateBackup：=False：表示将新的工作表保存到指定的文件夹，并命名为："广东.xlsx"；

⑥ActiveWindow.Close，表示关闭活动的窗口，即把"广东.xlsx"关闭；

⑦End Sub，结束宏。

（3）代码修改。

①重复操作。前面只是复制了广东的工作表，还有 4 个工作表需要拆分，当然可以使用录制宏把 5 个工作表复制并另存为新的文件重复 5 次全部录制完，也可以把复制广东工作表的代码复制 5 遍，并把广东修改为深圳、上海、浙江和湖南，即可拆分其他的表格。即执行宏后，新生成广东、深圳、上海、浙江和湖南 5 个文件，得到图 2-20-3。

②路径修改。从上面的代码可以看出，文件是保存在"D:\其它\精算\论文\2016\Excel 培训\VBA\拆分工作表\"，如果要保存在其它文件夹中，则可以输入相应的文件夹路径。

97

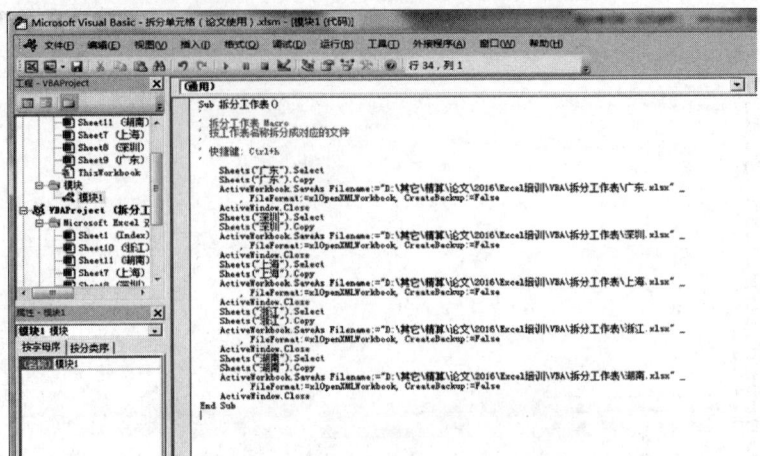

图 2-20-3　用宏拆分工作表使用示例

除了直接把路径修改为对应的文件夹路径，还可以修改代码把新的文件保存到原文件所在的文件夹中，即把：ActiveWorkbook. SaveAs Filename：= "D：\其它\精算\论文\2016\Excel 培训\VBA\拆分工作表\广东 . xlsx" 修改为 "ActiveWorkbook. SaveAs Filename：= ThisWorkbook. Path&" \ " &ActiveSheet. Name&" . xlsx " "。"ThisWorkbook. Path" 就是代表原文件所在的文件夹路径，"ActiveSheet. Name" 表示保存的文件名与工作表的名称一致，修改后的代码如图 2-20-4 所示。

图 2-20-4　用宏拆分工作表使用示例

这种方法是一劳永逸的，不论文件放在哪个文件夹，都可以使用，不用再修改路径名称。

2. 文件合并。同样道理，对于分支结构报送的文件，我们也需要进行汇总，如果要一一打开并复制过来也是存在重复操作，同时又容易出错的问题，这时也可以采用录制宏的操作解决。

（1）录制宏。

①同样打开需要汇总的文件,点击"录制宏",设置宏名称和快捷键;
②打开文件如"广东.xlsx",将"广东"工作表复制到该文件;
③关闭"广东.xlsx",重复操作复制其他文件;
④点击"停止录制"。

这里需要注意的是,打开"广东.xlsx"文件时,不要直接点击文件夹直接打开"广东.xlsx",而是要从"Excel"中的打开命令中打开,这样打开的过程才能转换为 VBA 代码,如图 2 – 21 – 1 所示。

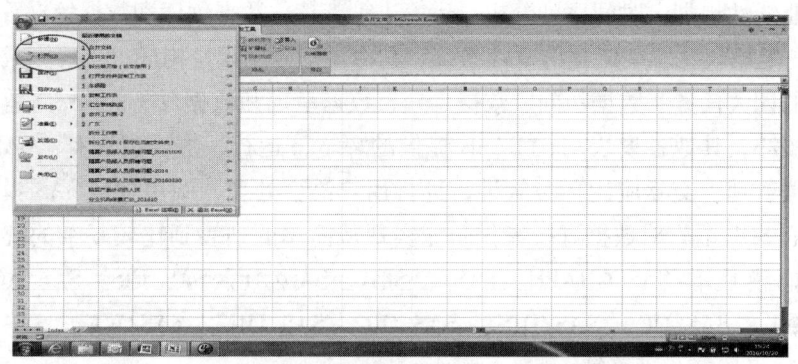

图 2 – 21 – 1 用宏进行文件合并使用示例

(2) 操作后得到下面的 VBA 代码,如图 2 – 21 – 2 所示。

(3) 同样,大家也可以根据需要对代码进行修改。

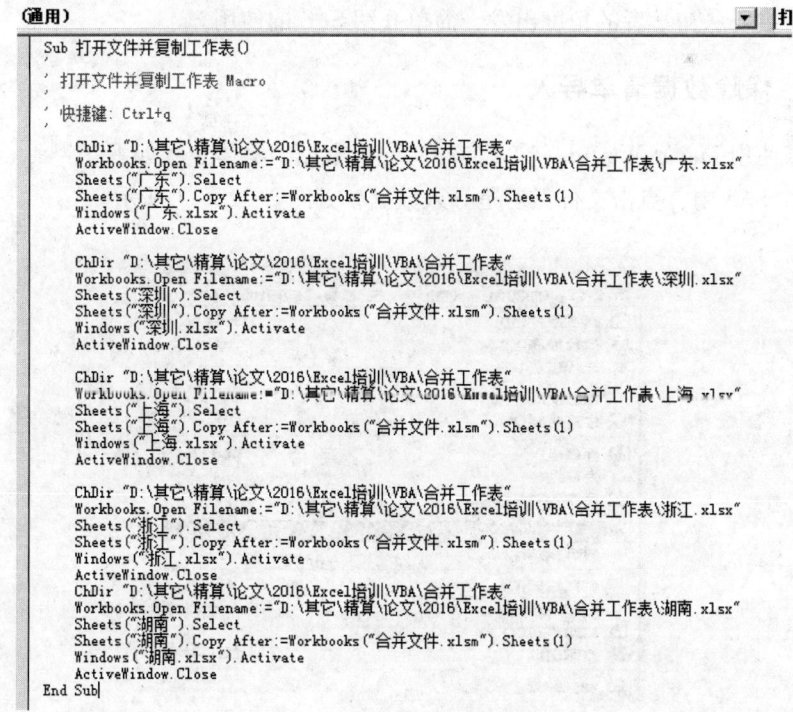

图 2 – 21 – 2 用宏进行文件合并使用示例

第二节 SAS 入门

SAS（Statistical Analysis System）是由美国北卡罗来纳州的 SAS institute 公司开发的一种统计软件，它被广泛应用在商业、科研领域。SAS 不仅具有强大的统计分析功能，而且具有一般数据库软件的数据管理功能，同时系统的功能也逐渐扩展到线性与非线性规划、时间序列分析、运筹决策支持、数据创库和数据挖掘等领域。

SAS 是模块化、集成化的软件系统。它由十个专用模块构成，主要完成以数据为中心的四大任务：数据访问、数据管理、数据呈现和数据分析。BASE 是 SAS 模块中的核心，其他各模块均在 BASE 提供的环境下运行，主要模块有：BASE SAS 负责数据管理，交互应用环境管理，进行用户语言处理，调用其他 SAS 模块，支持标准的 SQL 语言对数据进行操作，能实现从简单的列表到比较复杂的统计等功能；其他模块有 SAS/GRAPH、SAS/ASSIST、SAS/AF、SAS/EIS、SAS/ACCESS、SAS/STAT、SAS/QC、SAS/ETS、SAS/OR、SAS/IML、SAS/WA、SAS/MDDB SERVER、SAS/GIS，等等。

SAS 在保险行业的应用非常广泛，如精算分析和费率制定、索赔分析、分销优化及反欺诈等。目前国内精算人员主要是与保险数据打交道，所以这边主要基于保险数据来介绍 SAS 的使用。

下面主要从初学者的角度出发，简单介绍 SAS 的使用。

一、保险数据清单导入

可以使用 Import Wizard（导入向导）导入数据，具体步骤如下。

1. 在 SAS 中，点击文件然后是导入数据，如图 2 – 22 – 1 所示。

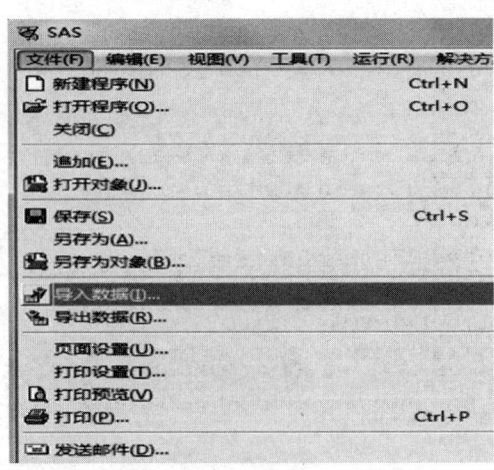

图 2 – 22 – 1　用 SAS 导入清单示例

2. "导入向导"打开后,请遵循导入数据的指导说明,如图 2-22-2 所示。

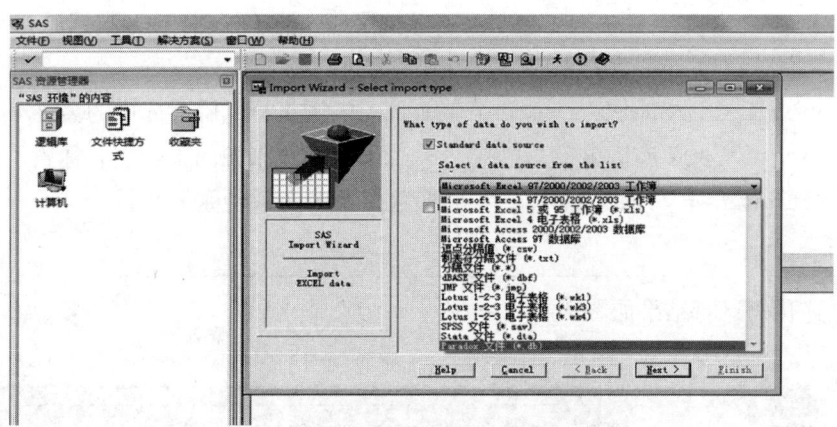

图 2-22-2 用 SAS 导入清单示例

也可使用 IMPORT 过程导入数据,例如,向 work 逻辑库中导入 "E:\SAS 入门\保单库清单.xls",这个文件中主要有三列,policyno(保单号)、startdate(起保日期)、enddate(终保日期)、premium(签单保费)。具体如图 2-22-3 所示。

A	B	C	D
policyno	startdate	enddate	premium
DHIC50407172440101010000663	2017/1/1	2018/1/1	950
DHIC50407172440101010000461	2017/1/1	2018/1/1	855
DHIC50407172440306000015	2017/1/1	2018/1/1	760
DHIC50407172440101010000012	2017/1/1	2018/1/1	760
DHIC50407162441881010056558	2017/1/1	2017/12/31	990
DHIC50407162441881010057280	2017/1/1	2017/12/31	840
DHIC50407172440101010000054	2017/1/1	2018/1/1	665
DHIC50407172440781010000016	2017/1/1	2018/1/1	855
DHIC50407172440101010000025	2017/1/1	2018/1/1	760
DHIC50407162441881010058047	2017/1/1	2017/12/31	770
DHIC50407172440101010000121	2017/1/1	2018/1/1	855
DHIC50407162441881010058332	2017/1/1	2017/12/31	770
DHIC50407162441881010055140	2017/1/1	2017/12/31	770
DHIC50407172440101010000150	2017/1/1	2018/1/1	950
DHIC50407172441281010000114	2017/1/1	2018/1/1	855
DHIC50407172440101010000929	2017/1/1	2018/1/1	665
DHIC50407162441881010055775	2017/1/1	2017/12/31	1200
DHIC50407162441881010055993	2017/1/1	2017/12/31	770
DHIC50407162442081010077183	2017/1/1	2017/12/31	880
DHIC50407172440101010000105	2017/1/1	2018/1/1	855
DHIC50407172440113000038	2017/1/1	2018/1/1	855
DHIC50407172440113000083	2017/1/1	2018/1/1	855
DHIC50407162441881010048718	2017/1/1	2017/12/31	855
DHIC50407162441881010057873	2017/1/1	2017/12/31	880
DHIC50407162440385004076	2017/1/1	2017/12/31	760
DHIC50407162440385006197	2017/1/1	2017/12/31	1100
DHIC50403172440101010000010	2017/1/1	2018/1/1	459.27
DHIC50403172440101010000010	2017/1/1	2018/1/1	1842.67
DHIC50407162440101050863	2017/1/1	2017/12/31	665
DHIC50407162440101050787	2017/1/1	2017/12/31	665

图 2-22-3 用 SAS 导入清单示例

那么我们可以采用如下代码实现数据的导入：

```
proc import datafile = "E:\SAS 入门\保单库清单.xls" /*数据源存储路
径及名称*/
    out = policydata;              /*数据导入临时库中的名称*/
    sheet = '保单库清单';           /*数据来源的工作表名称*/
    getnames = yes;                /*获取数据源的变量名称*/
run;
```

上述代码运行结果如图 2-22-4 所示。

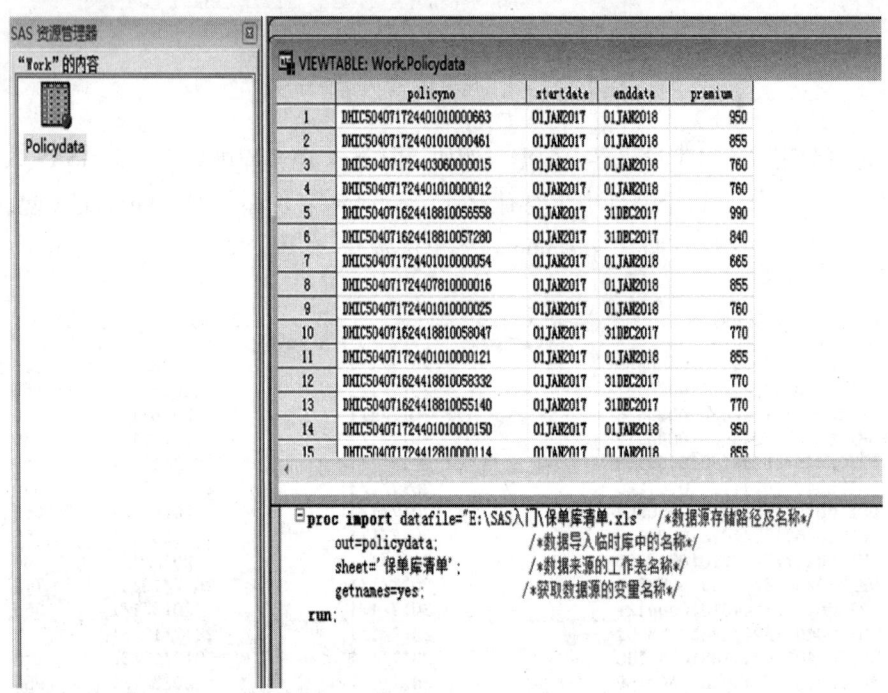

图 2-22-4　用 SAS 导入清单示例

二、计算已赚保费

已赚保费是精算人员经常用到的指标，下面我们来计算上述例子的已赚保费。

1. 可以通过 DataEP_data 计算已赚保费，具体如下：

```
DataEP_data;
    set policydata;
    if enddate > mdy(12,31,2017)    /*判断终保日期是否大于计算已
赚保费的截至日期*/
```

```
then
    earned_premium = premium * (mdy(12,31,2017) - startdate +1)/
(enddate - startdate +1);/*采用1/365法计算已赚保费*/
    else
    earned_premium = premium;   /*终保日期小于计算已赚保费的截
至日期,那么已赚保费就会等于签单保费*/
run;
```

上述代码运行结果如图2-23-1所示。

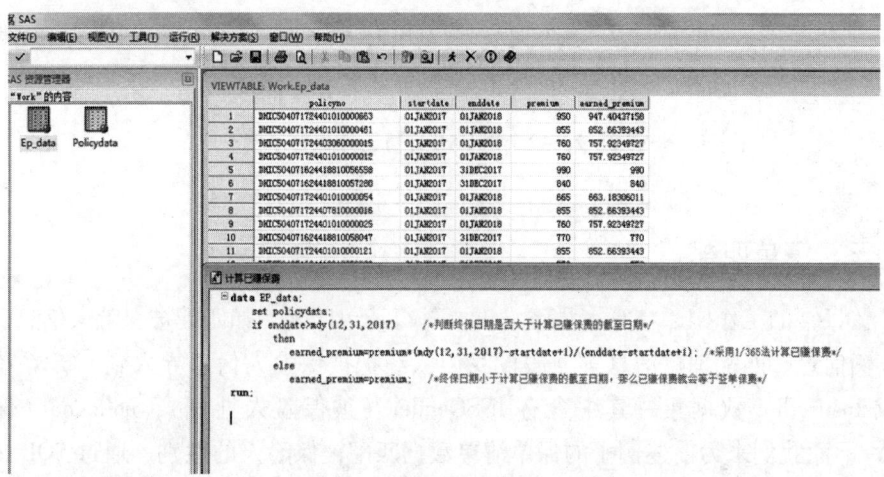

图2-23-1　用SAS计算已赚保费示例

2. 也可以通过SQL过程来计算已赚保费,具体如下:

```
procsql;
createtable   EP_data2 as
    select * ,
    case whenenddate >mdy(12,31,2017)then           premium *
         (mdy(12,31,2017) - startdate +1)/(enddate - start-
date +1)
    else premium
    end asearned_premium/*根据不同情况取相对应的值,且命名为earned_
premium(已赚保费)*/
    frompolicydata;
quit;
```

上述代码运行结果如图 2-23-2 所示。

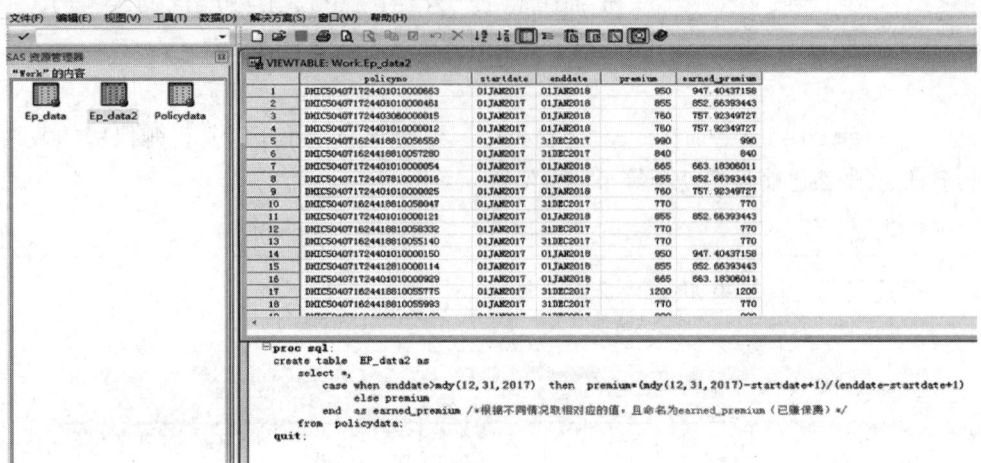

图 2-23-2　用 SAS 计算已赚保费示例

三、清单匹配

在日常的工作中，精算人员经常需要进行清单匹配，如匹配被保险人信息、匹配车辆信息、匹配理赔信息等。假设我们已经把被保险人信息导入到 SAS 系统里生成 Insuredinf 数据集，其中含有 INSGender（被保险人性别），policyno（保单号），下面我们来为前述例子的保单清单数据匹配被保险人的性别，通过 SQL 过程来实现，具体如下：

```
procsql;
createtablenewpolicydataas
    selecta.*,b.INSGender       /*"a.*"表示取 policydata 数据集的所有字段*/
        frompolicydata a, Insuredinf b   /*a,b 是给数据集命名的别称*/
        wherea.policyno=b.policyno;   /*通过保单号关联*/
quit;
```

上述代码运行结果如图 2-24 所示。

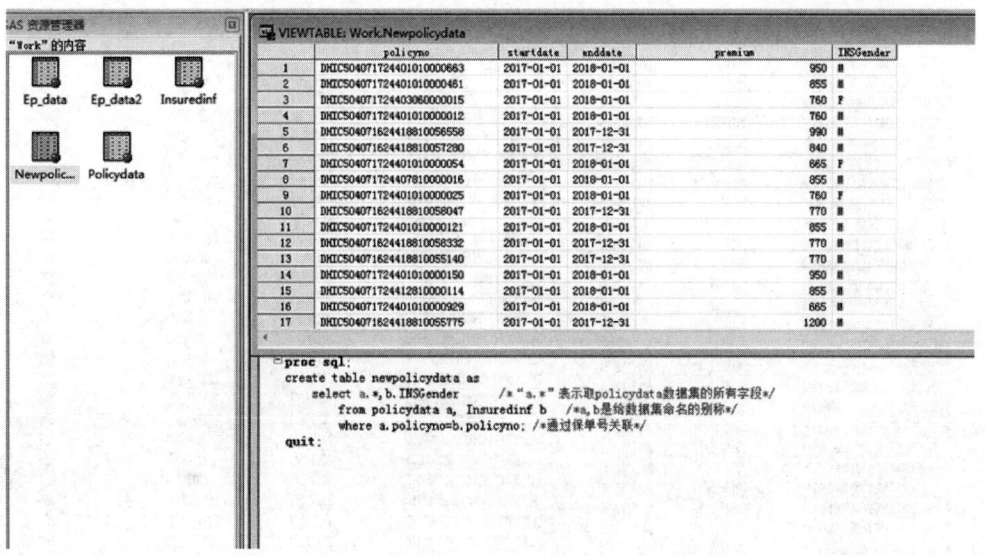

图2-24 用SAS进行清单匹配示例

注意上述 Insuredinf 数据含有 policydata 数据中所有保单的被保险人信息，如果 Insuredinf 数据仅含有 policydata 数据中部分保单的被保险人信息，则须将上述代码修改如下：

```
procsql;
createtablenewpolicydataas
    selecta.*,b.INSGender      /*"a.*"表示取policydata数据
集的所有字段*/
    frompolicydata a leftjoinInsuredinf b   /*左连接*/
    ona.policyno=b.policyno;    /*通过保单号关联*/
quit;
```

四、清单合并

在日常的工作中，精算人员经常需要增量更新数据，即将最新的数据与历史数据合并。假设现在需要将2017年的保单库清单数据与2016年的保单库清单数据合并，数据如图2-25-1所示。

首先，我们将2016年的保单库清单数据与2017年的保单库清单数据导入SAS系统里，分别生成数据集 old_policydata、new_policydata，然后可以采用以下方法进行合并。

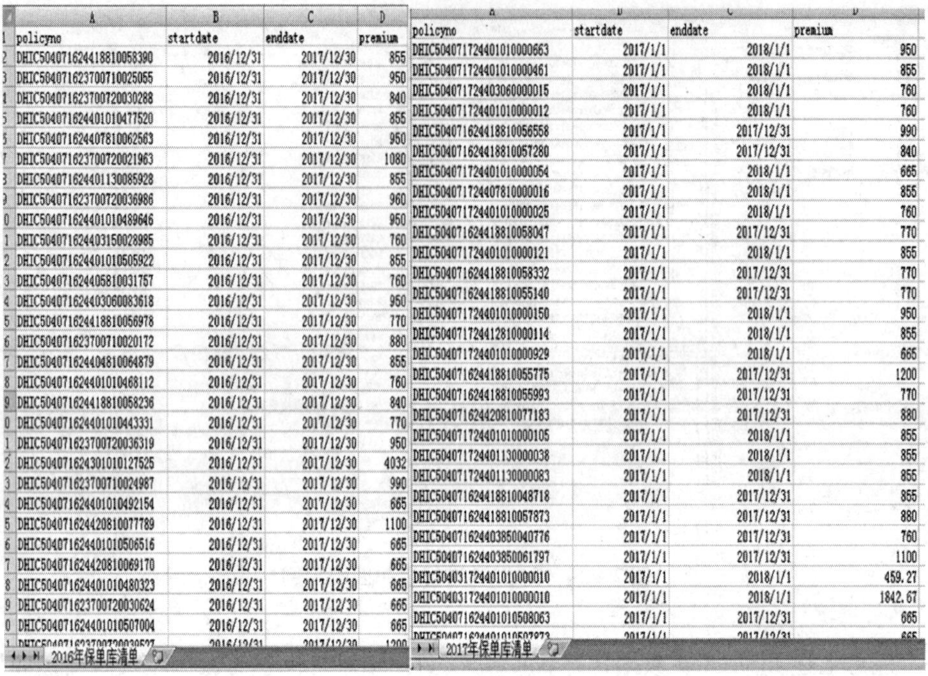

图 2-25-1 用 SAS 进行清单合并示例

1. 通过数据步实现，具体如下：

```
data updatepolicydata;   /*合并后的数据集名称*/
    set old_policydata new_policydata;   /*需要合并的数据集*/
run;
```

上述代码运行结果如图 2-25-2 所示。

图 2-25-2 用 SAS 进行清单合并示例

2. 也可以通过 SQL 过程实现数据集合并，具体如下：

```
procsql;
insertintoold_ policydata    /*直接在原来的数据集后面插入数据*/
    select * fromnew_ policydatawhere1 =1;
quit;
```

上述代码运行结果如图 2 – 25 – 3 所示。

图 2 – 25 – 3　用 SAS 进行清单合并示例

第三节　其他相关软件

常用的其他相关软件主要有 Word、PPT 和 Outlook，关于 Word 和 PPT 其实没有太多需要说明的地方，因为大家都掌握了基本的操作，其中常用的快捷键基本与 Excel 中的一致，这里只是强调几点小的注意事项，Word 编辑序号时最好使用项目编号，这样如果编号很多的时候，如制定制度，在中间插入一项或删除一项的时候，不用修改后面的项目编号。

PPT 展示数据的时候尽量使用图表，因为在讲解过程中，大家不会花太多的时间去看其中的数据，使用图表对交流有很大的便利。

大家都知道 Outlook 是用于收发邮件的，但很多人以为 Outlook 只能用于收发邮件，这边要介绍的并不是用于收发邮件，而是用于日程管理。

从导航窗格的左下角找到"日历"按钮，点击进入即可对日程安排进行管理。在对应的时间上点击右键即可添加相应的日程安排，其中常用的有"约会""会议要求"等，可以将会议通知通过邮件发给参与者，参与者点击接受后会议日程安排也会添加到参与者的日历中。

点击"日历"按钮上方"共享我的日历"，并在收件人中输入共享人的邮箱地址，对方接受后可将自己的日程安排共享给对方。这样做有利于让同事了解你的日程，提高工作效率。

更详细的步骤说明大家可以上网查询。

第三章

数据处理

第一节 数据核对

数据是对事实、概念或指令的一种表达形式，可由人工或自动化装置进行处理。数据经过解释并赋予一定的意义之后，便成为信息。数据处理包括对数据的采集、存储、检索、加工、变换和传输。数据处理的基本目的是从大量的、可能是杂乱无章的、难以理解的数据中抽取并推导出对于某些特定的人们来说是有价值、有意义的数据。数据处理贯穿于社会生产和社会生活的各个领域。数据处理技术的发展及其应用的广度和深度，极大地影响着人类社会发展的进程。

数据是精算的基础，没有数据，精算技术只是空中楼阁。数据处理是精算人员的基本技能，作为精算的入门技术，掌握好数据处理技术对未来精算工作有很大的帮助。大多数人认为，建模、准备金评估技术和定价技术等作为衡量精算人员能力高低的指标，但实际上对数据的加工处理也是衡量精算人员能力的重要指标之一，有时甚至会超过其他的精算技能，当对数据的了解深入到一定程度时，就可以从事更深层次的数据相关工作，如系统建设、数据库建设和数据挖掘等均离不开对数据的理解。所以数据处理对于一名精算人员来说是非常重要的，下面主要介绍基础数据的处理。

数据提取后，首要的事项均要进行数据核对，我们曾经见过不少精算人员非常认真地做完了准备金评估工作，得出了结果，后面才发现基础数据不对，导致所有工作要全部重做。

基础数据一般包括承保数据、理赔数据和再保数据。承保数据主要是核对保费、已赚保费和未到期等数据是否一致；理赔数据主要核对已决赔款和未决赔款是否一致；再保数据主要核对分保的保费和赔款数据是否一致。

一、数据核对步骤

数据核对步骤一般采用由外到内，由总到分的步骤。

（一）由外到内

精算基础数据一般来自核心业务系统，包括承保系统、理赔系统和再保系统的数据，基础数据提取后我们并不知道是否正确，所以需要有核对的基准，一般是采用财务报表数据作为核对的基准，就是先将精算基础数据与财务数据核对是否一致，如果不一致，则需查找原因。当确定精算数据与财务数据一致后，通常还需核对内部数据是否有问题，如分项是否等于汇总数据，即总数是否等于所有分支机构数据之和，总数是否等于分险种数据之和。

（二）由总到分

就是先核对数据总数是否一致，再对分项分别进行核对，分项的维度一般是按分支机构和分险种进行核对，即分不同分支机构和分险种将基础数据与财务数据进行核对。如果核对无误则一般不会有问题，假如分项数据有误，则可能需要对明细进一步进行核对，以确定错误的原因。

二、数据核对细节

常见问题和注意事项。

（一）金额单位

财务提供的金额单位经常会用万元，导致与基础数据核对产生差异，有时金额也会采用千元做单位，则也可能产生类似问题。

（二）数据显示

Excel 单元格可以设置数值的显示格式，当金额较大时，显示的时候会设置以千为单位，甚至以百万为单位，即显示的时候少 3 位数或者少 6 位数，如 1,000,000 可能显示为 1,000，这时如果直接与其他数值进行运算时，可能就会产生错误，因为虽然显示为 1,000，但实际的数值还是 1,000,000，所以拿到数据表时要先确定数据的显示格式，如果是数值可以点击单元格，看编辑栏的数据，编辑的数据是真实的数据；如果是运算公式的可以查看单元格数值的格式，如图 3-1 所示。

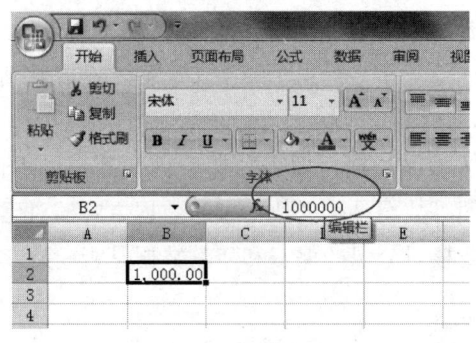

图 3-1　数值显示示例

（三）新增机构和新增险种

新公司通常会发生这类情况，即由于新增部分机构或新增险种，但在整理数据时未增加新机构或新险种导致分项数据之和少于汇总数据，也可能是在提取基础数据时未考虑到新机构或新险种。

（四）重复提取或漏提

有时候会发现基础数据明显多于或少于财务数，如果是所有维度均出现这种情况，这可能是重复提取或者漏提部分数据。当然也可能是部分数据出现这种情况，如发现某个维度的数据是财务数的两倍或一部分，那可能是该维度的数据重复提取或漏提。

（五）程序错误

有时出现大部分数据都对不上的情况，而且没有明显的规律，则可能是基础数据提取程序发生错误，负责从系统提取基础数据的人员或者系统升级变更导致基础数据结构变化常常会造成这类问题。

（六）时点数和区间数

需要注意区间数是可以汇总的，而时点数是不能汇总的，保持基础数据时有时会将多期的数据保存在同一张表中，需要注意时点数，如未决赔款不能进行汇总，如发现未决赔款比上期增加好几倍，通常属于这种错误，所以保存未决赔款数据时应增加统计时点作为区分。

（七）口径不一致

有时会发现基础数据在某段时间多一些，而在某段时间少一些，这可能是口径不同造成的，如已决赔款一边是核赔日期，一边是付款日期；未决赔款一边是未结案，一边是未核赔。在核对数据时应确定口径是一致的，如已决赔款均以核赔日期为准，未决赔款均以未核赔为准。

（八）币种和汇率

有些非车险业务会使用外币单位，这时应注意折算成人民币，而且要注意折算成人民币使用的汇率是否一致，因为业务系统通常会使用录入系统时的汇率，而财务系统通常是采用做账时的汇率，有外币业务的需要注意使用财务系统的汇率对基础数据进行调整。

（九）错用时间

有时在汇总数据程序时，不小心把不同时间错用，如起保时间当成出险时间，则会导致数据混乱。

（十）字段缺失

有时候以某个维度汇总数据时会发现总是少于合计数，但总数又没有问题，这时要考虑是否是部分数据该字段缺失，看看该字段的空值是否有数。

当然并不是所有与财务数据对不上的数据都是基础数据有问题，个别情况下也可能是财务数据有问题，这个时候需要提醒财务部门修改相应数据，不过这种情况要少得多。

以上只是数据差异常见的问题，由于保险数据的复杂性，各家公司出现的问题各不相同，这需要大家在工作中不断提供对数据差异的识别能力。

为了确保数据准确，在本期核对准确并汇总整理后，一定要与上期进行核对，即之前的数据应该与上期一致，如以前的已赚保费、已决赔款和未决赔款等。如不一致，则就是整理过程中出现了错误，当然前提是数据的来源应该一致。

第二节 已赚保费的计算

随着信息系统的完善，目前已赚保费通常都是由系统自动生成的，或者通过简单的计算就可以得到，如已赚保费=保费收入-未到期责任准备金提转差[①]。虽然评估或者定价使用的已赚保费通常可以由系统生成，但精算人员还是有必要了解准备金计算的过程以及计算准备金使用的公式。当然从上面的公式我们可以看出，计算已赚保费实际上就是计算未到期责任准备金，只要计算出未到期责任准备就可以算出已赚保费。

一般从系统提取的保单清单需要包含的字段有机构代码（通常到三级机构）、险种、险别、保单号（批单号）、保费收入、保险金额、起保日期（批改日期）、终保日期、币种。

一、用 Excel 计算清单已赚保费

（一）清单保费计算

大家都知道，计算一张保单已赚保费的公式，已赚保费=保费收入×保单经过的时间÷保险期限。如保费为365，起保日期为2014年4月1日的一年期保单，计算它在2014年的已赚保费，如果写公式大家都知道：已赚保费=365×保单经过的时间÷保险期限，但如果真的在 Excel 中编写公式的时候，很容易出现错误，如写成：已赚保费=365×（2014年12月31日-2014年4月1日）÷（2015年3月31日-2014年4月1日）=274.8，而实际上公式应该是：已赚保费=365×（2014年12月31日-2014年4月1日+1）÷（2015年3月31日-2014年4月1日+1）=275。这是因为保险实务中一般规定保险起期从起保日期的0时开始，至终保日期的24时结束，所以在计算保险经过日期和保险期限是用截止时间减去开始时间，要记得加上1。

上面只是介绍了一张保单的计算公式，对于多张保单的计算公式更复杂一些，

[①] 本书除了特别说明之外，未到期责任准备金的提取基数均不扣除首日费用，与财务报表准备金口径不同，即：未到期责任准备金=保费收入×未到期比例。

如上面的保单，但要计算它在2015年的已赚保费，公式就变成：已赚保费 = 365 × (2015年3月31日 - 2015年1月1日 + 1) ÷ (2015年3月31日 - 2014年4月1日 + 1) = 90，分母还是保险期限，与上面一致，但分子就从统计截止日减去起保日期变成了终保日期减去统计起始日，也就是说，在编制公式时需要判断统计截止日和终保日期以及统计起始日和起保日期的大小才能计算出已赚保费。再加上保险期限不落在统计区间内的以及短期保单，会出现很多种情况具体如图3-2所示。

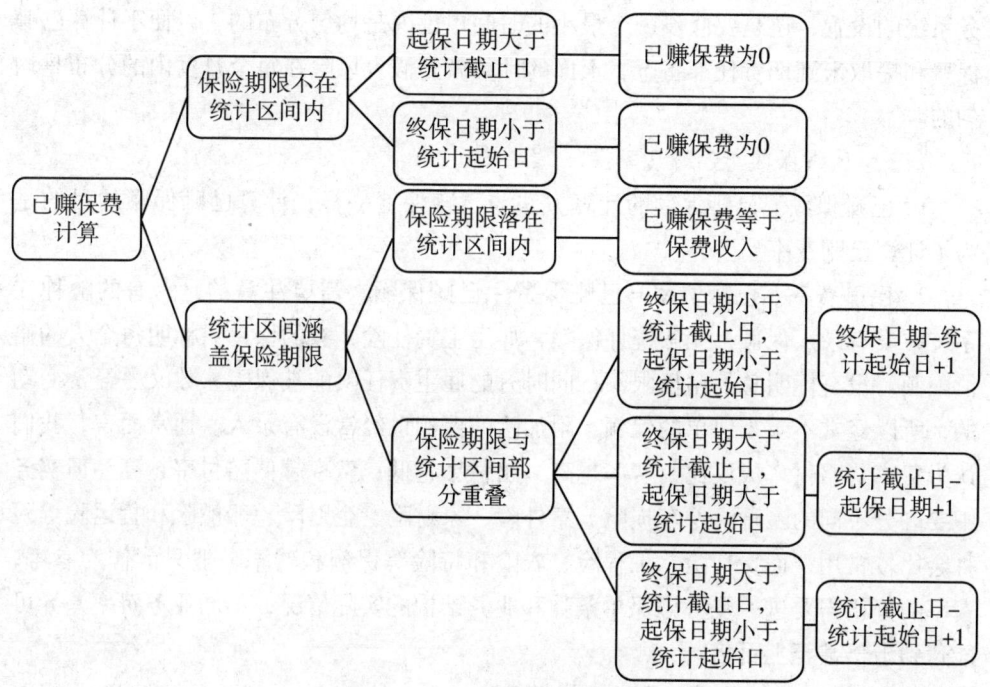

图3-2 已赚保费计算逻辑图

我们最早想到的是采用"IF"公式，经过多层嵌套用了六七个"IF"语句终于写出了计算公式，非常复杂，也很容易出错，大家有兴趣的可以去尝试一下。后来经过思考想出了一个很简化的公式：已赚保费 = 保费收入 × IF(OR(起保日期大于统计截止日，终保日期小于统计起始日)，0，(MIN(统计截止日，终保日期) - MAX(统计起始日，起保日期) + 1)/(终保日期 - 起保日期 + 1))[1]。就是保险期限不落在统计区间内的已赚保费为0，落在统计区间内的统计截止日和终保日期取小，统计起始日和起保日期取大，这样就覆盖了上面的各种情况。

（二）风险不均匀保单已赚保费计算

上面只是介绍了分布均匀的险种，对于风险分布不均匀的险种，计算已赚保费

---

[1] 这也是作者喜欢上Excel的原因之一，如何尽量简化Excel公式，成为作者的一项乐趣。

一般采用风险分布法，教科书上也介绍了风险分布法的要点，如介绍了七十八法则每个月的风险比例，介绍了经过整数月后风险比例的已赚保费如何计算。但实务中经过的时间一般都不是整数月，经过不是整数月的已赚保费如何计算，并未详细介绍，如经过2.5个月如何计算？风险分布不均匀的险种经过时间的计算与风险分布均匀的险种计算方式相同，不同的是需要进一步将风险比例分配到对应的期间中。如保单风险符合七十八法则的保单，保费为78，经过2.5个月，已赚保费 = 78 ×（12÷78 + 11÷78 + 10÷78×0.5）= 28。风险在不同月份分布是不均匀的，理论上而言，风险在每一天的分布也是不均匀的，但是实务上不管是用Excel计算还是业务系统的设置，还是要假设一个最小的时间单位内是均匀分布的，以便于计算已赚保费和提取未到期责任准备金，上面的计算就是假设风险在每个月度内的分布是均匀的。

（三）已赚保额与已赚费率

1. 已赚保额。已赚保额的计算方法与已赚保费一样，计算已赚保额的目的是为了计算已赚费率。

2. 已赚费率。已赚费率 = 已赚保费÷已赚保额。需要注意的是，有的险种在系统中没有录入保额，无法统计保额，如雇主责任险，有的保单只标明每个人的赔偿限额，没有标明总的赔偿限额，同时有的雇主责任险的被保险人数又是经常变动的，所以经常不录入保单的保额，附加险的保额也经常没有录入。通常而言，我们认为费率与赔付率成反比，费率越高，赔付率越低；费率越低赔付率越高。但实务中要区分不同的险种，像车损险、意外险、家财险、企财险、船舶险和货运险等险种会比较常用，而责任险、工程险、农险和特险等保额和费率一般只能作为参考，费率的分析需要进一步考虑保单条款和业务结构的实际情况，不同业务费率差异可能达到十倍甚至上百倍。

（四）已赚保单数量与已赚单均保费

1. 已赚保单数量。已赚保单数量也称为风险暴露数，已赚保单数量 = 保险单位数×保单已经过时间÷365，这边需要注意两个方面：（1）保险单位数不一定是保单数量，比如，团体意外险的保险单位数等于保单中包含的被保险人数，团体车险的保险单位数等于被保险车辆数，即一张保单可以包含多个保险单位，从这个方面来说，已赚保单数量，应该称为已赚保险单位数量或者已赚风险单位数量更合适，但行业惯例还是称为已赚保单数量；（2）跟已赚保费计算不同，计算已赚保单数量的分母是365，而不是保险期限，如风险状况相同的一张只有保险期限为半年的车险保单出险概率，肯定只有一张保险期限为一年的车险保单的50%，但保险单位数量都是"1"，而已赚保费 = 保费×保单经过的时间÷保险期限，计算公式分母为保险期限的原因是保险期限为半年的保费是保险期限为一年的50%，即保费计算的时候已经考虑了保险期限的差异，但保险单位数量计算时并不考虑保险期限的差异，所以有时也把已赚保险数量称为已赚保单年。

2. 已赚单均保费。已赚单均保费 = 已赚保费 ÷ 已赚保单数量，这主要用于衡量单均保费的变动。

二、计算已赚保费近似方法

按天计算已赚保费的方法称为三百六十五分之一法，目前行业中准备金提取的方法基本采用该方法，但三百六十五分之一法的计算量太大，一般需要由系统完成，但平时估计时不可能有每一张保单的数据，在实务中还会用到一些近似方法，如二分之一法、八分之一法和二十四分之一法等。

（一）二十四分之一法

精算人员对已赚保费的估计，特别是预测时一般都采用二十四分之一法，如做年度预算时使用的已赚保费预测。

大家都知道二十四分之一法是假设保单期限为一年，保费在每个月度里均匀分布，但实务中不可能是完全均匀分布，那么二十四分之一法的误差有多少呢？假设每个月度的保单均在每个月的 1 日（或者最后一天）起保，则二十四分之一法的误差将达到最大，假设每个月的保费收入均相同，为 1 亿元，上年度的保费在每个月里是均匀分布的，本年度的每个月里的保单起保日期均为当月 1 日，则用二十四分之一法计算的本年度已赚保费 = 本年保费收入 −（年底未到期准备金 − 上年底未到期准备金）= 12 −（6 − 6）= 12（亿元）；已赚保费用三百六十五分之一法计算的已赚保费 = 本年保费收入 −（年底未到期准备金 − 上年底未到期准备金）= 12 −（6 − 5.5）= 12.5（亿元），则误差 =（12.5 − 12）÷ 12 × 100% = 4.17%，即最大误差为二十四分之一。而实务中不太可能出现这种情况，而且一般当年的保费在月度内的分布与上年有一定的关联性，如一个月的保费是前多后少，则上一年度对应月度的保费分布往往也相同，两年互相抵消后已赚保费的计算误差会远小于 4.17%，根据经验，二十四分之一法的预测误差通常在 1% 左右。

从上面的分析中，我们可以看出用二十四分之一法计算已赚保费时，准确性还是很高的，甚至有时觉得系统计算的已赚保费数值与预期偏差较大时，还可以用二十四分之一法校对系统准备金提取的准确性。

（二）二分之一法和八分之一法

从书本上我们知道，二分之一法计算已赚保费时是假设保费收入在一年内均匀分布，八分之一法是假设保费收入在每个季度内均匀分布，这些假设是比较苛刻的，特别是二分之一法，那么这些方法是否就没用了呢？其实不是的，一方面，有时在只能获取季度保费收入或者年度保费收入的时候可以近似使用，如做行业数据分析时，有时无法得到月度等详细的保费信息；另一方面，计算简便，在需要快速计算时，可以通过口算得出已赚保费的大概数值，如领导问你明年做 20 个亿保费，公司的已赚保费会是多少，这时就可以用二分之一法进行大概估算。

用二分之一法预测已赚保费，偏差到底有多大呢？如我们要预测 2016 年已赚保费，假设 2015 年保费收入为 15 亿元，2016 年保费预算为 20 亿元，简单地使用二分之一法，则已赚保费为 (15 + 20) ÷ 2 = 17.5 亿元；除此我们还可以用改进的二分之一法，如我们查看 2015 年底未到期准备金是 8.1 亿元，这时我们会发现 2015 年底的未到期准备金要多余 15 亿元的一半即 7.5 亿元，占比 = 8.1 ÷ 15 × 100% = 54%；如果假设 2016 年的业务分布与 2015 年一致，则可以预测 2016 年的已赚保费为 15 × 54% + 20 × 46% = 17.3 亿元，这个数值应该会更接近实际的已赚保费，这时我们发现采用改进后的方法与简单的二分之一法预测的数值差异只有 0.2 亿元，偏差只有 0.2 ÷ 17.3 × 100% = 1.2%，尽管从 15 亿元到 20 亿元，公司保费的增速达到 33.3%，发展已经很快了，但是用二分之一法预测的已赚保费准确性还是比较高的，所以二分之一法在现实中还是有较好的可用性，如果需要更加准确，则可以采用改进的二分之一法进行预测。

从上面的分析中，我们发现，用二分之一法预测已赚保费，差异并不大，但是如果用于预测未到期准备金则偏差会比较大，如 2015 年底的未到期准备金实际数是 8.1 亿元，二分之一法预测数是 7.5 亿元，两者的偏差是 0.6 ÷ 8.1 × 100% = 7.4%。所以用二分之一法预测已赚保费的准确性明显高于未到期准备金的预测，产生差异的最主要原因是已赚保费计算包含了两年准备金的数据，已赚保费 = 当年保费收入 - (当年未到期准备金 - 上年未到期准备金)，由于两年的准备金偏差互相抵消了，已赚保费预测的偏差较小，而预测未到期准备金时建议采用改进的二分之一法预测。

（三）非一年期保单

除了一些短期保单之外，一般的非一年期保单常见的有多年期贷款保证保险、工程险、延长保修保险和货运险等。

1. 多年期贷款保证保险。多年期贷款保证保险主要有房贷险和车贷险，通常贷款人是按月还贷的，随着贷款的归还，贷款的余额逐渐下降，保险公司承担的风险金额逐步下降，理论上而言，风险是逐渐下降的，适合采用七十八法计算保单的未到期准备金，但从实务上来说，风险是呈中间高两头低的情况。即起保初期，虽然公司承担的保额即贷款余额较高，但贷款人一般刚开始财务状况通常较好，通常会按期还贷，违约可能性比较小，保险公司风险较小；但过了一段时间后，可能由于财务状况的恶化，无法按期还贷，这时贷款余额处于中上水平，风险较高；在保单的后期，由于贷款余额的下降，除非贷款人财务状况非常糟糕，否则贷款人违约的意愿是很小的。

如果公司有较充分的数据，可以根据经验数据采用风险分布法计提未到期准备金，不过实务中为了方便，对于多年期贷款保证保险，通常还是采用三百六十五分之一法计算未到期准备金。

在预测的时候，根据保单的期限采用二分之一法、八分之一法和二十四分之一法的扩展的方法。二分之一法扩展方法：如两年期采用四分之一法、三年期采用六分之一法、五年期采用十分之一法等；二十四分之一法的扩展：如两年期采用四十八分之一法、三年期采用七十二分之一法、五年期采用一百二十分之一法等。

假设2014年开始开展多年期贷款保证保险业务，要预测2016年的已赚保费，则可以采用扩展的二分之一法按表3-1进行计算，如2016年已赚保费 = 200 - (188 - 138) = 150，两年期的未到期因子为0.25（即1/4）和0.75（即1/4 + 1/2）；三年期的未到期因子为0.17（即1/6）、0.50（即1/6 + 1/3）和0.83（即1/6 + 1/3 + 1/3），具体如表3-1所示。

表3-1　　　　　用二分之一法计算多年期贷款保证保险已赚保费

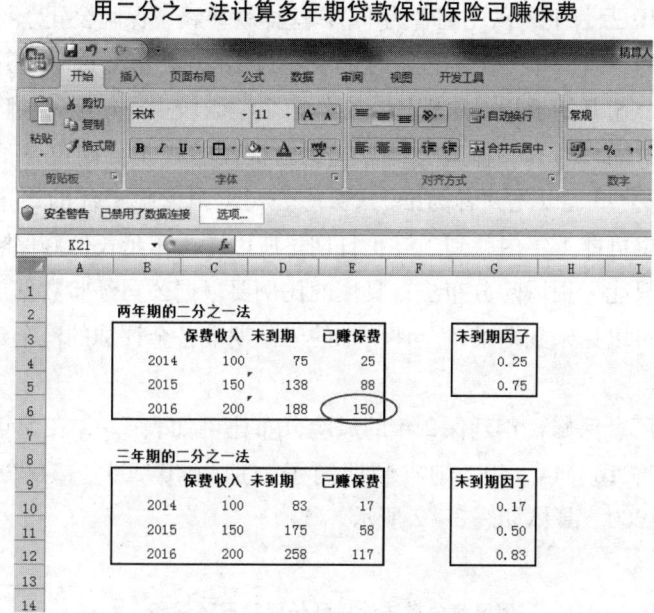

2. 工程险。工程险的风险分布一般也是不均匀的，理论上而言，风险随着工期的进展逐渐增加，与上面想反，有的公司会按逆七十八法计算工程险的未到期准备金，不过实务上工程险的风险分布比较复杂，影响工程险的风险因素较多：与工程本身特点、施工地点和施工季节等有很大的关系，所以为了简便计算，一般公司也是采用三百六十五分之一法计算工程险的未到期准备金。

如果公司采用三百六十五分之一法计提工程险的未到期准备金，则已赚保费的预测也可以采用上面的方法，根据工程险的年限采用相应的多年期扩展方法。

3. 延长保修保险。目前，市场上的延长保修保险主要包括汽车延长保修保险和电器延长保修保险，这里需要注意的是"延长"，也就是保险公司承担保险责任并不是从投保就开始的，而是从延长期开始的，也就是实际的保险责任起始日期要从厂家的保修责任结束后才开始。

对于电器延长保修保险，电器使用越久，损坏的风险越大，风险是前低后高，所以一般可以按逆七十八法计算电器延长保修保险的未到期准备金，当然风险分布不一定严格遵守逆七十八法则，从1，2，3，…，12的风险大小分布，这时可以采用拟七十八法则的扩展方法，如一年期的电器延长保修保险，我们发现，风险分布比例为4，5，6，…，15，则可以把12个月的风险比例相加得到114，则就是"逆114法则"，所以拟七十八法则是一种风险比例递增的方法，大家并一定要严格按照1，2，3，…，12的比例计算未到期准备金。

相比电器延长保修保险而言，汽车延长保修保险更加复杂一些，电器厂家的保修期时间是确定的，如从购买的一年内属于厂家的保修期，一年之后就进入延长保修期，保险公司开始承担保险责任，但厂家对汽车的保修期规定除了时间还有里程，如"3年10万公里、以先到者为准"，这样就导致了保险公司承担保险责任的起期是不确定的，有的车一年的里程可能就超过10万公里，这时就开始进入延长保修期，保险公司开始承担保险责任，有的车里程数较少，3年后保险公司才开始承担保险责任；同样道理，保险公司承担保险责任的终止日期也是不确定的，如"延长2年6万公里、以先到者为准"，保险公司承担保险责任的终止日期最长是第5年末，但也可能1年内就到了终止日期。所以，汽车延长保修保险未到期责任准备金的计算只能采用风险分布法，具体的比例要根据公司经验数据进行测算，具体测算的方法可以见未到期准备金评估中的未到期准备金评估的汽车延长保修风险分布比例测算。

如经测算厂家保修3年延保2年的风险分布比例如表3-2在5年内的分布比例分别为1、5、10、44、40，则未到期因子分别为40/200、124/200、178/200、193/200、199/200。具体如表3-2所示。

表3-2　　　　　用风险分布法计算延长保险已赚保费

风险分布法未到期比例

时间	风险分布比例	未到期因子
第一年	1	40/200
第二年	5	124/200
第三年	10	178/200
第四年	44	193/200
第五年	40	199/200

4. 货运险。一般货运险也是采用三百六十五分之一法计算未到期责任准备金，但是货运险不同之处在于都是短期保险，而且一般而言货运险在系统中只录入起保日期，没有录入终保日期，所以在计算货运险未到期准备金时，会根据货运险的不同类型设定一个固定的保险期限，如国内运输货运险假设保险期限为30天、远洋运输货运险假设保险期限为90天，这样系统才能计算货运险的未到

期准备金,所以在预测货运险的未到期准备金时,也要与系统的假设一致。如假设远洋货运险的保险期限为 3 个月,则时间从远至近未到期因子分别为 1/6、3/6、5/6,要注意只有最近 3 个月的保费收入才参与未到期准备金的计算。具体如表 3-3 所示。

表 3-3　　　　　　　　用六分之一法计算货运险已赚保费

货运险未到期因子

时间	未到期因子
最近三月	1/6
最近二月	3/6
最近一月	5/6

如果是国内运输货运险,假设保险期限为 30 天(即一个月),则更加简单,可以采用二分之一法计算未到期准备金,只是计算的统计区间从"年"变成"月",即只有最近一个月的保费收入才参与未到期准备金的计算。

从上面的分析中我们可以看出,货运险的未到期准备金占比很小,在当年的保费收入基本都会转化为当年的已赚保费,这个大家可以从货运险的财务报表中看出。

5. 扩展方法的未到期因子。上面介绍了二分之一法的扩展方法的未到期因子,如四分之一法的未到期因子分别为 0.25 和 0.75;六分之一法的未到期因子分别为 0.17、0.50 和 0.83。那么这些因子是否有规律呢?通过观察,我们发现,n 分之一法的未到期因子分别为:1/n、3/n、5/n、…、1-1/n,即离统计时点越近的统计区间未到期因子越大,离统计时点越远的统计区间未到期因子越小;此外我们可以看出,参与未到期准备金计算的期数是 2/n,即四分之一法参与计算未到期准备金的是最近 2 期的保费、六分之一法参与计算未到期准备金的是最近 3 期的保费、二十四分之一法参与计算未到期准备金的是最近 12 期的保费。

同 n 分之一法的未到期因子类似,七十八法则可以假设风险分布在月度内均匀分布,因为第一个月的风险占比为 12/78,经过半个月已赚比例为 6/78,所以未到期比例为 1-6/78(即 1-12/156),时间从远到近未到期因子分别为:0.5/78,(1+2/2)/78,(1+2+3/2)/78,…,(1-6/78),即如表 3-4 的 1/156,4/156,9/156,…,144/156。常用的几种方法未到期因子如表 3-4,其他方法的未到期因子大家可以根据上面介绍的方法计算。

表 3-4　　　　　　　　　　　不同方法的未到期因子

未到期因子				
八分之一法	二十四分之一法	四十八分之一法	七十八法则	逆七十八法则
1/8	1/24	1/48	1/156	12/156
3/8	3/24	3/48	4/156	35/156
5/8	5/24	5/48	9/156	56/156
7/8	7/24	7/48	16/156	75/156
	9/24	9/48	25/156	92/156
	11/24	11/48	36/156	107/156
	13/24	13/48	49/156	120/156
	15/24	15/48	64/156	131/156
	17/24	17/48	81/156	140/156
	19/24	19/48	100/156	147/156
	21/24	21/48	121/156	152/156
	23/24	23/48	144/156	155/156
		25/48		
		27/48		
		29/48		
		31/48		
		33/48		
		35/48		
		37/48		
		39/48		
		41/48		
		43/48		
		45/48		
		47/48		

（四）财务已赚保费预测

财务已赚保费的预测，与法定口径已赚保费的预测是一样的，只是需要把法定口径的准备金改成财务口径的准备金，即财务口径未到期准备金 =（1 - 首日费用率）× 法定口径准备金 + 保费不足准备金，通常而言，对于不需要计提保费不足准备金的险种，财务口径的准备金由于考虑了首日费用率，比法定口径小一些。

如已知 2015 年的未到期准备金，2016 年的保费收入，并已经预测了 2016 年法定口径的未到期准备金，要预测 2016 年财务口径的已赚保费。由于 2015 年首日费用率为 22%，假设 2016 年首日费用率不变，则 2016 年底财务口径未到期准备金 =（1 - 22%）× 108 = 84.24 亿元。那么 2016 年财务口径已赚保费 = 200 -（84.24 - 63.18）= 178.94 亿元，要高于法定口径的已赚保费 173 亿元，快速增长的公司通常会出现这种情况。具体如表 3-5 所示。

表 3-5　　　　　　　　　　　财务报表已赚保费预测

财务口径准备金计算

年度	保费收入	法定口径准备金	财务口径准备金
2015年	150.00	81.00	63.18
2016年	200.00	108.00	84.24

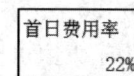

首日费用率
22%

第三节　流量三角形编制

赔款流量三角形号称是非寿险精算师的两大武器之一，一般我们在书上看到的都是已经整理好的三角形，重点介绍的是因子的选择或者是三角形的通胀调整等，但具体如何将清单数据整理成赔款三角形，介绍得不多，虽然现在信息系统越来越完善，很多公司的赔款三角可以直接从系统中提取，但作为精算人员，还是有必要了解如何将清单数据编制成赔款三角形的原理和过程。下面简要介绍流量三角形的编制以及一些注意事项。

根据评估的目的可以按出险时间、起保时间或者报案时间分别编制三角，一般而言，评估准备金采用的是事故年度三角，而对于再保业务没有逐单出险时间信息的情况下会采用保单年度三角评估准备金，报案年度三角则可以用于评估估损的充足性。不管是编制什么时间维度的三角，其基本原理是一样的，横轴都是进展时间，纵轴是统计口径时间，如按报案季度编制的三角如表3-6所示。

表3-6　　　　　　　　　季度流量三角形格式

报案季度 \ 进展期（月）	3	6	9	12	15	18	21	24
2014Q1	1,020	1,330	914	858	394	414	340	416
2014Q2	1,468	1,722	1,330	662	494	466	416	
2014Q3	1,422	1,538	1,318	1,440	976	624		
2014Q4	1,248	1,520	1,342	1,668	1,338			
2015Q1	1,540	1,610	2,134	2,218				
2015Q2	2,404	2,910	3,340					
2015Q3	3,586	5,042						
2015Q4	4,680							

一、提取清单

清单是编制三角形最基础的数据，编制赔款三角形所需的清单主要是已决赔款清单和未决赔款清单。清单需要从系统提取，一般都是由精算部门提出数据提取需求，信息技术部人员协助从系统提取相应的清单。

提取清单的描述也是很重要的，如果描述不准确，信息技术部门提出来的清单绝对不会是你想要的清单。提取数据需要说明的主要要素有：截止日期，就是评估时点的日期，如月底、季度末等；数据需要从什么时候开始，如需要描述从什么时候开始起保或者出险的赔款清单；赔款的口径，赔款通常以核赔通过为已决赔款，未核赔通过的为未决赔款；清单需要包含哪些字段。

提取清单需要所需的数据字段按分类可以分成4大类：编号字段、时间字段、赔款字段和相关维度字段，已决清单和未决清单一般包括以下字段。

（一）已决清单

保单号、报案号、立案号、赔案号、起保时间、终保时间、出险时间、报案时间、立案时间、统计时间（核赔时间）、币种、赔款类型、人伤/物损、巨灾代码/大赔案代码、赔款金额、机构、险种、险别。

（二）未决清单

保单号、报案号、立案号、起保时间、终保时间、出险时间、报案时间、立案时间、统计时间、案件状态、币种、赔款类型、人伤/物损、巨灾代码/大赔案代码、赔款金额、机构、险种、险别。

下面简要说明上述字段的作用。

1. 保单号。主要用于与保单信息进行关联，如我们发现以前提取的清单中缺少某个维度信息，需要增加的时候可以根据已有赔款清单的保单号从系统中提取相关的保单信息。

2. 报案号。用于关联报案信息，由于交强险和商业车险的报案号是相同的，所以报案号可以用于分析车辆的赔付情况。

3. 立案号。立案号是案件数量的标准，一个案件可能会有多条赔款数据，在统计案件数量的时候需要按立案号统计案件数量，而不能用清单条数统计案件数量。

4. 赔案号。赔案号是赔款的记录编号，有的公司也叫赔款计算书号。

5. 起保时间、终保时间。可以用于分析是否短期保单，以及起保时间和终保时间与出险时间的关系。

6. 出险时间。一般用于编制赔款三角的出险时间只需要准确到月度或者季度即可，但实际上系统中的出险时间会准确到秒，所以可以根据出险时间做更详细的分析，如在各个时辰的出险分布，甚至用于对虚假赔案的分析，如凌晨两三点的案件可疑性会大一些。

7. 报案时间。分析报案时间与出险时间的关系可以看出报案延迟的情况，分析报案时间与立案时间的关系可以分析立案的及时性。

8. 立案时间。只有立案了，系统才能提取到未决清单，实际上立案后才是已决报告的未决案件。

9. 统计时间（核赔时间）。核赔时间就是指核赔通过的时间，这时已决赔款的标识，只要核赔通过了就是已决赔款，无论财务是否已经实际支付赔款，如未支付则财务会将已决赔款放在应付赔款科目，对于未决赔款的统计时间实际上是一个时点，就是截止到统计时间点，未核赔通过的未决赔款的估损金额。

10. 币种。对于车险业务一般都是人民币，非车险业务中外币业务最多的是远洋运输货运险，在赔款折算成人民币时要注意汇率的时间点，一般而言，系统输入的汇率是起保时的汇率，所以折算成人民币时需要用每个月、每个季度或者年底时财务使用的汇率，这样赔款数据才会与财务一致，一般而言，财务的汇率都会再年底时统一调整，所以做赔款的汇率折算时，在每个季度按季度末调整，到年度时，统一按年底汇率进行调整。

11. 赔款类型。用于区分赔款的用途，如直接赔款还是公估费、律师费等。

12. 人伤/物损。主要用于区分车险案件的损失类型，是赔付财物损失还是赔付人伤案件。

13. 巨灾代码/大赔案代码。对于台风、地震等大灾，系统会统一录入相应的巨灾编码，这样在评估准备金或者做数据分析时可以对巨灾案件进行单独考虑，大赔案代码要看公司对大赔案的定义，不一定每个公司都会有定义。

14. 赔款金额。就是赔付给被保险人的金额。

15. 机构。用于区分机构的维度，一般从系统提出来的是机构代码，这时要与信息技术部要一份机构代码对照表，目前国内保险公司使用机构代码基本是一致的，如"1100"通常代表北京，与邮编相似，但不完全一样，通常而言机构建议细分到三级机构。

16. 险种、险别。用于区分险别的维度，如商业车险细分到车损险、三者险、车上人员责任险、盗抢险、其他险等，一般而言，以上的险别维度对于准备金评估已经足够了，如果数据是用于定价，则需要考虑更多维度，如车险的从人、从车等相关参数，这在后面车险定价部分会另外说明。

二、汇总清单

从业务系统提取的清单是逐单展示的，每条赔款记录就会有一条清单，即使是小公司，积累几年以后至少也是百万条记录的数据，即使 Excel 能放得下，运行速度也很慢，所以要先将清单汇总成最小细分粒度的汇总清单。如将同一个月出险、同一个月赔付、同一机构、同一险别的数据汇总成一条数据。一般采用 SAS、Cognos 或者 Access 对清单数据进行汇总，汇总后的汇总清单大概只有几千条数据，放在 Excel 处理就很简便了。这里先不做介绍，下面主要讨论如何将汇总清单编制成赔款三角。

（一）将清单数据转换成按季度（或者月度）汇总清单

一般将汇总清单编制成三角需要四个维度，即出险时间、赔付时间、机构和险别。Excel 可以用公式"SUMIFS"将汇总清单加工，假设汇总清单的赔款金额放在 N 列、出险时间放在 A 列、赔付时间放在 B 列、机构放在 C 列，险别放在 D 列，则下面公式就可以将出险 2015 年 4 季度出险在 2016 年 1 季度赔付的北京地区车损险赔款数据提取出来，"＝SUMIFS(N：N，A：A，"2015Q4"，B：B，"2016Q1"，

C：C,"北京",D：D,"车损险")"。这里为了形象说明,把条件具体列出来,而实际编制公式会把对应的条件放在引用的单元格中,如"北京"可以放在"A2"单元格,"车损险"放在"B2"单元格,直接在对应的单元格中输入具体的条件就可以了,这样编辑对应单元格的条件即可得到不同的结果。

（二）季度转换的 Excel 公式

在实务中一般用"201501""201502"等表示对应月度,用"2015Q1"表示 2015 年 1 季度,在 SAS 或者 Cognos 中会有相应的公式可以直接转换,但 Excel 没有相应的公式,可以用"=YEAR(A1)&"Q"&ROUNDUP(MONTH(A1))",将日期直接转换成季度的形式,如在"A1"单元格输入"20151206"就会得到"2015Q4"。

一般生成的三角如表 3-7 所示。

表 3-7　　　　　　　　　　季度原始流量三角形

事故年	2014Q1	2014Q2	2014Q3	2014Q4	2015Q1	2015Q2	2015Q3	2015Q4
2014Q1	1,020	1,330	914	858	394	414	340	416
2014Q2		1,468	1,722	1,330	662	494	466	416
2014Q3			1,422	1,538	1,318	1,440	976	624
2014Q4				1,248	1,520	1,342	1,668	1,338
2015Q1					1,540	1,610	2,134	2,218
2015Q2						2,404	2,910	3,340
2015Q3							3,586	5,042
2015Q4								4,680

可以通过公式"Index"转换成如表 3-8 所示。

表 3-8　　　　　　　　　　季度流量三角形格式

事故年	3	6	9	12	15	18	21	24
2014Q1	1,020	1,330	914	858	394	414	340	416
2014Q2	1,468	1,722	1,330	662	494	466	416	
2014Q3	1,422	1,538	1,318	1,440	976	624		
2014Q4	1,248	1,520	1,342	1,668	1,338			
2015Q1	1,540	1,610	2,134	2,218				
2015Q2	2,404	2,910	3,340					
2015Q3	3,586	5,042						
2015Q4	4,680							

需要注意的是两个表格的列标题从"赔付年"变成了"进展期"。

三、其他注意事项

（一）不重复/不遗漏

编制三角时需要注意数据是否重复或者遗漏，通常出现重复或者遗漏的情况，一般与清单数据的核对检查有类似的地方：如数据是两倍、把时点数的未决进行累计计算、漏掉部分机构或者险种数据等。

（二）未决不能小于0

有时候在编制未决三角时会发现早期的个别单元格出现未决小于0的情况，这种情况要特别引起关注，需要与信息技术部人员核实提数程序是否有误，如是否限定未决不小于0。也可能是系统设置的问题：一种可能是理赔系统设置有问题，如赔款金额可以大于估损金额，这时未决金额＝估损金额－已赔款部分金额，就会出现负数；另一种可能是再保系统与理赔系统未完全同步，如理赔系统已决案件，未决赔款为0，但再保系统仍然是未决案件，仍然有摊回未决赔款，这样就有可能会出现再保后未决金额为负数的情况，这时要提醒相关部门对系统设置进行修改，实务中通常是将未决赔款与0取大。

（三）案件数的处理

赔款金额可以直接进行加总，但是案件数不能直接进行加总，主要有几个方面的原因：险类的案件数不等于分险别案件数之和，像车险，往往一个案件会在多个险别中赔付，如果直接对险别件数进行加重，则会高估出险率，这个时候应该按立案号计算案件数，即多个相同的立案号只计算一件，如果要计算整体车险的出险率可能还需要将交强险和商业车险的案件数进行合并，这个时候要看公司对理赔系统的设置，如众诚保险的理赔系统可以根据报案号进行合并；零赔案的处理：在谢志刚老师编写的《非寿险准备金评估》中详细介绍了零赔案的处理方式，在实务中不管已决案件数还是未决案件数一般都不计算零赔案。

（四）不应该有数据的空格出现数据

不应该出现数据的空格出现了数据，如果是大量的空格出现这种情况，可能是编制有问题，如公式编写错误，或者是时间选用有问题，如把起保时间当成赔付时间等；如果是个别空格出现这种情况，可能是基础数据有问题，如表3－9出现在2015Q2，而赔付在2015Q1的数据是不应该出现的，这个时候最好把该数据从清单中筛选出来，看看是什么原因，如果确定是基础数据问题，应要求相关部门从系统对基础数据进行修改。

赔款三角编制完毕后，除了做本期数据的检查之外，为了确保准确性应该与上期的三角进行比对，确定上期以前的数据与之前是完全一致的。此外，对于车险等分散性险种，最后一列即最近一期的数据不管已决赔款还是未决赔款，没有特殊情况应该与上一列即上一期的数据差异不会太大。

表 3-9　　　　　　　　　　　流量三角形的异常数据

事故年	2014Q1	2014Q2	2014Q3	2014Q4	2015Q1	2015Q2	2015Q3	2015Q4
2014Q1	1,020	1,330	914	858	394	414	340	416
2014Q2		1,468	1,722	1,330	662	494	466	416
2014Q3			1,422	1,538	1,318	1,440	976	624
2014Q4				1,248	1,520	1,342	1,668	1,338
2015Q1					1,540	1,610	2,134	2,218
2015Q2						20	2,404	2,910	3,340
2015Q3							3,586	5,042
2015Q4								4,680

第四节　数据分析

精算界流行着一句话："每个数据背后都有一个故事。"就是指每个数据背后都有其原因，在做数据分析时，最重要的是要找出该数据背后真实的原因，特别是异常数据的原因。在跑完程序、模型得到结果后，一定要提醒自己，工作远没有结束，分析、验证、解释模型结果才是根本。

一、结果分析与验证

得到结果后，我们一定要用怀疑的眼光看待自己的数据结果，不要轻易相信自己做出来的结果，拿到结果时一定要多问自己为什么。特别是当结果不符合预期时，要么有新发现、要么是发生错误，如果有错误，错在哪里？

结果验证需要具有较高的综合素质，需要具备数据敏感性、丰富的知识和经验积累，这些均需要通过不断的学习和积累。

一般我们会由"内而外"寻找原因，这里的"内"指精算本身，主要包括数据、模型和过程；"外"指业务本身的问题。如我们分析评估结果，发现某个季度赔付率异常，这时，我们要先从数据、模型和评估过程进行分析，尽管前面已经核对了基础数据，但是在数据导入的过程中可能发生错误，如导入时放错表格，归类错误等；模型是否有问题，是否使用，是否选择合适的模型结果；评估过程是否合理，是否选择合适的因子等。如果数据、模型和评估过程没有问题，则要看看业务本身是否确实如此，如发生了重大赔案或者大灾导致赔付率异常。

除此之外，与上期结果进行对比也能提高验证的效率，一般而言，两期的结果应该比较接近，如果差异较大，则要寻找差异的原因，是本期结果有问题还是上期结果有问题。

二、结果解释

结果的解释实际上也是数据验证的过程,就是用合理的语言描述结果、解释为什么会有这样的结果,由于精算结果往往要展现给其他部门的人员,这时要注重沟通,用浅显的语言进行描述;要结合行业信息和业务信息进行分析;要深入了解结果背后的原因——挖掘每个数据背后的故事。

做出精算结果后一般要向领导汇报,并将结果反馈给相关的业务部门,所以做出结果后,精算人员要注意与业务部门进行沟通,使用通俗的语言描述精算结果,对于重要的结果解释要提前演练,进行设问,必要的时候可以邀请业务部门人员参加。

数据结果并不是孤立的,不要只对数据结果本身进行分析,在分析结果时,要结合行业信息和业务信息进行分析,如我们发现赔付率是下降的,那么下降是公司业务本身的改善还是整个行业业务品质在好转,要进行全面的分析,不要脱离业务做数据分析。

深入了解结果背后的原因——挖掘每个数据背后的故事。作结果解释时,要深入了解产生结果的原因,如上面的赔付率下降,我们发现赔付率下降的幅度比行业下降的幅度要大,那么是承保改善了,还是理赔改善了,还是只是单单属于实际的赔付率与平均赔付率的正常波动引起的。

三、结果展示

结果的展示要注重可视化、可视化、可视化。

人类对图形的敏感性要远高于数字,一般人能一眼看出图形的差异而却很难发现数字之间的不同,所以一般情况下尽可能将数据结果通过图形的方式进行展示。下面表格和图形是对相同结果的不同展示形式,我们要比较费劲才能找出表格中数字的最大值和最小值,但通过折线图我们可以一眼就看出来;而对于数据的规律性,在数据表格中一般人估计永远找不出规律,但通过折线图我们可以简单地看出赔付率有下降的趋势,而且1、3季度较高,2、4季度较低,具体如图3-3所示。

事故季度	赔付率
2015 Q1	58.6%
2015 Q2	55.8%
2015 Q3	59.9%
2015 Q4	56.0%
2016 Q1	56.5%
2016 Q2	52.0%
2016 Q3	54.4%

图3-3 结果展示示例

第四章
精算基础知识

第一节 准备金评估和管理

作为精算基础知识，本章节主要介绍准备基础知识、产品定价基础和偿付能力基础知识。由于精算理论知识大家基本已具备，本章的内容侧重于实务介绍。

从准备金、定价到偿付能力，这三方面的内容既有区别又有关联，可以认为是循环递进关系。

根据我们的理解而言，定价是起点，准备金评估是终点，偿付能力管理贯穿了保险的整个流程。定价是否准确将影响到公司的经营，同时也可能影响到准备金的评估；准备金评估是否准确又会对未来的定价产生影响；偿付能力管理贯穿整个保险流程的始终，起到过程监控和经营结果评价的作用。如图4-1所示。

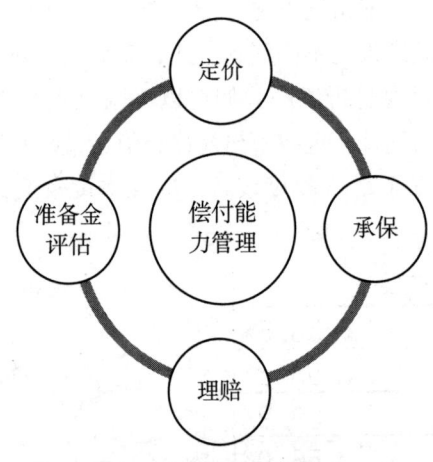

图4-1 保险流程关系

准备金是保险公司最大的负债，准确评估准备金是公司持续经营的关键，全世界保险公司破产的原因一半以上是由于准备金计提不足导致的。

一、准备金计提是否准确影响重大

很多人以为准备金提取是否准确只影响公司当年的利润表，实际上准备金计提不准确对非寿险公司经营的影响少则两三年，多则超过五年。这是由非寿险的业务特点决定的。非寿险业务大多数为一年期的业务，以一年期车险业务为例，如2014年承保的业务，需要等到2015年底才全部结束，一般要到2016年底才能赔付大部分的案件，假设2014年的业务不盈不亏，正常而言，公司可能会保持业务政策不变，即不加大投入，也不减少投入，保持业务平稳发展。但如果2014年底准备金少提，则会增加当年的报表利润，管理层以为2014年的业务效益较好，可能会在2015年加大投入，同时会放松对业务质量的要求，这时公司保费规模通常会快速增长，由于成本的增加，承保的业务是亏损的；反之，如果2014年底准备金多提，则会减少当年的报表利润，管理层以为2014年的业务亏损，可能会减少投入，同时加强对业务质量的要求，将会导致公司2015年保费规模收缩。由于赔付的滞后性，业务政策可能会持续到2016年，等到发现业务政策有误时可能已经过了两年了，前面的情形将对公司的效益产生巨大的伤害，后面的情形将使公司失去发展的机会。

二、理赔流程

了解理赔流程是准备金评估和管理的基础，理赔流程是连接精算人员和保险实务的走廊，深入了解理赔流程相当于完成了准备金评估和管理的一半工作。如有条件，精算人员最好能深入参与理赔流程的设计和管理，对于刚入职的精算人员到理赔部门锻炼一段时间是一种不错的选择。

一般而言，大家最熟悉的理赔流程是：已决和未决，未决再进一步分为已发生已报告和已发生未报告。但实际上理赔流程要复杂得多，已决和未决、已报告和未报告是如何划分的，要深入了解理赔流程才能知道。

一般公司的理赔流程有出险、报案、立案、查勘、定损、核损、理算、核赔、付款、结案。报案、立案是已报告和未报告的区分节点，核赔是已决和未决的区分节点。

由于目前行业中大部分的公司均以车险业务为主，下面我们以车险案件理赔流程为例对各个环节进行详细的介绍。

（一）出险

出险比较好理解，就是发生保险事故，在系统体现为发生事故的时间，赔款三角中的事故年度或者事故季度就是将案件按出险时间的年度或者季度进行汇总而得的，我们通常只关心出险时间的年度、季度，但实际上出险时间包含了更多的信息。一般公司对出险时间的录入会准确到时或分，如果深入分析，我们能从出险时间获得更多的信息，如月度的出险规律、节假日的出险规律、上班高峰期的出险规律、白天和晚上的出险规律，结合历史气候数据还可以分析不同气候的出险规律，等等。目前，许多公司都将深夜的出险案件列为重点关注的案件，因为假案件通常会选择深夜作为出险时间。

（二）报案

客服部门接到被保险人的报案后，系统会自动生成一个报案号，除了需要记录出险时间外，还会记录驾驶人、出险地点、出险原因、单方/多方事故、大概损失情况、是否有人伤等重要的事故信息，当然保单相关信息，如保单号、被保险人、车辆信息等系统一般会自动进行关联。

这里需要重点说明的是出险原因，由于行业中理解习惯的原因，车险案件的出险原因大部分被标为"碰撞"，但实际上"碰撞"应该结果而不是原因，出险原因应该是追尾、雨天路滑、刹车失灵、超车、并线、闯红灯等导致了"碰撞"。推进出险原因标准化也是精算人员未来的任务之一。

当然对出险原因还会有更详细的描述，即事故经过，包含了丰富而有价值的信息，未来精算人员可以通过文本挖掘技术进一步分析出险原因，在提高汽车安全技术、帮助驾驶员提高驾驶技术、防灾防损等方面有很好的应用前景。如识别出何种天气最容易发生什么事故，就可以提前给客户发信息提醒。

需要注意的是客户已报案并不一定就是已报告案件，只有立案并估损了系统才会有估损金额，精算人员才能提取到已发生已报告的未决案件清单。如果精算人员为了确定已报案未立案的案件对未决赔款的影响有多少，可以从系统中提取已报案未立案的案件数量，并根据案均赔款进行估算。

（三）查勘

查勘就是公司要派查勘人员到事故现场进行查勘，现在为了节约人力成本、避免交通拥堵，对于小额案件大部分公司均采取免现场的措施，通知车辆到指定地点：如交通事故理赔快速处理点、4S店或维修厂进行查勘定损。但是通常大额案件特别是人伤案件，现场查勘还是非常重要的，有经验的查勘人员可以提醒客户后续处理的注意事项，避免扩大损失。

（四）立案

立案就是经过查勘后对确定属于公司责任的案件进行立案。对每个出险案件，立案后系统会生成一个立案号，根据立案号进行编制的流量三角形就是赔款件数三角。特别说明的是对于商业车险和交强险通常会使用不同的立案号，评估整体车险出险率的时候不能将立案号作为统计案件数的依据，根据前面报案环节的说明："客服部门接到被保险人的报案后，系统会自动生成一个报案号。"即一个报案号表示一个事故，所以可以用报案号统计整体车险案件数。

在报案环节已经说了，只有立案并估损了才能提取已发生已报告的未决案件，所以及时立案并准确估损是未决赔款准备金准确计提的关键。

当然现在也有不少公司系统采用报即立的设置，即客户一报案系统就自动立案，同时系统会根据案件性质按公司测算的案均赔款对案件进行自动赋值。从实务上而言，查勘、立案、估损顺序并不是一成不变的，如果是报即立实际上是先立案、估损再进行查勘，具体顺序要看公司规则的设置。

（五）定损

定损就是根据查勘的结果估计案件的损失金额，并将估计的损失金额录入系统，这就是可能需要赔付的未决赔款金额。

定损是行业中通常的说法，实际上定损环节通常还不能完全确定损失的具体金额，所以从这个方面来说，"定损"实际上是"估损"。

对于简单的车损险案件，通常一次就能确定比较准确的损失金额，一般只有一次定损。对于复杂的案件，包括严重的车损险案件和人伤案件，很难一次准确确定损失金额，这时需要多次定损。特别是人伤案件，如果碰到住院的情况，需要进行人伤案件跟踪，就是每隔一段时间如 3 天、15 天、30 天，对人伤案件进行跟踪，根据人伤的具体情况及时更新估损金额，提高未决估损的准确性，跟踪的频率通常是前高后低。

有些公司为了提高定损的准确性，对估损人员的偏差率进行考核，通常以初次估损偏差率和 15 天估损偏差率作为考核的指标。

（六）核损

核损就是根据定损的情况进一步核实损失金额，是对定损的复核，经过核损的金额基本就是最终赔付的金额了。

需要注意的是核损和定损的金额并不一定就是最后赔付的金额，只是确认了损失的金额，实际赔付金额需要按免赔额和免赔率扣除相应的金额。

（七）理算

理算就是根据核损的金额根据保单的条件计算实际应赔付的金额，编制赔款计算书，理算后的案件基本就确定了需要赔付的金额。

编制赔款计算书时系统会产生一个赔款计算书号，由于一个案件有可能出现多次赔付的情况，所以一个立案号可能会对应多个赔款计算书号。

（八）核赔

核赔主要是对案件的整个路程进行审核，审核各个环节的真实性和准确性，包括保单是否有效、是否具有保险利益、是否属于保险责任、单证是否齐全、赔付金额是否准确等。对于符合赔付的案件核赔通过，对于不符合赔付的案件会进行拒赔，当然拒赔并不一定发生在核赔环节，从查勘到核赔，只要发现不属于保险责任的情形都可以进行拒赔。

某些公司采用了自动核赔的机制，对符合条件的案件进行自动核赔，节省了人力成本，也提高了理赔时效。

（九）付款

付款就是将理赔部门核实的赔款金额支付给被保险人的过程。

大部分公司由财务部门进行付款，但有些公司也直接由理赔部门进行付款，就是核赔的同时，系统自动付款，根据系统提供的账户信息直接转账给被保险人。采用这种模式的好处是提高了理赔时效的同时，还节约了人力成本。

需要注意的是未决赔款准备金评估的时候，判断已决、未决的依据是案件是否已经核赔通过，而不是是否付款，所以现在有些公司为了避免误解把"已决、未决"改为"已核、未核"。

（十）结案

付款后进行结案处理，现在很多案件都设置为自动结案。如果有多个赔款计算书的情况，会等到全部赔付后才进行结案。

编制赔款金额三角的时候是以是否通过核赔区分已决赔款和未决赔款，但由于部分案件有多次赔付的情况，即部分核赔通过而部分未核赔通过，对于金额而言，对于多次赔付案件，核赔通过的算在已决三角，未核赔通过的算在未决三角，不会存在重复计算的情况。

但对于案件数量而言，如果以核赔为标识，则部分核赔通过的案件即在已决清单中，又在未决清单中，一个案件在计算数量时即有已决也有未决，会重复计算案件的数量，所以一般编制赔款案件数量三角形的时候，会采用结案作为标识，当然这会导致已决赔款与案件数量不完全匹配；所以也有采用核赔作为区分已决和未决的案件数量的标识，即部分核赔通过的案件已决案件计算数量，未决案件不计算数量，这时已决赔款和案件数量是匹配的，但未决赔款与案件数量不匹配，不管哪种编制方式都会存在偏差，这两种情况已报告案件数量三角是准确的，所以评估出险率最好采用已报告案件数量三角进行评估。当然还有的部分核赔案件即在已决件数三角计算件数，又在未决件数三角计算件数，在已报告件数中再剔除重复部分的。不管哪种编制方式，关键注意不重复、不遗漏。

（十一）案件注销、重开赔案

上面是一个案件的正常理赔流程，但实务中还会有其他情况出现，如有的案件不需要赔付，会对案件进行注销，有的案件已经结案了，过一段时间被保险人又进行索赔，需要重开赔案。

案件注销包括报案注销和立案注销。

《保险公司非寿险业务准备金基础数据、评估与核算内部控制规范》第二十四条规定："对于客户报错案、客户重复报案、不属于投保险别或险种出险、客户主动放弃索赔等已报案但未立案案件，应作报案注销处理；对于客户报错案、客户重复报案、不属于投保险别或险种出险但因理赔人员操作失误等已立案案件应作立案注销处理。"

重开赔案是指对已做注销、拒赔或赔付结案的案件，因诉讼或追加索赔等合理原因需要增加赔付的，在原有案件号下进行再次赔付的过程。

在进行准备金评估时，也要考虑重开赔案的影响，一般而言，赔款三角中已经包含了重开赔案的赔款，所以只要重开赔案不是集中性处理的，赔款三角的进展因子已经隐含了重开赔案的影响，无须单独考虑。

三、基础数据

说到准备金评估和管理，大家一般首先想到的是准备金评估模型和因子的选择，但实际上基础数据的编制是非常重要的，如果基础数据编制好了，完成评估并不是很难的问题。

前面已经介绍了已赚保费和赔款三角的编制过程，这边只做一些重要事项的强调。

首先要核对数据的准确性。数据质量对于精算工作的重要性不言而喻，基础数据不准确，所有的工作相当于白做，所以拿到数据时一定要进行核对，包括业财一致性核对（注：指业务系统和财务系统数据一致性）和数据准确性核对等。

基础数据异常情况的说明。有时我们会发现一些异常数据，但是并不完全是不合理的数据，如已赚保费出现负数，我们检查保费收入、未到期准备金后都没有发现问题，最后发现是由于未到期准备金提取规则在当前进行了修改，如最近风险比例提高，期末未到期准备金提高，导致当期已赚保费为负数，一般有两种处理方法：一是不调整，但是在模型中要进行说明，这时要注意不能用赔付率法进行未决赔款准备金的评估；另一种是对以前的准备金根据最新规章进行调整，调整后每期的未到期准备金提取规章一致，这种方法会更加合理，但在模型中进行备注说明调整的规则，同时也要考虑调整的工作量问题。

提前做好准备工作。对于基础数据的整理加工，不是等拿到数据后再做相应的工作，而是要提前做好前期准备工作，一般来说，可以在季度的最后一个月的下半月着手准备基础数据和模型更新的工作，如3季度的评估工作，可以在9月份的下半月提前做好基础数据转换程序和模型、准备金评估模型的更新工作，10月初一拿到基础数据就可以将基础数据导入转换模型，得到相应的已赚保费和赔款三角数据，这样不会耽误评估的时间。当然如果有可能，最好通过开发系统自动生成准备金评估所需的已赚保费和赔款三角等基础数据。

四、准备金评估

由于准备金的重要性，公司各方对准备金的计提总是非常关注，在某些特殊时期，精算人员在进行准备金评估时总会承受来自各方的压力，准备金的评估既是考验精算人员的技术，更是考验精算人员的品质，很多时候准备金评估结果产生重大偏差不仅仅是技术问题，更是品质问题，而且由于非寿险负债期限较短，准备金评估是否准确很快会得到时间无情的验证，所以对于非寿险精算人员来说，一方面，要努力提高准备金评估方法和技术；另一方面，要加强自身的道德修养。

准备金评估包括未到期责任准备金评估和未决赔款准备金评估。

（一）未到期责任准备金评估

未到期责任准备金=（保费收入-首日费用）×未到期比例+充足性测试所需保费不足准备金，充足性测试所需保费不足准备金=MAX[0，未来净现金流出×（1+风险边际）-（保费收入-首日费用）×未到期比例]，即充足性测试所需保费不足准备金不能为负数。

1. 首日费用就是出单成本，理论上可以包括为了出单而发生的所有费用，至少应包含手续费、销售人员工资和激励费用、税费。此外还可以包括可分摊的承保费用，包括单据成本、承保人员工资、承保场地租金甚至承保系统费用等，但如果无法分摊的，建议不放在首日费用中。

2. 预期终极赔付率。一般参考该险种以前的赔付率情况，结合当年的保单质量和赔付变化趋势进行预估。

3. 预期理赔费用率。通常使用公司往年的理赔费用率，一般是指间接理赔费用的比例，需要指出的是这里的理赔费用率与评估未决赔款准备金使用的理赔费用率有差异，评估未决赔款准备金使用的间接理赔费用率是指间接理赔费用占赔款的比例，而这边是指间接理赔费用占保费的比例，当然两者可以进行转换，就是将评估未决赔款准备金使用的间接理赔费用率乘上预期终极赔付率就是充足性测试使用的预期理赔费用率。

4. 预期维持费用率。保险公司费用通常采用三分法，即首日费用、理赔费用和维持费用，费用归类既不能重复也不能遗漏，除了首日费用和理赔费用之外，其他都应该放在维持费用中。对于新公司，由于固定费用的影响，在业务规模较小的时候按财务报表计算的维持费用率会很高，有的甚至超过100%，新公司是否采用报表的维持费用率在行业中是存在争议的，个人认为可以在行业平均维持费用率的基础上增加一定的比例作为预期维持费用率，如行业平均维持费用率为10%，充足性测试使用的维持费用率为15%或者20%比较恰当。

5. 贴现率。一般采用资产负债表日行业统一规定的贴现率，通常采用中债登公布的750天移动平均国债收益率作为贴现率。

6. 久期。对于久期小于1年的负债通常不考虑贴现。

下面是充足性测试的一个例子，经过充足性测试，需要提取保费不足准备金8,967.50万元，具体如表4-1所示。

表4-1　　　　　　　　A险种保费充足性测试表　　　　　　　单位：万元

项目	序号	A险种
未赚保费	(1)	87,275.00
首日费用	(2)	13,091.20
预期终极赔付率	(3)	76.40%

续表

项目	序号	A 险种
预期理赔费用率	(4)	3.70%
预期维持费用率	(5)	12.50%
风险边际比率	(6)	3.00%
贴现率	(7)	2.20%
久期	(8)	0.89 年
预期赔款	(9) = (1) × (3)	66,634.40
预期理赔费用	(10) = (1) × (4)	3,185.50
预期维持费用	(11) = (1) × (5)	10,909.40
风险边际	(12) = ((9) + (10) + (11)) × (6)	2,421.90
差额	(13) = ((9) + (10) + (11) + (12)) × (1 − (6)) − ((1) − (2))	8,967.50

注：该例子因负债期限较短，不考虑贴现率。

（二）未决赔款准备金评估

未决赔款准备金包括已发生已报告赔款准备金、已发生未报告赔款准备金、理赔费用准备金。

1. 已发生已报告赔款准备金。从前面的理赔流程介绍可以看出，只有已经立案的案件才能从系统中提取已发生已报告准备金的估损金额，所以已发生已经报告赔款准备金，准确地讲，应该是已发生已立案赔款准备金，但由于习惯称呼，本书仍称为已发生已报告赔款准备金。

已发生已报告赔款准备金可以采用逐案估损，也可以采用案均赔款法，但不管采用逐案估损还是采用案均赔款法，实际上都会对应到每个案件，即每个案件都会有一个确定的估损金额。所不同的是逐案估损，是对每个案件估损金额各不相同，案均赔款法是同类案件估损金额相同。两种方法并无孰优孰劣之分，主要看公司的管理模式，很多公司是两种方法结合使用的，如简单案件采用案均赔款法，复杂案件采用逐案估损法；3 天内采用逐案估损法，超过 3 天未立案的采用案均赔款法。

案均赔款法常用于车险案件，需要注意的是案均赔款法并不是所有的案件都给予相同的案均赔款金额，一般做案均赋值时常根据三个维度对已报告案件进行赋值，即险别、案件性质和赔案时滞。险别即需要区分三者险、车损险、盗抢险、交强险等；案件性质主要区分人伤或者物损；赔案时滞通常按 15 天、30 天、90 天、180 天等进行区分。

《保险公司非寿险业务准备金基础数据、评估与核算内部控制规范》第十八条规定："对没有在 3 日内进行立案的车险案件，没有在报案后 15 个工作日内进行立案的非车险案件，保险公司应通过理赔系统对案件进行强制自动立案并进行估损赋值，赋值金额参考历史同类案件的案均结案金额或其他合理统计量。理赔人员完成案件核损后，应在系统中及时更新估损金额。保险公司应在车险客户报案15日内对案件是否涉及人伤进行核定。对于车险案件中的财产损失部分，若客户报案15天后仍未进行核损，保险公司应参考估损延迟在15日以上历史同类案件案均结案金额中的财产损失值或其他合理值，由系统自动上调原自动赋值金额，在不超过保险金额或责任限额的前提下上调幅度不得低于100%。对于车险案件中的人伤损失部分，若客户报案30日后仍未进行核损，保险公司应参考估损延迟在30日以上历史同类案件案均结案金额中的人伤损失值或其他合理值，由系统自动上调原自动赋值金额，在不超过保险金额或责任限额的前提下上调幅度不得低于150%。"

为了保持案均赔款法的准确性，通常至少每隔半年对案均赔款进行重新测算，测算的案均赔款提前在系统中设置，只要符合条件的报案就将赋对应的案均赔款数值。当我们提取已发生已报告赔款准备金时，就会提取到对应案件的未决赔款金额。

采用案均赔款法进行赋值时，需要注意的事项：一要区分险别和损失类型赋值，不同险别和损失类型，案均赔款要分开测算；二要注意保额的限制，特别是交强险的财产损失，不能超过2,000元；三要按不同地区进行测算，因为各地区赔付标准差异较大，要注意分地区进行赋值；四要注意是否投保了不计免赔，如果未投保不计免赔的赋值要扣除不计免赔的部分。如表4-2是某地区商业三者险案均赋值的情况。

表4-2　　　　　　　　　　　商业车险三者险案均赋值表

险别	损失类型	初次赋值	二次赋值	初次赋值时间	二次赋值时间
商业车险三者险	第三者车辆损失	1,275	3,051	3日后	15日后
	第三者其他财产损失	1,055	2,351	3日后	15日后
	第三者人员伤亡	15,756	41,887	3日后	30日后

注：上面的数据只是举例，不是实际的案均赔款数据。

2. 已发生未报告赔款准备金。已发生未报告赔款准备金就是常说的IBNR准备金，实务中没有特别说明，均指广义的IBNR准备金，即包括已发生未报告、已报告未立案、估损不足、重立赔案和重开赔案等准备金，实务中并不会单独对每项准备金进行评估，而是整体评估广义的IBNR准备金，即通过流量三角形评估最终损失，再减去已决赔款和已发生已报告赔款准备金就得到IBNR准备金。

将广义IBNR准备金进一步细分，能更深刻地理解IBNR准备金的构成，对准备金的准确评估会有帮助。细分来看，我们会发现真正的已发生未报告赔款准备金占比不大，而估损不足准备金占比最大，所以如果一个公司估损准确性提高，则IBNR准备金的占比会很小，极端情况下，估损太充足的话，甚至可能出现IBNR准备金为负数的情况。一般来说，没有特别的情况下，我们在评估准备金的时点时并不区分每个部分的准备金各是多少,通常在做准备金回溯分析时,可以进一步细分IBNR准备的构成,我们将在准备金回溯分析中进行介绍。

3. 理赔费用准备金。理赔费用准备金包括直接理赔费用准备金和间接理赔费用准备金。

直接理赔费用指能直接对应到每个案件的理赔费用,主要包括公估费、律师费和诉讼费等,直接理赔费用可以单独评估,也可以与直接赔款一起评估,为了简便起见,一般将直接理赔费用准备金与直接赔款一起评估,在系统中需要单独列示,直接理赔费用准备金也可以采用逐案估计法和案均法进行估计。

间接理赔费用指无法对应到具体案件的理赔费用,主要包括理赔人员工资、理赔车辆费用,甚至包括理赔部门办公场地费用等。一般按比例法进行提取,目前行业中最常见的方法是按50/50比例法提取,即假设立案时发生50%,结案时再发生50%的费用。这样间接理赔费用=(已发生已报告赔款准备金÷2+已发生未报告赔款准备金)×间接理赔费用比例,间接理赔费用比例一般采用过去12个月实际发生的间接理赔费用占已发生赔款的比例,间接理赔费用比例=间接理赔费用÷(已决赔款+已发生已报告赔款准备金提转差÷2)。

4. 追偿款和损余回收。追偿款是指因第三者对保险标的的损害而造成保险事故的,保险公司按照保险合同的约定向被保险人支付赔款,并在赔偿金额范围内代位行使被保险人对第三者请求赔偿的权利而追回的款项。

损余回收指保险人对保险事故承担偿保险金责任后取得的原保险标的受损后的财产处理后的收入。损余回收一般有两种处理方式:一是直接将损余物资折价给被保险人,这时直接抵减赔款,无须再进行账务处理;二是足额赔偿被保险人损失,将损余物资回收,再进行出售,出售后作为损余回收款进行入账。

不管是追偿款还是损余回收,如果对应到具体案件,一般作为赔款的减项直接体现在赔款三角形中,这时不需要单独评估追偿款和损余回收对准备金的影响金额。

如果追偿款或者损余回收没有对应到具体的款项,只是成批地进行处理,则需要评估其对准备金的影响,一般可以采用比例法进行评估。如公司2015年车损险赔款支出10亿元,追偿款和损余回收总共1,000万元,则追偿款和损余回收比例为1%,则评估2015年底车损险准备金时,可以假设未来追偿款和损余回收比例与2015年一样,如根据赔款三角形评估的2015年底车损险准备金为5亿元,则可以按比例较少500万元,即假设未来在支付这5亿元的赔款后可以取得1%即500万元的追偿款和损余回收收入,则公司应该提取的车损险准备金实际数为4.95亿元。

5. 通货膨胀的影响。我们看到很多准备金评估的书籍都对通货膨胀的处理做了详细的介绍,并详细说明了对赔款三角形通货膨胀调整的方法和步骤,实务中,是否每次都需要对通货膨胀进行调整呢?实际上,除非特殊情况,一般不对赔款三角形进行通货膨胀调整。

因为赔款三角已经隐含了通货膨胀的影响,如表4-3所示,出险后在第5季度赔款，其物价水平实际上已经不是出险当季度赔款的物价水平了，同样道理，在出险后的各个季度的赔款实际上是根据赔款时的物价水平，每个季度的赔款实际上已经包含了通货膨胀的因素，进展因子也包含了通货膨胀的因素，如2015年4季度出险在未来的赔款时由于选择的进展因子包含了通货膨胀的因素，则未来的赔款已经考虑了通货膨胀的因素，所以无需再对赔款三角进行调整。

这里隐含的一个假设是未来的通货膨胀水平与过去的通货膨胀水平是一致的，如果未来通货膨胀水平远高于过去水平，则有必要对赔款三角进行通货膨胀调整，具体调整的方法和步骤可以参考准备金评估的专业书籍，如表4-3所示。

表4-3　　　　　　　　　流量三角形隐含了正常的通货膨胀

事故年	3	6	9	12	15	18	21	24
2014Q1	1,020	1,330	914	858	394	414	340	416
2014Q2	1,468	1,722	1,330	662	494	466	416	
2014Q3	1,422	1,538	1,318	1,440	976	624		
2014Q4	1,248	1,520	1,342	1,668	1,338			
2015Q1	1,540	1,610	2,134	2,218				
2015Q2	2,404	2,910	3,340					
2015Q3	3,586	5,042						
2015Q4	4,680				?			

6. 准备金评估假设。在做准备金评估时，一般我们需要对一些相关的因素做假设，主要的假设包括以下几个方面。

（1）法律环境不会产生重大变化；

（2）不会产生恶性通货膨胀；

（3）经济平稳发展；

（4）其他假设：如商业车险改革不影响未决赔案。

（三）准备金评估案例

行业中经常会说准备金评估对于非寿险精算人员来说是很残酷的，评估结果是否准确，在不久的将来就会得到验证，最快一个季度，最迟一年就能验证原来的评估是否准确。

准备金评估案例，实务中准备金评估与教材上有较大的差异，主要表现在两方面，一是实务中流量三角形的行列较多；二是实务中进展因子的波动较大。

教材中的赔款流量三角形时间通常以年度为单位编制，而实务中的赔款流量三角形更多以季度为单位编制，所以实务中流量三角形的行列要远多于教材中的行列，一般可以按中国银保监会要求准备金数据保存10年，按季度编制的流量三角形会有 40 行 × 40 列，如表 4-4 所示。

表 4-4　　　　　　　　　　　成熟公司流量三角形表

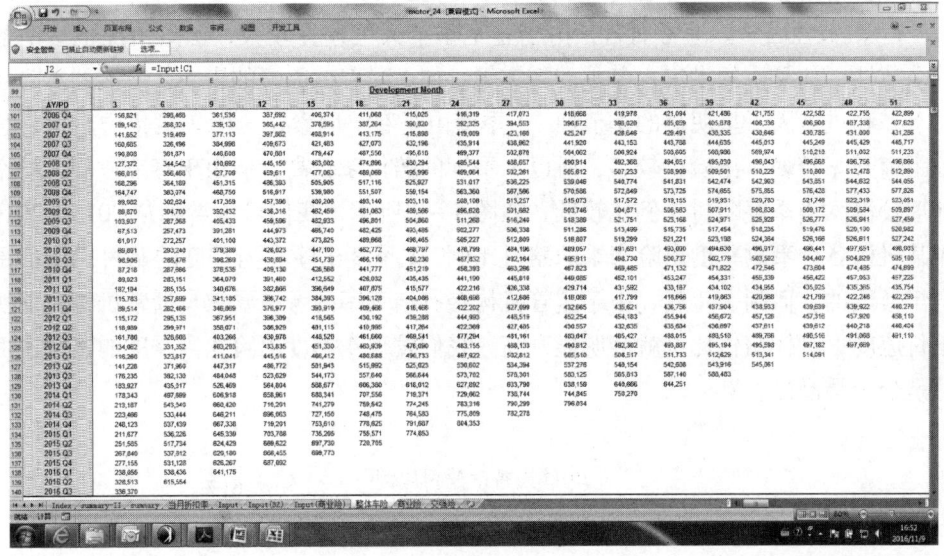

教材中的进展因子差异通常较小，不同事故年度同一进展期的因子差异通常不超过 10%，超过 10% 的通常会认为是异常而给予剔除，而实务中同一进展期因子差异可能超过 30%，甚至超过 100%，但我们很难判断哪个因子才是合理的，如下面进展期 3~6 月的进展因子最大的为 2010Q1 的 4.462，最小的为 2016Q2 的 1.874，两者相差达到 138%，即使只考虑最近两年的进展因子，最大的 2015Q1 的 2.533 也比最小的 1.874 大 35%，具体如表 4-5 所示。

表 4-5　　　　　　　　　　　　进展因子表

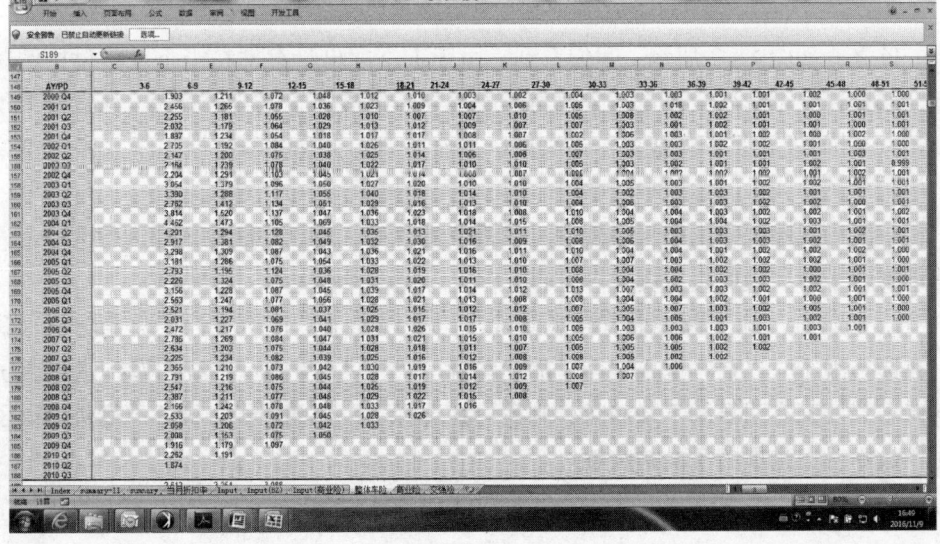

正因为进展因子波动较大,准备金评估时并没有想象的那么简单,需要考虑较多的因素,下面主要以最有代表性的车险业务为例,介绍准备金评估情况,车险准备金评估需要考虑的因素主要有以下几个方面。

1. 季节性因素。通常而言,由于各个季节天气差异较大,出险情况也呈明显的季节性,如夏季的洪灾、冬季的雪灾等,加上受春节因素的影响,我国的车险赔付水平和进展因子呈明显的季节性。1 季度由于春节因素,全国车辆集中出行,且远距离开车较多,出险也较多,所以 1 季度的赔付率较高,但由于春节放假,赔案处理较慢,当季度赔付比例比较低,如图 4 - 2 所示,我们可以看到从 2013 ~ 2016 年某机构各个事故季度出险当季的赔付比例,1 季度出险在当季度的赔付比例都是全年最低的。而到了年底,由于监管机构会有结案率的考核要求,通常机构会加快赔付速度,这样赔付比例就会明显升高,我们发现 4 季度出险在当季度的赔付比例总是全年最高的。

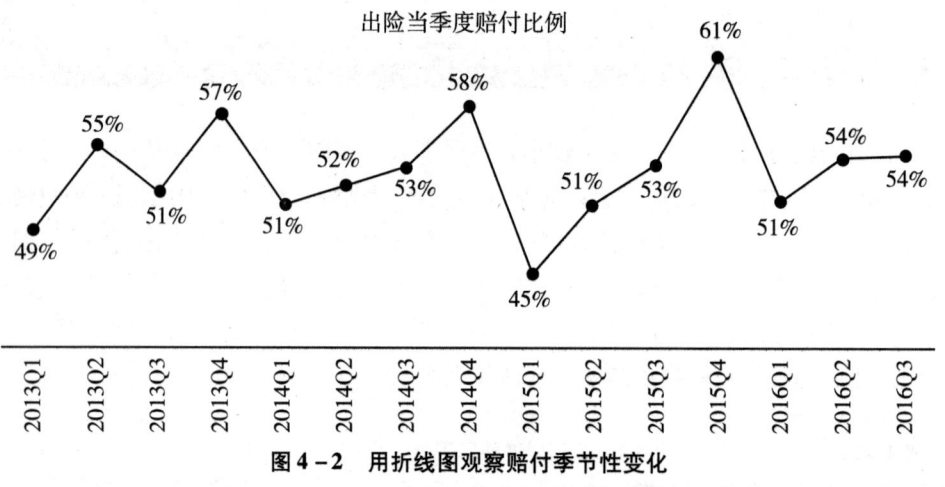

图 4 - 2　用折线图观察赔付季节性变化

反之,如图 4 - 3 所示,我们看到,由于 1 季度出险案件在当季度赔付比例较低,那么在下个季度只要是正常赔付的情况下,进展因子就会比较大,所以在 1 季度 3 ~ 6 月的进展因子总是全年最大的。同样道理,4 季度的进展因子总是全年最小的。

正因为保险公司的赔付呈现明显的季节性规律,所以一般在选择进行准备金评估进展因子时,最好按季度分开选择。

2. 趋势性。除了考虑季节性规律外,当进展因子出现明显的变化趋势时,我们在选择因子时也要考虑进展因子的趋势性。如图 4 - 4 所示,我们看到进展因子既有季节性又有明显的下降趋势,则我们在选择下一期的因子,即 3 季度进展因子时,最好考虑进展因子的趋势性。

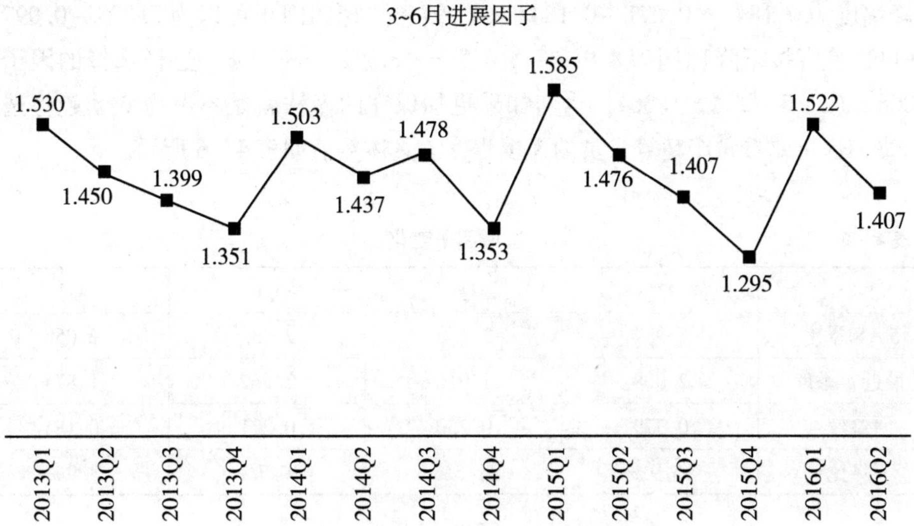

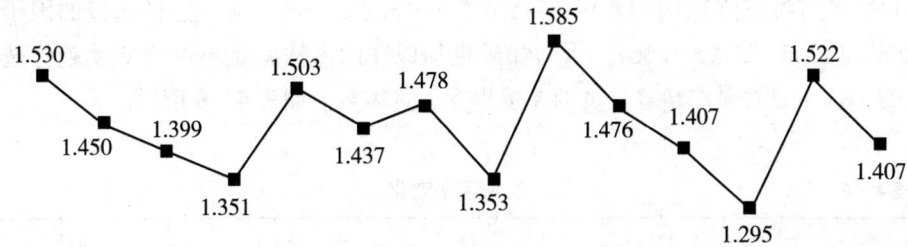

图4-3 用折线图观察进展因子变化

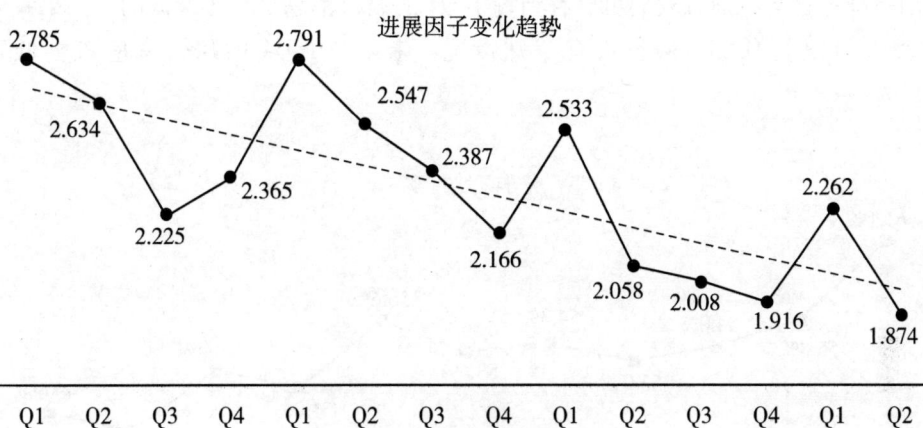

图4-4 进展因子变化趋势

如何调整趋势性呢？趋势变化应该是多少呢？这边介绍一种简单的做法，可以分析最近4个季度进展因子与前面4个季度即5~8季度进展因子的差异，如最近4个季度进展因子平均值为2.015，5~8季度进展因子平均值为2.286，这样两者的差额为0.271，也就是说，前面最近4季度进展因子平均值比5~8季度进展因子平均值减小0.271，那么在选择3季度进展因子时是否就按上个对应年度3季度的进展因子2.008减去0.271即1.737呢？这边需要考虑的就是下一个进展因子是否还会按原来的幅度减小，这时我们可以看看最近4个季度进展因子对应上年度下降的幅度是多少，通过对比我们可以看到，最近4个季度进展因子不是均匀下降的，下降幅度和下降比例均逐渐减小，所以3季度进展因子不应该是直接减去平均的下降幅度，也不要简单乘以下降比例，即下降幅度和下降比例也要考虑趋势，如下降幅度为 0.184 - (0.271 - 0.184) = 0.097，选择的因子可以为 2.008 - 0.097 = 1.911，或者按下降比例为 8.9% - (10.7% - 8.9%) = 7.2%，这样选择的因子为 2.008 × (1 - 7.2%) = 1.864，当然如果更加保守的做法就是不考虑变动趋势选择 2.008，这主要看每个精算人员的谨慎程度。具体数值如表 4-6 所示。

表 4-6　　　　　　　　　　进展因子变化

	Q3	Q4	Q1	Q2
5~8 季度	2.387	2.166	2.533	2.058
最近 4 季度	2.008	1.916	2.262	1.874
差额	0.379	0.250	0.271	0.184
下降比例	15.9%	11.5%	10.7%	8.9%

观察赔付率趋势，从图 4-5 中，我们可以看到 2014Q1 至 2016Q3 的赔付率有不断下降的趋势，而且我们可以看到每年 Q4 的赔付率总是当年最低的，如果我们对 2016Q4 进行预测，假设没有特殊情况，未来 2016Q4 的赔付率应该会低于 48.3%。

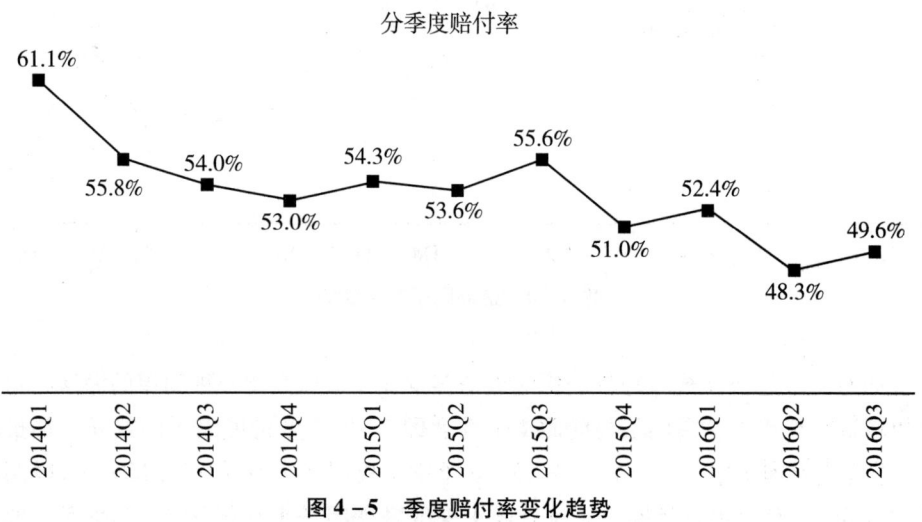

图 4-5　季度赔付率变化趋势

3. 前面几期是关键。我们知道，出险季度离评估时间越近准备金占比越高，所以在做准备金评估时，最近几期的因子选择是最重要的，一般对于车险来说，最近 4 个季度准备金占整体准备金的比例通常超过 70%，最近几期准备金评估的准确性将对整体准备金的准确性产生重大的影响。

就像前面分析的两个因子 1.911 和 1.864，两者表面上差异不大，但实际上选择不同对准备金的差异也是很大的，两个因子的差异率为 2.5%，假如选择

1.911时2016Q3的赔付率为60%，则选择1.864时赔付率将下降到58.5%，下降1.5个百分点，对2016Q3事故季度准备金的影响约为4%，对车险整体准备的影响约为1.5%。

所以前面几期因子的选择是非常关键的。

4. 尽量减少人为干扰。我们在做准备金评估时，要尽量减少人为干扰，就是在选择因子前要事先确定一定的原则，再按确定的原则选择因子，不能凭感觉选择因子，如在选择因子过程中觉得某个因子太大或者太小就不选，正如上面分析，单单一个表面上差异不大的因子就会对准备金产生较大的影响。减少人为干扰的原则主要有三点：一是不能随意剔除某个因子；二是不能全部选择偏大或者偏小的因子；三是尾部因子尽量选择最近4期的加权平均。

不能随意剔除某个因子。正如前面分析的，实务中准备金流量三角进展因子的波动性远大于教材中的例子，这时我们会考虑某个因子的适用性问题，如每一期总有一两个因子特别大，如果把这个因子考虑进来，则准备金可能会偏高，所以把每一期最大的进展因子去掉，这样评估出来的准备金结果肯定是偏低的。我们认为波动性太大，要剔除某个异常的因子，但波动大并不表示进展因子就偏大，也可能偏小，所以正确的做法是，同时剔除最大的因子和最小的因子，这样才能保证合理性；另一种做法是，因为波动太大，选择所有因子的平均可能会受极大或者极小因子的影响，可以考虑选择中位数，这样也能避免异常大或者异常小的因子的影响。

不能全部选择偏大或者偏小的因子。准备金评估如果可以选择偏大或者偏小的因子，或许表面上看起来每个因子差异都不大，但如果每个因子都大一点或者小一点，则最终的结果将会产生重大的偏差。如表4-7分别是最近4期的加权平均因子（注：尾部因子有少量确实）。

表4-7　　　　　　　　　　　　　进展因子

WTLAST4Q	2.000	1.182	1.084	1.046	1.031	1.021	1.014	1.010	1.008	1.005	1.005	1.002	1.002	1.003
WTLAST3Q	1.997	1.174	1.081	1.046	1.031	1.021	1.014	1.010	1.007	1.005	1.004	1.002	1.001	1.002
WTLAST2Q	2.037	1.185	1.086	1.046	1.030	1.021	1.015	1.009	1.008	1.006	1.006	1.002	1.002	1.002
LAST	1.874	1.191	1.097	1.050	1.033	1.026	1.016	1.008	1.007	1.007	1.006	1.002	1.002	1.001

选择不同因子的结果如下，这时我们可以看到如果都选择最小的因子，则结果是14.21亿元，如果选择其他任意的一行，结果都远高于最小因子，其中选择最近1期的结果比最小因子的结果高近2亿元，所以，不管哪个因子都有一定的合理性，但最小因子尽管每个因子与其他因子差异不大，但结果会导致巨大的差异，具体如表4-8所示。

表 4-8　　　　　　　　　　　不同选择结果对比

因子选择	最小因子	4 期加权	3 期加权	2 期加权	最近 1 期
结果	14.21	15.76	15.28	15.82	16.03

尾部因子尽量选择最近 4 期的加权平均。在实务中，一般除了前面 4 期之外，从第 5 期进展因子开始为了简单处理，都会选最近 4 期的平均，尾部因子尽管不起眼，但由于尾部因子会不断地累计影响前面的累计因子，如果选择不合理也会产生很大的影响，从上面进展因子我们可以看出，从第 5 期开始，最小的因子与最近 4 期加权因子的差异最大的仅仅是 0.002，看起来微不足道，但是如果前面 4 期选择最近 4 期加权平均因子，只是从第 5 期开始选择最小的因子则结果是 15.00 亿元，与选择最近 4 期的结果差异达到 5%，差异也不小。

5. 大赔案和巨灾的处理。在做准备金评估时，一般要将大赔案和巨灾进行单独处理，就是在流量三角形中剔除大赔案和巨灾的数据，大赔案和巨灾的数据单独考虑，待流量三角形评估后再将大赔案和巨灾的数据增加进来。

这里首先要明确大赔案和巨灾的标准，对于不同公司大赔案和巨灾的标准是不同的，以前经常把 100 万元作为大赔案的标准，但现在可能不太符合实际，因为现在北上广深一线城市的车险人伤案件经常超过 100 万元。所以对大赔案的认定标准可能最好按对赔付率影响的比例认定，如对当季度赔付率的影响超过 10 个百分点的认定为大赔案。

大赔案的处理相对简单，因为案件数不多，一般不会影响正常案件的处理，所以只要把大赔案进行单独处理即可，当然需要注意的是，大赔案是否会发展，这个时候要注意与理赔部门进行密切的沟通，关注大赔案估损是否充足，确认实际可能的赔付，并在大赔案准备金进行单独考虑。

对于巨灾的处理要复杂一些，巨灾的案件数量比较多，在处理巨灾案件的同时也会影响正常案件的赔付进展情况，如优先处理巨灾赔案的话，可能会导致正常案件赔付延后；再者由于巨灾是按时间划分的，所以原则上巨灾案件也包含了部分的正常案件，特别是发生概率较高的险种，如车险，如台风/暴雨，可能将台风/暴雨前后三天的车险案件全部归入巨灾案件，但是即使没有台风也会发生普通的交通事故案件，如果全部剔除，则当季度不包含巨灾的车险赔付率就会偏低，所以理论上来说不应该把这三天的案件全部归入巨灾，应该按正常的比例将部分案件算入正常的案件中，这样才不会导致流量三角形异常，但是这也是难以做到的，所以一般在选择因子时最好不包括发生巨灾事故季度的进展因子；另外，相比大赔案而言，巨灾的案件由于数量较多，肯定会发生进展，所以在准备金评估时，一定要与理赔部门沟通巨灾案件报/立案及时性、估损充足性，充分考虑巨灾案件进展后的最终损失。

6. 结果选择。一般而言，我们做准备金评估，不会只采用一种方法，一般会采用多种方法进行评估，当时结果只有一个，所以这时要对不同方法的结果进行选择，选择合适的结果作为最终的结果。对于各种方法结果的选择，实际上我们并不是直接选择每个方法的准备金结果，而是选择各种方法评估得到的赔付率结果，再根据赔付率计算得到的最终损失，扣除已决赔款后得到未决赔款准备金。所以一般来说，准备金评估结果的选择实际上是对赔付率结果的选择。

结果选择，一般需要考虑公司的实际情况，就是根据以往的经验，哪种方法是比较适合的方法，没有特殊情况，一般不对方法进行大的调整。如我们根据三角形得到下面 7 种评估方法的结果，一般来说，结果选择通常会区分早期出险季度的选择和近期出险季度的选择。

早期出险季度的选择。由于早期案件大部分已经变成已决，未决案件较少，所以各种方法评估得到的结果差异一般不大，从表 4-9 中我们也发现，一年以前出险的赔付率各种方法结果差异都不大，相比其他方法，已报告估损的信息相对比较充分，所以一般建议选择给予已报告方法的结果。

近期出险季度的选择。从表 4-9 中，我们可以看出，各种方法近期出险季度的结果差异较大，那么选择哪种结果比较合适呢？首先，我们要分析各种结果的原因，比如，先分析损失率法的预期赔付率为什么会比较高，因为其结果是根据早期出险的结果得到的，没有考虑到近期赔付率的改善趋势，所以赔付率比较高，但是现在的赔付率已经比较，所以赔付率较高，这时我们基本可以判断赔付率法可能是不太合适；其次，我们分析已决方法和已报告方法的差异，为什么已决方法的结果会高于已报告方法呢？根据向客服部门了解的信息，我们发现，近期赔付速度明显加快，所以导致已决方法结果高于已报告方法，所以已报告方法低于已决方法并不是已报告方法偏低，已报告方法结果应该还是比较可靠的。综合上述的情形，结合以往经验，我们还是倾向于选择已报告的 B-F 法，但是基于谨慎原则，近期选用了已报告 B-F 法和已决 B-F 法的平局，具体结果如表 4-9 所示。

表 4-9　　　　　　　　　　　不同方法结果对比

AY/PD	Paid LDM	Paid B-F	Loss Ratio	Incurred LDM	Incurred B-F	PPCF	PPCI	选择
2014Q1	62.9%	62.9%	62.9%	62.7%	62.7%	63.0%	62.7%	62.7%
2014Q2	61.9%	61.9%	61.9%	61.4%	61.4%	62.1%	61.4%	61.4%
2014Q3	60.0%	60.0%	60.0%	61.0%	61.0%	60.1%	61.0%	61.0%
2014Q4	58.5%	58.5%	58.5%	59.1%	59.1%	58.5%	59.2%	59.1%
2015Q1	57.6%	57.6%	57.6%	58.1%	58.1%	57.6%	58.3%	58.1%
2015Q2	55.4%	55.4%	55.4%	55.3%	55.3%	55.4%	55.6%	55.3%
2015Q3	57.4%	57.4%	57.4%	57.3%	57.3%	57.2%	57.9%	57.3%

续表

AY/PD	Paid LDM	Paid B-F	Loss Ratio	Incurred LDM	Incurred B-F	PPCF	PPCI	选择
2015Q4	54.5%	54.8%	55.3%	52.0%	52.0%	54.1%	53.1%	53.4%
2016Q1	56.4%	56.4%	56.4%	51.4%	51.4%	55.0%	53.1%	53.9%
2016Q2	53.3%	54.3%	55.1%	47.3%	47.3%	49.1%	47.3%	50.8%
2016Q3	55.0%	55.7%	57.2%	48.5%	49.3%	50.9%	46.9%	52.5%

7. 结果分析。结果分析，世界上是结果的解释，就是要为得到的结果找到合理性解释，对于准备金评估结果，由于是一个时点数，一般较难进行判断，所以一般而言是对准备金的相关指标——赔付率进行分析，就是分析各个事故区间的赔付率是否合理。分析时主要考虑对比分析、趋势性分析、结合行业信息分析、结合业务信息分析、异常数据分析等。

（1）对比分析。主要是将当期的评估结果与上期结果进行对比，看看两期的评估结果是否有差异，如果两期结果基本一致，则一般认为结果是比较合理的；反之，如果差异较大，则要分析造成差异的原因，一般而言不是上期评估不够合理就是本期评估不够合理，要进行深入的分析。如表4-10所示，在2016年3季度评估后，对比本期评估结果和上期评估结果发现，本期评估结果明显低于上期评估结果，则要深入分析到底是上期评估太过于保守，还是本期评估太过于乐观，如果是后者，则要重新选择因子或者不同方法的结果。

表4-10　　　　　　　　　　评估结果回溯对比

事故季度	本期评估结果	上期评估结果	差异
2014Q1	62.7%	63.0%	-0.3%
2014Q2	61.4%	61.7%	-0.3%
2014Q3	61.0%	61.4%	-0.4%
2014Q4	59.1%	59.3%	-0.1%
2015Q1	58.1%	58.4%	-0.4%
2015Q2	55.3%	55.3%	0.0%
2015Q3	57.3%	58.4%	-1.1%
2015Q4	53.4%	55.8%	-2.4%
2016Q1	53.9%	55.7%	-1.8%
2016Q2	50.8%	56.1%	-5.3%

除了对比两期的事故季度赔付外，还可以对比两期的准备金结果，通常而言，如果季度末的准备金下降，则当季度的已决赔款一般是增加的；如果准备金增加，当季度的已决赔款一般是减少的。如果准备金和已决赔款的变动是同向的，则要找到合理的解释，特别是两者都减少的情形，这说明赔付率有极大的改善，是否确实如此，要结合业务实际情况进行分析。

（2）趋势性分析。由于事故季度既包含了当期的业务，又包含了以往的业务，相当于对不同时间起保的业务进行加权，具有平滑作用，事故季度赔付率的变动一般不会太激烈且一般都具有趋势性，呈缓慢下降或者缓慢上升趋势，所以可以通过对趋势性的分析，判断评估结果的合理性。

对结果进行趋势性分析最好将数据转化成图形，如上面的结果，转化成图形后如图4-6所示。从图4-6中可以看出，自2014年以来，赔付率是呈逐步下降趋势的，从下降的幅度来看，2016年事故季度的下降幅度与2015年下降幅度基本一致，从趋势性来看，应该没有太大问题。

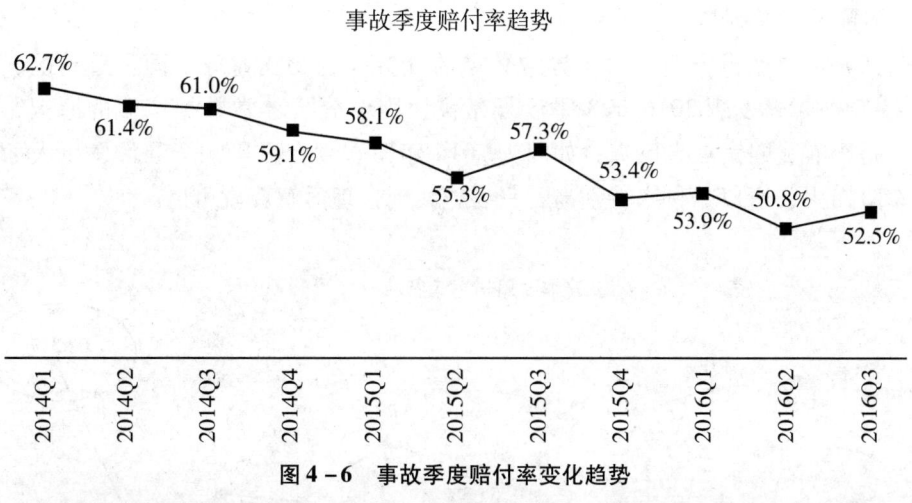

图4-6 事故季度赔付率变化趋势

对于趋势性分析，需要特别谨慎，因为趋势一旦判断错误，则会导致结果与实际产生较大的偏差，如本来是上升的趋势，判断为下降趋势，则会导致双倍的偏差。

另外要注意的是，趋势性不会永远向一个方向发展，因为赔付率不可能永远上升也不可能永远下降，到一定程度后会发生拐点，则拐点的判断要保持谨慎的原则。特别是向下变动的观点，要结合行业信息和业务信息进行反复确认才能下结论。

（3）结合行业信息分析。上面趋势性的判断，一定要结合行业信息进行分析，没有特殊情况，公司赔付率的变化趋势应该与行业是一致的。如为什么2015年以后赔付率会呈下降趋势？因为商业车险改革后，对于不出险的客户，保费优惠幅度更大，多次出险的客户，保费上升幅度更大，所以很多小案件客户不再向保险公司索赔，随着商业车险改革的深化，这种情况称为常态，使赔付率有不断下降的趋势。

结合行业的信息，上面的赔付率变动趋势与行业是一致的，没有太大问题。

（4）结合业务信息分析。评估结果一定要结合公司业务实际情况进行分析，包括费率水平、单均保费、业务结构、出险率、案均赔款等相关指标。如上面的赔付率分析，虽然从行业信息可以判断其趋势变动方向没有问题，但是了解到行业赔付率下降幅度大概只有2～3个百分点，而公司赔付率下降幅度达到4～5个百分点，则要进一步分析原因。因为除了与行业同样的变化之外，公司还优化了业务结构，其中高赔付机构和高赔付渠道的业务占比下降，优质业务占比明显上升，所以公司赔付率下降幅度大于行业的下降幅度。

同样，对于公司业务品质由于行业的情况一定要反复确认，因为几乎所有公司的业务部门都认为自己公司的业务品质优于行业的水平，如果没有明显的数据支持，如费率水平、单均保费和业务结构与行业平均水平基本一致，则从谨慎角度来说，可能要考虑调整评估结果。

（5）异常数据分析。对于异常数据的分析一定要找业务部门了解情况，如图4-7所示，发现2016年3季度异常高，则要分析异常数据产生的原因，比如，是否有大赔案或者巨灾，如因为2016年3季度台风影响，导致发生大面积的车险损失，所以赔付率特别高，只要能找到合理的解释就可以。

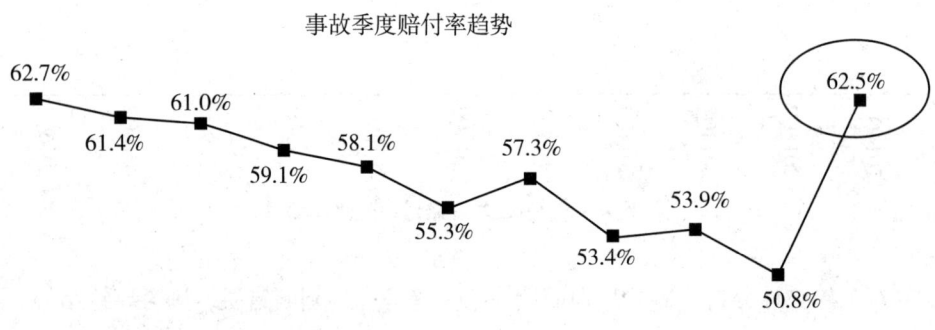

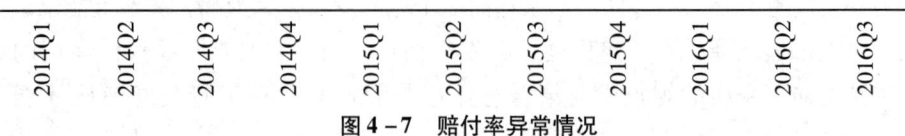

图4-7 赔付率异常情况

对于异常数据一定要找到合理的解释，如果不能从业务部门得到合理的解释则可能是数据有问题或者模型有问题。

（6）符合监管要求。除此，准备金评估结果还要符合监管的要求，《保险公司非寿险业务准备金管理办法实施细则》第十条规定："保险公司应当谨慎评估未决赔款准备金。对于在中国（不含港、澳、台）开业时间不足三年或本年度保费收入增长率超过50%的保险公司，按照评估的未决赔款准备金计算的保险公司本事故年度赔付率不得低于全行业上一事故年度的平均赔付率。"如果评估的准备金结果得到的本事故年度赔付率低于全行业上一事故年度平均水平，尽管上面的因子选择和结果的选择都很合理，但是得到的赔付率低于行业平均水平，则也要进行调整。当然《保险公司非寿险业务准备金管理办法实施细则》中没有明确说明全行业平均水平是指所有险种还是相同险种，根据与同行的交流，我们倾向于把"全行业平均水平"理解为"相同地区、相同险种、类似业务的全行业平均水平"。

（7）不能从结果倒推模型。作为准备金评估的大忌就是看着准备金结果倒推评估模型和方法，这样就失去准备金评估的意义。如果看着结果倒推评估模型和方法，则结果就会与预期的一样，结果的分析看起来会很合理，但是上面的分析就会失去意义。所以一定不能根据预定的结果倒推模型和方法，不能通过调整选择因子或者结果选择以符合某种判断。

五、准备金管理

准备金管理除了理赔流程的管理之外，还包括基础数据管理流程、评估流程和审批流程。

（一）基础数据管理

图4-8是一般的基础数据管理流程图，分公司及相关部门将相关的基础数据包括承保数据、理赔数据、再保数据和财务数据录入系统，当然这要确保基础数据的准确性，精算部门一般直接从系统中提取数据。

目前，基础数据的提取一般有两种模式，一是精算部提取需求，开发固定的精算报表，系统定期生成准备金评估所需的报表；另一种是定期从系统中提取准备金评估所需的清单数据，由精算人员自己对清单数据进行加工，生成准备金评估所需的三角数据等。具体如图4-8所示。

这里需要强调的是，基础数据提取后不管是清单数据还是报表数据都需要进行校验，不要想当然以为从系统提取的数据就是准确的数据，数据的校验主要是校验业务系统、再保系统和财务系统的一致性，具体的校验过程，可详见第三章第一节数据核对。

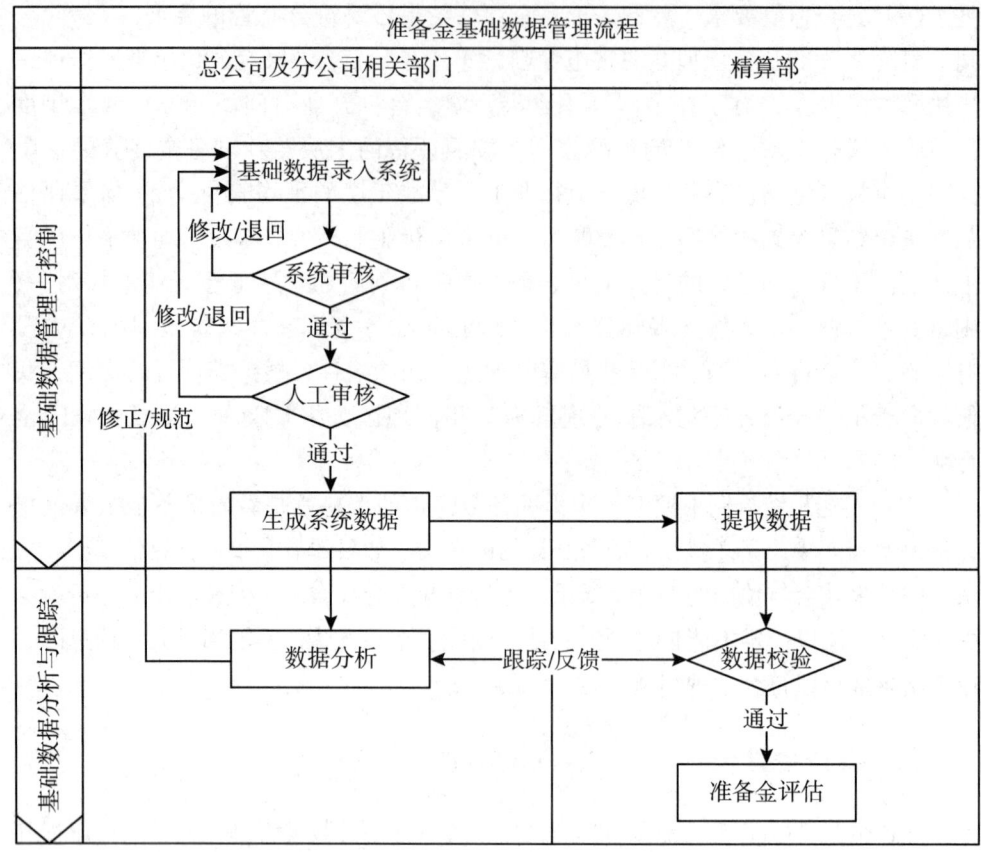

图4-8 准备金基础数据管理流程

（二）准备金评估与审批流程

准备金评估流程与审批流程实际上是包括准备金评估和准备金审批的两个流程，准备金评估流程主要是精算部门内部的工作，从基础数据、建模、因子选择到结果的选择等，这里不进行一一说明。主要强调两点：一是沟通的重要性，评估之前最好与业务部门进行沟通访谈，具体的访谈问题可详见下面的访谈问题清单；另一个是最好有内部复核机制，因为面对如此多的数据和流程，一个人难免容易出错，内部一定要建立复核机制，复核的事项建议可以采用清单的模式列出来。

准备金的审批流程主要包括会签与审批，就是先经过财务部的审核，再提交总裁室和董事会进行审批，当然目前来说一般平时可以通过OA进行审批，年度的结果再通过提交总裁办公会和董事会进行审批。

结果审批后，财务部门根据精算部评估的结果进行入账，精算部根据结果编制准备金报告，每个季度还需要对准备金进行回溯分析，以回溯准备金评估和提取的准确性。

准备金入账时，由于已发生已报告是从理赔系统中提取，需要录入的是IBNR,

有的公司系统可以直接录入 IBNR 的具体数值，有的公司录入的是 IBNR 的比例，这个主要取决于公司系统的设置，具体与信息技术部沟通即可。

当然这边涉及准备金评估频率的问题，目前行业中一般一个季度评估一次，平时主要采用监控的原则，月度之间除了有特殊的异常情况出现，一般不对 IBNR 进行调整。

准备金评估过程需要注意保留准备金评估底稿，即准备金评估过程的相关资料。具体如图 4-9 所示。

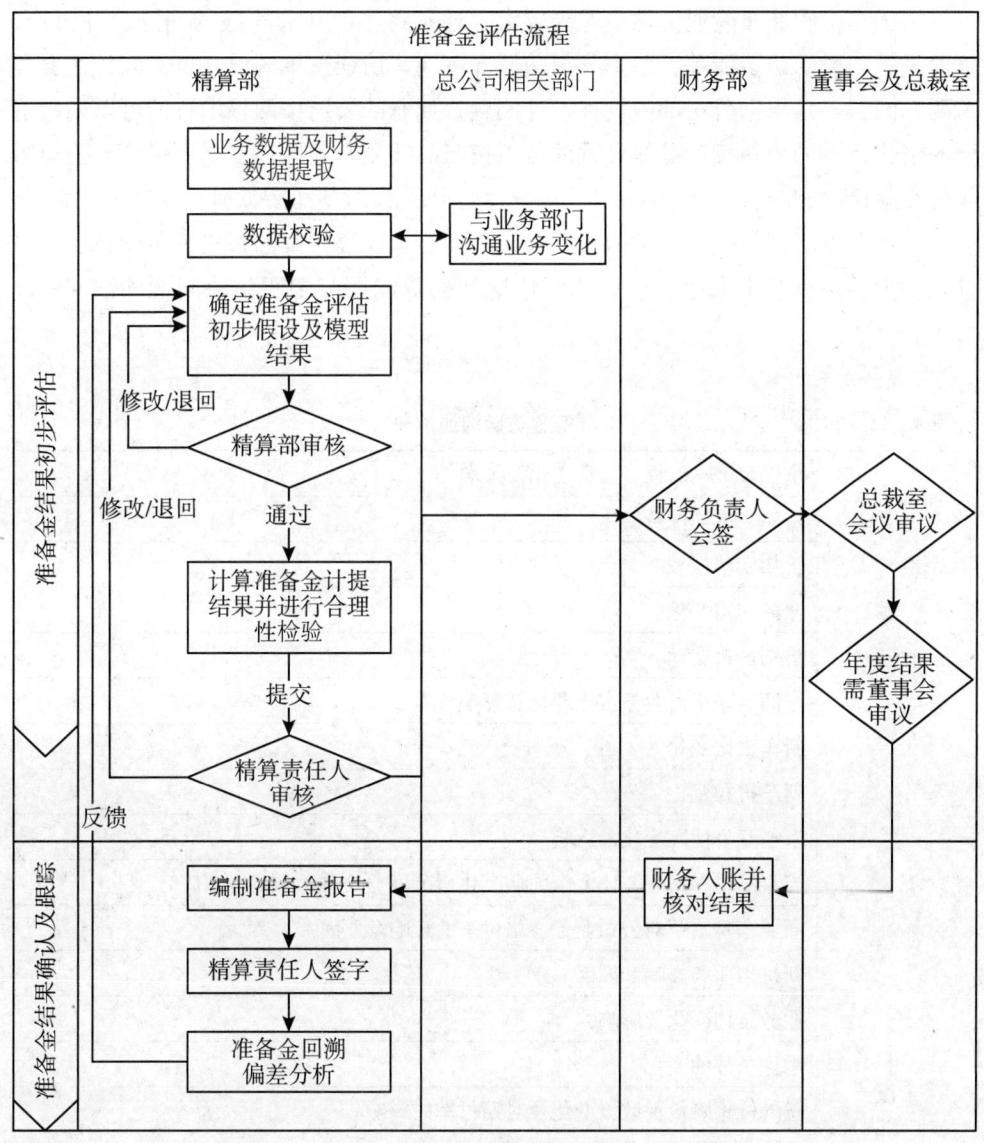

图 4-9　准备金评估流程

(三) 准备金访谈和沟通

准备金访谈和沟通指评估前的访谈和评估后的沟通。

1. 评估前访谈。评估前访谈指与公司的相关部门和分支机构就与准备金评估相关的重要问题进行访谈，如果有条件的最好进行当面访谈，如果没有条件的可以采用书面访谈或者电话访谈，访谈的问题主要是影响准备金的各个环节问题的确认，包括承保、理赔和再保等相关环节。正如前面提到的，评估前访谈工作非常重要，一般而言，与业务部门深入接触，总能了解到更多的信息，从一线部门初步了解到的信息就可以判断公司大致的赔付情况，进而有助于准备金的评估。

由于车险和非车险业务性质差异较大，通常将车险和非车险的问题分开讨论，下面只是一般的访谈清单，各个公司的情况不同，访谈清单的设计也不同，主要考虑两方面：一是根据公司部门设置设计问题，如有的公司按两核设置的可以采用下面的格式，有的公司按产品线设置的可以按产品线划分问题；二是要注意与公司当年的实际情况相结合，如2015年天津发生爆炸案，对整个保险业影响都很大，很多公司均发生不同的损失，则需要增加。公司在天津爆炸案的损失有多少、已决赔款是多少、还有多少未决、再保摊回情况如何等问题。主要访谈问题如表4-11所示。

表4-11 准备金访谈沟通清单

承保 （车险）	承保政策、流程、人员变化及影响
	费率、单均保费变化
	折扣变动
	业务结构变化
	险别占比变动
	车商与非车商业务占比变化及影响
	新车占比变化
	新车折扣变化
	市场竞争情况变化及影响
	当年赔付率预测，比上年同期变化情况（分交强险和商业车险）
	商业车险改革对公司业务、赔付率的影响及原因
	新机构业务影响和原因
承保 （非车险）	业务结构变化及影响
	承保条件的变化
	意外健康险承保政策变化及对赔付率的影响
	市场竞争情况变化及影响
	当年赔付率预测，比上年同期变化情况

续表

理赔（车险）	政策、流程、人员变化及影响
	关键理赔指标变化
	出险率
	案均赔款
	估损偏差率变化
	赔付速度变化
	外部法律环境变化及影响：如人伤案件赔付标准变化
	大灾（如台风、暴雨）的影响
	赔付率预测
理赔（非车险）	当年赔付率与上年对比
	已决赔款估损偏差率即未决赔款估损充足性
	大灾（如台风、暴雨）的影响，非车险的影响如何，再保前后的损失金额为多少
	意外健康险的赔付是否有改善
	大赔案件数及金额、与上年相比情况
	赔付率预测
再保	再保安排情况、是否变化及变化原因
	再保是否能完全摊回
	是否有分入业务，分入业务赔付水平
	大赔案摊回情况

2. 评估后沟通。评估后的沟通，主要是结果的解释，正如前面数据分析所提到的，需要为每个结果找到合理的解释，这个合理的解释要来自业务信息，而不是凭空想象，所以需要有评估后的沟通，特别是对于异常的数据和与预期差异较大的数据，要进行深入的沟通，找到造成数据异常背后的真实原因。

需要注意的是评估后的沟通，主要目的是为评估结果寻找合理的解释以及评估结果的根本原因，并不是为了征求业务部门对评估结果的意见，精算人员倾向于独立判断，除非根据新的信息发现评估结果不合理才对评估结果进行修正。

（四）准备金工作底稿

根据中国银保监会规定，准备金评估管理中，需要保留准备金工作底稿，即准备金评估过程中各个环节的相关资料。包括基础数据、数据核对、沟通资料、评估模型、评估方法、结果选择和审批流程等均有要保留，以备以后接替工作的人员及监管部门查阅。行业中就有公司因为没有保留准备金评估工作底稿而被处罚的。

根据《非寿险业务准备金评估工作底稿规范》第十八条："保险公司应对任何

一次评估的工作底稿保存 5 年以上,其中年度准备金评估工作底稿应保存 10 年以上。"具体流程如图 4 – 10 所示。

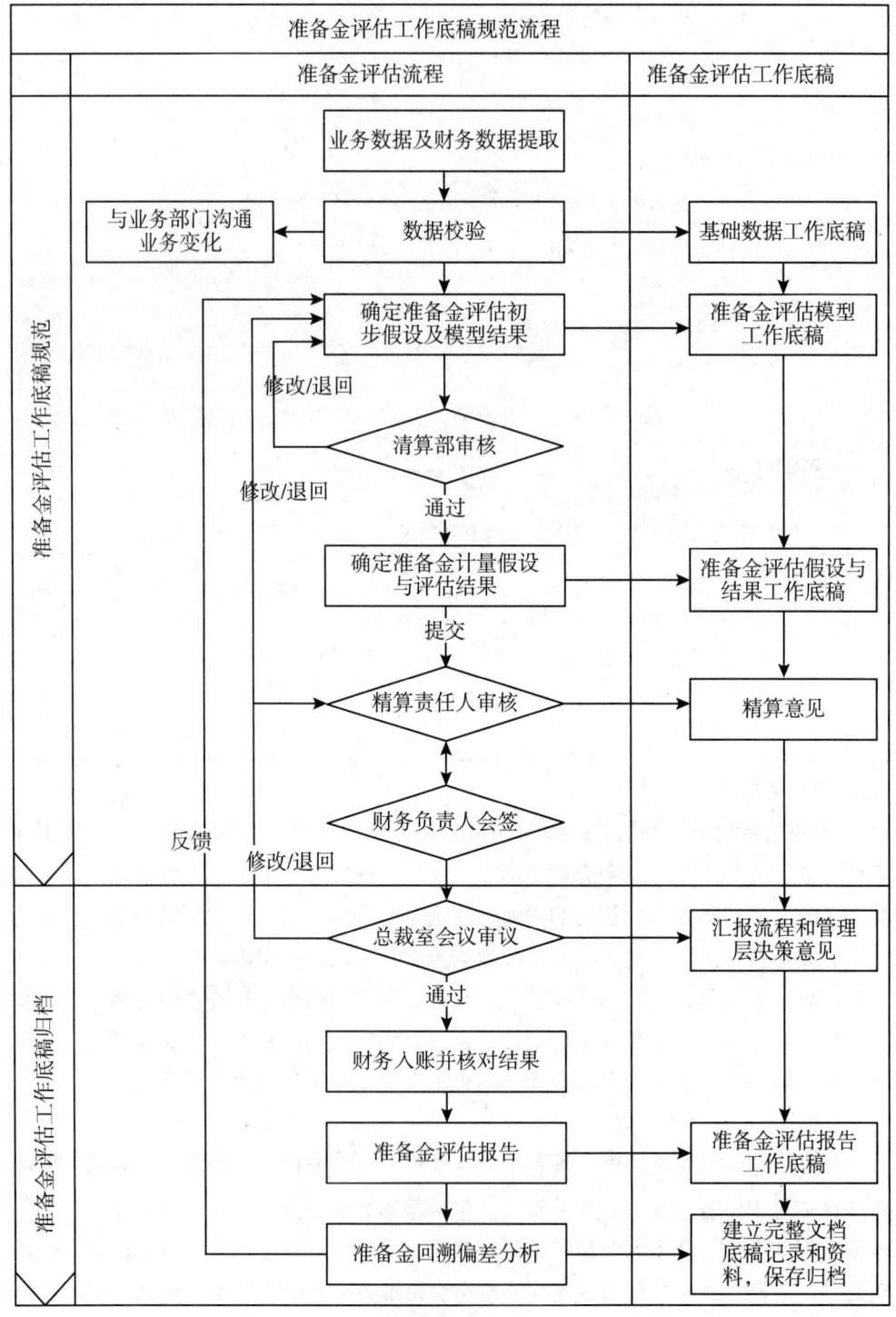

图 4 – 10　准备金评估工作底稿规范流程

六、准备金评估方法

准备金评估包括未到期准备金评估和未决赔款准备金评估，由于评估方法在其他书上已经介绍比较多，这里不再对具体的方法做一一介绍，主要结合实际例子对准备金评估方法进行说明，具体的评估方法，大家可以参阅谢志刚老师主编的《非寿险责任准备金评估》。

（一）未到期准备金评估方法

未到期准备金采用什么评估方法主要是根据保单风险分布而定，风险分布主要可以分为两大类：一类是平均分布；另一类是非平均分布。平均分布一般均采用三百六十五分支一法；非平均分布采用七十八法则、风险分布法等。

七十八法则虽然不是均匀分布，但每个月的具体比例也是固定的，不需要精算人员进行特别的处理，未到期评估方法中真正需要精算人员进行比例设定是风险分布法，比如，每个月的风险分布如何设置，需要精算人员根据经验数据或者参考行业经验等进行具体的设置。目前，采用风险分布法计提未到期准备金的主要是农险的种植险和延保责任险。

农险，由于国家政策的鼓励，目前农险已经超过企财险，成为仅次于车险的第二大险类，行业中也具备了较为丰富的数据。在考虑种植险的风险分布时可以参考行业的数据，但需要主要的有：（1）由于中国地域广阔，需要注意各地的差异，如南方主要考虑水灾，台风等；北方需要注意冰冻灾害等，所以如果承保的地域比较集中，需要考虑地域的差异。（2）不同品种农作物风险分布不同，由于不同农作物的成熟季节及主要灾害不同，需要考虑不同品种之间的差异，不能直接引用行业平均的风险分布比例。

延保责任险，目前延保责任险包括电器延迟保修责任险和汽车保修责任险，由于电器的价格逐渐下降，电器延长保修责任险已经越来越少，而中国汽车工业不断发展，汽车厂商和经销商不断重视消费者的体验，汽车延长保修责任险不断发展，预计在未来会有较好的前景，下面以汽车延长保修责任保险为例介绍风险分布法比例的设定。

某保险公司在刚开业不久就承保了一笔汽车延长保修责任保险的业务，即在汽车厂商提供 3 年 10 万公里的基础上，延长 1 年 3 万公里的保修责任。

在提取未到期准备金时我们碰到一个难题，就是要在准备金系统中设置汽车延长保修责任保险的未到期比例，开始由于没有任何数据没办法进行设置，由于以往行业开展业务较少，也没有询问到具体的风险分布比例，只是知道三百六十五分之一法肯定是不适用的。

汽车延长保修有一个最大的特点是起保日期和终保日期是不固定的，这是导致风险比例设置的最大难题。因为厂商提供了 3 年 10 万公司的保修责任，即保修时间最长为 3 年，保修里程最多为 10 万公里，所以起保日期会有两种情况：第一，汽车使用3年，里程小于10万公里，起保日期就是从第4年的第1天起算，这是比较简单的；第二，汽车使用不到3年，里程就超过10万公里，这时起保日期从里程超过10万公里的时间开始算，由于不同车辆行驶里程差异较大，这个时间不容易确定。同样道理，终保日期也存在两种情况：第一，汽车使用较少，终保日期为第4年的最后一天；第二，汽车使用较多，进入延保责任期后，不到1年使用超过3万公司，则达到3万公里时就是终保日期。

所以理论上第1年就可能进入延保的责任，也可能当年就结束延保的责任。意味着每一年都有可能承担一定的责任比例。所以需要采用风险分布法对延保未到期责任准备金进行评估。

开始由于没有相应的数据，我们查询了美国的汽车延保风险分布数据，发现有较大比例在3年内有较大比例的车辆进入了延长保修责任期间，我们采用了该比例作为汽车延保的风险分布比例。具体如表4-12所示。

表4-12　　　　　　　　　　延保风险比例分布

延保风险分布	第1年	第2年	第3年	第4年
风险比例	1%	9%	35%	55%

但是经过2年后，我们发现没有一单索赔的数据，这时我们感觉上面的数据可能不符合我国的实际情况，所以我们深入分析具体的原因，包括通过调查和分析的手段：首先，我们做内部调查，询问业务部门的相关人员，大家都认为在国内3年用车超过10万公里的占比不多；其次，我们到4S店调查，也表明3年用车超过10万公里公司的占比不多。后来我们分析，中国和美国对车辆使用的差异还是比较大的，虽然国土面积差异不大，但由于美国更多的人住在郊区，每天开车距离较长，另外美国假期更多，长距离开车旅行的机会更多一些，使美国每年驾驶里程数远超过中国，而中国上班族每年驾车里程数一般在2万公里以内。

由于中国和美国驾驶里程数差异较大，我们认为有必要使用中国的实际数据分析汽车延保的风险分布。根据汽车延保的特点，只要能得到行驶里程的分布就可以计算出汽车延保的风险分布。为了获取行驶里程数据，我们联系了4S店，4S店在车辆回店保养时记录了车辆的里程数据，这与我们需要的数据是一致，但存在两个问题：一是3年保修期过后回店保养的车辆比例很少，也就是有第4年数据的车辆占比很少；二是4S店记录的是回店保养的时点数，具体什么时候到达10万公里，4S店并不知道。

针对上述情况，经过充分的讨论，制定了一个测算方案，用年平均行驶里程代替实际行驶里程，同时假设同一辆车未来年平均行驶里程不变，这样就可以同时解决上述的两个问题,如一辆车只有1年的数据,行驶里程为4万公里,则根据假设我们可以推算它在2.5年时行驶里程达到10万公里,开始进入延保期,在3.25年时行驶里程达到13万公里,延保结束。表4–13就是计算平均行驶里程和保险期间的表格节选。

表4–13　　　　　　　　　　平均行驶里程统计表

序号	购买日期	最后来店日期	最后来店里程	使用年限	年平均行驶里程	起保日期	终保日期
1	2008/2/1	2009/6/29	41,392	1.41	29,393	3.00	4.00
2	2007/12/19	2009/5/25	22,890	1.43	15,975	3.00	4.00
3	2008/1/10	2009/6/18	21,439	1.44	14,905	3.00	4.00
4	2009/6/15	2009/7/22	4,000	0.10	39,459	2.53	3.29
5	2005/1/18	2008/1/18	51,154	3.00	17,051	3.00	4.00
6	2010/5/14	2010/10/12	75,181	0.41	181,729	0.55	0.72
7	2010/3/25	2010/6/24	9,497	0.25	38,092	2.63	3.41
8	2005/7/13	2008/9/21	165,771	3.19	51,892	1.93	2.51

计算说明如下:

1. 使用年限 = 最后来店日期 – 购买日期限。
2. 平均行驶里程 = 最后来店里程 ÷ 使用年限。
3. 起保日期 = MIN(里程达到10万公里时间, 3),就是里程达到10万公里的时间和3年取小。
4. 起保日期 = MIN(里程达到13万公里时间, 4),就是里程达到13万公里的时间和4年取小。

计算出每辆车的起保日期和终保日期后,再统计每一年度的延保车辆数的占比,就得到延保的风险分布比例大致如表4–14所示。

表4–14　　　　　　　　更新后的延保风险比例分布

延保风险分布	第1年	第2年	第3年	第4年
风险比例	0.1%	0.9%	14%	85%

注:上述比例只是某一品牌部分车辆在某个区域的分布,不能完全代表所有车辆的分布。

(二)未决赔款准备金评估方法

未决赔款准备金评估方法在精算考试教材中已经进行了非常详细的介绍,这边只是简单说明常用的准备金评估方法,并简要说明各种方法的适用性。

1. 准备金评估方法。未决赔款准备金评估方法常用的有链梯法、损失率法、B-F法和案均赔款法等,各种方法如何评估在其他书籍中已经有比较充分的说明,对于各种方法的原理和评估流程大家可以参阅其他书籍。每种方法都有其特点和适用性,这边只简要说明一下适用这些方法应该注意的事项。

（1）已决链梯法。已决链梯法适用于赔付速度比较稳定的分散性险种,常用于车险、意外险和健康险的评估。需要注意赔付速度的稳定性,如果赔付速度变化较大则不适合。

（2）已报告链梯法。可以说已报告链梯法是适用性最广的准备金评估方法,几乎适用所有险种的评估,使用已报告链梯法时,主要注意估损充足性的变动情况,如果公司在某个时间点对估损的方式进行大的调整,则要注意调整前后的变化,在选择因子的时候尽量选择调整时点后的进展因子。如人工立案改成系统自动立案,会对立案和估损产生较大的变化,有时考核方法的变动也会对估损充足性产生变动,如公司加强对估损偏差率的考核,则一般估损充足性会有所提高。

（3）损失率法。损失率法一般适用于赔款信息缺乏的险种,如新开业的公司或者新开办的险种,需要注意的是,中国银保监会对使用损失率法进行评估有要求:对于新开业的公司,赔付率不低于行业同类业务平均水平。

（4）B-F法。B-F法实际上是链梯法和损失率法的加权平均,由于增加了经验损失率的权重,对链梯法的波动起到了平滑的作用,受近期赔款速度和报案速度的影响较小,所以有纠偏的作用,是适用性最强的方法,一般新的精算人员建议用该方法进行评估。这边要注意经验损失率的选择要客观公正,不能凭感觉而定,也不要有太多的人为调整,要调整的话也是要根据客观的事实进行调整。如我们选择往前5~8个季度的平均损失率作为当年的经验损失率时,可以根据单均保费、已报告出险率和案均赔款的变化进行调整,但不能人为进行加减。

（5）案均赔款法。案均赔款法由于需要同时考虑出险率和案均赔款的进展,对流量三角形的稳定性要求特别高,所以适用范围比较小,一般只适用于车险和意外险。当然案均赔款法优点是可以同时了解出险率的情况,由于案件数三角进展明显快于赔款三角的进展,所以可以很快掌握出险率的实际情况,一般而言,赔付率和出险率是呈正相关的关系,根据以往的经验,赔付率变动大概是出险率变动的50%,所以如果出险率上升,赔付率下降的话一定要非常谨慎地进行检验。

笔者认为,可以采用上述的任何一种方法评估车险未决赔款准备金,只要车险的赔款速度和报立案比较稳定,各种方法的结果差异都不大。但是,如果在赔款速度、报立案或者估损环节发生较大变化时,各种方法的结果就会产生较大差异,这时就要根据经验判断各种方法的优劣性，选择合适的评估方法。

2. 准备金评估方法优劣比较。各种方法中很难说哪种方法孰优孰劣，主要看实际情况而定，当然有些方法有一定的局限性，如案均赔款法只适用于分散性险种的评估，对于企财险、工程险等一般不适用；而有的方法通用性较强，如链梯法，基本适用于每个险种，从经验来看，已报告链梯法要优于已决链梯法，我们认为，基于已报告三角的 B-F 法是最好用的。

某知名精算师事务所以美国 200 多家财险公司公开的历史赔款流量三角为样本，采用不同方法对准备金进行评估，并根据最新的数据验证准备金评估方法优劣性。结果发现，已报告方法优于已决方法；B-F 法优于链梯法；已报告 B-F 法是准备金评估最优的方法。

已报告方法优于已决方法的主要原因是已报告流量三角形中包含了更多的数据信息，从历史经验来看，已报告赔款三角形进展因子的稳定性要好于已决赔款三角形。

B-F 法优于链梯法的主要原因是 B-F 法对赔款三角形中异常的赔付情况和异常进展因子具有平滑作用，相当于是一个加权平均。

当然这只是作为参考作用，毕竟每家公司的具体情况不同，同一家公司每个时期的情况也不同，采用哪种方法要视具体情况而定。还是前面所说的，深入了解承保、理赔等业务的各个流程，对准备金评估选择哪种方法会有很大的帮助。

（三）再保准备金评估方法

虽然再保险准备金的评估主要是再保险公司关心的事项，但由于业务交流越来越多，不少直保公司也接入了少量的再保险业务，这边简单介绍再保险准备金的评估方法。

再保险准备金的评估与直接业务的准备金评估有较大的差异，主要原因是再保分入公司得到的保单和赔款信息较少。对于临分业务，分入公司可以得到完整的保单信息和赔款信息，所以对准备金的处理方式可以与直接业务相同，这里主要介绍批量合约再保的准备金评估方法。相比直保公司来说，分入公司的获得的信息差异有两个方面：一是分入公司没有清单数据，一般只有以季度为单位的汇总账单；二是分入公司获得的数据是滞后的，一般会滞后一个季度甚至更长时间。正是由于获取信息的差异较大，准备金的评估方法差异也较大，下面结合实例对再保险准备金的评估方法进行介绍。

如我们接到一个合约的再保险分入合同，我们可以根据收到保费和赔款信息整理出下面三个流量三角形。这时我们发现，虽然再保账单是按季度提供的，但是起保时间并没有准确到月度，而是只有季度的数据，如表 4-15 所示。

表 4-15 再保险季度账单

保费

账单期\保单期	第1季度	第2季度	第3季度	第4季度	第5季度	第6季度	第7季度	第8季度	第9季度	第10季度	第11季度	第12季度	第13季度	第14季度	第15季度	第16季度
2012	300,979	571,860	756,509	1,159,873	1,254,318	1,260,421	1,260,421	1,260,421	1,260,421	1,260,421	1,260,421	1,260,421	1,260,421	1,260,421	1,260,421	1,260,421
2013	439,773	821,407	1,119,307	1,470,672	1,487,855	1,487,855	1,487,964	1,491,253	1,491,253	1,491,253	1,491,253	1,491,253				
2014	676,606	823,590	1,082,781	1,614,613	1,621,056	1,621,452	1,620,446	1,620,446								
2015	637,336	922,653	1,225,526	1,590,061												

已决赔款

账单期\保单期	第1季度	第2季度	第3季度	第4季度	第5季度	第6季度	第7季度	第8季度	第9季度	第10季度	第11季度	第12季度	第13季度	第14季度	第15季度	第16季度
2012	1,052	2,747	89,869	130,094	443,301	463,902	479,611	565,695	572,344	572,344	572,344	572,829	574,050	574,050	574,050	574,050
2013	1,822	49,209	40,811	166,094	242,669	483,089	595,690	685,046	732,401	751,344	760,492	773,430				
2014	—	2,900	31,292	107,569	289,128	439,915	475,433	506,688								
2015	1,893	24,431	59,216	195,759												

未决赔款

账单期\保单期	第1季度	第2季度	第3季度	第4季度	第5季度	第6季度	第7季度	第8季度	第9季度	第10季度	第11季度	第12季度	第13季度	第14季度	第15季度	第16季度
2012	9,476	164,850	167,034	178,450	174,195	176,168	193,450	193,450	219,101	292,216	292,216	290,105	285,484	285,484	285,484	282,026
2013	5,691	8,536	134,595	244,664	353,574	416,242	470,996	378,414	359,423	354,717	353,386	337,644				
2014	18,952	111,155	244,722	671,253	736,378	675,784	768,091	740,223								
2015	67,290	282,005	265,429	231,264												

1. 未到期准备金评估。我们看到保费数据是按季度进行累加的，如果我们假设各个季度内的保费是均匀分布的，则我们可以按八分之一法计算未到期准备金，如表 4-16 中的业务是一年期业务，要计算截至 2015 年末的已赚保费。因为 2014 年之前保费已经到期，所以没有未到期准备金，其中第 5 季度开始，保费与第 4 季度的差异主要是由于批单引起的，数值一般很小，不用考虑，所以只需计算 2015 年保费的未到期准备金，按八分之一法计算的未到期准备金为 694,924 元，具体计算如表 4-16 所示。

表 4-16　　　　　　　　　　　再保险未到期准备金评估

项目	第 1 季度	第 2 季度	第 3 季度	第 4 季度	合计
保费	637,336	285,317	302,873	364,535	1,590,061
未到期比例	0.125	0.375	0.625	0.875	
未到期准备金	79,667	106,994	189,296	318,968	694,924

注：以上计算过程不考虑首日费用的影响，实际应按会计准则考虑首日费用影响。

2. 未决赔款准备金评估。整理赔款流量三角形并计算进展因子。从上面我们可以看出，可以类似整理流量三角形的方式对再保账单进行整理，由于再保业务已决赔款信息较少，一般很少用已决三角进行准备金评估，所以一般都整理成已报告赔款三角。根据上面整理的已报告赔款三角并计算其进展因子，具体计算过程如表 4-17 所示。

从上面的进展因子我们可以看出，与平常的赔款三角进展因子相比，前期的进展因子较大且波动也很大，如第 1 季度到第 2 季度的进展因子最大的有 15.92，小的有 4.43，主要是因为再保赔款三角形是按起保年度整理的。

3. 选择因子并计算最终损失。与直接业务的评估相同，我们选择因子，并用已报告赔款乘上累计进展因子就可以得到最终的损失。如表 4-17 所示，我们选择加强平均因子，并计算其累计进展因子，乘上相应起保年度的已报告赔款就得到最终损失了。需要注意的是，与直接业务不同的是起保年度是按年汇总的，进展因子是按季度汇总的，每一起保年度采用的进展因子需要间隔 4 个进展季度。这时使用的累计进展因子是按每 4 个季度，如表 4-17 圆圈所示。根据已报告链梯法和 B-F 计算所得到的最终损失如表 4-18 所示。

表 4-17　再保险进展因子表

已报告赔款

账单期	第1季度	第2季度	第3季度	第4季度	第5季度	第6季度	第7季度	第8季度	第9季度	第10季度	第11季度	第12季度	第13季度	第14季度	第15季度	第16季度
2012	10,528	167,597	256,903	308,544	617,495	640,070	673,061	759,146	791,445	864,560	864,560	862,934	859,533	859,533	859,533	856,076
2013	7,513	57,745	175,407	410,758	596,244	899,331	1,066,686	1,063,461	1,091,825	1,106,061	1,113,878	1,111,074				
2014	18,952	114,055	276,014	778,822	1,025,507	1,115,699	1,243,524	1,246,911								
2015	69,183	306,437	324,645	427,023												

进展因子

进展期	1-2	2-3	3-4	4-5	5-6	6-7	7-8	8-9	9-10	10-11	11-12	12-13	13-14	14-15	15-16
2012	15.92	1.53	1.20	2.00	1.04	1.05	1.13	1.04	1.09	1.00	1.00	1.00	1.00	1.00	1.00
2013	7.69	3.04	2.34	1.45	1.51	1.19	1.00	1.03	1.01	1.01	1.00				
2014	6.02	2.42	2.82	1.32	1.09	1.11	1.00								
2015	4.43	1.06	1.32												
加权平均	6.08	1.60	1.86	1.49	1.19	1.12	1.03	1.03	1.05	1.00	1.00	1.00	1.00	1.00	1.00
累计进展因子	40.33	6.63	4.15	2.22	1.49	1.25	1.12	1.09	1.05	1.00	1.00	1.00	1.00	1.00	1.00

表 4 –18　　　　　　　　　　再保险最终损失结果

起保年度	保费收入	已报告赔款	累计进展因子	链梯法最终损失	最终损失率	B–F法最终损失	B–F法最终损失率
2012	1,260,421	856,076	1.00	852,633	67.6%	852,633	67.6%
2013	1,491,253	1,111,074	1.00	1,111,074	74.5%	1,111,074	74.5%
2014	1,620,446	1,246,911	1.09	1,353,521	83.5%	1,353,521	83.5%
2015	1,590,061	427,023	2.22	949,737	59.7%	1,091,007	68.6%

注：前3年 B–F 法与链梯法结果相同，2015年 B–F 法使用的经验损失率为前3年的加权平均。

4. 计算已赚保费及未决赔款准备金。有了最终损失，那么是否就可以用最终损失减去已决赔款得到未决赔款准备金呢？答案是否定的，因为根据再保账单整理的流量三角形是起保年度的流量三角形，上述的业务为一年期业务，则2014年以前的保费全部已到期，全部都是已赚保费，但最近一年的保单并未完全到期，所以2015年的赔款还包含了未到期部分的赔款，这时，我们需要计算2015年的保费在当年的已赚保费，用已赚保费乘上最终损失率才是2015年事故年的最终损失。得到最终损失后，减去已决赔款，则得到未决赔款准备金。具体如表4–19所示。

表 4 –19　　　　　　　　再保险未决赔款准备金评估结果

年度	保费收入(1)	未到期准备金(2)	已赚保费(3)=(1)-(2)	最终损失(4)	已决赔款(5)	未决赔款准备金(6)=(4)-(5)
2012	1,260,421	—	1,260,421	852,633	574,050	278,583
2013	1,491,253	—	1,491,253	1,111,074	773,430	337,644
2014	1,620,446	—	1,620,446	1,353,521	506,688	846,833
2015	1,590,061	694,924	895,136	614,190	195,759	418,431
合计						1,881,491

注：采用 B–F 法的最终损失。

5. 预估。如前所述，再保账单往往滞后，有的滞后时间还比较长，如签订了2015年的合约再保险，约定按季度结算，一般分出公司在1季度末才编制分保账单，分入公司在4月份才会收到账单，这时是否需要对再保账单进行预估呢？严格意义上是需要进行预估的，但是如果没有比较准确的信息也很难进行预估，这里只讨论是否进行预估对报表利润的影响，具体如何预估要根据各家公司的再保流程进

（1）保费预估的影响。因为保费入账后，相应的费用、未到期准备金和赔款都要进行预估，所以对保费预估是否十分准确，对损益的影响不大。对保费的预估需要把握的原则是：与保费相关的费用和准备金均要进行相应的预估，只要成本和收入匹配，实际上保费预估的准确性并不会对公司的财务报表利润产生太大的影响。如在2015年1季度，预估分入保费为100；预估分保费用率为35%，则分保费用为35；假设按八分之一法计算未到期保费 = (100 − 35) × 7/8 = 56.55；赔付率为60%，则预估赔付成本 = 100 × 1/8 × 60% = 7.50；则匹配相应的费用后，对利润的影响只有0.20，实际影响不大，具体如表4-20所示。

表4-20　　　　　　　　　　再保险预估利润表

一、已赚保费	43.45
其中：分入保费	100.00
未到期	56.55
二、费用	35.38
其中：管理费用	0.38
分保费用	35.00
三、赔付成本	7.50
四、利润	0.20

（2）巨灾或者大赔案的影响。巨灾或者大赔案的影响是一次性的，与日常的影响不一样，如果发生巨灾，则对报表的影响是巨大的。如2015年8月份的天津爆炸案，损失少则几百万，多则超过亿元，对报表的利润产生的影响较大，所以如果获悉公司分入的业务在天津爆炸案中发生了损失，则要进行预估，根据分出公司反馈的信息按分入比例应承担的金额进行预估，预估的方式比较简单，可以在IBNR中提取对应的金额。如公司应承担分保损失1,000万元，则在IBNR中多计提1,000万元即可。

七、准备金评估要点

我们可以通过设问的方式对准备金评估使用的方法、过程、结果的合理性进行检验，同时也可以作为交叉检验的参考。下面简要介绍准备金评估时需要注意的要点，通过这些问题，可以检查准备金评估是否合理。表4-21列出了整个准备金评估流程中的要点。

表 4-21 准备金评估要点

序号	类别	内容
1	评估数据的定义	1. 包括流量三角形是按季度还是按月度进行汇总； 2. 赔案界限的划分，大赔案的金额界限是多少，巨灾的定义是什么，系统是否有巨灾标识； 3. 赔付结案的定义是什么，是否与财务付款相关联； 4. 预付赔款是如何处理的，是否计入赔款中； 5. 再保前和再保后如何定义
2	数据提取流程	1. 再保后的数据如何提取，是用再保前减去分保，还是直接从系统中提取再保后的数据； 2. 分入业务如何处理，是单独处理还是合并处理； 3. 超赔摊回的处理方法； 4. 追偿款和残值的处理方法，是否跟到每一个案件，如何考虑追偿款和残值对准备金的影响
3	数据校验	1. 数据是如何校验的； 2. 校验结果如何
4	评估频率	月度、季度
5	评估范围	总公司还是分公司，如果只在总公司层面进行评估，如何分摊到分公司
6	特殊业务	是否存在特殊险种，是否存在非保险合同，如何处理
7	评估方法	1. 模型和软件是否合理； 2. 采用两种以上方法； 3. 是否采用特殊的方法，是什么原因； 4. 评估方法符合监管要求
8	评估假设	1. 风险边际； 2. 贴现率和久期
9	大赔案和巨灾的评估方法	采用什么方法评估大赔案和巨灾
10	未赚保费的处理方法	1. 1/365 法还是其他方法； 2. 对于短期险、保证险和工程险等风险分布不均的险种采用什么方法。
11	未到期参数假设	首日费用，理赔费用以及维持费用假设是否合理，是否与财务报表一致
12	指标监测	案均赔款（已决案均、未决案均）、出险频度、赔付速度（立案率、立案周期、结案率、结案周期）、报立案管控（报案注销率、立案注销率（笔数/金额））、估损偏差率等
13	再保安排的影响	有些再保无法 100% 摊回，是否已经考虑，对于超赔付率的部分是否需要进行损失共摊，评估结果是否已考虑

续表

序号	类别	内容
14	其他问题	结合行业或者公司的实际情况，进行设问，如商业车险改革对准备金评估的影响
15	结果分析	分析评估结果的合理性，如通过分析IBNR/已赚保费、IBNR/未决估损、未决估损/赔款、未决赔款/已赚保费、赔付率的变动趋势分析结果的合理性
16	准备金回溯	1. 以往年度准备金回溯结果； 2. 从回溯结果分析最合适的评估方法

第二节 产品定价

保险产品定价是指保险人在保险产品开发过程中，依据保险标的所面临风险的规律性、保险公司经营费用及经营状况、保险市场供求状况等因素而确定单位保险金额所应收取的保险费的行为。

一、产品定价原则

《财产保险公司保险条款和保险费率管理办法》规定：保险费率厘定合理，结果满足充足性、适当性和公平性原则。除此之外，我们在做定价时还要考虑促进防灾和防损稳定灵活的原则。

（一）充足性原则

充足性原则指保险人按厘定的保险费率向投保人收取的保险费，必须足以应付赔款支出及各种经营管理费用。收取的保险费应能充分满足其履行赔偿或给付责任的需要，以保障被保险人的保险权益，并维持保险人的稳定经营，否则，不仅会危害保险经营的稳定性，而且如果保险人经验不稳定被保险人的合法权益也会因此而受到损害。

（二）适当性原则

即保险费率水平应与投保人的风险水平及保险人的经营需要相适应，既不能过高，又不能过低。费率过高，虽然有利于保险人获得更多的利润，但同时加重了投保人的经济负担，不利于保险业务的扩大；费率过低，则会影响保险基本职能的履行，使被保险人得不到充分的经济保障。

（三）公平性原则

保险费率应当与保险标的的风险性质和程度相适应。一方面，投保人所负担的保费应与其保险标的面临的风险程度、其所获得的保险保障程度、保险权利等相一致；另一方面，面临性质或程度相同或类似风险的投保人应执行相同的保险费率，负担相同的保险费，而面临不同性质、不同程度风险的投保人，则应实行差别费率，负担不同数额的保险费。

（四）促进防灾防损的原则

保险费率的厘定应体现防灾防损精神，即对防灾防损工作做得好的被保险人降低其费率或实行优惠费率，而防灾防损工作做得差的被保险人可适当提高费率。

（五）稳定灵活的原则

保险费率一经确定，应在一定时期内保持相对稳定，以保证投保人对保险公司的信任和信心。但从长期来看，保险费率还应随着风险的变化、保险保障项目和保险责任范围的变动及保险市场供求变化等情况进行调整，以保证保险费率的公平合理性。

二、产品定价步骤

实务中的产品定价步骤与书上介绍的定价步骤有较大的差异，书上通常更注重数据的计算，以及如何将现有数据采用合适的定价模型计算得到费率。实务中，首先，要清楚产品的责任范围；其次，要进行基础数据的收集和处理；最后，才根据定价模型对产品进行定价。

（一）确定产品风险和责任范围

只有充分理解条款才能确定产品风险和责任范围，产品条款一般包含以下部分：总则、保险标的（财产险类）、保险责任、责任免除、保险金额与免赔额（率）、保险期间、保费缴交方式、赔偿处理、争议处理与法律适用、保险人义务、投保人与被保险人义务、其他事项、释义和短期费率表等。下面主要对于产品定价相关的要素进行介绍，主要包括保险标的、保险责任、责任免除、保险金额与免赔额（率）、保险期间、赔偿处理和短期费率表。

1. 保险标的。只有财产险类的保险才会有保险标的描述，如企财险、工程险、家财险、货运险和船舶险等，一般来说，在定价时我们要关注保险标的本身的易损程度和价值以及相关的风险。如是易燃品则主要考虑火灾风险的可能性；如是易受潮的物品则主要考虑水灾的可能性等。

2. 保险责任。保险责任是赔付的依据，是厘定费率最重要的因素。由于非寿险的保险责任的复杂性，精算人员在阅读保险责任时，一定要非常仔细，逐字逐句理解保险责任的含义。如企财险通常会有基本险、综合险和一切险等，费率的差异可以达到数倍；如意外保险，不同种类的意外，费率差异也很大，如航空意外和普通意外，费率差异可能达到百倍。

保险责任还会规定索赔制度：是事故发生制还是索赔发生制，事故发生制指在保险期间内发生事故按约定进行赔付；索赔发生制指发生保险事故且在保险期间内提出的索赔按约定进行赔付。相比而言，事故发生制的风险会高于索赔发生制，所以一般索赔发生制的费率可以低于事故发生制。

3. 责任免除。责任免除是与保险责任相对而言的，特别是对于一切险条款，是规定了除了责任免除之外的损失均进行赔付，明确了责任免除也就明确了保险责任。责任免除一般包含两部分：一是原因免除，就是对于造成损失的风险进行除外，如由于核辐射原因造成的损失不予赔付；二是费用免除，就是一些附加费用或者不可控的费用除外，如保险标的遭受保险事故引起的各种间接损失不予赔付。

4. 保险金额与免赔额（率）。保险金额是规定了针对损失最高的赔偿金额，对于保险金额而言，要注意是定额赔偿还是补偿性赔偿，如果是定额赔偿，则保费与保险金额是正比的，费率不会因为保险金额的升高而降低；如果是补偿性赔偿则保费与保险金额不成正比，保险金额越高的部分，发生损失的可能性越小，则费率可以下降。

免赔额（率）指发生损失是不给予赔偿的部分，这时为了鼓励被保险人控制风险制定的损失共担条款，可以起到防灾防损的作用，免赔额（率）越高，费率越低。

5. 保险期间。因为保险期间直接关系到保险公司承担风险时间的长短，一般非寿险产品保险期间大多为一年，但也有不少非一年期产品，一般制定费率通常按年费率厘定，如果产品的保险期间不是一年期的，则要在费率表中明确保费的计算与保险期间的关系。

6. 赔偿处理。赔偿处理就是明确事故发生时赔偿金额的计算、赔偿方式、代位追偿和赔偿流程等。对定价影响较大的主要是不足额投保时的赔偿金额计算方式，是按比例计算还是按实际损失金额计算，如按实际损失金额计算则费率要提高。

7. 短期费率表。如果保险分布是均匀的，则短期费率只要根据年费率按时间折算即可，但是一般风险的分布不可能完全均匀，所以如果投保短期保险的话，考虑到逆选择和风险其中的影响，要考虑提升费率，即短期费率要高于长期费率，如表 4 - 22 所示。

表 4 - 22　　　　　　　　　　短期费率表

保险期间	一个月	二个月	三个月	四个月	五个月	六个月	七个月	八个月	九个月	十个月	十一个月	十二个月
年费率的百分比	20	30	40	50	60	70	75	80	85	90	95	100

8. 附加险。除了主险之外，附加险的费率厘定也不能忽视，通常而言，附加险的保险责任是主险除外的责任范围，有些附加险的风险甚至超过主险的风险，所以一定要仔细阅读附加险的保险责任，如附加战争、人为因素等。

(二) 数据处理

明确了产品的风险和责任后,要收集相关的数据,对数据进行校验,并加工处理得到厘定费率需要的数据。

1. 基础数据收集。根据基本的费率厘定公式：$R = \dfrac{P + F}{1 - V - Q}$,我们需要收集的数据主要包括费用数据和历史损失数据,附加利润率是根据公司实际经营情况进行制定,所以在基础数据收集时一般不需要考虑。基础数据包括内部历史数据和外部数据。

(1) 内部历史数据。内部历史数据包括承保数据、理赔数据、费用数据和再保数据等。内部历史数据的提取,最好通过数据提取脚本或者系统把提取方法固定下来。

(2) 外部数据。外部数据包括从行业中获取的数据和从行业外获取的数据,一般来说,我们会优先考虑从行业中获取相应的数据,但是对于全新的产品,可能行业中没有相关的数据,则需要从行业外获取相关的数据,不管是从行业内获取的数据,还是从行业外获取的数据,需要注意的是,都要建立数据来源和数据清单的档案,方便今后查询。

2. 基础数据校验。基础数据收集后,精算人员还要对基础数据进行校验,以判断数据的完整性、合理性和可靠性。数据校验应至少包含以下方式：将费率厘定基础数据进行汇总,对汇总结果进行校验；将费率厘定基础数据进行抽样,对抽样结果进行校验。

对于公司内部历史数据,数据校验方法与准备金的数据校验方法是一样的,主要是确定不同系统间的数据一致性。对于外部数据,应将基础数据与行业数据或社会公开数据进行比对校验,最好采用的是权威性的数据,如统计年鉴等；在对不同来源数据进行对比校验时,要确保不同来源的数据之间口径一致性；当缺乏参考校验标准时,应依据职业经验,对基础数据的合理性做出判断,如疾病发生率一般随年龄增长而增加、暴雨降水量越大造成的损失一般越大等。

3. 数据处理。基础数据经过校验后无误后,进行进一步的加工处理,形成产品定价需要的费用和损失数据。

(1) 费用数据。根据定价公式,我们要把费用数据整理成费用率,如果有相应的历史数据,通常可以用费用除以保费收入即可得到相应的费用率；如果没有历史数据,则可以参考相应的险种费用数据；若没有相应的险种费用数据,采用公司整体费用数据并进行相应调整即可；或者也可以采用行业相应的费用数据。

(2) 损失数据。相比费用数据而言,整理损失数据要困难得多。即使有相应的历史损失数据,如有已决赔款和未决赔款清单数据,这时并不表示已经有完整的损失数据了,还需要进一步加工处理,对损失数据进行加工处理需要注意：

①保费和赔款要统一口径。一般而言,保费和赔款的整理口径有保单年度和事

故年度两个口径，统一口径就是如果保费数据采用保费收入则赔款就要按保单年度进行汇总，如果保费数据采用已赚保费，则赔款就按事故年度进行汇总。如果条件允许，定价一般建议采用保单年度口径。

②赔款要包含IBNR。除了已决和未决清单包含的赔款外，还会有IBNR赔款，所以赔款要考虑进展到最终损失，可以将赔款数据编制成流量三角形，采用评估准备金的方法将赔款进展到最终损失。当然如果数据量太少，不足以采用流量三角形进行评估，也可以根据类似业务的进展规律乘上一个系数，如乘上1.2。

③外部数据要整理成保单责任的损失数据。一般而言，保险行业外的数据是按各自行业的口径进行统计的，所以如果采用保险行业外的损失数据一定要整理成保险责任对应的损失数据。如交通部门统计的交通死亡人数一般只考虑交通事故当场死亡的人数，而车险保单承担的死亡赔偿责任还包括抢救无效死亡或者生存一段时间后死亡的情况，如果不对数据进行调整，则会大大低估损失数据；如一般政府都会统计台风的损失，但政府公布的台风损失一般只包括直接经济损失，而不包括间接经济损失，如果企财险保单除了承保企业财产损失之外还承保营业中断损失，则还要考虑企业恢复运行的时间造成的营业中断损失，否则也会低估损失数据。

（三）产品定价

有了定价需要的数据后，就可以对产品进行定价了。有了整理后的损失数据、费用数据，可以根据公式简单地算出费率，但这里算出来的费率仅仅是基准费率，就是整体的平均费率，这个费率并不能直接应用到承保中。在计算某一张保单的费率时，还需要考虑被保险人个体的差异，这时还需要个体的费率差异系数。定价实务中，把整体的平均费率成为基准费率，把个体差异系数成为费率调整系数，把各个费率调整系数连乘后得到整体费率调整系数，再乘上基准费率就是保单的费率。

1. 基准费率。基准费率是指某一风险相似的业务类别的平均费率。基准费率可以是一个数据，也可以是多个类别的数据，一般会把对风险影响最大的因素作为基准费率的类别。如影响意外险风险最大的因素是职业类别，则我们将意外险按不同的类别制定了基准费率，如表4-23所示。

表4-23　　　　　　　　　不同职业分类基准费率表

职业分类	一	二	三	四	五	六
年费率（‰）	1.0	1.2	1.6	2.4	3.7	5.2

注：被保险人的职业类别依据《职业分类表》确定。

2. 费率调整系数。除了作为基准费率中的类别外，其他对风险有明显影响的因素，我们会把它制定成费率调整系数，风险越大，调整系数越大；风险越小，调整系数越小，一般调整系数大于1的指风险水平大于该类别的平均风险水平。调整系数一般可以分为：影响标的本身风险因素、管理因素、地理因素、规模因素、保险金额、免赔额（率）、渠道因素和其他因素（客户忠诚度、交叉销售）。

（1）标的本身风险因素。指本身标的的风险性质，如家财险中房屋的建设类型、框架结构要比砖混结构更安全，所以调整系数更低；如企财险中的生产企业类型，生产危险品的企业风险肯定高于生产一般产品的企业，所以调整系数更高。

（2）管理因素。一般指对风险的管理水平，包括历史经验损失情况，如经常发生火灾则调整系数要上升；综合管理水平，如制定了健全的风险管理制度并设置了健全的风险管理部门，调整系数可以下降。

（3）地理因素。指不同地区风险水平的差异，地区差异比较复杂，这个要看险种的情况进行确定，大到不同国家，小到不同小区，对不同险种的风险存在不同的影响。如不同国家的货运险风险差异很大，中东地区战争的风险要远大于欧洲地区，则调整系数要上调；对于企财险南方沿海地区台风暴雨的可能性要大于内地，则费率系数要进行上调；对于家财险，离消防队近的小区火灾的风险和损失会小很多，调整系数较低。

（4）规模因素。一般而言，保费规模较大的保单花费的展业成本和管理成本占比较小，调整系数较低，如10,000人的团体意外险保单固定成本肯定低于10人保单的固定成本。

（5）保险金额。我们知道保险金额越高，保费也越高，但保费不一定与保险金额成正比，对于保费与保险金额不成正比的产品，需要考虑保险金额调整系数。如家财险，假设购买50万保额发生的损失是10万保额的1.5倍，如果10万保额的系数为1，则50万保额的调整系数应该为0.3，这样计算得到的保费才是公平合理的。

（6）免赔额（率）。设定了免赔额（率）后，相当于被保险人与保险人共同承担风险损失，这时被保险人会加强风险管理，风险水平也会下降，所以可以降低调整系数。

（7）渠道因素。由于不同的销售渠道手续费佣金差异较大，则收取的保费差异也较大，如直销渠道一般没有手续费，则节约的手续费可以作为费率的优惠，直销渠道可以降低调整系数。

（8）其他因素。包括客户忠诚度和交叉销售等因素，由于续保客户花费的展业费用较低，可以将节约的费用作为费率，降低调整系数，同时也是作为忠诚客户的一种奖励，鼓励客户续保；交叉销售指对于已经持有公司保单的可以再次购买其他产品的情况，这与续保客户类似，公司节约了部分费用，可以降低调整系数。

在制定费率时，可以参照上面的因素，看是否均考虑到相关的风险因素，当然并不是每个产品都需要考虑以上所有的费率调整系数，也并不是每个产品都包含上述所有的调整系数，如管理因素，一般个人保单不太考虑管理因素。

3. 短期费率表。通常而言，大部分产品定价制定的费率都是指1年期的费率，当保险期限不足1年时，我们需要制定短期费率表，才能计算短期保单的保费。制定短期费率表主要考虑的是，保险风险时间上是否均匀分布。一般来说，大部分保险风险在时间上都不是完全均匀分布的；另外，短期保险的固定费用占比也较高。此外，还需要考虑投保人逆选择的问题。所以，短期费率表一般不是完全按时间均匀分布的，一般期限越短，费率越高，如企财险的短期费率表，虽然1个月的时间占比不足10%，但考虑到以上原因，对于投保1个月的企财险可能需要收取年保费的20%，如表4-24所示。

表4-24　　　　　　　　短期费率表

保险期间	一个月	二个月	三个月	四个月	五个月	六个月	七个月	八个月	九个月	十个月	十一个月	十二个月
年费率的百分比	20	30	40	50	60	70	75	80	85	90	95	100

4. 保费计算公式。制定了基准费率和调整系数之后，定价工作还没有完全结束，因为定价需要直接应用到业务承保中，所以还需要明确保费计算公式，一般来说，主险保费＝保险金额×基准费率×费率调整系数，但是附加险的保费计算就不一定，有的有明确保额的，保费计算与主险一样，但是有的没有明确保额的，或者通常理解为附加险保额与主险一样，这时制定的附加险保费会描述为是主险保费的一个百分比，如附加险保费的10%，则计算完主险保费后只要乘上10%就得到该附加险的保费。

除此之外，还需要注意非1年期保险保费的计算公式：如延长保修保险期限为2年，则这个时候要明确基准费率是1年的费率还是2年的费率，如果是1年的费率则还需要乘上保险期限，基准费率也要明确为年基准费率；同样道理，对于短期保险，如旅行意外险，也要明确基准费率是年费率还是1次的费率，如果基准费率是年费率，则要结合短期费率表才能计算出相应的保费。

（四）产品定价举例

下面我们结合航空意外险定价实际案例进一步介绍产品定价的过程。如考虑到目前市场上销售的航空意外保险产品多以单程为主，而由于单程航空意外保险的价格较高，与风险不匹配，市场需求较小，为了开拓航空意外保险市场，公司拟开发保险期限为1年的航空意外保险，现在要请精算人员对此进行定价。

1. 确定保险责任。首先，我们要确定航空意外保险的保险责任范围，根据条款，保险责任为以下几个方面。

（1）意外身故保险责任。被保险人在乘坐民航飞机期间发生意外伤害事故，且自意外伤害事故发生之日起一百八十日内（含第一百八十日），因该意外伤害事故导致身故，保险人按约定的保险金额给付意外身故保险金，本保险合同终止。

在给付意外身故保险金前，如该被保险人已领取过意外残疾保险金，保险人将从给付的意外身故保险金中扣除已给付的意外残疾保险金。

（2）意外残疾保险责任。被保险人在乘坐民航飞机期间发生意外伤害事故，且自意外伤害事故发生之日起一百八十日内（含第一百八十日），因该意外伤害事故导致身体残疾，保险人根据《人身保险残疾程度与保险金给付比例表》（以下简称"比例表"）的规定按保险金额的一定比例给付意外残疾保险金。被保险人仍需继续接受治疗的，保险人根据被保险人在第一百八十日时的身体状况对其进行残疾鉴定，并据此给付意外残疾保险金。

被保险人因同一意外伤害事故而导致一项以上身体残疾的，保险人给付比例表内所对应残疾项目保险金之和。若不同残疾项目属于同一手或同一足，保险人仅给付其中较高一项的意外残疾保险金。

保险人对同一被保险人所负的残疾保险金给付责任最高以本保险合同约定的保险金额为限，若保险人累计给付的意外残疾保险金达到保险金额时，本保险合同终止。

根据条款，航空意外保险责任就是"保险人在乘坐民航飞机期间发生意外伤害事故，导致意外身故的按保险金额给予赔偿，导致残疾的按保险金额乘上残疾比例给予赔偿，最高赔付以保险金额为限。"

2. 数据收集及处理。由于公司以前没有航空意外保险产品，没有相关的内部数据，所以需要借鉴外部数据。

（1）费用数据。由于公司没有经营航空意外保险，没有相关费用数据，但可以借鉴公司个人意外保险产品的数据，如个人意外保险产品费用数据如表4–25所示。

表4–25　　　　　　　　　　个人意外保险费用数据

项目	数值
固定费用（元/单）	5
附加费用率	35%
附加利润率	5%

（2）损失数据。根据保险责任，我们需要的损失数据包括乘坐民航航班的死亡概率、乘坐民航航班发生意外事故导致残疾的概率及残疾的程度、平均每人每年乘坐民航航班的次数；根据这个要求我们开始收集相关资料，从网上收集到的资料如下：

①根据 PlaneCrshInfo.com 数据：1993 年到 2012 年这 20 年的全球各大主要航空公司的飞机事故率为数据，在一架航班上，一个人有 470 万分之一的遇难可能性

②根据国际民航组织的统计数据：1959~1997 年的全部空难事故中，飞机全毁，且有人员死亡的占 58%；飞机全毁，但无人员死亡的占 32%；飞机没有全毁，但有人员死亡的占 10%

③根据国际航空运输协会（IATA）公布数据：2015 年航空运送的人次为 35 亿人次，全球总人数为 73 亿人，乘坐飞机人数比例大约为 6%

收集到基础收集后，我们还要对基础数据进行处理。

死亡率：因为航空死亡发生概率较小，所以需要比价长期的数据，我们使用过去 1993~2012 年总共 20 年的数据，直接计算死亡率 = 1÷470 = 0.21（人/百万人），考虑到保险责任不仅是空难中当场死亡的人数，还包括 180 天后发生死亡的情况，考虑增加 10%，则调整死亡率 = 0.21×(1+10%) = 0.23（人/百万人）。

残疾率：根据统计数据，发生空难时死亡率还是比较高的，假设死亡率为 80%，即有 20% 的人生还，并假设这 20% 的人中有 80% 的残疾率，同时假设未发生死亡的空难中发生残疾的概率与发生空难的一样，得到残疾率 = 0.21/80%×20%×80%/(58%+10%) = 0.06（人/百万人）。

残疾程度：由于没有相关数据，假设平均残疾程度为 70%。

平均每人年乘坐次数：按 2015 年乘坐的人次除以坐飞机的人数，得到平均每人年乘坐次数 = 35÷(73×6%) = 7.99（人次/年）。

处理后的数据具体如表 4-26 所示。

表 4-26　　　　　　　　　　航空死亡率数据

项目	原始数值	调整数值
死亡率（人/百万人）	0.21	0.23
残疾率（人/百万人）	0.06	0.06
残疾程度		0.70
平均每人年乘坐次数（人次/年）	7.99	20.00

3. 产品定价。

(1) 基准保费。考虑到航空意外保险的费率相对比较低，为了方便承保应用，我们按每份保险金额 50 万元制定基准保费。

根据上述数据我们计算得到的纯风险保费 = 50×(0.23+0.06×70%)÷100×20 = 2.76（元），由于航空意外保险的波动性远大于其他险种，我们考虑增加 100% 的风险附加，则考虑风险附加后的纯风险保费 = 2.76×(1+100%) = 5.52（元）。

假设航空意外保险的固定费用、附加费用率和预定利润率与公司其他个人意外保险相同，则基准保费 = $\frac{5.52+5}{1-35\%-5\%}$ = 17.53（元），即年基准保费为 17.53 元，为了便于应用，我们将年基准保费取整得到 18 元。

（2）费率调整系数。根据前面所述，我们考虑影响费率的相关因素：影响标的本身风险的因素、管理因素、地理因素、规模因素、保险金额、免赔额（率）、渠道因素和其他因素（客户忠诚度、交叉销售）。对上述因素进行分析后，设定的费率调整因子如表 4-27 所示。

表 4-27　　　　　　　　　　　影响费率的因素

影响风险因素	影响因素分析	设定因子
影响标的本身风险的因素	由于乘坐飞机，所以人不是关键，主要取决于航空公司和航线的风险水平，我们无法限定每个人乘坐的航空公司，考虑到不同国籍的人乘坐的航空公司和航线会有显著的区别，考虑使用国籍系数替代航空公司和航线风险系数	被保险人国籍
管理因素	无	
地理因素	山区地带天气多变，可能造成航空事故增加，设置地区系数	地区
规模因素	按个单制定费率，如团体保险，可以考虑优惠	保费规模
保险金额	基准保险金额为 50 万元，保额升高可以考虑优惠	保险金额
免赔额（率）	由于是定额保险，且个人难以控制风险，免赔额和免赔率意义不大，不设定	
渠道因素和其他因素（客户忠诚度、交叉销售）	销售渠道不同费用不同，设定渠道系数；鼓励客户续保和购买多个产品，设置续保系数和交叉销售系数	销售渠道、客户忠诚度、交叉销售

根据所确定的因子，确定了调整系数的值和范围，在设定调整系数时，需要注意边界的问题，因为系数通常是一个范围，所以要注意最大值和最小值的关系，如高保额的保费不能低于低保额的保费，如表 4-28 所示。

表 4-28　　　　　　　　　　　费率调整因子系数表

序号	调整因子	内容	系数	备注
1	国籍	境内	1	根据不同国家和地区划分
		境外一类	1.0~1.2	
		境外二类	1.2~1.5	
		境外三类	>1.5	

续表

序号	调整因子	内容	系数	备注
2	地区安全性	一类地区	0.8~1.0	根据各省份地区安全性划分
		二类地区	1.0~1.2	
		三类地区	>1.2	
3	保费规模	<1万元	0.8~1.0	仅适用于团体保险
		1万~5万元	0.7~0.8	
		>5万元	0.6~0.7	
4	保险金额	20万~50万元	1.0~1.5	保额大于200万元的需要提交人工核保
		50万~100万元	0.8~1.0	
		100万~200万元	0.6~0.8	
		>200万元	0.5~0.6	
5	客户忠诚度	新保业务	1	
		连续续保1年业务	0.9	
		连续续保2年业务	0.8	
		连续续保3年业务	0.7	
6	交叉销售系数	0.9~1.0		适用于同时在保险公司投保机动车辆保险的客户，或持有两张及以上保险公司有效保单的客户
7	销售方式	网销	0.8	
		电销、直销	0.9	
		代理销售	1.0~1.5	

（3）短期费率表。由于航空意外保险每单保费较低，开发本产品的目的本身就是为了鼓励投保人尽量选择一年期产品，为了避免逆选择，尽可能提高短期费率表的保费比例，如一个月的保费是年保费的40%，具体如表4-29所示。

表4-29　　　　　　　　　　　短期费率表

保险期间	一个月	二个月	三个月	四个月	五个月	六个月	七个月	八个月	九个月	十个月	十一个月	十二个月
年费率的百分比	40	50	55	60	65	70	75	80	85	90	95	100

注：保险期限不足一个月的按一个月计算。

（4）保费计算公式。

保费 = 年基准保费 × 费率调整系数。

（5）其他说明。从上面航空意外保险定价过程我们可以看出，根据理论出险概率制定的价格非常低，而市场上单程航空意外险保险金额 40 万元的保费是 20 元，保险金额 50 万元年基准保费 18 元似乎偏低，考虑到市场供需价格情况，结合航空意外每年分布不均匀的情况看，为了避免公司出现重大亏损，也可以考虑提高年基准保费，如提高到 30 元或者 40 元。

4. 财产险费率调整因子。确定航空意外保险费率时需要考虑的因素较少，其他财产险在制定费率时需要考虑更多的因素，为了进一步加深对财产险定价影响因素的理解，下面简要列示了企财险、工程险和货运险的影响因素，当然各家公司由于经营的区域和目标客户不同，考虑的风险因素也会不同，下面列示的调整因素仅供大家参考。

（1）企财险。不同企业性质风险差异很大，一般将企业性质作为基准费率分类，管理水平、企业规模、坐落位置等作为调整因子。影响企财险定价的因素如表 4 - 30 所示。

表 4 - 30　　　　　　　　　　影响企财险定价因素

影响风险因素	影响因素分析	设定因子
影响标的本身风险的因素	企财险风险与企业所处行业有较大关系，如生产危险品等企业风险更大，可以根据行业性质划分（根据国民经济行业分类 [GB/T4754 - 2002]）；建筑结构不同风险程度差异较大；如果被保险财产可划分为多个危险单位，不会同时引起损失，则可以给予优惠	行业性质、建筑结构、标的物分散程度
管理因素	企业消防设施越齐全，发生火灾的概率和损失越小；配置防雷/避雷设施，企业受雷电的威胁较小；企业防洪设施齐全，受洪水灾害影响较小；企业有健全的风险管理制度和培训机制，则发生事故的可能性较小；历史损失情况可以代表企业的综合风险水平	消防设施；防雷/避雷设施；防洪设施；风险管理水平；历史损失情况
地理因素	不同地区台风、暴雨、洪水和火灾的风险差异较大，可以按省、直辖市、自治区分类；如果企业位于低洼位置容易导致洪水灾害，处于山边容易发生山体滑坡灾害；距离消防队越近，消防队的级别越高发生火灾后损失越小；周边如果有生产危险品的企业或者周边环境复杂，发生事故的可能性越高	地区、企业位置、公共消防设施、周边企业情况
规模因素	企业规模越大，通常管理更完善，风险较小	保险金额
保险金额	保险金额越高，企业规模越大，通常管理越完善，风险越小	

续表

影响风险因素	影响因素分析	设定因子
免赔额（率）	设定免赔额（率）有利于促进企业防灾防损，控制风险	免赔额（率）
渠道因素和其他因素（客户忠诚度、交叉销售）	直接销售费用成本较低，可以给予一定的优惠，通过销售渠道区分；续保优惠时可以给予一定优惠，但优惠幅度不像个险那么大，一般不超过5%；一般企业都会有多个保单，不考虑多保单优惠情况	销售渠道、客户忠诚度

（2）工程险。不同工程类别风险差异较大，且各个类别的同质性较强，如桥梁、隧道风险明显要高于普通住宅建筑的风险；所以工程类别直接作为基准费率的分类，即不同建筑工程适用不同的基准费率。其他因素作为调整因子，具体如表4-31所示。

表4-31　　　　　　　　　　影响工程险定价因素

影响风险因素	影响因素分析	设定因子
影响标的本身风险的因素	临时工程、技术标准，是否有新技术（技术成熟度）	工程项目、临时工程
管理因素	施工单位资质级别越高，风险越小；企业有健全的风险管理制度和培训机制，则发生事故的可能性较小	风险管理水平；施工单位资质
地理因素	不同地区地震、台风、暴雨、洪水和泥石流的风险差异较大，可以按省、直辖市、自治区分类；如果工程位于山地、地下、水上，风险比较大；工程所在地的地质情况会影响事故发生的可能性和损失程度；工地状况及周边施工情况也会影响事故发生的可能性和损失程度	地区、工程位置、地质情况、工地环境
规模因素	工程规模越大，通常规划越完善，风险发生的可能性和损失会比较小	工程规模
保险金额	保险金额越高，企业规模越大，通常管理越完善，风险越小	保额区间
免赔额（率）	设定免赔额（率）有利于促进企业防灾防损，控制风险	免赔额（率）
渠道因素和其他因素（客户忠诚度、交叉销售）	直接销售费用成本较低，可以给予一定的优惠，通过销售渠道区分；续保优惠时可以给予一定优惠，但优惠幅度不像个险那么大，一般不超过5%；一般企业都会有多个保单，不考虑多保单优惠情况	销售渠道、客户忠诚度
工期	多个年度、施工进度	工期、施工进度

（3）货运险。由于不同运输方式风险差异较大，所以要区别运输方式和不同条款厘定基准费率。其他作为调整因子，具体如表4-32所示。

表4-32　　　　　　　　　　影响货运险定价因素

影响风险因素	影响因素分析	设定因子
影响标的本身风险的因素	不同货物运输风险差异很大，容易运输、保存的货物费率较低；不同运输工具差异也很大，如火车的风险要小于汽车的风险；装货方式也会影响货物的运输	货物性质、运输工具、集装方式
管理因素	管理因素一般体现到货物的安装、运输管理等	
地理因素	运输路线、运送目的地	运输路线、运送目的地
规模因素 保险金额	保险金额越高，运输规模越大，通常管理要完善，风险较小	保额区间
免赔额（率）	设定免赔额（率）有利于促进防灾防损，控制风险	免赔额（率）
渠道因素和其他因素（客户忠诚度、交叉销售）	每次的运输差异较大，没有续保的情况	销售渠道

5. 大赔案和巨灾的影响。对于分散型产品的定价，如车险、意外险和健康险等一般不单独考虑巨灾和大赔案的影响，但对于财产险等产品定价还需要考虑大赔案和巨灾的影响。如企财险，如果不发生大赔案或者巨灾损失，赔付率通常低于30%，但一旦发生大赔案或者巨灾，发生的年份赔付率通常超过100%。如一家企业投保企财险，每年保费300万元，前两年损失只有50万元和100万元，第三年由于发生了一个大赔案2,000万元，加上正常的损失60万元，总损失达到2,060万元，当第四年该企业还要继续投保时，如何给它定价呢？如果不考虑大赔案，三年的损失只有210万元，三年平均赔付率为23.33%；如果考虑大赔案，三年损失为2,210万元，三年平均赔付率为245.56%，远远超过100%，作为业务部门通常倾向于不考虑大赔案，认为大赔案的发生只是小概率事件，以后发生的可能性微乎其微，不能考虑；而精算部门认为，即使是小概率事件也有发生的可能，这时关键是要计算这个2,000万元的大赔案发生的概率，到底是三年发生一次，还是五年、十年或者是二十年，只要确定了发生的概率就很容易计算该保单的风险纯保费，虽然在确定当个企业大赔案发生的可能性上会存在主观判断的因素，但我们还是要力求准确，如我们可以查阅该企业的历史损失情况、对比该企业所在行业的历史损失情况、对比该类风险在当地的历史损失情况，如我们判断该大赔案发生的概率是10%，则每年的大赔案纯风险保费就是200万元，加上正常的平均损失70万元，

则每年的纯风险保费就是 270 万元，假设费用率和利润附加为 30%，则该保单的定价为 270÷(1−30%)=385.71 万元。

一般而言，大赔案和巨灾的发生概率较低，需要长年累月的数据积累，如何考虑大赔案和巨灾的影响，对于新公司来说是令人头痛的事情，在缺乏数据的情况下可以参考行业的平均水平，也可以向再保险公司求证，甚至参考国外的数据。

第五章
案 例 分 析

第一节 承保实例

精算界有一句话："每一个数据的背后都有一个故事。"下面的案例分析主要结合作者过去工作中碰到的一些实际情况，特别是具有典型意义的案例进行分析，包括定价、准备金评估、业务分析等相关情况，说说每个数据背后的"故事"。每个案例之间并没有明显的关联性，并不是所有的公司均会出现类似的情况，只是作为读者分析数据的参考，以期为读者带来启发性的思维，而对于今后工作中可能碰到的案例，需要视具体情况进行分析。

一、"一字之差"赔付率上升一倍

保险公司是经营风险的，但本身也面临着很多风险，有时条款中的"一字之差"就会给公司带来巨大的损失。这里就有一个惨痛的教训。

对于免赔额（率）的制定，一般承保大型项目时都会对免赔额（率）进行规定，通常承保的条款是，但是一次工程险承保条款的一字之差就导致了赔付率上升一倍。

一家公司承保了一个大型项目，保费高达几千万元，条款中规定了免赔额（率）。原来的免赔额（率）这样描述的："每次损失的1,000元或者5%，以高者为准"，意思就是每次损失低于1,000元的部分不赔付，高于1,000元的部分赔付95%，但正是这个条款被经纪人改成了："每次损失的1,000元或者5%，以低者为准"，结果变成免赔额最高是1,000元，不超过1,000元的部分按95%赔付，而不知是承保人疏忽还是不懂，居然同意了该条件。原来制定免赔额1,000元的意思是希望限制小赔案，但被改了一个字后，无论赔案大小均找公司索赔，有的赔案理赔费用甚至超过了赔款本身，结果赔付率从50%上升到120%，给公司造成巨大的损失。

二、分类准确比精确定价更重要——车险定价实务

原中国保监会从2015年开始推行商业车险改革，进一步放开了折扣的限制，

NCD 系数从原来的 0.7~1.3，变成改革后的 0.6~2.0，同时引入了自主核保系数和自主渠道系数，系数范围均为 0.85~1.15，如果同时考虑 NCD 和自主系数，折扣范围将变成 0.4335~2.645，高低相差超过 5 倍，这就要求公司进一步提高定价的准确性。

因为 NCD 系数是根据行业数据统一制定的，所以公司定价空间是自主核保系数和自主渠道系数，自主系数的范围为 0.7225~1.3225，两者相差 83%。各家公司均在原来粗犷定价的基础上或多或少引进了其他定价因子，包括从人、从车或者环境的定价因子，根据这些因子的影响程度制定自主系数范围。

通常而言，精算人员根据公司以往的历史数据，进行建模分析后会给出一组符合业务实际风险的定价因子系数范围，下面以 A 公司制定年龄自主核保系数为例进行分类重要性的说明。A 公司精算人员在分析年龄风险水平时，通过建模发现年龄系数范围是 0.5~1.5。就精算角度而言，0.5~1.5 是非常合理的，符合模型，也符合实际风险分布，但是在与业务部门交流的过程中，发生了分歧，对于系数低至 0.5 的因子，他们虽然认为太低，但由于不影响业务使用最低的折扣系数，并没有太大意见，但对于超过 1 的因子，会导致不少业务提价，他们认为，不利于公司业务开展。经过不断地讨论之后，系数高的因子不断调低，特别是高风险年龄组的系数被压缩到 1.1。

正当精算部门以为年龄系数没什么作用时，这个系数却发挥了作用，因为设置了 1.1 的系数，导致了高风险年龄组的业务不能打到最低折扣，公司承保的业务中高风险年龄组的占比大幅度下降。后来精算部门经过研究，发现市场上总有少量的公司对业务不加区分，不管风险高低，总能打到最低折扣，尽管使用 1.1 的系数远远低于实际的风险水平，但还是能将这类业务排除掉很大一部分，改善了公司的业务结构。

通过上面的案例，我们发现，分类准确比精准定价更重要，对于风险分类业务部门是比较容易接受的，但他们对具体的系数可能不能完全理解，但只要我们发现一个有效的定价因子，就应该设置不同的系数对业务进行分类，即只要是高风险的业务就要给高的系数，低风险的业务就给低的系数，至于系数是否完全符合模型结果并不影响该定价因子的作用。

当然年龄因子能发挥作用的前提是市场上存在对不同风险水平的业务不加区分的公司，如果所有的公司都采用相同的做法，则需要进一步优化定价因子系数，不断逼近实际的风险水平。

三、大赔案对非车险定价的影响

由于车险保单的分散性，大赔案对车险的影响相对是比较稳定的，所以经过分析，大家一般也能接受车险大赔案频发是业务质量不好。但大赔案对非车险的影响更隐蔽，特别是业务规模不大的机构，可能几年才会发生一件大赔案，所以大家更容易将非车险经营不佳归咎于大赔案的发生,而不是费率偏低。我们经常会听业务部门说只要不发生大赔案,收再低的保费都能赚钱,只要发生大赔案,收再高的保费也会亏损。

当对非车险亏损业务进行续保时,通常精算部门会建议提高保费,但业务部门通常认为不要改变,甚至还建议降低保费。下面举两个例子进行说明。

(一)企财险保费是否合理

一家企业企财险保费每年约300万元,连续三年赔付率较低,三年赔付率平均约30%,要求降低费率,把保费调低到200万元。业务部门基本同意,而精算部门不同意,原因是在4年前,该企业发生一个大赔案,赔付金额为2,500万元,从承保该业务5年以来收到的保费还不足以支付该赔案的赔款。

业务部门认为,像这种2,500万元以上的案件以后肯定不会再发生了,这是业务部门通常的说法,都已经发生了还说不可能,这就是业务部门与精算部门的不同之处。精算部门该如何处理呢?

这个时候需要做的是进行进一步的分析,如假设不发生大赔案的情况下,赔付率为30%,这个业务部门也是不会否认的。但关键是如何处理这个2,500万元的案件呢,是当成不发生吗?这肯定是不行的,但是也不能说它就会发生,这个时候需要处理的是发生概率的问题。需要分析公司类似企业的数据,甚至借助行业相似企业的数据,分析产生重大赔案的概率,就是多少年可能会发生类似的大赔案,比如10年或者20年还是50年,并将2,500万元分摊到每一年中,如发生概率是10年1次,则每年需分摊赔付成本250万元,20年为125万元,50年为50万元,再加上每年常规赔付300万元×30%=90万元,就是预计的赔付成本,加上公司的费用成本就是预计的保费。

(二)航空险提价的启示

一家航空维修企业,投保航空维修责任险,年保费约1,000万元,已经承保了近10年,除了3年前发生的一个未决大赔案,估损约1亿元,前面赔付率均较低,基本不到20%,但是由于最近两年常发生百万元左右的赔案,赔付率接近100%,业务部门认为,应该提高保费,否则风险太大。

业务部门问精算人员该收多少保费比较合理,精算人员认为至少应该收2,000万元,否则不足以覆盖赔付成本。精算人员的测算依据是1亿元未决分摊到10年,每年赔付成本1,000万元,加上近期的赔付率较高,每年约1,000万元,但是前面比较长时间的赔付成本均较低,不到200万元,所以需要做个加权,常规赔付成本约600万元,这样每年的赔付成本1,600万元,假设目标赔付率为80%,则保费为2,000万元。于是业务部门就按2,000万元的报价给对方谈判,最终以1,800万元承保。

当然由于市场竞争比较激烈,有时候不可能依据精算部门测算的费率承保,但作为精算部门在做非车险定价时一定要考虑大赔案的影响,且合理分摊大赔案的赔付成本,至少做到理论价格的合理,并做出合理的建议,比如,建议一个最低的价格，至于实际承保价格只能根据市场结合公司的整体战略考虑。而对于精算部而言，只有不断地给出合理的建议，才能获得业务部门的尊重，并逐步确立精算在业务管理中的威望。有时候业务部门并不会采用精算部的建议，但如果能够经常提出合理的建议后，业务部门也会听取精算部的意见，就像航空险的提价案例，也是经过多次沟通建议的结果。

四、同一个投保人，为什么赔付率大幅上升

这是关于团体运营车的两个案例，都是相同的投保人，以往赔付率都较好，在40%左右，但在接下来一年赔付率均大幅度上升，差不多到80%。

首先，我们说第一个案例，在赔付率大幅度上升的时候，通常而言会认为是由于大赔案的影响，但是经过分析并不是大赔案的影响，而是出险率大幅度上升，首先考虑是否是因为以前的赔付情况较好，所以就放松了理赔管控，如对于部分原来不在保险责任范围内的案件进行通融赔付，后来发现也不是这个原因，经过与理赔部门的沟通找不出原因，于是就找到业务部门了解情况，但是大部分人也说不出原因，再后来找到了与被保险企业很熟悉的一个业务负责人，他说："被保险企业最近一年人事大变动，原来有经验的管理人员都被挖走了，导致内部管理混乱，所以出险率大幅度上升。"从这个案例中，我们发现对于车险团体业务，实际上与企业的管理水平有很大的关系，尽管还是那些车，还是那些司机，还是那家企业，但是由于内部管理人员的变动，会导致赔付大幅度上升，这也提醒我们，在承保车险团体业务时，除了要关心以往的赔付经验，还要注重对方管理人员的管理水平，要注意对方管理人员是否变动。

另一个案例同样也是赔付率上升，从业务部门了解到，因为以往赔付经验较好，对方要求增加投保车辆停驶损失险，而且赔付金额较高，每天能赔付400元，这个金额比车辆的租金还高，即使出险了，司机还有利可图，所以当司机偷懒的时候就想办法出险，导致出险率和赔付率均大幅度上升。这个案件的改善方案要更简单一些，只要在接下去的年度续保去掉车辆停驶损失险，或者降低每天赔付的金额，使司机无利可图即可。

五、只有不合适的价格，没有不能做的业务

由于市场上业务品质差异较大，有些业务的赔付率甚至高于100%，所以对于有经验的业务管理人员，总是会说："某某业务碰不得，一碰就死。"说出了对高风险业务的担忧，所以经常会与分公司或者业务人员说："某类业务风险太高，不能做。"但实际上我们日常见到的保险风险也不是太高，我们碰到过的风险最大的业务是卫星发射保险，出险概率大约10%，而且一出险基本都是全损，我们知道卫星发射失败的比例较高，所以以前每次卫星发射成功总是作为大喜讯，但卫星发射风险不仅仅只在发射阶段，发射成功并不表示就没有问题，如有一颗气象卫星已

经进入预定轨道，但是由于卫星的太阳能板未能打开，所以无法进行工作，自带电池电量消耗完后就停止了工作，要按全损赔付；另一颗通信卫星进入预定轨道，太阳能板也正常打开，但是由于电路故障，无法传回信号，也要按全损赔付。由于高额赔付，卫星发射的保险费率非常高，最高的甚至达到20%左右，也由于卫星发射的高保费，其保额中不仅包括卫星本身的价值，还包含了保费的金额，如一颗卫星价值10亿元，保费2亿元，则保额为12亿元。

通过上面的卫星发射保险的案例，我们可以发现，实际上没有不能做的业务，只有不合适的价格。对于分公司和业务人员而言，最不喜欢的就是听到某类业务不能做，我们认为，除了公司没有技术力量开展的业务之外，我们不应该说某类业务不能做，而是应该告诉业务部门"这类业务怎么做"。下面就以最常见的车险为例，说明"高风险业务怎么做"。

在商车改革之前，由于行业制定的 NCD 系数（注：无赔款优待）与实际业务的偏差，4 次以上出险的车辆保费价格远低于实际的风险水平，导致赔付率高企，甚至达到100%左右，这使行业中很多公司不做出险 4 次以上的业务，对出险 4 次以上的车辆商业车险业务拒保，但由于总有投保需求，虽然占比不高，但也有一定的业务量，所以其中一家分公司对该类业务进行了分析，首先要考虑如何降低赔付率，因为100%的赔付率无论如何都是不应该做的，考虑到行业最高折扣1.3，即最高可以上涨到基准保费的1.3倍，但在以往实际承保时使用了其他系数，实际的折扣系数大约只有1.05，所以第一个措施就是改善折扣系数，出险 4 次以上业务折扣均为1.3，改善后赔付率从100%下降到81%左右，但如果与其他业务一样配置普通的市场费用仍然是亏损的，所以采取了另一个措施，只配置2%的市场费用，改善后该类业务边际贡献率从 -21.8% 提升到 10.4%，超过公司的平均边际贡献率，不仅成为可以做的业务，而且从边际贡献的角度而言成为"优质业务"，具体如表 5 -1 所示。

表 5 -1　　　　　　　　　　　　业务改善对比分析

高风险业务改善	改善前	改善后
折扣	1.30	1.05
赔付率	100.0%	80.8%
手续费率	15.0%	2.0%
税费	6.8%	6.8%
边际贡献率	-21.8%	10.4%

所以从保险的特点来看，只有不合适的价格，没有不能做的业务，我们应该利用精算技术分析业务的风险水平，制定合适的价格，只要定价准确，即使高风险的业务也能带来良好的效益。

六、车险与非车险承保考虑因素对比

非车险的赔付率受巨灾和大赔案的影响,赔付率稳定性不如车险,但从长期来看,非车险的赔付率整体低于车险,而且非车险的市场费用也要低于车险,所以很多人认为,非车险的效益要好于车险,应该大力发展非车险。

由于非车险的业务特点不同,相对车险而言,非车险更复杂一些,无论从人员配置还是系统配置均要比车险更复杂,固定成本高于车险,对现金流、投资收益和最低资本的影响均与车险有较大的差异,所以要衡量非车险与车险的优劣,需要进行全方位的分析,目前,行业中非车险经营较好的公司基本采用产品线或者事业部的方式,对不同的业务进行单独的预算和考核,可以将成本细分到不同险类,这样就可以衡量不同险类之间的效益差异。有些公司甚至详细计算了不同险类对现金流的影响、对投资收益的贡献、对最低资本的占用以及资本成本。简单的说法就是根据会计准则和偿付能力编报规则,将不同险类作为一家"子公司"对待,衡量这些"子公司"的效益,这样就可以准确衡量不同险类的贡献。

上面是全方位考虑了不同险类之间的差异,但一些中小型公司可能无法进行如此精细化的管理,下面只从固定成本和再保的影响两个方面分析非车险与车险的差异,作为分析思路的参考。

我们仍然从边际贡献的角度分析车险与非车险的差异,假设车险保费收入为10亿元,非车险保费收入为1亿元,由于赔付率和市场费用率均较低,非车险的边际贡献为30%,远高于车险的10%;这样车险的边际贡献为1亿元,非车险的边际贡献为3,000万元;车险的固定成本为8,000万元,非车险的固定成本为2,000万元;车险的边际贡献覆盖率为125%,非车险的边际贡献覆盖率为150%。从以上的分析来看,非车险的效益优于车险,应该鼓励发展非车险业务,具体如表5-2所示。

表5-2　　　　　　　　固定成本对效益的影响分析

项目	车险	非车险
保费收入	100,000	10,000
赔付率	60%	50%
市场费用率	30%	20%
边际贡献率	10%	30%
边际贡献	10,000	3,000
固定费用	8,000	2,000
固定费用占比	8.0%	20.0%
边际贡献覆盖率	125%	150%

但是由于非车险业务保险金额较高，赔付水平波动较大，一般都要安排较高的分出比例，假设安排60%的分出，即分出保费为6,000万元，摊回费用率为30%，再保前后赔付率均为50%，则再保后保费剩下4,000万元，市场费用扣除摊回费用后只有200万元，市场费用率只有5%，边际贡献率上升到45%，但边际贡献下降到1,800万元，边际贡献覆盖率只有90%，即边际贡献不足以覆盖固定费用。

考虑了分保后，尽管边际贡献率上升，但再保后业务规模下降，固定费用占比从20%上升到50%，这是导致效益下降的主要原因，具体如表5-3所示。

表5-3　　　　　　　　　　分保对效益的影响分析

项目	再保前	分保	再保后
保费收入	10,000	6,000	4,000
赔付率	50%	50%	50%
市场费用率/摊回费用率	20%	30%	5%
市场费用/摊回费用	2,000	1,800	200
边际贡献率	30%	20%	45%
边际贡献	3,000	1,200	1,800
固定费用	2,000	—	2,000
固定费用占比	20.0%	—	50.0%
边际贡献覆盖率	150%	—	90.0%

所以对于非车险，一方面需要考虑固定费用占比的影响，另一方面也要考虑再保的影响，不能仅仅简单地分析直接业务的情况。

七、不能用个案代替大数法则

由于各类业务风险水平不同，公司通常会对不同业务制订不同承保政策，特别是一些高风险业务，会有一些限制承保的措施，或者配置不同的费用。对此，业务人员经常会说："过去出险不代表以后就会出险。"接着就会举出各种例子，比如："某个客户第一年出险三次，第二年本来要在我们公司投保，但是我们公司价格较高，到另外一家公司投保也没有出险""有个客户，上一年度撞死人，现在一年都不出险"。所以得出结论："上一年度出险多，并不一定代表下一年度就会出险"。类似这种例子，我们经常会听到，刚一听，似乎很有道理，但是个例不能代替大数法则，经常要与对方解释高风险与低风险的区别，甚至发生争吵。

实际上，这时正是精算知识发挥作用的时候。首先，我们不能否认对方的说法，因为对方说的是事实，但我们要应用大数法则进行解释："根据我们统计的数据表明[①],对于商业车险,当上一年度出险三次时,下年出险的概率是63%,也就是100辆车里面会有63辆车仍然会出险,只有37辆车不出险;上一年度不出险时,下年出险的概率只有29%,也就是100辆车里面有29辆车会出险,有71辆车仍然保持不出险。"如此,我们很容易解释了争论的要点:既肯定了对方的案例——确实有不少出险的车辆在下一年度不出险了;也表明了我们的态度——大数法则表明上一年度出险的在下一年度出险概率较高,且高出较多,风险确实较高。

八、如何对待自动找上门的业务

我们知道目前保险行业竞争比较激烈,但有时也会常常遇到一些自动找上门的业务。对于此类业务,大家通常都是比较慎重的,但是对于业务人员而言,一般都会游说核保部门承接该业务,有时承保部门无法做出决定的情况下,会征求精算部的意见,包括对该业务的风险判断或者预期赔付率等相关数据。一般我们将业务分成两类,直接业务和再保业务,直接业务包括新业务(市场没有或者很少承保的业务)和旧业务(市场已经承保较多的业务)。

对于新业务而言,我们要分析该业务的风险,同时要考虑该业务是否是公司的目标业务,为什么客户会找上门,是因为公司在该类保险的经营有长处吗?如果不是,则最好不要承保。

对于市场已有的业务,很多是各家公司认定的高风险业务,如医疗责任险、药品安全责任险等,如果公司没有这方面的经验,最好不要承接。而对于车险业务,如特种车或者多次出险业务,我们要注意,为什么该客户不再原公司投保了,是否是被拒保,对于频繁出险的客户,如15次,平台只能返回8次以上,而实际上到底是9次、10次还是更多次是不清楚的;另外,平台返回的出险次数只包含已决案件,不包括未决案件,也没有具体的赔款金额。

对于再保业务,优质的再保业务都是再保公司争夺的资源,一般很难分给直接公司,特别是临时分保的业务,通常不会是品质太好的业务。

总之,只要记住一句话:优质业务是稀缺资源,是大家争夺的对象,通常不会自动找上门,自动找上门的业务都要慎重对待。

第二节 理赔实例

一、出险率显现更快

在车险赔付率变动趋势判断中,出险率作用重大。由于估损金额容易受到人为

---

① 上述数据来源于行业数据,引自《NCD 转移概率矩阵测算与应用》。

调整的干扰,有时我们会看到不同季度或者不同月度间未决赔款准备金变动较大,进而引起已报案赔款的波动,但是出险率的波动要小得多,这是因为一般做人为调整时通常会倾向于调整大赔案,而对小赔案基本不会调整,而且由于中国银保监会和公司对注销、重开赔案的管控较为严格,基本也很少采用注销案件的手段调整未决赔款,所以即使调整了未决估损,但案件数并未受到影响,出险率未受到影响。所以,就个人经验而言,如果出险率上升,通常赔付率会上升,出险率下降赔付率也会下降,所以如果赔付率有较大波动时,可以看看出险率的变动,特别是赔付率和出险率出现反向变动时,更应该相信出险率的结果。

当然分公司经常会说,赔付率的波动是受到人伤案件的影响,如人伤案件频发或者减少,但人伤案件对赔付率的影响有多大,这要看分公司的规模而言,根据以往经验,只要分公司的年已赚保费超过1亿元,则人伤案件基本没有影响,按目前的赔付金额,在北上广深一个全责的人伤死亡案件大约赔付100万元,则对一个1亿元的分支机构,只会增加1个百分点的赔付率,所以如果一个亿元规模的机构赔付率比市场平均水平高出5个百分点以上,不是业务品质本身有问题,就是理赔管控不到位。

二、人伤案件发生的概率分析[①]

前面讲到,分公司一般会借口人伤案件频繁造成赔付率上升,但人伤案件发生的概率有多大呢,下面我们就该问题进行分析。

首先我们需要做一些假设:

1. 假设分支机构人伤案件发生概率与市场平均水平一致。
2. 50万元以上赔案为人伤大赔案,案均赔款为75万元。
3. 假设单个保单人伤案件发生服从泊松分布,整体服从正态分布,50万元以上大赔案发生概率为万分之0.56。
4. 假设单均保费为5,000元。

通过分析发现,1,000万元规模发生人伤大赔案对赔付率影响超过5个百分点的概率为10.6%;2,000万元规模发生人伤大赔案对赔付率影响超过5个百分点的概率为2.17%;1亿元规模发生人伤大赔案对赔付率影响超过5个百分点的概率为十万分之二。相同的规模影响超过10个百分点的概率更低,即使只有1,000万元规模发生概率也只有0.58%;而1亿元规模的发生概率仅为0.015%,具体如表5-4和表5-5所示。

从上面的分析中可以看出,人伤大赔案对赔付率的影响有限,当分支机构人伤案件频发时应该主要检视本身业务质量和结构是否合理,理赔管控是否到位,而不是简单地归咎于运气不好。

---

① 本案例数据借鉴了众诚保险的数据分析结果。

表 5-4　　　　人伤大赔案对赔付率影响超过 5 个百分点的概率　　　　单位：件

保费规模（万元）	商三签单车年数	平均发生人伤>50万元案件数量	对赔付率产生5%的影响所需要的案件数量	案件合计数量	"≥案件合计数量"的概率（%）
1,000	2,000	0.11	0.67	0.78	10.62
2,000	4,000	0.22	1.34	1.56	2.17
5,000	10,000	0.56	3.34	3.9	0.26
10,000	20,000	1.12	6.68	7.8	0.002

表 5-5　　　　人伤大赔案对赔付率影响超过 10 个百分点的概率　　　　单位：件

保费规模（万元）	商三签单车年数	平均发生人伤>50万元案件数量	对赔付率产生10%的影响所需要的案件数量	案件合计数量	"≥案件合计数量"的概率（%）
1,000	2,000	0.11	1.34	1.45	0.58
2,000	4,000	0.22	2.67	2.9	0.16
5,000	10,000	0.56	6.68	7.24	0.00
10,000	20,000	1.12	13.36	14.49	0.00

三、企财险费率不变，但赔付率快速上升

在分析企财险赔付率过程中发现，企财险的赔付率相比往年有大幅度的上升，大概是从 30%~50% 上升到 80% 以上，一般而言，我们认为赔付率上升通常是费率下降引起的，所以查看了费率的数据，发现费率基本与上年持平，没有明显变化。由于企财险的赔付率高低主要取决于大赔案，所以对大赔案进行了深入分析，在分析过程中并没有发现 500 万元以上的大赔案有明显的增加，甚至 100 万元以上的案件也没有明显增加，于是我们就进一步分析了 100 万元以下的案件，发现 50 万~100 万元的案件明显比以前增加较多，当时不是太理解，后来进一步向业务部门了解情况，才发现了真实的原因。

根据业务部门负责人介绍，企财险市场竞争非常激烈，特别是大型项目的竞争，客户一般都要求降低费率，但是保险公司由于有保费任务的压力，通常不希望降低费率，所以就提出修改承保条件：主要是扩展保险责任和下调免赔额。扩展保险责任主要是扩展了员工故意行为责任；下调免赔额主要是以前一般设定 100 万元的免赔额下调到 1 万元的免赔额。

由于受下调免赔额的影响，以前 100 万元以下的损失无须赔付，修改后只要 1 万元以上的损失就需要赔付，由于是大型项目，出现一些事故是难以避免的，以前无须赔付的几十万元损失现在都要进行赔付，所以就出现了前面几十万元的赔案增加特别多。

该案例也提醒我们，在分析非车险业务品质或者进行准备金评估时，除了分析数据之外，还应该分析数据背后的原因，加强与业务部门的沟通。

四、意外险费率大幅度下降，但赔付率同时下降

某年在分析意外险数据时，发现意外险的费率下降了近一半，但赔付率却没有明显上升，反而有一定程度的下降。由于以前IT系统不够完善，经常有录错数据的情况发生，所以我们的第一反应是："数据录错了"。通过进一步分析，发现意外险的保费增加大约20%，但保额却大幅度增加，于是更坚定了"数据录错了"的看法。但还是需要进一步分析，通过对意外险分细项的分析，发现意外险项下比往年增加了航空意外险，但是之前也开展航空意外险，为什么没有数据呢？经过深入了解，发现往年的航空意外险是放在航空险项下，后来由于业务归类进一步规范将航空意外险归到意外险项下，由于航空意外险的费率远低于普通意外险，但赔付率也较低，所以就出现了意外险费率大幅下降，且赔付率也下降的情况。

经常就该案例与其他精算师交流，但大家都认为航空意外险本来就是意外险，不应该放在航空险项下，但我们认为航空意外险的风险特征实际上更接近航空险，只要航空不出事故，航空意外险的赔付就很低，只要出现大的航空事故，航空意外险的赔付就免不了，所以我们认为航空意外险归在航空险也并无不妥。

五、工程险费率大幅度上升，但赔付率也大幅度上升

2006年在做统计分析的过程中，发现工程险的费率大幅度上升，上升超过3倍，与过去分析步骤一样，首先看数据是否有误，接着看分项数据。在分析中发现，工程险多承保了一项业务："下水道工程"，保额16亿元，保费2,000万元。我们当时想下水道工程风险应该不会很大，而且下水道工程的保额需要16亿元吗？保费是否需要2,000万元，是否是数据错误？询问了更有经验的统计分析人员，他也说不知道，但是确认数据不会有误。本来就想直接放过去不再深究了，但还是抵不住打破砂锅问到底的性格，直接去问了负责工程险的同事，结果才知道是承保了"海底隧道工程"，由于这是我国第一条海底隧道工程，所以之前工程险项下根本没有相关的分类，只好录在"下水道工程"项下。同时还了解到该项目的风险比较大，所以在分析报告中说明了虽然费率大幅度上升，但并不代表赔付率就会下降，可能还存在赔付率上升的风险，后来该项目赔付率超过了100%，也带动了整个工程险赔付率上升。

从上面的案例可以看出，深入了解业务变动的必要性，承保的变动也会对赔付产生明显的影响，特别是业务结构、保障范围和保险条件的变动。

六、当期数比累计数更敏感

由于考核指标设置的原因，业务部门或者分公司做数据分析时通常使用累计

数,较少使用当期数。当然从分析的角度并没有太大问题,但在赔付率分析时建议还是采用当期数更能反映赔付的变动情况,特别是年底时。

做数据分析时经常会看到每个季度的最后一个月赔付率会有较大的变动,特别是12月份的赔付率波动更大,主要原因是季度末或者年底时公司会对相关部门或者分公司进行考核。所以到年底时,相关部门或者分公司会对数据进行调整,使指标朝着有利于自己 KPI 得分的方向发展,由于其他指标相对不容易调整,所以赔付率成为调整的重点对象。但是如果用累计赔付率进行分析,可能不太容易发现问题,如赔付率下降1个百分点是否正常,如11月赔付率为60%,12月底赔付率为59%,如果用累计数只是下降了1个百分点,觉得很正常,但是如果换算成累计数,下降的就不仅仅是1个百分点。假设每个月已赚保费分布均匀,则12月当月的赔付率 = (59% × 12 − 60% × 11) ÷ 1 = 48%,即12月当月赔付率为48%,比前11个月的60%下降了12个百分点,通常而言这基本是不可能的;如果下降2个百分点,则12月当月的赔付率 = (58% × 12 − 60% × 11) ÷ 1 = 36%,那就肯定是被人为调整了。当然并不是所有的分公司都会将赔付率调低,也有的分公司在已无法完成赔付率指标的情况下,可能会将赔付率调高,同样道理,如果12月累计数高于11月1个百分点,则12月当月就比11月之前高12个百分点。这个时候可以进一步分析12月当月出险率和案均赔款的情况,如果出险率变化不大,案均赔款变动较大,则很可能是由于人为调整引起的。

七、两个类似的地方,赔付率差异巨大

我们有一次在分析摩托车赔付率的时候发现,同一个地市的两个市郊地区的赔付率差异巨大,一个地区赔付率大约50%,另一个约为100%。这引起了我们巨大的兴趣,于是我们对两个地区的摩托车业务进行了深入的分析,首先考虑业务规模,是否由于业务规模太小导致赔付率异常波动,发现两个地方业务规模差异不大,并且都在千万以上,不会因为个别案件的影响导致赔付率异常波动;再分析往年的数据,赔付率一直保持在两倍左右;又进一步分析两个地方的交通环境,基本都差异不大,都是在国道附近,而且两个地区的道路设施也基本一样。

这个问题一直困扰了我们整整一年的时间,后来在与理赔部门沟通的时候无意中谈到其中一个地区由于离市区较远设立了理赔分中心,这下我们的疑问终于解开了,因为单独设立理赔分中心,而且理赔分中心的理赔人员大多是当地人,由于市郊的人际关系比较密切,当出现交通事故进行索赔碰到拒赔时,通常会找人说情,理赔控制就宽松很多,而另一个地区理赔统一由市理赔中心负责,严格按照理赔流程处理案件,这就导致了两个地区赔付率出现巨大的差异。

从上面的案例中我们发现,理赔控制对公司赔付影响的重要性,特别是市郊地区,人际关系比较密切,如果拥有理赔权限,则赔付率会明显高于其他地区。尽管某些市郊地区的业务量不大,但是如果赔付率大幅度高于平均水平,也会对公司经

营产生巨大影响。

八、理赔人员变动影响

有一次做准备金评估，发现一个省公司最近年度的已报告赔款大幅度下降，出险率和案均赔款均有下降，当时笔者的第一想法是："这个公司加强理赔管控了，挺好的。"但是还是不放心，于是向该公司的理赔部门了解具体情况，他们解释说，由于当地在近期有其他三家省级公司开业，导致公司的理赔人员被挖角，一方面理赔部门人员减少，另一方面培养的新人跟不上，导致处理案件的效率降低，包括案件处理速度和估损准确性均大幅度下降，导致已报告赔款大幅度下降，实际最终赔款并不会下降。

我们暗中庆幸了解了真正的原因，否则按以往经验，出险率和案均赔款均下降，说明加强了理赔管控，就会严重低估未决赔款准备金。

对于理赔人员的变动，除了理赔处理不熟练导致案件滞后，未决赔款占比上升之外，还可能导致赔付率上升。这是因为有经验的理赔人员会对赔款的金额进行严格的把控，对不该赔付的项目会进行剔除，而新的理赔人员把控会放松，加上理赔操作不熟练，审核不够严格，导致赔付上升。这对于新开设的机构特别显著，听说有些维修厂在提交维修清单时，对于新的保险机构通常在每个案件增加一两百元，由于增加的金额不大，一般不会审核出来，但由于案件数量较大，也会对赔付率产生不小的影响。

九、节假日对赔付率的影响

中国有几个传统节假日，是全国人民集中出行的日子，特别是国庆节和春节两个长假，对车险的赔付率有较大的影响。

在节假日期间，由于出行增加，特别是长距离出行较多，且交通拥堵，特别容易出现事故，所以节假日期间，赔付率通常较高，但是由于一般车险不在本地，所以较小的事故通常会选择回来再处理，使节假日期间历年制赔付反而下降，特别是国庆节和春节。

由于国庆节的放假日期是固定的，每年都是10月1日~10月7日，在四季度的第一个月月初，因为准备金评估和计提通常在月底或者季度末，如果没有特殊情况，并不会对准备金造成太大影响。

但春节由于放假时间不定，且由于春节在中国人的心中影响远远大于其他节日，许多人会提前或者延后请假，导致春节的影响大概能持续半个月左右，如果春节正好在2月10日之后，则对2月底的准备金会产生较大的影响，通常我们会看到2月份的历年制赔付率远低于其他月份，如果不对IBNR（注：已发生未报案未决赔款准备金）做调整，则IBNR偏低的可能性较大，会低估2月份的赔付率。

十、季节性因素对赔付率的影响

由于四季气候差异较大，所以出险也具有明显的季节性，同时中国幅员辽阔，各地的季节性差异也不尽相同。如南方多发生水灾、北方多发生冰雪灾害，所以在灾害多发的季节损失较大，赔付率较高。根据以往经验，一般而言，南方是一三季度赔付率较高，二四季度赔付率较低；北方是一四季度较高，二三季度较低。

此外，由于各地应对不同灾害的经验和措施不同，当发生灾害时产生的损失差异也较大，原则上，同样的灾害，偶尔发生的地区造成的损失要远大于经常发生的地区。下面以暴雨、台风和冰冻灾害为例介绍说明损失的差异。

暴雨，南方经常发生，有较丰富的应对经验，特别是车险，除了极其罕见的特大暴雨之外，暴雨对南方地区基本没有太大的影响。我们在南方和北方的高速公路上同样遭受了突降暴雨的经历，但看到了完全不同的结果。第一次是在北方的高速公路上，坐在同学的车上，突然之间，暴雨从天而降，雨非常大，能见度不超过20米，前面车的时速一下降低到30公里，我们的车赶紧打开双闪和大灯跟在后面慢慢开，但后面的车不断超过我们的车，开始我们还觉得前面的车速太慢了，是不是要超过去，过了一小会儿，我们看到两边发生了数十起撞车事故，许多是多车连环撞车，后来看到前面撞车赶紧刹车，虽然刹住车没有撞上前车，但又被后面的车追尾了，那时我们觉得应该感谢前面司机的稳健。另一次在广州，我们第一次开车上高速时就遇到了暴雨，雨量基本与我们在北方遇到的差不多，那时我想要是没有在北方遇上那场暴雨的经历，这次肯定要撞车了，开始我们很紧张，后来赶紧降低车速打开双闪和大灯，最低时速只有20公里，当时我们想，这次估计又有不少撞车的了，不过一路开过去除了看到个别车辆停在应急车道等候外，居然没有看到一起撞车事故，我们觉得挺奇怪的，后来跟同事说广州这么大的雨居然没撞车，他们笑着说：这种雨广州一年要下好几回，大家都很有经验了，后来我们回想了当时的情景，尽管我们车速很慢，但只有个别车辆超过去，而且基本都开了双闪和大灯，过程经历与北方的那次暴雨差异特别大。

台风，以往多发生在福建、广东、海南等地，现在由于温室效应，北上台风越来越多，相比而言，在福建、广东、海南登陆的台风虽然次数多、风力大、雨量多，但造成的损失远低于北上的台风，主要是这些地方应对台风的经验比较多，不管是政府、企业、个人甚至小孩都对台风的影响有深刻的认识，台风天气基本不开车出门，即使受到台风正面侵袭，损失也较小。特别是福建多山区丘陵，台风登陆后迅速风力减弱；而浙江以北多平原地带，台风登陆后减弱减慢，而且浙江以北台风正面登陆的次数较少，每次发生台风正面登陆时，均会发生较大的损失，根据中国保险报《2013年重点灾害回顾：中国台风"菲特"》显示：2013年"菲特"台风导致经济损失623亿元，其中浙江损失503亿元，保险赔付50亿元，但是"菲特"台风的登陆地点是在福建省福鼎市沙埕镇。而中国历史上台风造成损失最严重的是河南,这可能是大家没想到的,因为河南都不是沿海省份,1975年8月受台风尼娜影响造成的特大暴雨,河南60多座水库溃坝,1万多平方千米受灾的事件。《中国历史大洪水》记载,河南有29个县市、1,700万亩农田被淹,其中1,100万人受灾,超过3万人死难。北上台风的损失要远大于南方的台风,所以当台风在北方登陆时,大家的防范意识要更强,作为保险公司要提前做好宣传工作,提醒大家做好防台的准备。

冰冻灾害,大家都知道这是北方常发生的灾害,也是北方冬天保险赔付率较高的原因之一。但是一旦发生在南方,则产生的损失也是罕见的。2008年1月下旬,南方大部分地区普降冻雨,冻雨落下后结成冰,把树木、电线、道路都裹上了一层厚厚的冰,树叶、草木结出美丽的冰凌花,一副晶莹剔透的景象。刚开始时各地还纷纷报道普降大雪,瑞雪兆丰年,小孩子都很开心,到外面玩雪,但是后面冻雨越下越大,没有停止的迹象,导致交通中断、电力中断、通信中断;房屋、厂房被压垮,损失超过千亿元,保险赔偿约百亿元,网上有的研究数据只有十几亿元,与实际赔偿差异较大,主要是网上的研究数据基本是2008年3月的数据,在短短不到一个月的时间就赔付超过10亿元,这是很少见的,实际赔付远远高于该数据。这边主要不讨论最终实际赔付的情况,而是关注为什么损失这么大的原因。对于这次雪灾,人保东北的同事说这种情况在东北太常见了,要是在东北可能就是一场普通的降雪过程,只是南方不常见,造成损失的原因有两方面:一方面,是南方的电力、通信设备对冰雪的承受能力不如北方;另一方面,在处理上没有经验。有些损失是无法避免的,但有些损失是可以避免的,比如,厂房屋顶积雪了,一般在北方积到一定程度就会上屋顶清理,但当时工厂基本都没有进行清理,有的听说有工厂屋顶被雪压垮了。想要清理,结果采用了错误的办法,想用水把屋顶的雪冲掉,结果雪吸收水后,一下子重了好几倍,直接把厂房屋顶压垮了。正如前面说的"偶发的灾害损失要远大于常发的灾害"。

当然介绍这些案例主要的目的一方面是希望大家在评估准备金的时候需要考虑不同地区发生灾害时应该给予不同的考虑,避免低估准备金;另一方面也希望有条件的公司能建立损失数据库,收集损失经验数据和应对机制,提高灾前防灾防损能力,灾后避免人为进一步扩大损失。

第三节 综合案例

一、为什么财务报表已赚保费为负数

有时我们会看到财务报表的已赚保费为负数,主要的原因可能是三个方面:一是提取保费不足准备金;二是大比例分保的影响;三是退保的影响。下面就三个方面的原因进行简要介绍。

(一) 提取保费不足准备金

根据中国银保监会相关规定要求：对未到期准备金要进行充足性测试，对于收取的保费不足以支付现金流支出的业务需要计提保费不足准备金，在开展业务的前期可能发生已赚保费为负数的情况。如一项新业务，保费收入为100元，但由于收取的保费不够充分，需要计提未到期准备金为120元，超过保费收入，这时，已赚保费就是-20元。

当然，在业务中间调整未到期计提方法也可能导致财务报表已赚保费为负数，如某项业务原来未到期时按1/365法计提的，但后来发现1/365法不符合实际情况，改成逆七十八法则计提未到期准备金，这时未到期准备金突然增加较多，也会导致财务报表已赚保费出现负数，如期初未到期准备金为100元，保费收入10元，修改计提规则后未到期准备金为150元，则已赚保费会是-40元。实际上与计提保费不足准备金是类似的，也就是说之前计提的未到期准备金是不足的。

(二) 大比例分保的影响

有些业务会进行较大比例的分保，这是由于如果摊回费用率远高于直接业务的首日费用率，就可能出现财务报表已赚保费为负数的情况。如假设开展一项新业务，保费收入为120元，分出比例为80%，首日费用为20%，摊回费用为40%，赔付率为50%，假设在月初起保，风险按月均匀分布，则在当月财务报表体现的已赚保费为-11.20，具体如表5-6所示。

表5-6　　　　　　　　大比例分保对利润表的影响

项目	序号及公式	金额（万元）
保费收入	(1)	120.00
分出保费	(2) = (1)×80%	96.00
再保后保费收入	(3) = (1) - (2)	24.00
再保前未到期	(4) = [(1) - (8)]×11/12	88.00
分出业务未到期	(5) = [(2) - (9)]×11/12	52.80
再保后未到期	(6) = (4) - (5)	35.20
已赚保费	(7) = (3) - (6)	-11.20
直接业务首日费用	(8) = (1)×20%	24.00
摊回费用	(9) = (2)×40%	38.40
赔付成本	(10) = (1)×1/12×50%	5.00
摊回赔付成本	(11) = (10)×80%	4.00
利润	(12) = (7) - (8) + (9) - (10) + (11)	2.20

从表 5-6 可以看出，虽然已赚保费为负数，但利润却是 2.20，这时因为摊回费用 38.40 万元远远高于直接费用 24.00 万元。

（三）退保的影响

退保导致财务报表已赚保费为负数的情况一般只有业务量很少的险种才会出现。如某项业务，只有一张一年期保单，承保半年后要进行退保，退保的保费为 80%，这时由于前面已经计算了半年的已赚保费，退保的当期因为保费收入为负数，就会出现财务报表已赚保费为负数的情况。至于为什么承保半年后退保还能退回 80% 甚至 100% 的保费，除了违规退保外，实务中还可能存在一些合理的情况，如：（1）船舶险允许在保单终保时进行保费调整。如船舶险条款规定："被保险船舶无论是否在船厂修理或装卸货物，在保险人同意的港口或区域内停泊超过 30 天时，停泊期间的保费按净保费的日比例的 50% 计算"，如在外贸萧条时就可能出现船舶大面积停运，在年底时需要退回较多的保费；除了船舶险外，工程险也有类似的条款，对于造价可能发生变化的工程险会先按估计价值收取一定的保费，如最后造价减少会退回一定的保费，也可能造成已赚保费为负的情况。（2）录入错误。本来不是属于该险种的业务录入到该险种项下发现后要进行全单退保处理，改录到另外一个险种项下，也会导致原来险种出现已赚保费为负数的情况。

二、定价中的费用处理

精算人员经常要对新产品或者新业务进行定价，对于正常的定价而言，我们一般要区分固定费用和变动费用，然后采用 $R = \dfrac{P + F}{1 - V - Q}$ 计算产品的价格，但对于全新的产品，由于保费规模不确定，很难分摊每单的固定费用，而且由于财务处理的原因，很多公司无法完全区分固定费用和变动费用，如果完全根据定价公式，很难准确制定产品价格，这时我们可以采用变通的处理方式，即将固定费用和变动费用进行合并，如该产品属于责任险类，我们只需要计算公司责任险类的固定费用比例再加上该产品的变动费用比例就可以采用公式 $R = \dfrac{P}{1 - V' - Q}$ 得到产品的价格，其中 V' 既包含了变动费用比例，又包含了固定费用比例。

三、资源差异化配置，优化业务结构

当公司往年经营业绩不佳时，因为费用难以调整，首先想到的就是改善业务的赔付率，但是如果没有采取正确的对策时，最终还是难以得到满意的结果。

目前，行业中最行之有效的是通过资源差异化配置，优化业务结构，对于品质好赔付率低的业务配置较高的市场费用，对于品质差赔付率高的业务配置较低的市场费用，从而提高低风险业务的占比，降低高风险业务的占比，优化业务结构。

表 5-7 是一个分公司 2016 年预算的情况：不对业务分类，只要求分公司完成保费收入 1.2 亿元，给予 30% 的市场费用，要求分公司实现 10% 的边际贡献率。市场上业务分为 3 类，赔付率较低的业务需要较高的市场费用，赔付率较高的只要求较低的费用，假设 3 类业务的占比是 1:2:1，最终费用率合计仍然是 30%，具体如表 5-7 所示。

表 5-7　资源配置不分类分析（1）

资源配置不分类	2016 年预算	市场平均 A 类业务	市场平均 B 类业务	市场平均 C 类业务	合计
保费收入（元）	12,000	3,000	6,000	3,000	12,000
预期赔付率（%）	60	40.0	60.0	80.0	60.0
市场费用（%）	30	35	30	25	30
边际贡献（元）	1,200	750	600	-150	1,200

根据上面的预算情景，我们可以想象一下，到 2016 年底的景象：由于对不同类别业务没有进行费用区分，不管什么类型的业务市场费用均为 30%，因为 A 类业务赔付率较低市场平均费用较高，所以分公司无法得到 A 类业务；30% 的费用与 B 类业务的行业平均费用一致，可以获得一定量的 B 类业务；由于 30% 的费用高于 C 类业务的行业平均费用，所以会有获取大量的 C 类业务，最终的结果是赔付率远高于 60%，无法达成公司年初的计划。具体如表 5-8 所示。

表 5-8　资源配置不分类分析（2）

资源配置不分类	2016 年预算	市场平均 A 类业务	市场平均 B 类业务	市场平均 C 类业务	合计
保费收入（元）	12,000	1,000	6,000	5,000	12,000
预期赔付率（%）	60	40.00	60.00	80.00	66.67
市场费用（%）	30	30	30	30	30
边际贡献（元）	1,200	300	600	-500	400

所以一定要对资源进行差异化配置，一种情况就是跟市场，市场给予多少费用，公司就给予多少费用，对 3 类业务分别给予 35%、30% 和 25% 的费用，这样公司经营结果会与市场比较接近，赔付率与市场平均水平基本一致。当然如果对业务判断更加准确的话，可以对资源进一步优化配置，如表 5-9 所示。

通过对资源进行优化配置，提高了 A 类业务的市场费用，降低了 C 类业务的市场费用，由于 A 类业务市场费用高于行业平均水平，占比提升，C 类业务市场费用低于行业平均水平，占比下降，最终公司的3类业务占比变成2∶3∶1，比市场平均水平有了优化，虽然市场费用变成31.3%，高于行业平均水平，但由于赔付率下降，边际贡献增加。

表5-9 资源配置不分类分析

资源差异化配置	A类业务	B类业务	C类业务	合计
保费收入（元）	4,000	6,000	2,000	12,000
预期赔付率（%）	40.0	60.0	80.0	56.7
市场费用率（%）	37.5	30.0	22.5	31.3
边际贡献（元）	900	600	-50	1,450

注：假设市场费用率已包含了税收等变动成本，下同。

当然，实务操作要远比假设难得多，主要的难点是实际赔付率与预期赔付率会有差异，一般我们只知道某类业务赔付率较低，但是实际赔付率真实值最终是多少需要较高的预测水平；另外，市场业务的分类要远多于3类，每个大类中还会进一步细分小类，所以如何划分业务分类也需要丰富的经验和较高的精算水平。

但是无论如何，对于不同类别的业务一定要进行资源差异化配置，如果不进行资源差异化配置，最终结果会远远偏离预算的假设。

四、预算要考虑多个情景

很多公司在做预算时常常只考虑一种情况，但是在执行过程中经常会发现，与预期的情况差异较大，但在发生变化时却无法进行针对性的调整，导致最后偏离程度越来越大，通常的情况是，当业务质量不好的时候，后面就放弃业务质量只冲规模，导致业务质量越来越差；当业务规模上不去时，只保业务质量，导致业务规模越来越小。

五、承保政策变动影响和理赔政策变动影响对比

通常而言，承保政策变动的影响是循序渐进的，理赔政策变动的影响是立竿见影的，即理赔政策变动的影响要比承保政策变动的影响来得快速。对承保政策变动的影响最好按保单年度进行分析。

由于保险的特殊性，业务起保后，风险暴露是逐步显现的，财务年度体现的经营指标特别是赔付率指标与业务年度并不完全匹配，导致承保政策变动的影响会明显滞后，一般需要等半年后才会逐步显现出来，假设业务在每个月内均匀分布，则承保政策变动对当期赔付率的影响分别为：一个季度影响1/8；两个季度影响1/4；三个季度影响3/8；四个季度影响1/2。假设公司采取了一项提升业

务品质的承保措施，预计能使赔付率改善 5 个百分点，假设风险分布均匀，则一个季度后事故年度赔付率将会下降 0.625 个百分点，半年后下降 1.25 个百分点，这种变动可能会被认为是正常的波动，很难一下就看出承保政策的变动效果，如果只是按事故年度进行分析，一般承保政策变动的影响要等半年之后才会逐步显现出来。所以要分析承保政策变动的影响，最好按保单年度进行分析，当然按保单年度进行分析需要特别注意 IBNR 的充足性，毕竟近期的 IBNR 比例要远高于往期。

相比而言，理赔政策变动的影响效果很快就会显现。如公司打击假赔案，只要措施有效，则赔付率从采取措施开始就会有明显的下降，最明显的案例是 2009 年厦门保监局联合公安局打击车险假赔案，先后抓了 10 个车险骗赔团伙，之后车险出险率下降了 30%，赔付率下降约 10 个百分点。

当然有的措施既对承保产生影响也会对理赔产生影响，如 2015～2016 年在全国推广的商业车险改革，就同时对承保和理赔产生影响。承保方面预计单均保费下降在 8%～10%，理论上会使赔付率上升；但由于 NCD 浮动比例加大，使大量小赔案放弃索赔，出险率下降超过 20%，赔付率下降超过 5 个百分点，由于理赔影响的效果快速显现，在改革初期，赔付率大幅度下降，但后期影响还需等承保效果全部显现后才能完全评估。

六、经济周期的影响

通常而言，从承保的角度来说，非寿险受经济周期的影响要小于寿险，但从赔付的角度来说，非寿险明显受经济周期的影响，在不考虑其他条件的情况下，非寿险的赔付与国家经济周期是负相关的。

如财产险，在经济下行的期间，道德风险更大。国外的研究表明，意外健康险的赔付与经济周期关联较大，在经济下行的时候，失业人员增加，本来一些小的身体问题可能因为需要上班不会去住院，而失业后有时间住院，所以只要身体有点问题就会选择住院，导致医疗费用上升。

对于车险，我们国内也发现类似的事情，比如前些年煤炭行业很好，山西运煤货车的赔付率就很低，当煤炭行业出现疲软时，赔付率就上升。主要原因是在经济较好时，对于一些小的碰撞，比如保险杠坏了，当车辆开到维修厂时，听说需要查勘定损，时间可能需要 2～3 天，司机宁愿自掏腰包付维修费，要求维修厂简单维修或者换个旧的零部件就可以，因为赶时间运煤，一天能赚几千元，而不会为了一两千元等保险公司理赔。但在经济不好时，就会想方设法进行维修索赔，导致赔付率快速上升。

由于经济周期是公司无法控制的，作为精算人员了解经济周期的影响，主要是判断其对赔付变化趋势的影响，以便于为公司提供业务发展的建议，同时在经济周期下行期间，需要提取更充足的准备金。

七、法律环境的影响

外部法律环境也会对公司的赔付产生影响,特别是近年来对生命价值的重视导致车险人伤案件赔付年年攀升。主要的影响有两方面:一个是消除城乡差异,另一个是交强险打通赔偿限额。

消除城乡差异,不管是城市户籍还是农村户籍,发生交通事故,死亡伤残赔偿标准都一样,就高不就低;另外还规定,跨地区工作的人员,即使户籍不在工作地,只要在当地居住超过一定时间的就可以按当地标准赔付,比如,四川某个地区的人员到深圳工作一年,发生交通事故时,死亡伤残按深圳的标准赔偿,最高赔付超过100万元。这也是近年来死亡伤残赔付不断提高的原因。

交强险打通赔偿限额,就是把医疗费用赔偿限额和死亡伤残赔偿限额合并使用。交强险的赔偿限额总共是12.2万元,条款中是分项设置的,即死亡伤残赔偿限额11万元;医疗费用赔偿限额1万元;财产损失赔偿限额2千元。但是有些地方法院为了社会的稳定和谐,照顾驾驶人和受害人的利益,认为死亡伤残赔偿限额也适用于医疗费用赔偿,如受伤住院,但未造成伤残最高也可以赔付12万元。这也是某些地方交强险赔付率远高于同类地区的原因。

所以在做产品定价和准备金评估时,也要随时关注当地司法环境的变动,否则可能出现较大的偏差。

八、车险的三因子分析法

三因子分析法的原理非常简单,赔付率=案均赔款×出险率÷单均保费,所以可以通过分析单均保费、出险率和案均赔款的变化剖析赔付率变化的原因,进而提出改善赔付率的方法。具体如表5-10所示。

表 5-10　　　　　　　　　　车险三因子分析

项目	2011年	2012年	2013年	2014年	2015年
单均保费(元)	4,000	3,980	3,976	4,016	3,815
案均赔款(元)	5,000	5,150	5,356	5,517	5,682
出险率(%)	50.0	48.5	47.0	46.1	44.7
赔付率(%)	62.5	62.8	63.4	63.3	66.6

资料来源:根据作者实际工作的工作数据整理,余同。

如表5-10所示,2011~2014年赔付率变化不大,但2015年赔付率明显上升,最近通过三因子分析发现,案均赔款逐年上升,但出险率逐年下家,两者基本相抵,但2015年的单均保费有较大幅度下降,这时应进一步查明单均保费下降的原因,如由于近年各家公司纷纷推出驾乘人员意外险,导致投保赔付率较低的车上人员责任险的车辆比例大幅度下降。

这时要提醒业务部门是否采取相应的措施，如开发驾乘人员意外险，同时对于投保车上人员责任险的业务给予额外的奖励等。

上面只是提供了一种分析方法，找到原因后，采取的措施需要与相关部门进一步协商。采用三因子分析法需要注意单均保费口径应该与案均赔款和出险率匹配，如分析的是保单年，则单均保费只要用保费收入÷保单数量即可；如分析的是事故年，则是单均已赚保费，就是已赚保费÷已赚保单数量。

九、分项赔付率均下降，整体赔付率上升

表 5-11 是我们以前做预算时曾经碰到过的数据，当时把业务分成三类，赔付率分别从低到高，2014 年的是实际数，2011 年是预算的数据，预算的原则是好的业务要继续保持，中等的业务要有所改善，差的业务希望有较大幅度的改善，确定了赔付率改善计划后，各部门分别做各自的预算，最后财务部汇总得到下面表格。其中 A 类业务因为赔付率 40% 已经很低，所以希望继续保持，仍然为 40%；B 类业务赔付率为 65%，希望改善到 60%；C 类业务赔付率较高，但由于费用率较低，根据业务需要希望改善到 80%。除了 A 类业务赔付率很低没有改善外，另外两类业务均有明显的改善，但合计赔付率却从 62.5% 上升到 64.0%，这就出现了矛盾，如表 5-11 所示。

表 5-11　　　　　　　　　　赔付率预算分析

赔付率	A 类业务	B 类业务	C 类业务	合计
2010 年	40.0%	65.0%	90.0%	62.5%
2011 年	40.0%	60.0%	80.0%	64.0%

开始先检查公式链接，后来又检查基础数据是否有误，等全部检查完了，发现都没有错误的地方，后来才发现业务结构发生了较大的变化，就是 A 类业务难以增长，所以占比下降了一半；B 类业务有增长，但占比仍然下降；C 类业务增加较快，所以占比有较大幅度提高，也就是赔付率最高的 C 类业务占比大幅度提高，导致了业务结构发生明显变化，即高赔付率的占比上升，低赔付率的占比下降，导致在每类业务赔付率均有改善的情况下，整体赔付率反而上升，如表 5-12 所示。

表 5-12　　　　　　　　　　业务占比分析

业务占比	A 类业务	B 类业务	C 类业务	合计
2010 年	20.0%	70.0%	10.0%	100.0%
2011 年	10.0%	60.0%	30.0%	100.0%

这也提醒我们，在做业务计划和业务管控时，除了要注意各项业务质量的改善外，还要注重业务结构的调整，不能由于业务结构的变动导致整体结果变差，同样的分支结构的改善和占比也存在类似的情况。

十、边际贡献率比赔付率更重要

只从上面的赔付率预算结果看，在要求业务品质改善的前提下，赔付率反而上升，这样的结果是不可接受的，也不会通过管理层的审核。但是要知道，赔付率只是衡量业务品质的一个重要指标，除了赔付率，还需要考虑费用的因素，费用包括固定费用和变动费用，由于固定费用短期内难以改变，所以一般只考虑变动费用的影响，即综合考虑赔付成本和变动费用来判断业务品质，保险行业通常用边际贡献率来衡量业务品质的好坏。

$$边际贡献率 = 1 - 赔付率 - 变动费用率$$

从表5-13中可以看出，A类业务赔付率较低，无须改善，但由于是续保业务，变动费用率有所下降，边际贡献率从15%提高到20%；B类业务赔付率和变动费用率均有所下降，边际贡献率从0上升到10%；C类业务赔付率明显下降，变动费用率略有下降，边际贡献率从-5%上升到7%；合计赔付率虽然从62.5%上升到64.0%，上升了1.5个百分点，但变动费用率从35.0%下降到25.9%，下降9.1个百分点，使整体边际贡献率从2.5%上升到10.1%，上升7.6个百分点，从边际贡献的角度看，2011年的业务品质比2010年有明显的改善，与预算的要求是一致的，符合业务品质改善的原则，具体如表5-13所示。

表5-13　　　　　　　　　　　边际贡献分析

年度	项目	A类业务	B类业务	C类业务	合计
2010	赔付率	40.0%	65.0%	90.0%	62.5%
	变动费用率	45.0%	35.0%	15.0%	35.0%
	边际贡献率	15.0%	0.0%	-5.0%	2.5%
2011	赔付率	40.0%	60.0%	80.0%	64.0%
	变动费用率	40.0%	30.0%	13.0%	25.9%
	边际贡献率	20.0%	10.0%	7.0%	10.1%

采用边际贡献率做预算编制，需要注意的是，赔付率对应的是保单年的赔付率，而不是财务年度或者事故年度的赔付率。即2011年的赔付率是指2011年起保保单的终极赔付率。

当然公司除了考虑边际贡献率还需要考虑业务规模，即在保证边际贡献率的情况下，尽量做大业务规模，这样才能实现盈利的目标。所以边际贡献率用于衡量业务品质的好坏，但一般采用边际贡献额作为考核分支机构或者业务部门的指标。边际贡献额的计算公式如下所示。

$$边际贡献额 = 保费收入 \times 边际贡献率$$

十一、除了考虑边际贡献额还需要考虑边际贡献覆盖率

如前所述，采用边际贡献考核体系的公司一般会用边际贡献额作为考核分支机构或者是业务单位的指标，但是如果两个单位实现的边际贡献额相同，如何衡量两个单位的优劣呢？这时还需要考虑两个单位的固定成本问题，这时一般会采用边际贡献覆盖率作为衡量指标。

$$边际贡献覆盖率 = 边际贡献额 \div 固定成本$$

比如，两家分支机构均实现了1千万元的边际贡献额，但A机构人员较多，固定成本支出较多，固定成本达到2千万元；B机构人员较少，效率较高，固定成本只有800万元。

A机构的边际贡献覆盖率 = 1,000万元 ÷ 2,000万元 = 50%，即A机构实现的边际贡献额只能覆盖固定成本的50%，另外50%的固定成本需要总公司负担。

B机构的边际贡献覆盖率 = 1,000万元 ÷ 800万元 = 125%，即B机构实现的边际贡献额能覆盖固定成本的125%，除了覆盖自身的固定成本外，还可以额外贡献25%的效益，即为总公司贡献200万元的边际贡献额。

从前面的分析可以看出，边际贡献覆盖率100%，是分支机构能否永久生存的分界线，高于100%，说明分支机构对总公司是有贡献的；低于100%，说明分支机构的部分固定成本需要由总公司负担。

十二、利润与边际贡献考核体系的差异

从前面的边际贡献分析中，有的人可能会有疑问，只要边际贡献额超过固定成本就表示实现了利润，那为什么不直接用利润表作为预算和考核的标准呢？还要增加一个边际贡献表，增加工作量，一旦与利润表发生较大差异又难以与分公司解释。下面我们就以实际预算的例子解释利润和边际贡献考核体系的差异。

一个分支机构根据2015年的经营结果对2016年做预算，假设2016年赔付率与2015年相同均为60%，变动费用率均为30%，预算人员按要求做了两种情景的预算：

情景一：保费收入1亿元，固定费用1,000万元，当年利润为 -600万元；

情景二：保费收入1.2亿元，固定费用1,100万元，当年利润为 -740万元。

从规模的角度出发，公司希望能做更多的业务，倾向于情景二的保费收入，但从效益的角度出发情景二亏损更多，难以决定，具体如表5-14所示。

表 5-14　　　　　　　　　利润预算分析　　　　　　　　　单位：万元

利润表	2015 年	2016 年 情景一	2016 年 情景二
保费收入	5,000	10,000	12,000
已赚保费	3,080	7,600	8,640
赔付成本	1,560	4,200	4,680
固定费用	800	1,000	1,100
变动费用	1,500	3,000	3,600
利润	-780	-600	-740

上面的分析是从财务利润表的角度出发进行效益分析的，如果从边际贡献的角度出发对 2016 年做预算，则可以得到下表的结果：

情景一：保费收入 1 亿元，固定费用 1,000 万元，边际贡献 1,000 万元，边际贡献率 100%，正好覆盖当年的固定费用。

情景二：保费收入 1.2 亿元，固定费用 1,100 万元，边际贡献 1,200 万元，边际贡献率为 109.1%，除了覆盖当年的固定费用，还贡献 100 万元的边际贡献。

不论是规模还是效益，情景二都优于情景一，所以情景二是更好的选择。具体如表 5-15 所示。

表 5-15　　　　　　　　　边际贡献预算分析　　　　　　　　　单位：万元

边际贡献表	2015 年	2016 年 情景一	2016 年 情景二
保费收入	5,000	10,000	12,000
赔付成本	3,000	6,000	7,200
变动费用	1,500	3,000	3,600
边际贡献	500	1,000	1,200
固定费用	800	1,000	1,100
边际贡献覆盖率	62.5%	100.0%	109.1%

从上面的分析中，可以看出，由于保险财务报表编制的特殊性，当期费用需要在当期体现，导致成本前置，利润表并不能完全体现当年的经营效益，从预算的角度看边际贡献体系比利润表更合理。

十三、预算赔付率采用事故年赔付率而不是综合赔付率

上面的预算中我们假设赔付率为 60%，但是从利润表中我们发现，赔付率不

是60%，而是小于60%，这是由于利润表中计提的准备金为会计口径准备金，其中考虑了首日费用的影响，导致已赚保费和赔付成本并不完全匹配，当业务处于快速发展时，财务报表综合赔付率通常会低于事故年度赔付率，如果业务收缩时，财务报表综合成本率通常又会高于事故年度赔付率，所以衡量业务质量时一般建议采用事故年度赔付率，具体如表5-16所示。

表 5-16　　　　　　　　　综合赔付率预算分析　　　　　　　　　单位：万元

综合赔付率	2015 年	2016 年 情景一	2016 年 情景二
已赚保费	3,560	7,600	8,640
赔付成本	1,920	4,200	4,680
综合赔付率	53.9%	55.3%	54.2%

当我们改用事故年度的赔付率时，各种情景的赔付率均为60%，跟我们预算的假设是一致的，所以在预算时，建议采用事故年度赔付率作为预算的假设，如表5-17所示。

表 5-17　　　　　　　　事故年度赔付率预算分析　　　　　　　　单位：万元

事故年度赔付率	2015 年	2016 年 情景一	2016 年 情景二
已赚保费	3,200	7,000	7,800
赔付成本	1,920	4,200	4,680
综合赔付率	60.0%	60.0%	60.0%

十四、预算时事故年赔付率不能脱离保单年

一般来说，当上一年度经营不佳时，我们通常会希望在下一年度改善经营效益，所以在预算时也会提出更高的要求，严格控制下一年度的成本，降低成本无非两个方面：一是降低费用；二是降低赔付成本。费用包括固定费用和变动费用，固定费用短期内通常无法降低，变动费用大部分是市场销售费用，降低市场销售费用通常影响保费收入，所以最先想到的是降低赔付成本。但是往往会发现年初制定的赔付率控制目标，到了年底往往难以实现，下面就难以实现的原因进行分析。

降低赔付成本的想法本身是好的，而且如果是由于赔付率太高导致效益不佳，也应该严控赔付成本，但需要注意的是赔付成本控制应该建立在可实现的基础上。由于保险行业会计核算的特殊性，当年的赔付水平并不完全由当年的保单决定，如

2016年的赔付成本即包含了2016年保单的赔付成本，也包含了2015年保单未到期在2016年到期保单的赔付承保，甚至包含了更早期保单的赔付成本。所以2016年事故年度赔付率即要考虑2016年保单的赔付率，也要考虑2015年保单的赔付率。

如我们经常会看到下面的预算假设：2015年的赔付率为70%，因为赔付率太高了，所以2016年需要下调赔付率，考虑到市场平均赔付率为60%，所以预算的时候将2016年事故年度赔付率确定为60%，这样预算是否合理呢？

假如公司只经营车险业务，2015年保费收入为1亿元，2016年保费收入预算为1.2亿元，保费在年度内平均分布，保单均为1年期保单，假设2015年保单的赔付率为70%，如果要实现2016年事故年赔付率60%，则2016年保单的赔付率应该为51.7%，结果如表5-18所示。

表5-18　　　　基于保单年的事故年赔付率预测1　　　　单位：万元

赔付率转换	2015保单年	2016事故年	2016保单年
保费收入/已赚保费	10,000	11,000	12,000
赔付成本	7,000	6,600	6,200
赔付率	70.0%	60.0%	51.7%

这是否能实现呢？一般而言实现的可能性是很小的，如果能将2016年保单赔付率做到51.7%的公司，2015年保单的赔付率就不会有70%，所以一般而言在往年赔付高企的情况下，下一年度事故年度赔付率下降超过10个百分点，基本是不可能的。

比较现实的方案是，假设2016年严格控制业务品质，在原有基础上提升业务品质，将2016年业务质量提升到基本与行业持平，即2016年保单的赔付率为60%，则2016事故年赔付率预计为64.5%，这是比较切合实际的目标，结果如表5-19所示。

表5-19　　　　基于保单年的事故年赔付率预测2　　　　单位：万元

赔付率转换	2015保单年	2016事故年	2016保单年
保费收入/已赚保费	10,000	11,000	12,000
赔付成本	7,000	7,100	7,200
赔付率	70.0%	64.5%	60.0%

从上面的分析我们可以看出，事故年赔付率与保单年赔付率的关系，保单年赔付率只与当年业务品质有关，只要严格控制，筛选业务，赔付率是比较容易控制

的，而事故年赔付率既与当年的业务品质有关，还与往年的业务品质有关，所以在做预算时，事故年赔付率不能脱离往年业务的赔付率随意调整，虽然往年业务的赔付率可以通过理赔政策进行改善，但如果没有特殊的情况（如前面提到的打击诈骗团伙的严厉措施），往年业务的赔付率改善空间不大。正如一块"石头"可以通过雕刻工艺提升价值，但无论如何雕刻，它总是一块"石头"，永远成不了一块"玉"。

第六章
精算底稿及报告模板[①]

第一节 精算底稿

根据中国银保监会的规定,精算底稿包括保险公司在整个精算工作过程中获取的数据资料、建立的评估模型、形成的评估结论和报告等。按照中国银保监会的规定,精算底稿包含了精算报告。

本章简要介绍精算底稿的保存规定,以及几个重要的精算报告模板。

中国银保监会在很多报告的规定中均要求保留底稿,包括准备金评估和产品定价等均要求保留底稿,特别是由于准备金管理的特殊性,针对准备金评估还专门发布了《非寿险业务准备金评估工作底稿规范》,对准备金评估工作底稿进行了全面的要求和规范,其中第三条规定:"工作底稿包括保险公司在整个准备金评估过程中获取的数据资料、建立的评估模型、形成的评估结论和报告等,要做到数据真实、格式规范、链接清晰、标识统一、结论明确。"第十八条规定:"保险公司应对任何一次评估的工作底稿保存5年以上,其中年度准备金评估工作底稿应保存10年以上。"对底稿需要保持哪些资料和保存年限进行了明确的规定,由于《非寿险业务准备金评估工作底稿规范》对底稿规范要求的完整性,对其他精算工作的底稿有借鉴和参考作用,无论是准备金评估还是产品定价,精算底稿需要保存的资料基本都是类似的,简而言之,精算底稿至少需要包括以下部分:基础数据、建模过程、结论和报告;保存年限一般底稿保存5年,重要的底稿保存10年。

1. 基础数据:就是为了得到精算结果的各类财务数据和业务数据以及数据的来源。

2. 建模过程:就是为了得到精算结果使用的方法、模型和计算公式等。

3. 结论:包括结果的选取过程和管理层的决策意见,其中管理层的决策意见要保留会议纪要、签字或者OA等决策流程。

4. 报告:就是最终形成的精算报告。

[①] 本章的报告模板借鉴了行业通用的报告模板经验。

第二节　精算报告模板

下面的报告模板是笔者根据自身的经验总结的报告模板，可能存在不完善之处，另外，报告模板主要是截至 2016 年的情况，未来中国银保监会可能会根据实际情况增减相应的内容，具体各项报告应该包含哪些内容，大家主要根据中国银保监会的规定进行完善即可。

报告模板主要包括准备金评估报告、准备金回溯分析报告、产品定价报告和偿付能力报告。

其中特别说明的是偿付能力报告，这个模板做得很好，把涉及报告可能存在的重要事项不管公司是否发生都列出来，编制报告的人员只要对照报告的事项一一回答即可，如果没有的就说明没有发生相关事项或者不适用，这样下次如果发生了也不需要修改模板，只要在该项目项下说明即可。建议大家在编制其他报告底稿时也可以借鉴使用，就是把想到的可能相关的事项都列出来，比如，编制准备金报告时，需要保费数据，则保费收入可以按中国银保监会的分类列出所有的险类，没有保费收入的险类填 0，而不是每次去考虑公司是否增加了某个险类，是否要新增几行。

一、准备金评估报告

××××股份有限公司

××××年××月××日准备金评估报告

重要提示：

本报告仅供监管使用，未经保险公司同意，本报告的全部和部分内容不得用于其他任何目的。此外，孤立地使用本报告部分内容和结论，将可能产生误导性结论和错误。

××××年××月××日

目录：

（1）数据真实性声明书

（2）精算责任人声明书

（3）摘要

（4）业务状况

（5）未决赔款准备金评估

（6）未到期责任准备金评估

（7）其他说明

（8）附表

（一）数据真实性声明书

中国银行保险监督管理委员会：
本人已恪尽对××××股份有限公司××××年××月××日责任准备金评估报告所需数据进行审核的职责，确认××××股份有限公司提供给精算责任人的数据在所有重大方面不存在虚假记载或者遗漏，数据真实、完备、准确，并对此承担个别和连带的法律责任。
总经理：
××××年××月××日

（二）精算责任人声明书

中国银行保险监督管理委员会：
本人已恪尽对××××股份有限公司××××年××月××日责任准备金评估报告精算审核的职责，确认该报告的精算基础、精算方法和精算公式符合精算原理、精算标准和中国银保监会的有关规定，精算结果合理充分，并对此承担个别和连带的法律责任。
精算责任人：
××××年××月××日

（三）摘要

1. 评估范围。此次评估包括公司经营的所有财产险业务，公司分别对截至××××年××月××日的再保前、再保后未决赔款准备金和未到期责任准备金进行了评估。

本报告不考虑任何自财务报表核算日（××××年××月××日）后的发展与变化情况。

2. 准备金评估结果。截至××××年××月××日，××××股份有限公司再保后的未决赔款准备金为××万元，再保后的未到期责任准备金为××万元。其中，未决赔款准备金包括已报案未决赔款准备金、IBNR、理赔费用准备金和风险边际。各项准备金金额如表6-1所示。

表6-1　　　　　××××年××月××日准备金评估结果　　　　　单位：万元

再保前未决赔款准备金（①+②+③+④）	
其中：①已报案未决赔款准备金	
②IBNR	
③理赔费用准备金	

续表

④风险边际	
再保后未决赔款准备金（⑤+⑥+⑦+⑧）	
其中：⑤已报案未决赔款准备金	
⑥IBNR	
⑦理赔费用准备金	
⑧风险边际	
再保前未到期责任准备金	
再保后未到期责任准备金	

（四）业务状况

1. 承保业务构成及其再保前保费收入情况。简要描述公司的业务结构，包括主要业务结构及占比等。

具体保费收入如表6–2所示。

表6–2　　　　　××××年再保前保费收入分布　　　　单位：万元

险种	××××年	
	再保前保费	占比（%）
机动车交通事故责任强制保险		
商业车险		
企业财产保险		
家庭财产保险		
工程保险		
责任保险		
延保责任产品		
货物运输保险		
意外伤害保险		
短期健康保险		
船舶保险		
合计		

2. 承保理赔政策。

（1）承保方面。主要描述公司承保管理的情况，采取的承保管控措施，包括主要承保制度、总分机构管控、承保风险管控、每年承保政策变动等，可请承保部门协助提供。

（2）理赔方面。主要描述公司理赔管理的情况，采取的理赔管控措施，包括主要理赔制度、总分机构管控、理赔风险管控、打假追偿机制、每年理赔政策变动等，可请理赔部门协助提供。

3. 再保险。主要描述公司再保管控措施、再保风险管控、再保政策变动、公司的再保安排（包括分入业务）等，可请再保部门协助提供，具体如表6-3、表6-4所示。

表6-3　　　　　　　　　××××年主要再保险合约

再保险合约	险类
再保险合约1	
再保险合约2	
…	

表6-4　　　　　　　　　××××年分入保费收入分布　　　　　　单位：万元

险种	××××年		
	分入毛保费	再保后保费	自留率
机动车交通事故责任强制保险			
商业车险			
企业财产保险			
家庭财产保险			
工程保险			
责任保险			
延保责任产品			
货物运输保险			
意外伤害保险			
短期健康保险			
船舶保险			
合计			

（五）未决赔款准备金评估

1. 数据基础。

（1）险种分类。出于精算分析的要求，根据公司经营业务，将此次评估的产险业务分成了×个险类。险种类别包括企业财产保险、家庭财产保险、工程保险、责任保险等，有些保费很少的险种可以根据中国银保监会要求进行合并处理。

（2）数据提取范围。提取的数据包括公司截至××××年××月××日相关的承保、理赔和再保数据。

（3）数据来源。数据主要取自公司核心业务系统、收付费系统、财务系统和再保系统。评估所使用数据包括保费收入、分出保费、已决赔款、已决赔案件数、未决估损金额、未决赔案件数、已赚保费、再保摊回赔款等承保、理赔和再保数据。

（4）数据核对情况。我们将精算使用的再保前、再保后的保费收入和赔款数据和财务报表数据相核对，两者数据基本一致，符合精算评估要求。具体核对情况如表6-5所示。

表6-5　　　　　　　　　精算数据与财务数据核对表　　　　　　　单位：人民币元

××××年			
再保前保费收入		再保后保费收入	
财务数据		财务数据	
精算数据		精算数据	
财务/精算数据		财务/精算数据	
再保前已决赔款		再保后已决赔款	
财务数据		财务数据	
精算数据		精算数据	
财务/精算数据		财务/精算数据	

注：分险种已决赔款核对表详见附表6-1。

2. 已发生已报案未决赔款准备金评估。

（1）非车险案件估损。对于非车险案件，客户报案×天内采用人工立案，客户报案×天后仍未立案的，由系统在不超过保险金额或责任限额的前提下参考历史同类案件案均赔款金额进行自动赋值。

（2）车险案件估损。对于车险案件，客户报案×天内采用人工立案，报案×天后仍未立案的，由系统在不超过保险金额或责任限额的前提下参考历史同类案件案均赔款金额进行自动赋值。

对于车险案件中的财产损失部分，客户报案×天后仍未进行核损的，由系统自动上调原自动赋值金额，在不超过保险金额或责任限额的前提下参考历史同类案件上调估损金额，且上调幅度不低于××%；对于车险案件中的人伤损失部分，客户报案×日后仍未进行核损的，由系统自动上调原自动赋值金额，在不超过保险金额或责任限额的前提下参考历史同类案件上调估损金额，且上调幅度不低于××%。对于超过×天、未决金额低于所在地区平均已决案均赔款的人伤案件，无论是否进行过人工估损，均自动赋值为所在地区平均已决案均赔款金额。

系统自动赋值标准每年测算×次，并根据测算结果对自动赋值标准进行调整。

3. IBNR准备金评估概况。

（1）一般性说明。

①公司对IBNR采用损失率法、已决赔款链梯法、已报告赔款链梯法、已决赔

款B-F法、已报告赔款B-F法等多种评估方法综合进行评估。

②货币时间价值。对于车险和意外健康险等赔款久期小于1年的未决赔款，不考虑货币时间价值的影响。

对于责任险等非车险赔款久期大于1年的案件，对未来现金流进行贴现，贴现率采用资产负债表日行业统一规定的贴现率，以中债登公布的国债收益率曲线为参考，具体贴现率为××%。

③应付、预付赔款。公司预付赔款不得超过未决估损金额，已决赔款采用核赔口径确认，应付、预付赔款均不影响未决赔款准备金的评估。

④直接理赔费用。直接理赔费用没有单独评估，与直接赔款合并评估。直接理赔费用准备金包括在已发生已报案未决赔款准备金和IBNR准备金中。

（2）评估假设。

①使用流量三角形进行评估，假设各时间段的赔款具有相似的进展模式；

②资产的充足性与匹配程度良好；

③再保险人安全可靠；

④公司的理赔政策在未来几年内不会发生较为重大的变化；

⑤不存在任何潜在类型的索赔（如工业疾病、环境污染等）；

⑥未来若干年的汇率基本保持不变；

⑦未来若干年内法律、社会以及经济环境将基本保持不变；

⑧未来若干年内对于现有产品保单条款的解释基本保持不变。

4. 进展因子选择和结果选择。公司采用损失率法、已决赔款链梯法、已报告赔款链梯法、已决赔款B-F法、已报告赔款B-F法等多种评估方法对IBNR进行综合评估，具体的进展因子和结果选择如下：分准备金评估单元较为详细地描述进展因子特点、选择的过程和原因；最终损失结果选择的过程和原因。

（1）机动车辆法定第三者责任保险。

①进展因子选择。从各事故季度的进展因子看，波动不大，我们主要选择最近四个季度的加权平均因子，并结合精算判断确定最终选择因子。

进展因子	2-1	3-2	4-3	5-4	6-5	7-6	8-7	9-8	10-9
已决三角	1.639	1.250	1.258	1.180	1.101	1.059	1.042	1.019	1.016
已报告三角	1.172	1.002	1.016	1.000	1.000	1.000	1.000	1.000	1.000
进展因子	11-10	12-11	13-12	14-13	15-14	16-15	17-16	18-17	尾部
已决三角	1.003	1.009	1.005	1.007	1.000	1.000	1.000	1.000	1.0000
已报告三角	1.000	1.000	1.000	1.000	1.000	1.000	1.000	1.000	1.0000

②结果选择。根据以往经验，已决B-F法和已发生B-F法的结果比较符合

公司的实际情况，选择两种方法的平均作为选定的最终损失。用最终损失减去已报告赔款得到 IBNR 准备金。

（2）其他险种。

……

公司各险种业务 IBNR 准备金如表 6-6 所示。

表 6-6　　　　　　××××年末各险类 IBNR 准备金金额　　　　　单位：万元

险种	IBNR
机动车交通事故责任强制保险	
机动车辆商业第三者责任保险	
机动车辆车体损失保险	
机动车辆其他保险	
意外伤害保险	
工程保险	
家庭财产保险	
企业财产保险	
货物运输保险	
责任保险	
短期健康保险	
延保责任产品	
船舶保险	

5. 分入业务 IBNR 准备金。由于公司分入业务量较少且数据信息有限，公司主要采用赔付率法对分入业务的准备金进行评估，由于非车险受大赔案影响较大，非车险大赔案的准备金根据分出公司提供的数据单独考虑。如表 6-7 所示。

表 6-7　　　××××年分入业务各险类预定赔付率、IBNR 准备金金额　　　单位：万元

险种	预定赔付率	IBNR 准备金
商业车险		
意外险		
工程险		
企财险		
货运险		
……		

6. 理赔费用准备金。

（1）直接理赔费用准备金。

①已发生已报案直接理赔费用准备金采用逐案预估法估计；

②已发生未报案直接理赔费用准备金与 IBNR 准备金一起评估。

（2）间接理赔费用准备金。评估假设间接理赔费用在未决赔案立案时发生 50%、在结案时发生 50%，间接理赔费用准备金计算公式为：（已发生已报案未决赔款准备金 ÷ 2 + IBNR 准备金）× 间接理赔费用比例。

间接理赔费用准备金比例主要基于公司实际发生的比例，对于业务量较少的业务，间接理赔费用比例主要参考行业数据，基于保守估计，间接理赔费用比例大约比行业平均水平高 50% ~ 100%，具体比例如表 6 – 8 所示。

表 6 – 8　　　　　　　×××× 年间接理赔费用准备金比例

险类	间接理赔费用比例
机动车交通事故责任强制保险	
机动车辆商业第三者责任保险	
机动车辆车体损失保险	
机动车辆其他保险	
意外伤害保险	
工程保险	
家庭财产保险	
企业财产保险	
货物运输保险	
责任保险	
短期健康保险	
延保责任产品	
船舶保险	

7. 追偿款收入。主要描述公司对追偿款收入的处理方法和对准备金结果的影响。

8. 风险边际。说明各个险种的风险边际。

9. 评估结果。

（1）再保后未决赔款准备金。保险公司截至 ×××× 年 ×× 月 ×× 日的再保险后未决赔款准备金，共计人民币 ×× 万元。其中包括已发生已报告未决赔款准备金 ×× 万元，已发生未报告未决赔款准备金 ×× 万元，理赔费用准备金 ×× 万元，风险边际 ×× 万元。再保险后未决赔款准备金分险类的评估结果如表 6 – 9 所示。

表 6-9　　　　再保后未决赔款准备金（××××年××月××日）　　　单位：万元

险类	已发生已报案未决赔款准备金	已发生未报案未决赔款准备金	理赔费用准备金	风险边际	会计准备金
机动车交通事故责任强制保险					
机动车辆商业第三者责任保险					
机动车辆车体损失保险					
机动车辆其他保险					
意外伤害保险					
工程保险					
家庭财产保险					
企业财产保险					
货物运输保险					
责任保险					
短期健康保险					
延保责任产品					
船舶保险					
合计					

（2）再保前未决赔款准备金。再保险前未决赔款准备金分险类的评估结果如表 6-10 所示。

表 6-10　　　　再保前未决赔款准备金（××××年××月××日）　　　单位：万元

险类	已发生已报案未决赔款准备金	已发生未报案未决赔款准备金	理赔费用准备金	风险边际	会计准备金
机动车交通事故责任强制保险					
机动车辆商业第三者责任保险					
机动车辆车体损失保险					
机动车辆其他保险					
意外伤害保险					
工程保险					
家庭财产保险					
企业财产保险					
货物运输保险					
责任保险					

续表

险类	已发生已报案未决赔款准备金	已发生未报案未决赔款准备金	理赔费用准备金	风险边际	会计准备金
短期健康保险					
延保责任产品					
船舶保险					
合计					

（3）终极赔付率。与××××－1年相比，公司××××年总体赔付率呈下降趋势。

根据评估结果简要分析各个险种赔付率的变动情况以及变动原因。

①各险类再保后终极赔付率如表6－11所示。

表6－11　　　　　　　　各险类再保后终极赔付率

险类	××××年	××××－1年	××××－2年	××××－3年
机动车交通事故责任强制保险				
机动车辆商业第三者责任保险				
机动车辆车体损失保险				
机动车辆其他保险				
意外伤害保险				
工程保险				
家庭财产保险				
企业财产保险				
货物运输保险				
责任保险				
短期健康保险				
船舶保险				
合计				

②各险类再保前终极赔付率如表6－12所示。

10. 评估结果的不确定性。由于数据、假设条件及评估方法自身的因素，评估结果存在着一定的不确定性，所以此次评估得到的仅仅是相对合理的一组假设条件下的结果。重要的不确定性有：

（1）对于业务较少的险种，随机波动较大，对其潜在的发展趋势的预测可能与未来实际情况不同；

表6-12　　　　　　　　各险类再保前终极赔付率

险类	××××年	××××-1年	××××-2年	××××-3年
机动车交通事故责任强制保险				
机动车辆商业第三者责任保险				
机动车辆车体损失保险				
机动车辆其他保险				
意外伤害保险				
工程保险				
家庭财产保险				
企业财产保险				
货物运输保险				
责任保险				
短期健康保险				
船舶保险				
合计				

（2）公司未来几年理赔政策可能会发生重大变更，会导致最终损失责任发生变化；

（3）商业车险改革的试点和实行可能对历史赔案适用新标准，可能对未来的赔付发展产生不利影响；

（4）法院对交强险案件分项限额的解释变化可能对未来的赔付发展产生不利影响；

（5）分入业务因业务量较小，且报案滞后，如发生大赔案同时未及时报告，可能对评估结果产生不利影响。

（六）未到期责任准备金评估

1. 数据基础。

（1）数据来源。本次评估数据来自保险公司的核心业务系统、财务系统与再保系统。其中，保费收入清单数据来源于核心业务系统和财务系统，再保分出保费数据取自再保系统。

（2）数据范围。公司的全部非寿险业务。

（3）数据提取。分二级机构、币种、险种对所有在××××年××月××日保险责任尚未终止的保单逐单提取。

（4）币种。币种折合采用的汇率为1美元＝××人民币；1港币＝××人民币。

2. 评估方法。

除汽车延长保修责任保险外，其他险类均采用1/365法计算未赚保费，汽车延长保险责任保险采用的风险分布比例如表6-13所示。

表 6–13　　　　　　　　汽车延长保险责任保险风险分布比例

4 年期	保险期限	1	2	3	4	
	风险比例					
5 年期	保险期限	1	2	3	4	5
	风险比例					

注：为了方便提取准备金，简单假设在各年中风险比例为均匀分布。

3. 充足性测试。

（1）假设。

①预期最终赔付率：主要根据公司最近事故年度赔付率结合公司当年保单的业务品质确定，对于业务量较小的险种参考行业同类业务的赔付率确定。

②维持费用率：主要根据公司当年维持费用率确定。

③贴现率：对于久期小于 1 年的险种不考虑贴现，对于久期大于 1 年的险种，贴现率采用资产负债表日行业统一规定的贴现率，以中债登公布的国债收益率曲线为参考，具体贴现率为××%。

④风险边际：采用行业的风险边际比例。

（2）测试过程，如表 6–14 所示。

表 6–14　　　　　　　　　　充足性测试过程

未赚保费	(1)
首日费用	(2)
预期最终赔付率	(3)
预期理赔费用率	(4)
预期维持费用率	(5)
风险边际比率	(6)
折现率	(7)
预期赔款	(8) = (1) × (3)
预期理赔费用	(9) = (1) × (4)
预期维持费用	(10) = (1) × (5)
风险边际	(11) = ((8) + (9) + (10)) × (6)
差额	(12) = (1) − (2) − ((8) + (9) + (10) + (11))

（3）测试结果表明，截至××××年××月××日，机动车辆法定第三者责任保险和短期健康险分别需要提取保费不足准备金××万元和××万元，其他险种均不需要提取保费不足准备金。

所有险种保费充足性测试过程详见：附表6-1~表6-3。

4.评估结果。截至××××年××月××日，保险公司的再保前未到期准备金为××万元，再保后未到期责任准备金为人民币××万元。具体各类业务准备金如表6-15所示。

表6-15　　　　　　　各险类未到期责任准备金结果　　　　　　　单位：万元

险类	再保前	再保后
机动车交通事故责任强制保险		
机动车辆商业第三者责任保险		
机动车辆车体损失保险		
机动车辆其他保险		
意外伤害保险		
工程保险		
家庭财产保险		
企业财产保险		
货物运输保险		
责任保险		
短期健康保险		
延保责任产品		
船舶保险		
合计		

（七）其他说明

本报告仅作外部监管使用。未经保险公司同意，本报告的全部和部分内容不得用于其他任何目的。此外，孤立地使用本报告部分内容和结论，将可能产生误导性结论和错误。

（八）附表

附表6-1　　　　　　　已决赔款精算数据与财务数据核对表　　　　　　　单位：万元

项目	合计	机动车辆保险	企业财产保险	家庭财产保险	工程保险	责任保险	货物运输保险	意外险	健康险	其他险类
再保前已决赔款											
财务数据										
精算数据										
财务/精算数据										

续表

项目	合计	机动车辆保险	企业财产保险	家庭财产保险	工程保险	责任保险	货物运输保险	意外险	健康险	其他险类
			再保后已决赔款							
财务数据										
精算数据										
财务/精算数据										

注：在符合中国银保监会要求的前提下，险类可以根据公司实际情况进行分类。

附表6-2　　　　　　　　　再保前保费充足性测试表　　　　　　　　单位：万元

项目	机动车交通事故责任强制保险	机动车辆商业第三者责任保险	机动车辆车体损失保险	机动车辆其他保险	意外伤害保险	工程保险	家庭财产保险	企业财产保险	货物运输保险	责任保险	短期健康保险	延保责任产品
未赚保费												
首日费用率												
首日费用												
预期终极赔付率												
预期理赔费用率												
预期维持费用率												
风险边际比率												
折现率												
预期赔款												
预期理赔费用												
预期维持费用												
风险边际												
差额												

附表6-3　　　　　　　　　分出业务保费充足性测试表　　　　　　　　单位：万元

项目	机动车交通事故责任强制保险	机动车辆商业第三者责任保险	机动车辆车体损失保险	机动车辆其他保险	意外伤害保险	工程保险	家庭财产保险	企业财产保险	货物运输保险	责任保险	短期健康保险	延保责任产品
未赚保费												
首日费用率												
首日费用												
预期终极赔付率												

续表

项目	机动车交通事故责任强制保险	机动车辆商业第三者责任保险	机动车辆车体损失保险	机动车辆其他保险	意外伤害保险	工程保险	家庭财产保险	企业财产保险	货物运输保险	责任保险	短期健康保险	延保责任产品
预期理赔费用率												
预期维持费用率												
风险边际比率												
折现率												
预期赔款												
预期理赔费用												
预期维持费用												
风险边际												
差额												

注：分出业务首日费用包含摊回手续费、税金、理赔费用和维持费用。

二、准备金回溯分析报告

非寿险业务准备金回溯分析报告
××××年第×季度
公司名称：××××股份有限公司
总经理：
精算责任人：
目录
（1）准备金回溯结果及分析
（2）年度准备金评估结果回溯偏差的影响
（3）准备金回溯分析的方法与主要假设
（4）准备金不利发展分析
（5）其他说明

（一）准备金回溯结果及分析

1. 年度准备金回溯结果及分析。

（1）上年末准备金回溯结果。根据××××年×季度末回溯结果，上年末再保后未到期责任准备金有利发展××万元，有利发展比例为××%，未决赔款准备金有利发展为××万元，有利发展比例为××%。详细情况如表6-16所示。

表 6–16　　　　　　　　　上年末准备金回溯结果　　　　　　　单位：万元

	项目	上年末评估值	回溯时点评估值	偏差金额	偏差率
再保前		(1)	(2)	(3)=(2)-(1)	(4)=(3)/(2)×100%
	未到期责任准备金				
	未决赔款准备金				
再保后	项目	上年末评估值	回溯时点评估值	偏差金额	偏差率
		(1)	(2)	(3)=(2)-(1)	(4)=(3)/(2)×100%
	未到期责任准备金				
	未决赔款准备金				

（2）前年末准备金回溯结果。根据××××年×季度末回溯结果，前年末再保后未到期责任准备金有利发展××万元，有利发展比例为××%，未决赔款准备金有利发展为××万元，有利发展比例为××%。详细情况如表 6–17 所示。

表 6–17　　　　　　　　　前年末准备金回溯结果　　　　　　　单位：万元

	项目	前年末评估值	回溯时点评估值	偏差金额	偏差率
再保前		(1)	(2)	(3)=(2)-(1)	(4)=(3)/(2)×100%
	未到期责任准备金				
	未决赔款准备金				
再保后	项目	前年末评估值	回溯时点评估值	偏差金额	偏差率
		(1)	(2)	(3)=(2)-(1)	(4)=(3)/(2)×100%
	未到期责任准备金				
	未决赔款准备金				

（3）回溯结果分析。

①未到期责任准备金。回溯结果显示上年末和前年末未到期责任准备金均为有利发展，并且有利发展较多，说明未到期责任准备金提取较为充足。

②未决赔款准备金。回溯结果显示上年末和前年末未决赔款准备金均为有利发展，并且有利发展较多，说明未决赔款准备金提取较为充足。

2. 季度准备金回溯结果及分析。

（1）准备金回溯结果。根据××××年×季度末回溯结果，两个季度前再保后未决赔款准备金有利发展金额为××万元,有利发展比例为××%,其中车险有利发展金额为××万元,有利发展比例为××%。详细情况如表6-18所示。

表6-18　　　　　两个季度前未决赔款准备金回溯结果　　　　　单位:万元

		未决赔款准备金评估值	未决赔款准备金回溯值	偏差金额	偏差率
再保前	所有业务				
	其中:车险				
	农险				
		未决赔款准备金评估值	未决赔款准备金回溯值	偏差金额	偏差率
再保后	所有业务				
	其中:车险				
	农险				

(2)回溯结果分析。回溯结果显示两个季度前,即××××年×季度所有业务再保后未决赔款准备金为有利发展,说明未决赔款准备金提取较为充足。

(二)年度准备金评估结果回溯偏差的影响

1.对利润的影响。××××-1年公司报表利润为××万元,考虑××××-1年的未决赔款准备金发展有利影响为××万元,考虑未决赔款准备金发展后的利润为××万元,未决赔款准备金的偏差影响为××%。具体情况如表6-19所示。

表6-19　　　　年度准备金回溯偏差提转差对利润的影响　　　　单位:万元

报表利润	考虑准备金发展调整后利润	影响比例

2.对偿付能力状况的影响。××××-1年公司偿付能力充足率为584.73%,考虑××××-1年未决赔款准备金发展有利影响为××万元,偿付能力充足率升高到××%,影响偿付能力充足率××个百分点,没有对偿付能力的逆转产生根本的影响。具体情况如表6-20所示。

表6-20　　　年度准备金回溯偏差提转差对偿付能力状况的影响　　　单位:万元

偿付能力额度	准备金发展调整后偿付能力额度	偿付能力充足率	准备金发展调整后偿付能力充足率

（三）准备金回溯分析的方法与主要假设

1. 数据基础。

（1）险种分类。出于准备金回溯分析的需要，根据公司经营业务，将业务分成了××个险类。险种类别包括企业财产保险、工程保险、家庭财产保险、责任保险、汽车延长保修保险、货物运输保险、机动车辆法定第三者责任保险、机动车辆商业第三者责任保险、商业机动车辆车体损失险、商业机动车辆其他保险、短期健康险和意外伤害险及船舶保险等。

（2）数据提取范围。提取的数据截至××××年××月××日相关的财务、承保、理赔和再保数据。

（3）数据来源。数据主要取自公司核心业务系统、收付费系统、财务系统和再保系统。评估所使用数据包括保费收入、分出保费、已决赔款、已决赔案件数、未决估损金额、未决赔案件数、已赚保费、再保摊回赔款等承保、理赔和再保数据。

（4）数据核对情况。我们将××××年1～12月精算使用的再保前、再保后的保费收入、赔款数据和财务报表数据相核对，两者数据基本相同。具体情况如表6-21所示。

表6-21　　　　××××年1～12月财务数据与精算数据核对情况表　　　单位：元

再保前	保费收入	赔款
财务数据		
精算数据		
财务/精算数据		
再保后	保费收入	赔款
财务数据		
精算数据		
财务/精算数据		

2. 未到期责任准备金评估方法。根据准备金评估报告简要说明未到期准备金的评估方法。

（1）未到期责任准备金。公司按1/365法和风险分布法计算未到期比例。

（2）充足性测试。与准备金评估报告相同。

3. 未决赔款准备金评估方法。

描述可参照准备金评估报告。

（1）已发生已报告赔款准备金。

非车险案件估损

......

车险案件估损

......

（2）IBNR 准备金评估方法。

（3）理赔费用准备金。

①直接理赔费用准备金

......

②间接理赔费用准备金

......

（4）追偿款收入

......

（5）风险边际

......

（四）准备金不利发展分析

根据回顾结果，未到期和未决赔款准备金均没有不利发展。

如果出现不利发展则需深入分析不利发展的原因。

（五）其他说明

不确定性说明等，可参照准备金评估报告。

三、车险定价精算报告要点

由于车险定价精算报告篇幅较大，且经过商业车险改革的洗礼，各家公司均有相应的报告模板，下面只是简要列出提纲。表 6-22 的提纲是中国银保监会审核车险定价精算报告的要点，总共 50 个，只要对照这 50 个要点一一说明就能完成一份完整的车险定价精算报告。

表 6-22　　　　　　　　　　　　车险定价精算报告的要点

项目	子项	序号	主要内容
责任声明书	费率方案制定责任声明书	1	费率方案制定责任声明书
责任声明书	费率方案执行责任声明书	2	费率方案执行责任声明书
责任声明书	精算评估意见	3	精算评估意见
目标与定位	目标定位	4	原则描述
目标与定位	目标定位	5	具体指标

续表

项目	子项	序号	主要内容
风险成本测算	基础数据	6	数据来源
		7	主要维度
		8	数据检验方法与结果
	测算单元划分	9	划分方式
		10	主要考虑因素
	主要费率因子设置	11	NCD因子细化
		12	从车因子细化
		13	从人因子
		14	地区因子
		15	风险解释能力
	建模过程	16	基准的测算与确定过程
		17	GLM的主要模型、参数和测算路径
	结果检验	18	主要检验方法
		19	主要检验结果（检验图）
费率方案制定	从风险成本到费率方案的转化	20	核保模型描述（如有）
		21	转化过程描述
		22	转化过程示例
	自主核保系数	23	主要核保要素
		24	核保要素与风险成本的关系
	渠道系数	25	渠道划分标准
		26	渠道系数的确定依据
费率方案影响测试	主要结果	27	主要结果
	异常结果原因说明	28	异常结果原因说明
费率实施阈值设定	主要指标	29	与费率方案目标定位的比较
	阈值管控	30	阈值设定
承保政策制定	系统流程	31	报价逻辑介绍
		32	业务分组管理介绍
	主要折扣政策	33	主要维度
		34	制定思路（人工、非人工）
		35	配置方式（点、区间）
	主要费用政策	36	主要维度
		37	配置方式（点、区间）

续表

项目	子项	序号	主要内容
承保政策制定	主要费用政策	38	渠道费用策略
		39	与折扣政策的关系
		40	对非量化核保政策的考虑
费率管控	核保管控	41	系统流程图及描述
		42	核保授权管理制度
		43	高风险业务管控制度
	费率监控与调整	44	检视方法
		45	评价标准
		46	考核方式
		47	改进措施
		48	严重偏离阈值下的应急方案
具体案例	具体案例	49	以一张标准保单为例，演示其从风险成本测算、利润目标设定、基准保费计算到折扣计算、费用计算的全过程
		50	以一张高风险保单为例，演示其从风险成本测算、高风险保单判断标准、核保处理等全过程

四、非车险定价精算报告

×××保险股份有限公司
×××保险费率精算报告
目录
（1）产品名称和条款主要责任范围
（2）费率结果
（3）费率厘定基础数据、数据来源
（4）费率厘定方法和模型
（5）费率厘定的主要假设、参数
（6）精算职业判断
为识别××保险在运营过程中的风险，合理确定保险费率，在参考同业同类型业务保险费率及分析当前市场经营状况的基础上，编制本精算报告。

（一）产品名称和条款主要责任范围

1. 产品名称：××保险，以下简称"本保险产品"。
2. 保险对象。

3. 保险责任。

（二）费率结果

表 6-23　　　　　　　　　　　　费率结果

费率组成	费率
（一）纯风险损失率	
（二）附加费率	
（三）基准费率	
（四）费率调整系数	

说明：

1. 费率指的是月度的情况。

2. 纯风险损失率 = 预期赔款损失 ÷ 保险金额。

3. 基准费率 = 纯风险损失率 ÷（1 - 附加费率）；

保险期间不足一个月的按一个月计算。

4. "费率调整系数"代表承保条件变动与个体风险因子对基准费率水平的影响程度；费率调整系数采连乘的方式使用。

5. 费率调整系数组成。

表 6-24　　　　　　　　　　费率调整系数组成

调整项目	风险分析

（三）费率厘定基础数据、数据来源

表 6-25　　　　　　　　　费率厘定基础数据、数据来源

基础数据	数据来源
1. 市场费率水平下的纯风险损失率	根据可获得的市场同业现行费率方案推算纯风险损失率
2. 销售与管理费用率	公司内部依据保单运营特性评估的中长期目标费用率
3. 费率调整系数	透过分析销售环节，选取适合管控与衡量的风险因素，并与销售端共同确认可行性

本保险产品为公司新销售产品，尚无历史经验数据，定价过程中主要参考市场

同业产品费率信息，再依据公司考虑营费用、管理费用、税费及保险保障基金、预期利润等因素后评估的长期附加费用率，采用「纯保费法」的概念，确定纯风险损失率与基准费率，在数据缺乏阶段参考成熟同业方案，可有效提升基准费率的可信度。

个人用户为本保险产品的主要目标客户，不同群体投保人的背景条件差异颇大，于计算基准费率时无法逐一细分。但可从公司对个案审核环节中所需检视的要件，可了解在核保经验层面上与借款违约风险最直接相关的风险因素有哪些，以及这些因素与潜在损失风险的相关程度。基于此类信息，本次使用「表定费率法」来适度体现各类难以量化风险因素的影响，使能较有效贴近客户的真实情况，从而得出与风险相匹配的逐单费率。

（四）费率厘定方法和模型

费率厘定方法和模型的选择考虑因素有以下几个方面。

1. 本产品的推出，不仅响应国家"供给侧改革"和"扩大内需"的号召，支持国家经济发展，同时助力信用社会的建立，刺激消费信贷市场发展，故同业多有积极深入的研究，因公司内部尚无直接可用于费率厘定的赔付经验数据，本次主要参考同业基准费率，采用「纯保费法」，根据基准费率＝同业纯风险费率÷（1－附加费率）计算得出，以确保经营前期定价结果的可信度与稳定性。

2. 本保险产品于开发过程中常可发现某些风险特征对损失的发生具有重要的影响，但这些需要一段时间的经验数据累积与挖掘分析，且因产品推出后消费行为可能会相应改变，这导致过往细分后经验数据不能全面地呈现风险分布情况，故使用经过调研论证后的「表定费率法」，使公司能更及时响应潜在客群需求。

3. 公司将不断挖掘各类保险场景特性，扩展本产品的销售广度；伴随着损失经验的不断累积，公司将能适时回溯检讨基准费率充足性与各风险维度的识别效果，并对费率表做必要的修订。

（五）费率厘定的主要假设、参数

1. 宏观经济环境：未来一段时间内法律、社会以及经济环境将基本保持不变，宏观经济因素对理赔的影响稳定，并已适度反映在费率表中。

2. 微观消费动态：本次是从个人借贷需求出发，推出的保险保障服务，未来若干年内对于现有产品条款的解释基本保持不变，消费行为与求偿意识变化对损失的影响可控。

3. 外部保险市场：目标客群所处市场地位与发展方向在一段时间内维持稳定。

4. 公司经营行为：公司的管理组织、核赔政策在未来一段时间内不会发生较为重大的变动。

5. 参数：定价过程中使用的参数包括市场费率水平与公司目标费用率。

（六）精算职业判断

1. 数据可信度判断：目前多数同业均有推出面向个人借款保证保险类型产品，

市场普遍接受度高，采用基于同业费率得出的结果，在本阶段为可信度高的选择。

2. 损失集中度判断：本保险产品属个人性产品，只有通过核保审核的案件方能签发保单，业务较分散，不易发生一次性高额赔付的事故，损失集中度不会过高。

3. 损失趋势判断：随着市场上个人借款投保需求的增多，未来被保险人的索赔积极性将逐步上升，同时，行业风险控制与个人信用体系的成熟，有助于减少大面积赔付事件的发生，使损失幅度能有所控制，预估未来损失将保持稳定，现行费率能满足阶段性稳健经营需要。

4. 总体费率合理性判断：综上，所备案费率应属合理、公平、充足的。

5. 精算负责人签字。

（七）保险定价精算报告实例

为丰富和完善保险公司企业财产保险产品体系，满足市场多样化需求，保险公司在进行市场充分调研论证的基础上，参考行业产品，开发了××保险。根据原中国保监会下发的《财产保险公司保险条款和保险费率管理办法》和《财产保险公司保险产品开发指引》的要求，现将保险费率厘定过程报告如下。

1. 险种名称。××保险。

2. 保险性质。

（1）险种：企业财产保险。

（2）保险期限：一年期（另有约定除外）。

（3）缴费方式：一次交清。

3. 保障范围。根据保险条款描述该产品的保险责任。

4. 定价原则。

（1）公平性原则：根据公平性原则，公司针对不同风险的被保险人制定不同的费率，使被保险人承担的保险费与其风险状况一致。

（2）充足性原则：根据厘定的费率收取的保险费应足以支付未来可能发生的赔款以及相关的费用。

（3）适当性原则：根据厘定的费率收取的保险费与被保险人获得的保障相当，不存在费率过高而获取超额利润。

（4）促进防灾防损原则：根据促进防灾防损原则，公司针对防灾防损工作做得好的被保险人，实行优惠的费率；对防灾防损工作做得差的被保险人实行高费率。

5. 数据。

费率厘定所使用的数据主要包括一是保险行业数据；二是公司内部相关数据。描述数据的来源和适用情况。

6. 精算假设。

（1）纯风险损失：包括因发生所约定的保险事故造成被保险人损失，保险人应当支付给被保险人赔偿限额以内的赔款，以及相关的直接理赔费用。

（2）预订附加费用率：××%。

（3）定价公式：简要说明使用的定价公式和过程，如：P = L ÷ (1 − e)。其中 P 为保险费，L 为纯风险损失，e 为预定附加费用率。

7. 费率厘定。在参考保险公司××保险经验数据及行业的费率基础上，结合该产品的特点和风险状况，在保证偿付能力、控制风险水平的前提下，保险公司厘定的费率如下：

列出实际厘定的费率表、费率调整系数表、短期费率表和保费计算公式等。

8. 精算职业判断。

（1）数据可信度判断：目前同业有推出面向××保险的同类型产品，市场普遍接受度高，基于同业数据得出的费率在本阶段为可信度高的选择。

（2）损失集中度判断：业务较分散，不易发生高额赔付且群体关联的事故，损失集中度一般较低。

（3）损失趋势判断：随着大家通过××保险转移风险的意识的加强，未来××保险事件的求偿频率将逐步上升。但风险较为分散，相对可控，预估未来损失将保持稳定，现行费率能满足阶段性稳健经营需要。

（4）总体费率合理性判断：综上所述，所备案费率应属合理、公平、充足的。

（5）不确定性说明：由于缺乏××保险历史经验数据，保险公司××保险主要参考行业经验制定。由于公司经营规模较小，被保险人纯风险损失波动性较大，当前的定价与实际经营可能会有较大的差异。随着公司数据的积累，公司将逐步完善定价模型。

如果是对已有产品重新厘定费率，需要说明新费率与原有产品的差异情况及合理性。

9. 风险管控分析。

（1）偿付能力影响分析。该产品对属于××类业务，最低资本系数为××，预计每年保费收入为××，占用最低资本为××，目前公司偿付能力充足率为××，开展该项业务，不会导致公司偿付能力不足（或者对公司偿付能力影响不大）。

（2）风险管控措施。保险公司××保险主要是为满足市场多样化需求、为客户提供更多的风险保障。作为新产品，保险公司将加强承保、再保等方面的管控，降低风险。

承保方面，保险公司将按照《××××股份有限公司承保风控管理细则》对所承保业务进行严格管理，加大对标的筛选，确保保费收取和风险相匹配，并从源头有效管控、转移风险。此外，保险公司为更好地分散风险、降低累计风险、缓解资本金压力，保险公司也将安排再保险，以合理转移风险。

鉴于新产品，市场需求和实际经营可能存在变化，保险公司也将会定期、不定期评估回顾产品的销售情况，以更科学有效地管理公司产品，确保保费充足度和公司经营稳定。

五、偿付能力报告

> 保险公司偿付能力报告（C-ROSS）20××年第×季度
> ××××股份有限公司 ×××× Property & Casualty Insurance Co., Ltd
> 公司信息及报告联系人
> 公司中文名称：　　　　公司英文名称：　　　　法定代表人：
> 注册地址：　　　　　　注册资本：　　　　　　保险机构法人许可证号：
> 开业时间：　　　　　　经营范围：　　　　　　经营区域：
> 报告联系人姓名：　　　办公室电话：　　　　　移动电话：
> 传真号码：　　　　　　电子信息邮箱：
> 目录
> （1）公司基本情况
> （2）公司主要指标
> （3）风险管理能力
> （4）风险综合评级
> （5）重大事项
> （6）管理层分析与讨论
> （7）外部机构意见
> （8）实际资本
> （9）最低资本
> 偿付能力季度报告签字页（20××年×季度）
> 董事长和管理层声明：
> 本报告已经通过公司董事长批准，公司董事长和管理层保证本报告所载资料不存在任何虚假记载、误导性陈述或者重大遗漏，内容真实、准确、完整、合规，并对我们的保证承担个别和连带的法律责任。
> 特此声明。
> 董事长：　　　总经理：　　　财务负责人：　　　精算负责人：
> 投资负责人：　　　首席风险官：　　　合规负责人：
> ××××股份有限公司（盖章）
> ×××年××月××日

（一）基本情况

1. 股权结构、股东情况。

（1）股权结构，如表6-26所示。

表 6-26　　　　　　　　　　　　　　股权结构　　　　　　　　　　　　　单位：元

股权类别	期初		本期股份或股权的增减				期末	
	出资额	占比（%）	股东增资	公积金转增及分配股票股利	股权转让	小计	出资额	占比（%）
国家股								
法人股								
外资股								
其他								
合计								

（2）所有股东持股情况及关联方关系（按照股东年末所持股份比例降序填列）如表 6-27 所示。

表 6-27　　　　　　　　所有股东持股情况及关联方关系　　　　　　　　单位：元

股东名称	股东性质	年度内出资额变化	年末出资额	年末持股比例	质押或冻结的股份
股东 1					
股东 2					
……					
合计	—				
股东关联方关系的说明	前十大股东无关联方关系				

（3）实际控制人。

保险公司无实际控制人。

（4）董事、监事及高级管理人员的持股情况。

报告期末是否有董事、监事和高级管理人员持有公司股份？（是□　否□）

公司董事、监事和高级管理人员无直接持股情况。

（5）股权转让情况（按转让时间的先后顺序填列，不包括已上市流通股份转让）

报告期内是否有股权转让情况？（是□　否□）

2. 董事、监事和高级管理人员的基本情况、变更情况，如表 6-28 所示。

（1）董事、监事及总公司高级管理人员基本情况。

（2）董事、监事和总公司高级管理人员更换情况。

报告期内董事、监事及总公司高管人员是否发生更换？（是□　否□）

（3）董事、监事及高级管理人员薪酬情况。

表 6-28　　　各个薪酬区间内的董事、监事和高管人员数量

薪酬区间	董事人数	监事人数	高管人数
1,000 万元以上	—	—	—
500 万~1,000 万元	—	—	—
100 万~500 万元	—	—	—
50 万~100 万元	—	—	—
50 万元以下	—	—	—
合计	—	—	—

3. 子公司、合营企业和联营企业的基本情况，如表 6-29 所示。

（1）报告期末是否有子公司、合营企业或联营企业？（是□　否□）

表 6-29　　　子公司、合营企业和联营企业情况

子公司公司名称	出资额（元）			持股比例（%）		
	期初	期末	变动额	期初	期末	变动比例

（2）报告期内是否有子公司增减变化？（是□　否□）

4. 违规情况。

（1）报告期内保险公司是否受到金融监管部门的行政处罚？（是□　否□）

（2）报告期内公司董事、监事及总公司高级管理人员是否受到金融监管部门的行政处罚？（是□　否□）

（3）报告期内公司董事、监事及总公司部门级别以上管理人员是否发生移交司法机关的违法行为？（是□　否□）

（二）公司主要指标

1. 主要偿付能力指标，如表 6-30 所示。

（1）偿付能力指标本季度数、上季度可比数及下季度预测数。

表 6-30　　　　　　　偿付能力指标　　　　　　　单位：元

行次	项目	本季度数	上季度数	下季度预测数
1	认可资产			
2	认可负债			
3	实际资本			
3.1	其中：核心一级资本			

续表

行次	项目	本季度数	上季度数	下季度预测数
3.2	核心二级资本			
3.3	附属一级资本			
3.4	附属二级资本	—	—	—
4	最低资本			
4.1	其中：量化风险最低资本			
4.1.1	寿险业务保险风险最低资本			
4.1.2	非寿险业务保险风险最低资本			
4.1.3	市场风险最低资本			
4.1.4	信用风险最低资本			
4.1.5	量化风险分散效应			
4.1.6	特定类保险合同损失吸收效应			
4.2	控制风险最低资本			
4.3	附加资本			
5	核心偿付能力溢额			
6	核心偿付能力充足率			
7	综合偿付能力溢额			
8	综合偿付能力充足率			

（2）本季度实际偿付能力指标值与上季度预测差异分析。公司20××年×季度末核心及综合偿付能力充足率为××%，与上季度预测本季度末结果××%相比低××个百分点，主要由于实际亏损高于预期，其中认可资产实际值比预测值高××万元，认可负债实际值比预测值高××万元，综合来看，实际资本实际值比预测值低××万元。最低资本实际值比预测值少××万元，其中保险风险因业务规模与预测有小幅差距而比预测值少××万元。故综合导致本季度末实际值比预测值低××个百分点。

具体差异如表6-31所示。

表6-31　　　　　　　　　　　具体差异表　　　　　　　　　　单位：元

行次	项目	本季度数	上季度预测数	差异
1	认可资产			
2	认可负债			
3	实际资本			
3.1	其中：核心一级资本			

续表

行次	项目	本季度数	上季度预测数	差异
3.2	核心二级资本			
3.3	附属一级资本			
3.4	附属二级资本			
4	最低资本			
4.1	其中：量化风险最低资本			
4.1.1	寿险业务保险风险最低资本			
4.1.2	非寿险业务保险风险最低资本			
4.1.3	市场风险最低资本			
4.1.4	信用风险最低资本			
4.1.5	量化风险分散效应			
4.1.6	特定类保险合同损失吸收效应			
4.2	控制风险最低资本			
4.3	附加资本			
5	核心偿付能力溢额			
6	核心偿付能力充足率			
7	综合偿付能力溢额			
8	综合偿付能力充足率			

2. 流动性风险监管指标，如表6-32所示。

表6-32　　　　　　　　　　流动性风险监管指标

项目	本季度	上季度
净现金流（元）		
综合流动比率		
流动性覆盖率		

3. 风险综合评级结果，如表6-33所示。

表6-33　　　　　　　　　　风险综合评级结果

评价期间	监管文号	评价结果

4. 经营指标，如表 6-34 所示。

表 6-34　　　　　　　　　　　经营指标　　　　　　　　　　　单位：元

指标名称	本季度数	本年度数
保险业务收入		
净利润		
净资产		
基本每股收益		
净资产收益率		
总资产收益率		
投资收益率		
综合投资收益率		
未决赔款准备金与赔款支出比		
综合费用率		
综合赔付率		
综合成本率		
车险车均保费		

（三）风险管理能力

1. 风险管理能力指标，如表 6-35 所示。

表 6-35　　　　　　　　　　风险管理能力指标

公司类型	Ⅰ类公司
公司成立日期	
本季度签单保费（元）	
公司总资产（元）	
省级分支机构数量（个）	

2. 风险管理组织架构。截至 20××年×季度，公司建立了董事会审批、风险管理委员会审议、高级管理层统筹、风险管理部及各职能部门、各业务部门积极参与的风险管理组织体系。通过完善相关制度、进一步明确职责，公司形成了包含三道防线的风险管理体系：第一道防线是负责日常、具体风险管理工作实施的各职能部门，第二道防线是负责公司组织、协调、监督公司全面风险管理工作的风险管理部，第三道防线是负责对风险管理进行独立的监督、对偿付能力风险管理工作开展情况进行内部审计的稽核审计部。三道防线各司其职，推动各项公司风险管理工作

的有序落实。

3. 偿付能力风险管理改进措施。20××年×季度，公司采取了多种措施改善公司风险管理状况，从以下四个方面进行了整改。

（1）公司治理结构优化和组织架构完善。公司参照《公司法》、中国银保监会相关规章制度及公司章程的要求，针对二季度中组织架构中仍存在的问题，完善部门设置，调整人员配置，落实和优化审批流程，进一步完善公司的治理结构和组织架构。

（2）偿二代偿付能力风险管理制度体系建设。公司进一步梳理风险管理制度体系（七大类风险管理制度体系），结合偿二代的管理要求，优化完善了偿付能力风险管理制度体系，主要措施包括梳理公司现有各层级机构、关键管理人员、各职能部门和业务部门在风险管理中的职责分工与汇报路线，逐步完善风险管理的组织架构；对现有的制度进行修订，根据公司实际情况逐步完善满足风险管理需要和监管要求的风险管理制度体系；明确各部门风险管理制度和实施细则的差距并逐步完善；优化了风险管理信息库。

（3）偿二代偿付能力风险管理自评估工作。公司前期落实了风险管理自评估的工作流程和职责分工，制定了明确的风险管理能力自评估制度，组织建立了偿付能力风险管理自评工具和报告模板，已成功开展了自评估的数据收集和整理工作。

（4）进行了风险管理信息系统的研究和规划，并按照规划进行风险管理信息系统的建设。截至三季度末，风险管理信息系统大多数功能已经开发完毕，已上线。

4. 偿付能力风险管理评估结果。2017年1月12日，公司收到原中国保监会下发的《关于20××年SARMRA评估结果的通报》，文件通报了公司20××年SARMRA评估结果，总评分结果为××分。20××年××月××日，公司正式××评估组《关于反馈20××年SARMRA评估具体情况的函》，来函切中概要地指出了公司在偿付能力管理上的不足，详细列举了偿付能力风险管理九大类模块中存在的问题，并切合公司实际情况详细地提出了整改建议和要求。

文件收悉后，公司认真学习了文件内容，分析了公司存在的问题及不足并应采取整改措施，制定了涉及多个方面的整改计划，公司将切实按照整改计划落实各项整改工作，逐一完善各项工作，提高公司的偿付能力风险管理能力。

20××年SARMRA评估已结束，结果以中国银保监会日后发文为准。

5. 2017年偿付能力风险管理自评估情况。

（1）评估时间。根据《中国保监会关于在偿二代过渡期内开展保险公司偿付能力风险管理能力试评估有关事项的通知》的要求，公司于20××年××月至20××年××月开展了偿付能力风险管理自评估工作。

（2）评估方法。公司相关领导高度重视本次偿付能力风险管理体系优化和整改工作，公司成立偿二代工作领导小组，并由领导小组进行统筹安排，公司各相关职能部门参与并积极配合。

2017年SARMRA自评估由风险管理部牵头组织自评估工作，将各大类风险自评估表下发给各主责部门负责填报，协助部门配合主责部门提供资料或数据，最后汇总加权得分，分析公司目前自身偿付能力风险管理状况。其中主责部门是风险管理部、精算部、资产管理部、法律合规部、互联网事业群、战略规划部和财务部；协助部门是业务管理部、车险管理部、信用保证事业群、运营管理部、稽核审计部、信息技术部、人力资源部、董事会办公室和董事会秘书。

（3）评估流程。保险公司20××年偿付能力风险管理自评估具体工作流程如下。

首先，公司成立了由各级领导及各部门选派联系人组成的偿二代工作小组，共同建设公司偿付能力风险管理体系，完成自评估工作。另外，为更好地完成自评估工作，公司邀请了业内专业的咨询方，为相关部门联系人和负责人全面地讲解了偿二代体系的核心思想和具体规范，为自评估工作做了充分的准备。

自评估工作开始后，由风险管理部牵头，向各责任部门下发了《保险公司偿付能力风险管理能力自评估表》，并要求填写反馈。待收取并汇总了相关反馈表后，风险管理部人员与咨询方顾问一同对反馈数据进行了复核，并与各部门进行了第一次面谈。各责任部门根据第一次面谈沟通的情况，对自评估表进行了修改和更新。

收集完更新结果后，风险管理部人员与各责任部门进行了第二次面谈，详细确定各评估项目得分，对反馈数据进行最终核查，并将汇总后的《保险公司偿付能力风险管理能力自评估表》提交各部门负责人签字确认，无误后提交偿二代工作领导小组进行审阅。

最后，根据自评估情况和领导小组审阅结果，公司确定《保险公司偿付能力风险管理自评估表》，并撰写了《偿付能力风险管理能力体系整改报告》（包含自评估相关内容，包括自评估得分情况及改进方向等）。

（4）评估结果。经上述自评估流程，保险公司20××年偿付能力风险管理自评估得分结果如表6-36所示。

表6-36　　　　　　　　　　　　评估结果

评估项目	自评估得分
风险管理基础与环境	
风险管理目标与工具	
保险风险管理	
市场风险管理	
信用风险管理	
操作风险管理	

续表

评估项目	自评估得分
战略风险管理	
声誉风险管理	
流动性风险管理	
合计	

根据偿付能力风险管理能力自评估工作的情况和得分结果，结合公司的实际情况及发现的问题，保险公司将进一步完善风险管理流程，改进风险评估方法，确保风险管理工作的有效开展。

（四）风险综合评级

1. 最近两次风险综合评级结果。

2. 已采取或拟采取的改善措施。

（1）加强公司声誉风险和流动性风险的管控，完善声誉风险和流动性风险的应急机制。

（2）加强关键风险指标体系的建设，完善关键风险指标库。

（3）加强资金运用、准备金、风险管理的人力资源队伍的专业性建设。

（4）加强销售、承保业务线、理赔业务线等方面操作风险管控，着重加强执行力管理。

（5）加强风险管理信息系统建设，将风险管理流程嵌入风险管理信息系统功能，通过系统化、智能化的方式提高风险管理能力。

3. 操作风险、战略风险、声誉风险和流动性风险自我评估情况。20××年×季度，公司积极响应中国银保监会监管规则要求，认真反思以往工作中的不足，对风险管理体系进行了改善和优化。截至报告期末，公司风险管理组织架构得到进一步优化，风险管理工作基本流程更加完善。在上季度制度建设的基础上，公司又补充了其他风险管理相关的制度、办法和细则，进一步完善了公司的制度体系，各项制度的正式发文及落实工作正在逐步推进。

公司通过自评估，全面、客观反映了公司偿付能力难以量化风险的管理情况，反映了在前期风险管理工作中做得不够充分的地方，并对照监管标准，准确查找、客观分析、及时改善公司各类风险管理问题，系统地提升了公司难以量化风险的管理水平。

（1）操作风险方面，为做好9月份保监局关于偿二代的检查工作，公司在第二季度操作风险管理工作的基础上继续进行相关完善和改进。依据新修订的《操作风险管理制度》，主要对操作风险自评估工作进行细化和补充，具体体现在：汇总整理各业务条线的操作风险管理制度完善性与遵循有效性的执行材料；细化操作风险管理的工作流程，完善承保、理赔、销售、再保险、资金运用和财务管理等各业务条线的内部操作流程，做好在全面管理的基础上对重点领域和重要事项的重点管控工作；进一步加强对操作风险的识别与评估工作，尤其是承保、理赔、销售和人员管理方面的操作风险；加强对新产品和新业务的操作风险管控，及时开展操作风险评估与分析，尤其是创新产品如信保业务；三季度初开展了操作风险损失数据的收集工作，法律合规部对汇总后的损失事件情况进行了分析和评估，并追踪损失事件发生部门的处理和整改进展，督促其做好相关应对工作；三季度初根据风险管理部的要求，向相关部门收集整理了关键风险指标阈值，并填入风险信息管理系统中以便进行监测。上述工作为9月份×××关于操作风险的评估工作做了充分的准备。公司在第三季度的操作风险管理工作相比前两个季度，工作更加深入和细致，公司相关人员对操作风险管理工作的认识和重视逐步提高，操作风险识别、评估和分析等管理能力逐步提高，各项工作逐步进入正轨。

（2）在战略风险方面，公司根据20××年SARMRA检查结果，对战略风险进行了制度上的健全和落实上的深化。在制度健全性方面，公司制定了《××××股份有限公司战略风险管理制度》，梳理了战略规划的制定、实施、评估、考核一系列流程，明确了由投资决策委员会负责公司战略风险管理及战略规划的制定、实施、修改、评估等工作。在制度落实性方面，公司于20××年××月××日召开了首届董事会第六次会议，会议审议了公司20××年度规划评估报告，董事会对20××年年度规划的实施和完成情况进行了全面审议，并对20××年规划的制定提出了建议。根据评估结果和公司实际经营情况，调整了公司三年发展规划，形成了《××××股份有限公司三年发展规划（20××~20××）》，由风险管理部进行独立风险评估，报董事会投资决策委员会、风险管理委员会审议，并于20××年××月××日经首届董事会第十一会议审议通过。

（3）声誉风险管理方面，公司在《××××股份有限公司声誉风险管理制度》等制度和管理办法基础上，更加明确了声誉风险事前评估机制，健全了投诉处理与声誉风险防范联动工作机制，将声誉事件处置情况纳入对部门及高级管理人员的绩效考核体系等。第三季度，公司与专业舆情监测机构的日常合作稳固运行，与运营管理部等部门强化了投诉联动机制，及时、有效化解了网络意见领袖微博车险投诉、天气险投诉等C级（一般声誉事件）舆情危机。此外，本季度公司未发生重大声誉风险事件。

（4）流动性风险方面，公司已修订了《××××股份有限公司流动性风险管理办法》，并上报董事会通过了审批，新的制度中根据公司现状更新了对流动性风险管控的组织机构，细化了相关部门的职责。公司严格落实相关制度，按季度进行流动性风险评估和压力测试。经过测算，在一定压力情景下，公司各项流动性指标亦满足监管要求，流动性风险相对较低；20××年×季度基本情景下、压力情景1和压情景2流动性覆盖率均超过150%，总体符合监管要求。

（五）重大事项

1. 公司省级分支机构有关信息。

根据中国银保监会的相关要求。

2. 公司报告期内保险业务收入前三位产品，如表 6-37 所示。

表 6-37　　　　　　　　保险业务收入前三位产品

序号	产品名称	业务类别	保险业务收入（元）	占比（%）
1				
2				
3				

3. 重大再保险合同。

（1）本报告季度是否签订重大再保险分入合同？（是□　否□）

（2）本报告季度是否签订重大再保险分出合同？（是□　否□）

4. 重大赔付事项（有□　无□），如表 6-38 所示。

表 6-38　　　　　　　　重大赔付事项

赔付原因	赔付金额（含未决估损）（元）

5. 重大投资行为（有□　无□）。

本季度未发生重大投资行为。

6. 重大投资损失（有□　无□）。

本季度未发生重大投资损失。

7. 重大融资事项（有□　无□）。

本季度未发生重大融资事项。

8. 重大关联方交易（有□　无□）。

本季度未发生重大关联方交易。

9. 重大诉讼事项（有□　无□），如表 6-39 所示。

本季内是否存在已经判决执行的重大诉讼？（是□　否□）

偿付能力报告日是否存在未决诉讼？（是□　否□）

表 6-39　　　　　　　　偿付能力报告日未决诉讼情况　　　　　　　单位：元

诉讼对方名称	诉讼原因	诉讼起始时间	诉讼状态	诉讼标的金额	可能发生损失金额

10. 重大担保事项（有□　无□）。

本季度未发生重大担保事项。

11. 其他重大事项（有□　无□）。

本季度未发生其他重大事项。

（六）管理层分析与讨论

1. 报告期内偿付能力变动原因分析，如表 6-40 所示。

（1）季度间偿付能力变动原因分析。

表 6-40　　　　　　　　　季度间偿付能力变动原因　　　　　　　　　单位：元

项目	期末数	期初数	变化值	变化率
认可资产				
认可负债				
实际资本				
最低资本				
量化风险最低资本				
非寿险业务保险风险最低资本				
市场风险最低资本				
信用风险最低资本				
控制风险最低资本				
核心偿付能力溢额				
核心偿付能力充足率				
综合偿付能力溢额				
综合偿付能力充足率				

（2）对变动幅度较大的项目的说明。

①认可资产类。本季度公司保险业务规模迅速扩大，20××年×季度当季保费收入占年累计的××%，保费快速增长导致活期存款、再保险、应收预付款等资产

大幅增长，同时×季度开始有更多的保费收入用于投资，投资资产增加。综合导致认可资产增加。

②认可负债类。认可负债中，由于公司20××年×季度业务规模迅速扩大，各项准备金提取金额增加，导致准备金负债大幅上涨，同时也使应付预收款类负债大幅增长；另外由于投资力度加大，金融负债也有一定程度增加。综合导致认可负债大幅增加。

③实际资本类。实际资本中，由于公司20××年×季度仍处于业务发展阶段，各项费用较高使得亏损增加，净资产减少，从而导致实际资本减少。

④最低资本类。最低资本中，一方面，本季度由于业务发展，保费规模上升，故造成保险风险最低资本增加；另一方面，公司3季度投资资产增加，且投资资产配置中，权益类投资资产占比增加，导致市场风险及信用风险最低资本均有不同幅度的上涨；以上两点综合导致最低资本增加。

⑤偿付能力充足率类。由偿付能力充足率表和以上几点说明可看出，本季度实际资本由于认可负债的大幅增加而有一定程度下降，而最低资本由于业务规模扩大及投资变动而大幅增加，从而导致偿付能力充足率下降。

⑥综合收益类。

无。

（3）审计调整说明。

无审计调整。

（4）偿付能力改善措施。

截至20××年×季度末，公司偿付能力充足率维持较为充足的水平，暂不需要采取改善措施。

（5）资本规划。

2. 对下季度偿付能力状况预测的说明。

（1）对公司偿付能力状况有重大影响的经营活动。

否。

（2）预测假设。

①投资收益率。按照偿付能力编报规则的要求，20××年第×季度，公司计划将主要资金进行委托投资，主要投资于债券市场。在符合监管规定的条件下，通过构建债券投资组合，预计20××年第×季度投资收益率××%左右，2017年全年投资收益率××%左右。

②赔付率假设。公司根据历史经验、未来业务发展规模、管理水平和外部经济环境等因素，预测各业务类别在测试区间内的最终赔付率。最终赔付率基于事故年度预测，直接理赔费用包括在最终赔付率的预测中。最终赔付率假设以报告季度末准备金评估得到的最终赔付率为依据和出发点。基于目前假设，公司赔付率相对比较稳定，各险种基本将维持在现有水平。但受公司现有业务规模影响，也可能会有

较大波动。

③费用假设。公司开业经营时间较短，各项支出本着保证重点、兼顾一般以及勤俭节约的原则，大力支持业务发展。目前公司正处于系统开发及完善、开拓市场、拓展业务、联系客户的发展时期，业务量尚未达到经济规模，预计下一季度的费用水平仍将会偏高。

④新业务假设。公司目前处于业务开拓期，预计保费收入会有较大增长。随着市场推广的逐步深入和渠道的逐步拓宽，预计在未来几个季度内会有较大的保费增幅。保费的险种分布方面，预计未来季度的保费收入主要分布在以下几个险种大类，包括车险、财产险、信用保证保险、责任保险、意外险、短期健康险等。

⑤预测结果。根据公司的发展规划、销售策略、季度预算数据、各项业务假设，预计下一季度公司总资产、业务数量以及其他与最低偿付能力要求相关的各项偿付能力指标均将保持在监管要求的正常值范围内，保险公司预测下季度核心偿付能力充足率、综合偿付能力充足率均为××%，满足中国银保监会对偿付能力充足率的要求。

（七）外部机构意见

（1）本季度偿付能力报告是否经外部机构审核？（是□　否□）

本报告期偿付能力报告未经外部机构审核。

（2）本季度公司是否经信用评级机构评级？（是□　否□）

本季度公司没有信用评级机构评级事项。

（3）外部机构出具的其他独立意见（是□　否□）

本季度公司无外部机构出具的其他独立意见。

（4）报告期外部机构的更换情况

报告期是否更换了为公司提供审计服务的会计师事务所？（是□　否□）

报告期是否更换了出具其他独立意见的外部机构？（是□　否□）

（八）实际资本

1. 实际资本表，如表6-41所示。

表6-41　　　　　　　　　　实际资本表

公司名称：××××股份有限公司　　20××年××月　　　　　　　　　　单位：元

行次	项目	期末数	期初数
1	核心一级资本		
1.1	净资产		
1.2	对净资产的调整额		
1.2.1	子公司权益法调整	—	—
1.2.2	寿险业务应收分保责任准备金账面价值与认可价值的差额	—	—

续表

行次	项目	期末数	期初数
1.2.3	各项非认可资产的账面价值		
1.2.4	以公允价值计量的投资性房地产的公允价值增值	—	—
1.2.5	自用房地产中曾以公允价值计量的房地产的累计评估增值	—	—
1.2.6	对农业保险提取的大灾风险准备金	—	—
1.2.7	财务报表下寿险责任准备金负债的账面价值与偿付能力报告下对应的保险合同负债认可价值和所得税准备认可价值之和的差额	—	—
1.2.8	现金价值保证		
1.2.9	符合核心一级资本标准的负债类资本工具且按规定可计入核心一级资本的金额	—	—
1.2.10	中国银保监会规定的其他调整项目		
2	核心二级资本		
2.1	其中：优先股		
2.2	其他核心二级资本		
2.3	超限额应扣除的部分		
3	附属一级资本		
3.1	其中：次级定期债务		
3.2	资本补充债券		
3.3	可转换次级债		
3.4	以公允价值计量的投资性房地产的公允价值增值	—	—
3.5	自用房地产中曾以公允价值计量的房地产的累计评估增值	—	—
3.6	其他附属一级资本		
3.7	超限额应扣除的部分	—	—
4	附属二级资本		
4.1	应急资本等其他附属二级资本	—	—
4.1	超限额应扣除的部分	—	—
5	实际资本合计		
6	会计净资产合计		

2. 认可资产表，如表6-42所示。

表 6-42　　　　　　　　　　　　　　认可资产表

公司名称：××××股份有限公司　　20××年××月　　　　　　　　　　单位：元

行次	项目	期末数（认可价值）	期初数（认可价值）
1	现金及流动性管理工具		
1.1	库存现金		
1.2	活期存款		
1.3	流动性管理工具		
2	投资资产		
2.1	定期存款		
2.2	协议存款		
2.3	政府债券		
2.4	金融债		
2.5	企业债券		
2.6	资产证券化产品		
2.7	信托资产		
2.8	保险资产管理产品		
2.9	基础设施投资		
2.10	权益投资		
2.11	投资性房地产		
2.12	衍生金融资产		
2.13	其他投资资产		
3	在子公司、合营企业和联营企业中的权益		
4	再保险资产		
4.1	应收分保准备金		
4.2	应收分保账款		
4.3	存出分保保证金		
4.4	其他再保险资产		
5	应收及预付款项		
5.1	应收保费		
5.2	应收利息		
5.3	应收股利		
5.4	预付赔款		
5.5	存出保证金		
5.6	保单质押贷款		

续表

行次	项目	期末数（认可价值）	期初数（认可价值）
5.7	其他应收和暂付款		
6	固定资产		
6.1	自用房屋		
6.2	机器设备		
6.3	交通运输设备		
6.4	在建工程	—	—
6.5	办公家具	—	—
6.6	其他固定资产		
7	土地使用权	—	—
8	独立账户资产	—	—
9	其他认可资产		
9.1	递延所得税资产		
9.2	应急资产		
9.3	其他认可资产		
10	认可资产合计		
11	会计总资产合计		

3. 认可负债表，如表6-43所示。

表6-43　　　　　　　　　　认可负债表

公司名称：××××股份有限公司　　20××年××月　　　　　　　　　　单位：元

行次	项目	期末数（认可价值）	期初数（认可价值）
1	准备金负债		
1.1	未到期责任准备金		
1.1.1	寿险合同未到期责任准备金		
1.1.2	非寿险合同未到期责任准备金		
1.2	未决赔款责任准备金		
1.2.1	其中：已发生未报案未决赔款准备金		
2	金融负债		
2.1	卖出回购证券		

续表

行次	项目	期末数（认可价值）	期初数（认可价值）
2.2	保户储金及投资款		
2.3	衍生金融负债		
2.4	其他金融负债		
3	应付及预收款项		
3.1	应付保单红利		
3.2	应付赔付款		
3.3	预收保费		
3.4	应付分保账款		
3.5	应付手续费及佣金		
3.6	应付职工薪酬		
3.7	应交税费		
3.8	存入分保保证金		
3.9	其他应付及预收款项		
4	预计负债		
5	独立账户负债		
6	资本性负债		
7	其他认可负债		
7.1	递延所得税负债		
7.2	现金价值保证		
7.3	所得税准备		
8	认可负债合计		
9	会计总负债合计		

4. 实际资本评估会计政策与会计估计信息。

（1）资产减值会计政策。

本季度偿付能力编制中所使用资产减值会计政策与财务报告一致。

（2）保险合同负债评估方法、假设、参数以及报告期变更情况。

①未到期责任准备金评估。关于未到期责任准备金的评估，公司使用的计算方法为三百六十五分之一法。公司依照《关于保险业做好〈企业会计准则解释第2号〉实施工作的通知》等监管文件规定计算并扣除首日费用，具体包括手续费、

营业税及附加、保险保障基金、保险监管费、交强险救助基金、分保费用等。

公司对扣除首日费用后的未赚保费准备金进行充足性测试，即在预期赔付的基础上，考虑预期理赔费用和保单维持成本，将费用总额与提取的未到期责任准备金比较，如未到期责任准备金不能承担相应预期赔款费用，对不足部分提取保费不足准备金。其中预期赔付率参照行业经验及公司实际数据谨慎设定，保单维持费用率假设为已赚保费的 15%。

②未决赔款责任准备金评估。已发生已报告未决赔款准备金以系统中理赔人员逐案估计数据为准。已发生未报告未决赔款准备金（IBNR），由于公司数据量有限按照赔付率法进行评估。未来当公司数据积累到一定程度，考虑对部分险种采用链梯法及 BF 法进行评估，以丰富公司准备金评估水平。赔付率参照行业赔付率的基础上谨慎设定，并根据公司实际经验进行调整。

因公司经验数据有限，间接理赔费用准备金采用比例附加的方式进行评估。间接理赔费用准备金为已报告未决赔款的××%加上 IBNR 的××%。

③风险边际、久期及贴现率。根据《关于保险业做好〈企业会计准则解释第2号〉实施工作的通知》等文件要求考虑风险边际。评估未到期责任准备金、未决赔款准备金（赔付率法评估）时选取的风险边际是行业最新测算的风险边际率平均值，其中农险、保证保险以外的非车险未决赔款准备金的风险边际为 5.5%，车险未决赔款准备金的风险边际为 2.5%。农险和保证保险以外的非车险未到期责任准备金的风险边际为 6%，车险未到期责任准备金的风险边际为 3%。对于保证保险，考虑到业务的波动性较大，我们将未到期风险边际设为 15%，未决风险边际设为 10%。

目前公司业务量较小，承保的业务保险期限主要为一年或一年以内，本次采用较简单的假设，即假设未到期责任准备金负债和未决赔款准备金负债的久期均不超过一年，因此，对未来现金流不进行贴现，即贴现率为 0。

（3）其他与财务报告所用会计政策和估计的差异。

本季度偿付能力编制中所使用会计政策与估计与财务报告一致。

（4）重大会计政策、会计估计变更和会计差错更正对实际资本的影响。

本季度没有发生重要的会计政策变更和会计估计变更。

（5）其他。

（九）最低资本

1. 最低资本表，如表 6-44 所示。

表 6-44　　　　　　　　　最低资产表

公司名称：××××股份有限公司　　20××年××月　　　　　　单位：元

行次	项目	期末数	期初数
1	量化风险最低资本		
1.1	寿险业务保险风险最低资本合计	—	—

续表

行次	项目	期末数	期初数
1.1.1	寿险业务保险风险—损失发生风险最低资本	—	—
1.1.2	寿险业务保险风险—退保风险最低资本	—	—
1.1.3	寿险业务保险风险—费用风险最低资本	—	—
1.1.4	寿险业务保险风险—风险分散效应		
1.2	非寿险业务保险风险最低资本合计		
1.2.1	非寿险业务保险风险—保费及准备金风险最低资本		
1.2.2	非寿险业务保险风险—巨灾风险最低资本		
1.2.3	非寿险业务保险风险—风险分散效应		
1.3	市场风险—最低资本合计		
1.3.1	市场风险—利率风险最低资本		
1.3.2	市场风险—权益价格风险最低资本		
1.3.3	市场风险—房地产价格风险最低资本		
1.3.4	市场风险—境外固定收益类资产价格风险最低资本		
1.3.5	市场风险—境外权益类资产价格风险最低资本		
1.3.6	市场风险—汇率风险最低资本		
1.3.7	市场风险—风险分散效应		
1.4	信用风险—最低资本合计		
1.4.1	信用风险—利差风险最低资本		
1.4.2	信用风险—交易对手违约风险最低资本		
1.4.3	信用风险—风险分散效应		
1.5	量化风险分散效应		
1.6	特定类别保险合同损失吸收效应调整	—	—
1.6.1	损失吸收调整—不考虑上限	—	—
1.6.2	损失吸收效应调整上限	—	—
2	控制风险的最低资本		
3	附加资本		
3.1	逆周期附加资本		
3.2	D-SII 附加资本		
3.3	G-SII 附加资本		
3.4	其他附加资本		
4	最低资本		

2. 偿付能力风险监管能力监管评估的各分项得分。

评估项目	得分
基础与环境	
目标与工具	
保险风险管理能力	
市场风险管理能力	
信用风险管理能力	
操作风险管理能力	
战略风险管理能力	
声誉风险管理能力	
流动性风险管理能力	
分值合计	

第七章

职场基本技能

第一节 沟通能力

沟通能力包含表达能力、争辩能力、倾听能力和设计能力，沟通能力看起来是外在的东西，而实际上是个人素质的重要体现，它关系着一个人的知识、能力和品德。

在保险公司里，精算人员要随时做好跟管理层交流的准备，一旦有机会，精算人员要能够在三句话内清晰表达自己的意思，这有助于精算人员快速获得管理层的认可。通常来说，在公司有提升机会的时候，有准备的被管理层认可的精算人员的机会会远高于别人。为了做到这一点，所有的精算人员应充分意识到沟通能力和语言表达能力的重要性。

一般而言，精算人员作为保险公司的技术人员，相比营销人员来说，沟通能力确实不是自己的强项，但是也可以通过锻炼，不断提高自己的沟通能力，尤其应该注意以下方面。

一、与领导会谈

与领导的会谈，要做好记录。领导找你的时候，通常会有比较重要的事情交代，要提前带笔记本，如果记录来不及，可以请领导讲慢一点，这时领导通常不会怪你，反而会认为你比较认真，不确定时请对方再重述一遍，或者自己复述一遍，请领导确认。

二、电话交流

个别人有电话障碍症，一拿起电话就紧张，想好的话都忘记了，这时你可以先把要交谈的内容写下来，不知道如何讲的时候按纸上写的内容读都是可以的，当然最终还是要慢慢锻炼，学会正常的电话交流。

当对方说到重要的事项时要记录下来，以免遗忘，如果纸和笔不在身边的话，可以提醒对方，如：您说的这件事情非常重要，我先拿笔记录一下。碰到重要的事项不明白或者不确定的可以请对方再重述一遍，或者自己复述一遍请对方确认。

切忌快速挂断电话，最好等对方挂断时再挂断，以显示对对方的尊重。

三、重要事项采用书面语言

除了口头的交流之外，也要重视书面的沟通，特别是重要的事项，一定要通过书面沟通进行明确。比如，规章和制度的实施，对于需要将你表达的意见转化成规则或者规定实施的，尽量不要只用语言表达，在跟对方沟通后，需要形成书面的意见并发送给对方，同样的当其他部门要求你按他们的要求制定某些规章或制度时，也请对方给你发送书面的意见，不要仅仅限于语言沟通，避免误会。有时经常会随口说一句你需要怎么修改，但最后修改总是不符合对方的意思，所以最后定稿时尽量请对方出示书面的意见，当然这仅限于同级间的沟通，对于上级如果不提供书面意见的则不能强求，但是要形成书面文件，请领导确认后再实施。

四、电子邮件

（一）电子邮件作为很重要的办公沟通方式，要注意规范使用

1. 标题。经常收到没有标题的邮件，这是很让人难受的事情。邮件一定要写明标题，而且标题最好能让人一眼就看出邮件的目的，如：2016年2季度未决赔款准备金评估报告。

2. 称谓。作为正式邮件，需要加上称谓，如果是总裁室的领导，建议加上"尊敬的赵总裁"；部门领导最好也要加上对方的职务，如"张总或者王经理"；如果是同级的可以直呼其名，或者比较客气地称呼"王兄"等。

3. 内容。邮件的内容尽可能简明扼要地说明发邮件的目的，如果内容太多最好能编辑成附件，并在邮件中简要描述附件的重要内容，如附件为2016年2季度偿付能力报告，可以简要说明"截至2016年2季度末公司偿付能力充足率为523.50%，比上个季度上升5.43个百分点，详见附件。"这样领导就可以一目了然地知道截至2016年2季度末偿付能力充足率的情况，相比上个季度变动如何，如需进一步了解更详细的信息再去看附件。这要比写"2016年2季度末偿付能力报告如附，请查阅"效果好得多。

作为正式的邮件要有问候语和结束语。

（二）作为办公邮件还要注意以下几个方面

1. 语言。目前即时通信软件比较多，产生很多不规范的网络语言和词汇，甚至出现错别字也不在乎，认为只要不影响意思就可以了，但作为正式的邮件一定要养成用书面语言的良好习惯。

2. 群发。尽可能不要用群发或者是全部答复。有时会收到公司统一发送的通知，有的人不清楚通知事项要询问发邮件的人，点了全部答复会把邮件发给所

有人，给其他人造成麻烦。所以除非是办公室、人力资源部等需要通知全部人员的邮件，对群发或者全部答复一定要小心使用，以免把不必要的信息发给其他人。

3. 打草稿。作为正式邮件，建议先打草稿，先写好邮件后再录入收件人地址，防止将未写完的邮件误发出去。

4. 抄送领导。邮件最好要抄送自己主管或者部门领导，这样让领导清楚你在做什么，如果是请求其他部门人员帮忙的邮件，最好也要抄送对方部门领导，这样对方的领导也知道他做了哪些工作。

5. 他人邮件。有时会收到误发的邮件，一看邮件内容就知道不是写给自己的，这是要给对方答复这个事情不是你负责的，请对方重新发送，如果是本部门其他人员的邮件，应该及时转发给同事，以免耽误工作的进展，如有必要也可以提醒对方这个事情由另外的同事负责。

6. 个人邮件。没有特殊情况，最好不要用公司邮箱发送个人邮件。

五、文件修改

我们完成各种报告或者文件最希望一次性完成，领导看完后没有提出任何意见，有个词叫："一稿过"，这是经常写报告的人最希望的结果。但实际上这是不太可能的，一般而言，三次修改都算少的了，十次八次修改也是正常的。

我们经常会收到这样的邮件："根据各部门的意见，我们重新修改了报告，请审阅。"如果是一个简单的报告，我们可能一下就能清楚修改了哪些内容，但如果是一个几十页的报告，我们很难知道改了哪些内容，除非跟之前的版本做一一比较。

为了便于阅读，文件修改时，要说明修改了什么、是怎么修改的、修改的原因，修改的部分可以用不同颜色的字体或者不同的底色突出显示，保留修改痕迹，用备注说明修改的原因，这样便于查阅，也有利于提高工作效率。

六、部门交流

早期精算人员与其他部门人员沟通的情况，就是精算人员能力很强，但是运用了太多的专业词语，以至于其他人员很难理解精算人员在说什么，所以精算人员费了好大劲，别人也不能理解，结果就会出现前面说的情况：精算人员觉得别人不够聪明无法理解自己的意思，别人又觉得精算人员说的怎么跟大家说的不一样，不可理喻。其实归根结底就是沟通的问题，精算人员使用了太多的专业词汇，以至于其他人难以理解，比如经常说："根据三角模型评估结果……"。如果能换成："根据过去的赔付经验，评估结果……"可能更好理解一些。我们的理解是能不用精算词汇的场合尽量少用，如果可以与普通的人员沟通精算知识，那就说明你的沟通能力非常强了，这一点，我们最佩服的是人保财险的前精算总监、现任瑞士再保险公司中国区总裁陈东辉先生，不管有没有精算知识的人听了他的讲课基本都能明白精算是什么意思。大家有机会可以找找看是否有他的讲课课件进行学习。当然各家公司其他部门对精算词汇掌握不一样，这个要靠大家的努力，有机会经常在公司内推广精算知识，会有助于精算工作的开展。

七、行业交流

我们与很多人交流过，精算是一个孤独的职业，一家公司一般只有几个人，但是由于保险行业的快速发展，改革不断，精算人员需要掌握大量的新知识，而且许多知识在书上或者网上是找不到的，这时候只能向同行请教。

参加行业会议是个难得的学习机会，千万不能错过，有些时候我们会有很多问题希望得到别人的指导，但是在参加会议的时候经常不知道如何与对方交流，一方面要多听，了解对方擅长的方面，另一方面要提前做准备，将工作中遇到的问题记录下来，有机会的时候可以向前辈请教，回去后抓紧时间将问题的答案整理一下，不明白的地方再进一步去请教。每次以两到三个问题为好，两三个小问题最好是关联的问题。

通过日积月累的请教，相信你很快也会成为一位精算专家。

八、向同事请教

一般公司其他部门都会认为精算人员学习很厉害，掌握大量的知识，但是作为一名新人，尽管我们通过了多门精算课程的考试，实际上我们所知不多，特别是保险实务知识。这时一定要虚心向其他部门同事请教。

我们认为参加项目小组是最好的学习交流的机会，通常而言，参加各个项目小组的人都是各个部门的精英，对保险实务有深刻的理解。本书作者林锦添也是在参加项目开发的过程中受益匪浅。当他还在人保厦门分公司的时候，厦门分公司非常重视内部报表的开发，在他刚进公司不久，成立了作业矩阵项目开发小组，项目汇聚了各个部门的精英人员，大部分人员都有 15~20 年的保险工作经验，其中有一项很重要的工作就是基础数据的清洗，作为精算人员，我负责该项工作基础数据的比对，说实话，刚开始时，他除了会比对数据之外，其他基本不懂，对各个系统间的数据差异原因基本不清楚，后来通过不断地向同事请教，逐渐熟悉了保险实务和保险业务流程，他对承保、理赔、财务甚至系统流程的熟悉也是从这个时候开始的，这对他日后的精算工作有很大的帮助！

第二节　参加会议

作为重要岗位的精算人员，经常会参加公司或者行业的会议，下面主要介绍参加会议和组织会议的一些重要事项。

一、会议角色

参加会议首先要清楚自己的角色，就是会议与你的关系，你是组织者还是重要相关人员或者是一般的人员，根据会议的目的做好相关的准备工作。

另外，要注意参加会议时，你通常不是代表个人，如果是参加行业会议，你代表的就是公司；如果是参加公司会议，你代表的是部门。从发言到表现，你不仅仅是代表个人，比如，有的人在行业会议上言谈举止不雅观，则大家记住的是某某公司的人员参加会议表现不雅观，影响的是整个公司的形象；参加公司会议，如果一问三不知，大家就会说精算部的人员水平不行。

二、会议目的

对于参加的会议一定要清楚会议的目的，根据会议目的区分会议的重要性，根据会议的重要性进行不同的准备：（1）如会议非常重要，参加完以后就是要按会议要求具体办理某件事情，而且主办人员就是你，则要提前做准备，不清楚的地方会上马上进行确认，而不是稀里糊涂；（2）对于一般的会议要有会议记录，向领导汇报相关事项，如替他人参加的会议要准确传达会议的情况；（3）有的会议不需要你做什么工作，让你去参加会议的目的主要是学习，不需要经办相关事项，有些人认为这些会议与自己关系不大，其实这是个错误的理解，这是个很好的学习机会，参加会议一定是为了未来的工作做准备的。

不管如何，参加会议一定要做好会议记录，我们有深刻的体会，刚到保险公司时，参加会议时会上说的很多事项都听不懂，很多行业术语也听不懂，那时我们不管是否听得懂，基本一股脑儿全记下来，会后再向同事请教，有的在很长一段时间也不懂，但是到后来不断地接触相关工作后把会议记录重新拿出来看才逐渐理解当时记下来的东西。所以刚参加工作的新人参加会议时一定要做好会议纪要，可能现在不了解，但随着工作经验的积累，再拿出来看的时候，也能学到很多知识。而且参加会议做笔记还有另一个好处，就是保持注意力集中。

不管是参加什么形式的会议，最好能养成写会议报告的习惯，就是将会上记录的信息整理成电子报告文档，一方面，用于向领导和相关人员报告；另一方面，也方便以后查询。

三、会议组织

参加工作后，一定会遇到会议组织的，下面介绍的只是日常会议组织的流程和注意事项，如果是大型的会议，公司一般都会有专门的部门负责。会议的组织程序有多种多样，根据会议的规模、形式、所要达到的目的采用不同的组织程序。通常有以下内容。

(一) 会前的准备工作

1. 制定会议方案。就是根据会议要解决的问题和会议目标，对计划召开的会议所做出的总体性规划。

2. 确定会议议题。就是提交会议讨论和拟决定的问题，属会议活动的基本要素之一。

3. 拟订与会人员建议名单。就是会议组织人员根据会议议题的需要确定出席会议人员的名单。

4. 预定会议场所。要开会就要有开会的场所，根据参会的人数和会议种类预定会议的场所。

5. 发出会议通知。就是由会议组织者将即将召开的会议的基本情况、需与会人员提前了解的事宜告知有关方面或个人的行为过程。一般普通的会议可以通过 Outlook 的会议要求项目将会议议题、会议地点、时间和会议内容通知参会者，如图 7-1 所示。

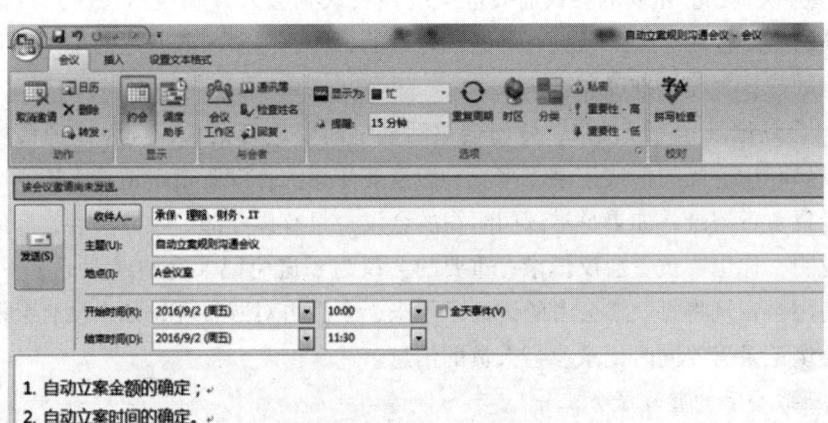

图 7-1 发送会议通知邮件截图

6. 会议回执。如果通过 Outlook 发送会议通知，收到的人员可以通过点击接受按钮接受返回确认的信息，如果没有返回接收的信息，这时会议组织者要跟对方确认是否能参会，如果不能参会要根据参会人员在会议中的重要性，确认是否改期。为了避免此类情况的发生，最好在会议通知之前先与重要的人员确认会议时间。

7. 准备会议材料。会议材料是会议目的、会议内容和会议成果的直接体现，会议材料的撰制是会议组织当中的一项重点工作。会议材料是指整个会议过程中所需要的有关文字材料，包括电子文件和纸质材料，要注意是否需要其他部门配合提供材料的，如需要，则要提前请其他部门提供。

8. 安排会议日程。就是会议的各项活动的具体时间安排。每项议程所需的时间都列明，明确会议议题，避免会议跑题或者拖延时间。

9. 制作座签。就是在会议的各席位上标明就座人姓名的标签，会议座签一般是为一些较高级别的领导人员制作的，一般而言，是在有公司外人员参加或者大型的会议才需要制作，至于公司内部是否需要制作座签，则要看公司对会议的要求。

（二）会议服务

1. 准备会议器材。是否需要准备投影仪、电脑等，需要提前准备，会场灯光、音响、通信、录音和其他公用设备的检查和保障，有的公司需要请信息技术部提前准备，需要提前与信息技术部确认。

2. 贵宾接待。如有外部人员参加，是否需要接送，如需接送，则需要提前安排车辆、获取贵宾的地点信息、预计接送路程所需的时间等；如提前到是否安排到贵宾室休息，都要提前准备。

3. 会场茶水服务。是否需要提供茶水服务，如需提供，也要提前准备。

4. 会议签到。重要的会议需要准确统计会议到会人数和显示会议是否符合法定人数的必要程序，是一项具有严格规定性的工作，需要一些特定的规则。会议签到的规则是：直接、准确和迅速。

5. 会议记录。一般说来，任何会议活动都需要进行记录，都应该把会议的过程和成果利用适当的形式记录下来。一般需要注意的：没有指定记录人员，则会议组织者要负责记录，如果是本部门组织的会议，只有你和部门领导参会，即使没有特别说明，你也要负责会议记录；重要的会议为了避免记录遗漏或者记录不准确，可以使用录音笔将每个参会者的讲话录下来，会后再对照整理；如果没有会议签到表，会议记录需要同时记录参会人员的信息。

（三）会后的整理服务工作

会议召开以后，作为会议的文书工作还有许多的工作要做：（1）向领导和有关部门写出会议情况的报告；（2）根据与会人员提出修改意见，完成在会议上尚未来得及定稿的会议文件；（3）办理会议特定文件的印刷和分送；（4）将会议文件进行整理、立卷、归档或销毁。

（四）会务总结

一次会议能否开好，是否达到了预期的目的，与会议组织和服务工作的水平有着直接的关系，一些重要会议结束以后，负责会务工作的同志，应该及时对整个会议的组织和服务工作进行全面总结，包括会议组织形式、议题安排顺序、发言讨论时间安排是否合理等，以便积累经验，发现不足，从而明确以后搞好同类型会议组织和服务工作的借鉴之处。

上面会议组织的相关事项，基本符合公司内部部门间以及普通的公司之间的交流，当然如果是公司内部会议，有些环节不一定需要，如果是第一次组织会议则可以将相关步骤列表一一确认是否需要并进行落实。

第三节 时间规划

不管是工作、学习还是生活，都离不开时间的限制，如何合理地安排时间，是每个人必备的技能之一。

时间对于每个人来说都是有限的，自古以来就有许多文人对时间发出感叹，"一寸光阴一寸金""少壮不努力，老大徒伤悲"等都是不断提醒我们时间珍贵的名言，如何做好时间规划，将时间价值最大化，每个人都有深刻的理解，下面只是简要从守时、高效和长期计划对时间规划做个简要说明。

一、准时上班的重要性

上班时间不迟到，对于迟到估计每个人多少都经历过，这个与上学迟到有一定的关系，我们上班之后，会发现迟到的总是那些人，总是有各种借口，如：住得太远、交通不便、堵车、天气原因，等等。其实这都不是借口，就是本身没有时间观念造成的。通常，保险公司是8：30或9：00上班，如果说上班时间早，清洁工上班的时间更早；如果说住得远，比比住在河北燕郊到北京市内上班的人；本书作者林锦添实际上上学时也是个迟到大户，因为以前要帮家里人干活，基本上不上早读课，老师说他为什么总是迟到，他说他7点才能干完活，骑车半个小时，7：15早读，怎么可能不迟到呢？所以他一直认为迟到是合情合理的，到后来老师也不管他了。直到上初三的时候，家里不再要求他早上帮忙干农活，由于以前养成了早起的习惯，他6点多就到学校了，是全班第一个到校的，那种感觉真的难以形容。原来他是可以不用迟到的，而且还可以很早就到，后来他总是很早就到学校，充分利用时间学习，学习成绩有很大的进步。所以他一直认为把各种借口作为迟到的理由是站不住脚的，是否迟到取决于个人是否想迟到。

每天上班总是看到行色匆匆、急急忙忙的人，心理总是觉得很有意思：为什么总是有人喜欢赶在最后一分钟到公司呢？一个最好的办法就是把时间调前15分钟，比如8：30上班，你要求自己8：15就能到公司，到了之后通常会比较轻松，倒杯水，擦擦桌子，调整一下心情，轻松地打开电脑，开始一天的工作。即使路上有点小的堵车通常也是不会迟到的。而有的人，总是觉得如果提前5分钟以上到就亏了，好像被公司占了便宜一样，这种人迟到是必然的。

二、扎克伯格的建议

对于时间和任务的安排，我们非常赞同脸书（Facebook）创始人扎克伯格的建议，扎克伯格亲自做了26张PPT，讲解如何提高工作效率，其中大部分涉及对工作时间的合理安排，整体而言主要包括工作要区分重要性，将大的任务分解成小的任务，做比想更好，工作的时候要集中精力，工作的间隔要注意休息。下面列出了 26 张 PPT 的中文翻译，供大家参考，原版的材料大家可以上网搜索。

1. 时间常有，时间在于优先。
2. 时间总会有的：每天只计划 4～5 小时真正的工作。
3. 当你在状态时，就多干点；不然就好好休息。有时候会连着几天不在工作状态，有时在工作状态时却又能天天忙活 12 小时，这都很正常的。
4. 重视你的时间，并使其值得重视：你的时间值 1,000 美元/小时，你得动起来。
5. 不要多任务，这只会消耗注意力，保持专注，一心一用。
6. 养成工作习惯，并持之以恒，你的身体会适应的。
7. 在有限的时间内，我们总是非常专注并且有效率。
8. 进入工作状态的最佳方式就是工作，从小任务开始做起，让工作运转起来。
9. 迭代工作，期待完美收工会令人窒息："做完事情，要胜于完美收工"。动手做，胜过任何完美的想象。
10. 工作时间越长，并不等于效率越高。
11. 按重要性工作，提高效率。
12. 有会议就尽早安排，用于准备会议的时间往往都浪费掉了。
13. 把会议和沟通（邮件或电话）结合，创造不间断工作时间：一个小会，也会毁了一个下午，因为它会把下午撕成两个较小的时间段，以至于啥也干不成。当看到一个程序员冥思苦想时，不要过去打扰，甚至一句问候都是多余的。
14. 一整天保持相同的工作环境。在项目/客户之间切换，会效率低。
15. 工作—放松—工作 = 高效（番茄工作法）

注：番茄工作法是弗朗西斯科·西里洛于 1992 年创立的一种相对于 GTD 更微观的时间管理方法。使用番茄工作法，选择一个待完成的任务，将番茄时间设为 25 分钟，专注工作，中途不允许做任何与该任务无关的事，直到番茄时钟响起，然后在纸上画一个 × 短暂休息一下（5 分钟就行），每 4 个番茄时段多休息一会儿。

16. 把不切实际的任务分割成合理的小任务，只要每天都完成小任务，你就会越来越接近那个大目标了。
17. 从来没有两个任务会有相同的优先级，总会有个更重要，仔细考虑待办事情列表。
18. 必须清楚白天必须完成的那件事，是什么，只去做那件有着最大影响的事情。
19. 把任务按时间分段，就能感觉它快被搞定了。
20. 授权并擅用他人的力量。——君子善假于物（人），如果某件事其他人也可以做到八成，那就给他做！

21. 把昨天翻过去，只考虑今天和明天，昨天的全垒打赢不了今天的比赛。
22. 给所有事情都设定一个期限，不要让工作无期限地进行下去。
23. 针对时间紧或有压力的任务，设置结束时间，万事皆可终结。
24. 多记，多做笔记。
25. 想法、新点子，等等。如果你把它们记下来，它就不会再蹦来蹦去了。
26. 休息，休息一下。

三、长期与短期

对一年、一个季度、一个月、一周、一天的工作安排都要有所规划，一年看起来很长。但实际上不长，由于精算工作或者说保险公司经营都是有时间规律的，大部分的工作安排是以季度为主安排工作的，所以时间规划并不难，有了整年的时间规划，再做一个月的、一周的、一天的工作计划就简单很多，无非就是把工作进一步细分。有些时候我们会发现一天下来无所事事，就是因为没有对时间有明显的规划，建议可以使用的时间计划工具：Outlook中的日历或者手机的日历安排，当你不知道要做什么的时候，看看日历就知道做什么了，甚至确实当天已经没有安排了，也可以把后面可以提前的工作先做了。

总之，每天都要有所作为，每天至少完成一件工作，或者推进一项工作的进展，这样每天都会有所进步。

第四节　工作流程编写

精算工作有一个好处就是在时间上工作基本按季度分布的，包括准备金工作、偿付能力工作等。所以一般工作都是按季度编制即可，当然也是这个原因导致大部分精算人员在季度初会比较忙，如果工作安排不好，很容易措手不及，所以这也要求精算人员能合理安排时间，季度初该做什么，季度末该做什么。如准备金评估、偿付能力编报一定是季度初完成，所以在季度初，负责准备金评估和偿付能力编报工作的人员就不能再安排其他重要的工作，一般而言，大类工作可以考虑按下面的时间安排。

(1) 如季度初：准备金评估、偿付能力报表编报、偿付能力报告编制；
(2) 季度中：产品定价、准备金报告编制、准备金结果分析；
(3) 季度末：为下个季度的工作提前准备，如评估模型更新、偿付能力报表更新、估损偏差率分析、相关基础数据收集等。

上面只是个例子，主要是针对中小公司人员较少的情况，有的大公司有几十个精算人员，每个人各负责一小部分工作。但都可以进行借鉴，把自身的工作细分到合理的时间，有助于理顺工作思路、提高工作效率。

一、工作流程项目

工作流程的编写有助于工作时间的合理安排,采用工作进程表的编写方法,主要内容包括项目名称、达成的目标、工作内容、时间计划、责任人和相关部门等要素。这样可以一目了然地知道什么时候做什么事情,应该做到什么程度。

(一)项目名称

描述了该项目的大类,是属于什么工作范围的。

(二)达成目标

就是说明该项目需要将工作做到什么程度,如果可量化的最好进行量化,如表7-1所列,第几天完成什么事项,这样才能清楚地知道工作需要做到什么程度。表7-1只是列出了部分工作。

表7-1　　　　　　　　　　　年度计划

	重点实施项目	达成目标	工作内容（为了达成目标的重要措施）	2016年 1月	2月	3月	4月	5月	6月	7月	8月	9月	10月	11月	12月	责任人	相关部门
1	准备金管理	按期完成准备金评估,并对准备金偏差进行管理														张三	信息技术部、财务部、承保部门、理赔部门
	准备金评估	按期准备金评估,确保准备金回溯有利发展,且偏差率不超过10%	进一步改善基础数据提取工作;完善优化准备金评估模型;分析估损偏差率和报立案等相关数据对准备金评估的影响;及时更新自动立案案均赔款数据(每年至少2次)				◇			◇			◇				

(三)时间计划

精算工作非常好的地方就是在时间上工作基本按季度分布的,包括准备金工作、偿付能力工作等。所以一般工作都是按季度编制即可,当然也是这个原因导致大部分精算人员在季度初会比较忙,如果工作安排不好,很容易措手不及,所以这也要求精算人员能合理安排时间，季度初该做什么，季度末该做什么。如准备金评估、偿付能力编报一定是季度初完成，这样其他时间安排什么工作至关重要。

（四）责任人

负责该项工作的具体人员，这个不必细述。

（五）相关部门

这也是很重要的，通常需要提前与相关部门进行沟通，如准备金评估，需要提前与信息技术部和财务部确认相关数据提供的时间，需要提前与承保部门和理赔部门了解相关的承保和理赔政策的变动情况。如相关部门有指定人员，也可以直接写上相关部门人员的名字，这样其他同事接手的时候，也方便具体联系相关部门人员。

二、年度计划编写

如准备金评估计划的编写：

1. 明确目标，确保准备金有力发展且有力偏差不超过10%；
2. 工作内容，为达成目标需要采取的重要措施，如改善基础数据提取工作、完善准备金评估模型、及时更新自动立案均赔款数据等；
3. 在每个季度的第一个月完成相关工作；
4. 责任人和相关部门。具体如表7-1所示。

滚动计划编写，就是按时间的推进滚动编写工作计划，建议滚动4个季度，如2015年底，编写2016年的工作计划，到了2016年6月底，可以编写2016年7月~2017年6月的工作计划，这样到2016年底自动形成2017年的计划，这样可以非常清晰地知道自己未来一年的工作任务。

三、项目计划编写

工作表的编写详细程度视情况而定，通常年度的工作计划无须太详细，而对于项目的计划最好是越详细越好。一般我们的建议是，不管是什么计划，包括年度计划、部门计划、个人工作计划、项目计划等最好能一页纸放下，这样也可一目了然。年度计划或者部门计划可以只列出条条纲纲，项目性的工作越详细越好。

表7-2是一个项目工作计划表的一部分，主要内容包括项目名称、工作内容、时间进度、负责人、协助部门和注意事项，作用同上，不再一一细述。

从上面可以看出，我们可以分别对长期计划和短期计划编写工作流程，在编写工作流程时，我们要注意对没有按时完成的工作进行标识，同时要采取补救措施，以确保工作计划按时完成。我们可以用线段表示时间进度，看看什么工作没有按时间完成，如表7-3所示，用实线折线表示工作进度，我们看到在6号晚上附表三没有按计划完成，工作进度只到 6 号下午的安排进度，这个时候需要确认未完成的原因，并采取补救措施，确保在 7 号早上能完成。

表 7-2　　　　　　　　　　项目计划

项目	序号	工作内容	4号上午	4号下午	4号晚上	5号上午	5号下午	5号晚上	6号上午	6号下午	6号晚上	7号上午（周六）	7号下午（周六）	7号晚上（周六）	负责人	协助部门
采集费率报告附表数据时间计划表	1	数据拟合		提供拟合结果 →											张三	信息技术部
	2	附表一								拟定初稿		校对、定稿			张三	车险部
	3	附表二_1														
	4	附表二_2														
	5	附表三				内部讨论 →		拟定初稿		校对、定稿					张三	财务部
	6	附表四					内部讨论	拟定初稿		校对、定稿					李四	

表 7-3　　　　　　　　　　项目进度

项目	序号	工作内容	4号上午	4号下午	4号晚上	5号上午	5号下午	5号晚上	6号上午	6号下午	6号晚上	7号上午（周六）	7号下午（周六）	7号晚上（周六）	负责人	协助部门
采集费率报告附表数据时间计划表	1	数据拟合		提供拟合结果 →											张三	信息技术部
	2	附表一								拟定初稿		校对、定稿			张三	车险部
	3	附表二_1														
	4	附表二_2														
	5	附表三				内部讨论 →		拟定初稿		校对、定						财务部
	6	附表四					内部讨论 →	拟定初稿		校对、定稿					李四	

编写工作计划表的要点有两个方面：一是便于工作负责人和项目参与者了解工作进度，由于工作的分工越来越细，一项工作通常需要其他部门或者人员配合，有了工作计划表，参与的各方和领导都能一目了然地清楚自己的工作职责和工作进程；二是便于工作交接，对于编制工作计划表还有一个好处，就是便于工作交接，当你将某项工作交给另一个人时，可以让接受的同事清楚地知道你的工作包括哪些内容，进度如何，需要哪些部门配合，需要注意什么事项，这样不需要手把手地交代工作。只要把工作进程表发给同事，简单交代即可。

第五节　重要事项处理

我们先说一个故事，2008 年 9 月 15 日美国第四大投行雷曼兄弟宣布申请破产保护，这是大家都熟知的事情，但是雷曼兄弟本可以不破产的，2008 年 9 月 13 日傍晚6时左右，当巴菲特准备出门参加加拿大埃德蒙顿的一个社交活动时，他接到了英国第三大银行巴克莱银行主管鲍勃·戴蒙德的电话。当时，戴蒙德正打算抄底收购"雷曼兄弟"，但他在英国政府那里遇到了困难，因此他希望巴菲特能提供担保，以便推动交易顺利进行。急于出门的巴菲特当时表示，这个交易计划听起来过于复杂，他很难通过一个简短电话搞清楚。于是让戴蒙德把具体交易计划通过传真发给他，但当巴菲特午夜时分回到酒店房间的时候，并未收到传真。两天后，有着158年历史的"雷曼兄弟"银行宣告破产。大约10个月以后，有一天巴菲特不经意地询问女儿苏珊，自己手机屏幕上的一个小图标代表了什么。结果，不谙手机基本功能的他竟被告知，这正是那天晚上巴菲特一直等待的来自戴蒙德的语音邮件！2009年9月15日，巴菲特在《财富》杂志举行的一次会议上首次承认，他错过了一条有关收购雷曼的重要手机信息，并表示："千万不要通过手机来联系我。"

通过上面的故事，我们要说的就是：重要的事情当面说清楚，而且后续进展要持续跟进并经过确认。

一、重要事项的沟通方式

现在越来越多的通信工具给大家的生活和工作都带来了巨大的便利，但有时也给大家带来了烦恼，如果按重要性给交流方式排序，我们认为应该是：当面交流、视频和电话、邮件和短信、内部即时通信工具、微信QQ等，现在越来越多的年轻人喜欢用即时通信工具和微信等，经常通过这些软件给对方发信息和文件，但这毕竟不算是正式的工作通信工具（除非公司明确表明认可相关的信息），很多人可能没有随时即时通信工具的习惯，特别是公司领导，不可能一直去看这些即时信息，所以重要的信息最好不要通过这些工具发送，主要的坏处是不容易保留，如可能一段时间后会就会被清除，所以我们都告诉同事重要的文件用邮件发送，即使通过这些工具发送也要确认对方是否收到，如发出询问或者用其他工具通知对方查收。另外需要注意的是：对于重要的事项，即时通信工具的讨论结果不能作为结论，工作中经常发生的误会就是一方说你已经同意某项事情了，一方说没有，就是有的人把即时通信工具的讨论作为正式结果，一方只是作为讨论而已。比如说"好"字可能是即时通信工具用得最多的字眼了，但"好"可能表示同意，也可能只表示对方知道这个事情了。经常发生的事，如：一方发了一个文件给对方确认，这个事情你看看是否可以。对方回复：好。是表示可以，还是表示已经收到文件了，知道有这件事情了，所以需要对方明确答复的最好用正式邮件或者OA等方式。

我们一直认为重要的事项要当面说清楚，最好也要电话沟通。当然对于需要留下记录的最好通过正式的会议纪要、OA或者邮件回复等有据可查的方式，以免空口无凭。

具体采用何种方式，大家根据便利程度和重要程度进行使用。

二、重要事项的跟进

对于重要的事项，特别是突发事件，或者叫紧急事件的处理，我们认为：一定要让领导知道，让相关人员知道，随时报告进展情况（如按天汇报，有需要的时候甚至按小时汇报），不要通过简单的通信软件、短信、邮件等工具，至少要打电话或当面说清楚。

比如，有个上报中国银保监会的报告需要公司领导总裁签发，第二天报送中国银保监会，由于主管要出差，交代经办人员，待第二天总裁签发后报送中国银保监会。第二天到公司后，经办人员很重视这个事情，一会儿就打开OA看看总裁是否签发了；等到11点还未看到总裁签发，这时经办人员有点着急，去问总裁秘书，总裁是否在公司，答复总裁出去外面，下午会回来，因为下午回来签发还来得及，这时经办人员就想等下午领导回来看了OA就会签发；到了下午3点经办人员再次看OA发现领导还未签发，这时更着急，与办公室秘书确认，说领导在会客，没时间处理，稍后应该会处理；到了4点，再次跟办公室秘书确认，说领导有急事出去了。这时经办人员慌张了，赶紧打电话向主管求救，主管赶紧打电话向总裁汇报，结果被总裁批评了一番，后面总算在下班前把报告报出去了。

由于公司高管比较繁忙，很多公司发生类似上面的情况，这时就是涉及紧急事情的处理，上面的事项跟进如果换一种处理方式可能就很轻松，第二天上午一上班，经办人员先跟总裁秘书确认行程，知道总裁上午不到公司，向主管汇报情况；主管与总裁联系，简要汇报报告事项并说明上报时限，总裁远程办公签发文件。

所以出现紧急事项，跟预想的情况不一样的时候，一定要向领导汇报，而且最好是当面或者电话说明。

第六节 执 行 力

作为一个个体，对于一件事情，每个人都会有不同的理解，对于每个行动，每个人也会有不同的理解，但是作为一个企业，必须要求所有的员工达成统一的思想和行动，才能达成公司的经营目标。要让员工达成统一的思想和行动，就要求员工有良好的执行力。

执行力是指有效利用资源、保质保量达成目标的能力，指的是贯彻战略意图，完成预定目标的操作能力。是把企业战略、规划转化成为效益、成果的关键。执行力包含完成任务的意愿，完成任务的能力，完成任务的程度。对个人而言，执行力就是办事能力；对团队而言，执行力就是战斗力；对企业而言，执行力就是经营能力。简单来说就是行动力。

我们经常看到领导表扬某些人执行力比较强，有些人执行力比较差。有些人可能觉得比较冤枉，认为领导的能力不足，经常让自己做一些无法理解的事情，或者不合情理的事情。这其实从某方面来说不仅是你的执行力有问题，而且还是你自作聪明，我们认为应该做的事情领导觉得没那么重要，而有些不足轻重的事情，领导又觉得很重要；有些事情我们觉得这样做比较好，而领导又认为那样做比较好。其实从某个方面来讲都没有太大问题，只是出发点和所在的位置不同导致的。通常而言，领导掌握的信息更多、立场更高、经验更丰富，所以做出的决定更加符合公司的整体发展要求。

如果领导的指示不能得到贯彻，则公司不能正常发展。试想一下，一家公司每个人都按自己认为的正确方式办事情，按自己的理解办事情，那会是什么样的一家公司，比如说：现在大家比较困惑的事情，就是规模与效益，作为精算师来讲，通常认为效益是第一位的，但从公司发展的角度来说要看公司的战略布局，是先做大规模还是先做好效益，这个看公司整体的布局出发。不能按个人的理解办事。而且不同的阶段会有不同的要求。所以不要随意按自己的意愿办事，也不要在背后议论公司的决策。

总而言之，不要随意更改领导的指示，不要随意按自己的意愿办事情，除非你能说服领导，否则作为一位新人按领导的指示办理事情即可。不理解的事情也可以找领导问清缘由，不确定的事情，进一步找领导确定，确实按领导的意思办理即可。

正如作者以前也很难理解中国银保监会的一些规定，但经过与撰写规定的人了解情况之后，才理解相关规定制定的背景和缘由。所以不能因为不理解、不明白、不同意而不按规定执行。

第七节　工作态度

态度影响我们的行为，而心态左右我们的意识。意识决定行为，心态决定你的态度。一个心态非常积极的员工，无论他从事什么工作，他都会把工作当成是一项神圣的天职，并怀着浓厚的兴趣把它做好。而一个心态消极甚至扭曲的员工，只会把工作当成累赘，当成让自己不快乐的源头，当成敌人一样地去对待。态度决定命运，气度决定格局！当我们思考人生如何走向成功的时候，必须潜到人生的水面下去，从关心根和本着手。

美国石油大王洛克菲勒，在写给儿子的一封信中这样说："如果你视工作为一种乐趣，人生就是天堂；如果你视工作为一种义务，人生就是地狱。"工作态度决定了人生的高度。

由于精算岗位是个比较累的岗位，通常工作强度和压力也是比较大的，工作量比较多，所以有时候我们经常会认为精算岗是否应该获得更高的报酬，但这最终需要由市场供需关系决定。

在考虑报酬之前，我们应该端正工作态度。近期微信圈流传着：挣不到钱先挣经验，挣不到经验先挣经历的说法。所有的工作都是这样的，不要抱怨工资太低，不要抱怨工作太多。如果反过来说：公司花时间培养你，都没找你要培训费，还给你发工资，这已经很不错了。

不要与其他部门对比。有些人认为其他部门的人工作很轻松，压力没有我们大，工作效率没有我们高。如果有这种想法，那做什么工作都会有这种想法，实际上所有的岗位都是有事可做的，公司不会养无所事事的人，只是不同的岗位工作性质、工作内容、工作时间可能有所不同。比如说公司的司机，我们经常看到司机好像没什么事情，有时候经常看到他们上班时间看报纸，但是实际上他们起得更早、回得更晚、晚上、周末经常要加班，在你休息的时候人家还在工作。确实可能有个别岗位比较轻松，但是这些岗位基本没有什么上升空间。所以当你觉得别人很轻松的时候，你只要做一个假设，你跟他换你愿意吗？如果不愿意，那还是老老实实地做好自己岗位的工作吧。

第八节 协作能力

协作是指在目标实施过程中，部门与部门之间、个人与个人之间的协调与配合。协作应该是多方面的、广泛的，只要是一个部门或一个岗位实现承担的目标必须得到的外界支援和配合，都应该成为协作的内容。一般包括资源、技术、配合、信息方面的协作。

对于公司员工而言，协作能力实际上主要是指团队协作能力，是指建立在团队的基础之上，发挥团队精神、互补互助以达到团队最大工作效率的能力。对于团队的成员来说，不仅要有个人能力，更需要有在不同的位置上各尽所能、与其他成员协调合作的能力。团队协作能力除了团队分工外，每个人都应该以整体性视角看待工作中的协作，主动给予支持及寻求支援，推动目标实现。主要关注以下几个方面。

一、重视团队利益

1. 意识到只有成就了团队才能成就自我，将团队放在首要位置。
2. 主人翁意识，把集体的事情当成自己的事情来对待，要求自己先主动做。
3. 意识到团队利益实现依赖于成员共识，主动在公开场合表达这一观点。

二、建立信赖关系

1. 重视合作伙伴在共同工作中的价值，强调"我们"而非"我"做了什么。
2. 真诚表达自身对他人的尊重和认可，拉近彼此关系。
3. 一旦确定业务内容，要求自己先做而非等到他人率先开展。
4. 表达对目标达成的乐观态度，为业务伙伴加强信心。

三、主动支持与配合

1. 高效率高质量地完成自己所负责的工作。
2. 邀请合作成员就开展的工作提供建议及支持。
3. 察觉到工作伙伴的困难或需求，在力所能及的范围，能主动提供支持和帮助。
4. 帮助他人就是帮助自己，不要认为是帮助别人完成工作，实际上是帮助自己完成自己的工作。

四、提供反馈

1. 针对合作成果定期进行工作总结。
2. 在合作成员提出咨询时，能积极提供建设性反馈。
3. 在合作过程中能客观传递自己的观察结果，主动提供反馈意见。
4. 共同制订改善计划，提供合作效率。

五、主动承担责任

1. 团队协作不可能一帆风顺，出现问题时主动承担责任。
2. 寻找自身原因，分析问题时不要总找客观原因或者别人的问题，每个人都只分析自己的原因。
3. 即使只有10%的责任，也只分析自己10%中的不足之处，而不是一味指责他人。

第九节 从更高层次想问题

这个实际上涉及个人成长空间的问题，就是思考一件事情，是否能站在更高的高度想问题。借用一句名言就是：不想当将军的士兵不是好士兵。但是想当将军的士兵千千万，成为将军的只有几个，实际上还少了如何实现的问题。只是想成不了将军的，还要思考如何成为将军，其第一步就是从将军的角度思考问题。所以我们增加一句话：没有从将军的角度思考问题的士兵成不了将军。

就是作为一名普通员工，要从你的上级领导的角度出发思考问题，如碰到一件事情，你应该思考，如果你是室经理（有的公司称为处长），你会如何处理这件事情。不断地从更高的层次出发，思考问题，会促进一个人不断成长，而且也会促进一个人不断地学习，明确目标，有长远的职业规划。

思考问题的角度决定了你的高度，如果你经常从主管的角度思考问题，未来你就很可能成为主管；如果你经常从部门领导的角度出发思考问题，未来你就很可能成为部门负责人；如果你经常从公司领导的角度出发思考问题，未来你就很可能成为公司高管。

第八章
工 作 方 法

第一节　问题清单管理法

　　工作中我们会运用到很多工作方法，这些工作方法形成了我们分析问题、解决问题的习惯和步骤，但我们很少有人对工作方法进行标准化，即对特定的事项采用特定的工作方法，或者对某项工作明确采用某种工作方法。工作方法标准化会有助于我们提高发现问题、分析问题和解决问题的能力和效率。下面结合个人经验介绍几种工作中常用的方法，包括问题清单管理法、SWOT、5W1H、鱼骨图分析方法和 PDCA 法，这些方法都是比较成熟的方法，数量掌握这些工作方法对提升个人的综合能力有极大的帮助。

　　管理学中提到了"问题清单"和"清单式管理"，问题清单是指一个组织建立的所面临的问题或需要解决的问题列表；清单式管理最初是为了配合《ISO9001 中国式质量管理》的实施、由日出东方管理咨询有限公司首创而推出的支持性管理工具，由于它突出了全面提醒、细节提醒等特点和简单实用，后来慢慢延伸至推广至整个项目管理并渗透企业管理的方方面面，被越来越多的管理层所接受。

　　目前暂未查到"问题清单管理法"这种提法，只是结合个人的工作经验，认为"问题清单管理法"这种提法比较贴切，其实质的管理方式与清单式管理基本一致，就是将问题按清单的方式罗列出来，但与清单式管理差别的地方，"问题清单管理法"主要的着重点在于提出问题和解决问题，这边的问题指的是广义的问题，就是指需要解决的事项和完成的工作。

　　问题清单管理法的步骤包括问题列示、问题排序、问题解决和回溯等。

一、问题列示

　　将需要解决的问题按清单的形式罗列出来，在问题罗列的时候，可以不分重要性、不分完成期限进行列示，只要是待解决的事项都可以列出来，列示的问题需要包含的信息主要有以下几个方面。

　　1. 问题类别：便于进行分类管理，注意问题分类最好不超过 10 类，否则容易引起混淆，如果确实类别太多，可以进行多重分类；

  2. 内容：简要描述问题的内容，也就是需要完成的事项；

  3. 解决方法：采用何种方法可以解决问题、完成该项工作；

  4. 重要性：根据该项内容重要性确定重要性级别：如非常重要、重要、一般、不重要；需要注意的是同样的问题对于不同的人员重要性级别可能是不同的，如 3 季度准备金评估对于部门负责人的重要性可能一般，但对于负责准备金评估的具体人员，则重要性只要放在重要的级别；

  5. 完成期限：即问题解决的最后时间，这边需要注意的是完成期限要按自己完成的期限确定，而不是完成所有审批流程的期限，如偿付能力报告，按中国银保监会规定在 25 日前上报，但对于负责编报的人员则需要把时间提前到 18 日；

  6. 注意事项：简要说明需要注意的事项，如需要经过总裁审批等；

  7. 配合部门及人员：列明完成工作需要配合的部门和人员，对于公司内部来说最好是能落实到具体的人员或岗位；

  8. 完成情况：可以用不同符号表示完成的情况，如用"◎、○、△、×"分别表示"完成很好、完成、不够好、未完成"；

  9. 改善措施：对于完成情况为"不够好和未完成"说明需要改善的措施。

  表 8-1 简要列示了几个问题。

表 8-1　　　　　　　　　　　　问题清单表

序号	问题类别	内容	解决方法	重要性	完成期限	注意事项	配合部门及人员	完成情况	改善措施
1	准备金评估	2016 年 3 季度准备金评估	评估	一般	2016 年 10 月 31 日		财务、再保业务、理赔	用 ◎、○、△、× 表示完成程度，并简要说明	对于完成情况为 △、×，说明改善的措施
2	准备金入账	年底准备金入账后，如果跟评估差异很小，是否需要调整？	询问同行	重要	2016 年 11 月 30 日				
3	偿付能力报告	2016 年 3 季度偿付能力报告	编报	非常重要	2016 年 10 月 18 日	管理人员签字	偿付能力工作相关部门		
4	车险定价	完成贵州车险费率方案并上报审批	编报	非常重要	2016 年 12 月 15 日		贵州分公司、业务、理赔		
5	偿付能力制度	修订公司《偿付能力管理办法》	修订	非常重要	2016 年 9 月 30 日	董事会审批	偿付能力工作相关部门		

二、问题排序

根据问题的重要性和紧急性进行顺序排列,可以用评分的方式进行排序,如按重要性级别给予不同分数,如非常重要 4 分、重要 3 分、一般 2 分、不重要 1 分;按紧急性给予不同分数,如非常紧急 4 分、紧急 3 分、一般 2 分、不紧急 1 分,对于紧急的程度可以用时间期限与现在时间的对比进行衡量,如以周为单位进行划分,最后一周非常紧急、最后 2 周紧急、最后 4 周一般等。

把重要性和紧急性的分数相加,得分高的优先进行解决,如假设现在时间是 2016 年 10 月 15 日,对上面问题进行评分如表 8-2 所示。

表 8-2 问题排序表

内容	重要性	完成期限	重要性分数	紧急性分数	合计得分
2016 年 3 季度准备金评估	一般	2016 年 10 月 31 日	2	2	4
年底准备金入账后,如果跟评估差异很小,是否需要调整?	重要	2016 年 11 月 30 日	3	1	4
2016 年 3 季度偿付能力报告	非常重要	2016 年 10 月 18 日	4	4	8
完成贵州车险费率方案并上报审批	非常重要	2016 年 12 月 15 日	4	1	5
修订公司《偿付能力管理办法》	非常重要	2016 年 9 月 30 日	4	4	8

根据评分结果"2016 年 3 季度偿付能力报告"和"修订公司《偿付能力管理办法》"都是 8 分,需要优先解决,当然我们会发现"修订公司《偿付能力管理办法》"实际上已经过了最后期限,正常情况下应该已经完成了,如果没有完成,则需要查明未完成的原因,并进行改善。

需要注意的是问题的重要性和紧急性在不同的状态下可能会发生变化,如开发一个新产品,因为保费规模不大,需求也不急,原来希望半年后进行开发,但因为客户需求提前了,并且明确能给公司带来较大的保费规模和效益,这时重要性和紧急性就会明显提升。

三、问题解决

每天根据排序解决最重要最紧急的问题,由于一个人的精力有限,最好是一天集中精力做一件事情效率最高,除非有特殊情况,否则每天解决的问题不超过 3 项。

如果发现每天需要解决的事项超过 2 项,就要检查一下事项安排是否合理,尽量错开。

问题解决后最好简要写一下完成情况，便于后续跟踪及改善。

四、回溯

过一段时间后，对该段时间内解决的问题进行回溯，包括问题的解决方法、时间安排的合理性和是否有进一步改善的空间，以及下一次列类似问题的解决方式进行回溯，不断提高解决问题的能力和效率。

五、问题的过程管理

建议用 Excel 对问题清单进行管理，用 Excel 的好处是便于查阅、问题排序和总结，如问题的重要性和紧急性评分可以通过 Excel 编辑公式得到（具体的方法可以参照后面 Excel 的介绍），后续还可以进行归类分析等。

问题的提出不同太拘泥于形式和时间，一想到就可以添加到问题清单中，不一定要等到非常完善才添加，问题提出后过一段时间有新的想法也可以不断地完善，包括问题的归类、问题内容描述、重要性、完成期限等可以随着时间的推移进行调整。

对于问题清单管理法除了对日常工作事项进行管理外，还可以扩展到对项目的管理，如一个项目需要完成哪些工作、需要注意什么事项、需要哪些人员进行配合等到，这在后面也会有相应的介绍。

六、优点

使用"问题清单管理法"具有简单易行、工作充实、有条不紊等优点。

1. 简单易行。使用清单式管理，不管是大的问题还是小的问题，都可以包含进来，无须太多技巧和方法，特别适合新员工对工作事项的管理。

2. 工作充实。以前经常有新员工在完成领导布置的工作后，不清楚下一步要做什么，采用问题清单管理法的另一个优点是便于管理自己的工作事项，紧急重要的事情完成了，可以根据问题清单，解决不紧急不重要的时限，不会出现工作空白、无所事事的情况。

3. 有条不紊。随着对问题清单管理法的熟悉，对于重要的事项通常能提前较长的时间提出，因为已经提前安排了工作，不会经常处于手忙脚乱的情况，如清单的事项可以是一周后要解决的问题，也可以是一个月后，甚至是一年后才需要解决的问题。

第二节　SWOT 分析法

SWOT 分析法是大家比较熟悉的工作方法，SWOT 分析法是用来确定企业自身的竞争优势、竞争劣势、机会和威胁,从而将公司的战略与公司内部资源、外部环境有机地结合起来的一种科学的分析方法。

一、SWOT 方法介绍

所谓 SWOT 分析,即基于内外部竞争环境和竞争条件下的态势分析,就是将与研究对象密切相关的各种主要内部优势、劣势和外部的机会和威胁等,通过调查列举出来,并依照矩阵形式排列,然后用系统分析的思想,把各种因素相互匹配起来加以分析,从中得出一系列相应的结论,而结论通常带有一定的决策性。

运用这种方法,可以对研究对象所处的情景进行全面、系统、准确的研究,从而根据研究结果制定相应的发展战略、计划以及对策等。通常在白纸上分成4个区域,分别代表 SWOT,如图 8-1 所示。

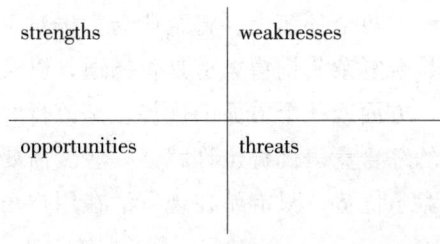

图 8-1 SWOT 布局图

S(strengths)是优势、W(weaknesses)是劣势,O(opportunities)是机会、T(threats)是威胁。按照企业竞争战略的完整概念,战略应是一个企业"能够做的"(即组织的强项和弱项)和"可能做的"(即环境的机会和威胁)之间的有机组合。

SWOT 分析方法从某种意义上来说隶属于企业内部分析方法,即根据企业自身的既定内在条件进行分析。SWOT 分析有其形成的基础。著名的竞争战略专家迈克尔·波特提出的竞争理论从产业结构入手对一个企业"可能做的"方面进行了透彻的分析和说明,而能力学派管理学家则运用价值链解构企业的价值创造过程,注重对公司的资源和能力的分析。

SWOT 分析,就是在综合了前面两者的基础上,以资源学派学者为代表,将公司的内部分析(即20世纪80年代中期管理学界权威们所关注的研究取向,以能力学派为代表)与产业竞争环境的外部分析(即更早期战略研究所关注的中心主题,以安德鲁斯与迈克尔·波特为代表)结合起来,形成了自己结构化的平衡系统分析体系。与其他的分析方法相比较,SWOT 分析从一开始就具有显著的结构化和系统性的特征。就结构化而言,首先,在形式上,SWOT 分析法表现为构造 SWOT 结构矩阵,并对矩阵的不同区域赋予了不同分析意义;其次,在内容上，SWOT分析法的主要理论基础也强调从结构分析入手对企业的外部环境和内部资源进行分析。

从整体上看，SWOT可以分为两部分：第一部分为SW，主要用来分析内部条件；第二部分为OT，主要用来分析外部条件。利用这种方法可以从中找出对自己有利的、值得发扬的因素，以及对自己不利的、要避开的东西，发现存在的问题，找出解决办法，并明确以后的发展方向。根据这个分析，可以将问题按轻重缓急分类，明确哪些是亟须解决的问题，哪些是可以稍微拖后一点儿的事情，哪些属于战略目标上的障碍，哪些属于战术上的问题，并将这些研究对象列举出来，依照矩阵形式排列，然后用系统分析的所想，把各种因素相互匹配起来加以分析，从中得出一系列相应的结论，而结论通常带有一定的决策性，有利于领导者和管理者做出较正确的决策和规划。

（一）优势与劣势分析（SW）

由于企业是一个整体，并且由于竞争优势来源的广泛性，所以，在做优劣势分析时必须从整个价值链的每个环节上，将企业与竞争对手做详细的对比。如产品是否新颖、制造工艺是否复杂、销售渠道是否畅通，以及价格是否具有竞争性等。如果一个企业在某一方面或几个方面的优势正是该行业企业应具备的关键成功要素，那么，该企业的综合竞争优势也许就强一些。需要指出的是，衡量一个企业及其产品是否具有竞争优势，只能站在现有潜在用户角度上，而不是站在企业的角度上。

（二）机会与威胁分析（OT）

比如，商业车险改革，对于大多数中小公司而言，既是机会又是威胁，这主要看公司如何应对，如果消极应对，这一定是威胁，如果积极应对，则可能成为公司发展的一个机会。商业车险改革鼓励产品创新，对于中小公司来说由于人才储备较少，研发能力有限，可能是个威胁，但是如果公司提前布局，做好创新的准备，能针对某些大公司不重视的细分客户群设计创新产品，可能会取得意想不到的效果。机会或是威胁，一切取决于公司的态度和应对措施。

（三）整体分析（矩阵分析）

如果做更深入的分析，还可以做SWOT整体分析，也就是矩阵分析，把内部环境（SW）和外部环境（OT）做交叉分析，即做SO、ST、WO和WT的组合分析，如图8-2所示。

通过矩阵分析得到内外部环境的4种组合，根据4种组合采取不同的策略：（1）对于SO组合，即内部环境有优势、同时外部环境有机会时，公司可以采取最大发展的战略，如公司优势是车险业务，同时商业车险改革使行业车险效益好转，则公司应最大限度加大车险业务的发展；（2）对于WO组合，即内部环境存在弱点但外部环境有机会时，公司可以利用外部机会但应该回避公司内部的弱点，同样商业车险改革使行业车险效益好转，但车险业务是公司的劣势，这时可以利用

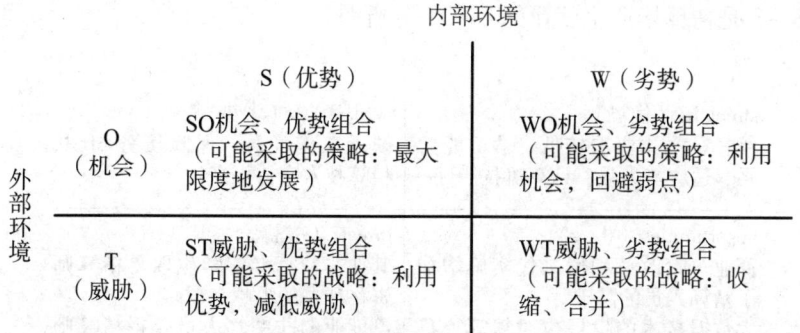

图 8-2 SWOT 矩阵分析

外部机会加快发展公司车险业务，但要注意回避公司的弱点，如手续费投放太高等；(3) 对于 ST 组合，即内部环境有优势但外部环境是威胁时，公司可以利用优势但应注意减低外部的威胁，如公司优势是车险业务，但行业竞争导致车险业务效益恶化，则公司可以利用自身的优势挑选优质的车险业务，保持公司的车险效益；(4) 对于 WT 组合，即内部环境是劣势且外部环境是威胁时，公司应该收缩或者寻求合并的机会，如公司车险业务是劣势，同时由于市场竞争导致车险业务效益恶化，这时公司可以考虑减少车险业务。

二、SWOT 方法应用

SWOT 分析最主要的是要区分内部和外部的分析，优势和劣势属于内部分析，机会和威胁属于外部分析。

下面是运用 SWOT 分析法对精算毕业生就业形势的分析，通过分析精算毕业生的优势、劣势、机会和威胁，在就业选择时，我们就需要充分发挥优势、改善劣势、利用机会、避开威胁。

1. 优势。对于具备的优势，一定要清晰地表达出来，并进一步强化，如针对计算机技能，要进一步了解保险公司对计算机技能的要求，熟练掌握 Excel、VBA、SAS 等相关软件的应用。

2. 劣势。对于劣势，要想办法改善，对于缺乏工作经验如争取到公司实习，积累工作经验，或者明确跟企业说明应聘后可以提前到公司实习锻炼；平时尽量多学习保险实务知识，多参加行业或者学习举办的会议，学习掌握精算技术。

3. 机会。对于保险行业和互联网技术的发展增加的就业机会要有清醒的认识，并加以利用，对自己要从事何种工作，定位要清晰，不要因为机会增多就挑三拣四，否则机会也可能变成障碍。

4. 威胁。对于非精算专业学生或者中途改变工作的人员的竞争要有充分的思想准备，假如同场竞争时，要做好充分准备，如面试官让你说明与非精算专业或者有工作经验的人员对比有何优势时，要能清晰表达。

图 8-3 是精算毕业生就业的 SWOT 分析图。

strengths（优势） 年轻、薪酬要求较低、学习能力强、适应能力强、计算机技能好	weaknesses（劣势） 缺乏工作经验、保险实务知识、精算技术有待提高
opportunities（机会） 商业车险改革和偿二代实施增加了精算人员的需求 大数据技术的发展也对精算人员需求增加	threats（威胁） 其他非精算专业学生取得精算师资格证书的人越来越多 已就业的非精算人员获得精算师资格证书后争夺精算就业机会

图 8-3 精算毕业生就业的 SWOT 分析图

当然，上面只是一般情况的分析，每个人可以针对自己的特点进一步深入 SWOT 分析。

第三节 5W1H 分析法

5W1H（WWWWWH）分析法也叫六何分析法，是一种思考方法，也可以说是一种创造技法。在企业管理、日常工作生活和学习中得到广泛的应用。

1932 年，美国政治学家拉斯维尔提出"5W 分析法"，后经过人们的不断运用和总结，逐步形成了一套成熟的"5W+IH"模式。

5W+1H：是对选定的项目、工序或操作，都要从原因（何因 why）、对象（何事 what）、地点（何地 where）、时间（何时 when）、人员（何人 who）、方法（何法 how）六个方面提出问题进行思考，具体如表 8-3 所示。

表 8-3①   5W1H 分析表

	现状如何	为什么	能否改善	该怎么改善
对象（what）	生产什么	为什么生产这种产品	能否生产别的产品	到底应该生产什么
目的（why）	什么目的	为什么是这种目的	有无别的目的	应该是什么目的
场所（where）	在哪里做	为什么在那里做	能否在别处做	应该在哪里做
时间和程序（when）	何时做	为什么在那个时间做	能否其他时候做	应该什么时候做
作业人员（who）	谁来做	为什么是那个人做	能否由其他人做	应该由谁来做
方式方法（how）	怎么做	为什么那么做	有无其他的方法	应该用什么方法

---

① 该表格来自百度图片。

一、5W1H 方法介绍

（一）对象（what）——什么事情

公司要开发什么产品？为什么要开发这个产品？能不能开发其他产品？我们实际上应该开发什么产品？例如：如果这个产品不挣钱，换个利润高点的产品好不好？

（二）场所（where）——什么地点

工作是在哪里干的？为什么偏偏要在这个地方干？换个地方行不行？到底应该在什么地方干？这是选择工作场所应该考虑的。

（三）时间和程序（when）——什么时候

例如：这个工作是在什么时候干的？为什么要在这个时候干？能不能在其他时候干？把后面工作提到前面行不行？到底应该在什么时间干？

（四）人员（who）——责任人

这个事情是谁在干？为什么要让他干？如果他既不负责任，脾气又很大，是不是可以换个人？有时候换一个人，整个工作就有起色了。

（五）为什么（why）——原因

为什么采用这个技术参数？为什么不能有变动？为什么不能使用？客户为什么会误解？为什么包装成这样？为什么采用系统代替人力？为什么非做不可？

（六）方式（how）——如何

手段也就是工作方法，例如，我们是怎样干的？为什么用这种方法来干？有没有别的方法可以干？到底应该怎么干？有时候方法一改，全局就会改变。

在 5W1H 的基础上又发展了 5W2H 分析法，也称为七何分析法，前面都是一样的，增加的 H 指 How Much，就是费用成本和完成程度，因为公司的资源是有限的，所以无论做什么事都要受到资源的限制，需要考虑费用成本，同时需要明确完成的程度，如做到什么程度、质量如何、销售多少等。

二、5W1H 方法应用

一般在做 5W1H 分析时，尽可能提更多的问题，可以将所有的问题做成一张列表，尽可能回答出每个问题，当然不同事项的问题可能不完全一样，也会存在不需要回答的问题。比如，我们要开发一款新产品，可以考虑采用 5W1H 方法进行分析。

（一）对象（what）——什么事情

公司要开发什么产品？希望开发一款驾乘人员意外保险产品。

为什么要开发这个产品？业务部门反映客户有需求，且能促进客户提高车险续保率。

能不能开发其他产品？开发家财险或者健康险也可以，但销售难度较大，与车险关联度不如意外险。

我们实际上应该开发什么产品？开发意外险就目前而言，比开发家财险和健康险更好。

（二）场所（where）——什么地点

工作是在哪里干的？一般是在公司开发产品。

为什么偏偏要在这个地方干？公司数据、资料比较齐全，召集相关部门交流、沟通比较方便。

换个地方行不行？考虑到能直接接触经销商、客户和业务人员，到分公司或者4S店进行产品开发也是可以的。

到底应该在什么地方干？为了方便收集一线的业务需求，拟安排在4S店开发产品。

（三）时间和程序（when）——什么时候

这个工作是在什么时候干的？这个工作应该在商业车险改革之前启动。

为什么要在这个时候干？因为商业车险改革之后要退出该产品。

能不能在其他时候干？如果等到后面，时间上来不及。

把后面工作提到前面行不行？条款制定可以提前准备，等收集客户需求后进行修改，可以提高效率。

到底应该在什么时间干？可以提前准备的工作，尽量提前准备，马上开始。

（四）人员（who）——责任人

这个事情是谁在干？建议由车险部人员负责，相关部门人员参与。

为什么要让他干？一般产品开发是产品开发部门的事情，但由于与车险相关，建议由车险部人员负责。

是不是可以换个人？考虑到营销部门对客户需求比较了解，营销部门人员可以作为备选人员。

（五）为什么（why）——原因

费率为什么比普通意外险低？费率低于一般的意外险是因为责任仅限于在车上发生交通事故导致的意外伤害，责任范围比普通意外险窄。

保费为什么不能有变动？因为这是一款简易型产品，如果保费分太多档次，可能会引起客户的选择困难，导致业务人员解释工作量加大，不利于销售。

客户为什么会误解为意外险或者车上人员责任险？该产品与普通意外险和车上人员责任险比较接近，容易理解为车上人员责任险，公司宣传不到位就会引起客户误解，所以产品推出前就要考虑做好宣传工作。

为什么要与车险产品一起推广销售？因为车主买车险时最容易想到车上人员的保障需求。

为什么非做不可？市场上已经有类似产品，如果不开发相关产品，公司将会失去部分车险客户。

（六）方式（how）——如何

我们是怎样开发产品的？收集开发需求、撰写条款、厘定费率、开发系统、制定销售方案、产品备案、销售推广。

为什么用这种开发程序？这是一般产品的开发程序。

有没有别的开发程序？除了产品备案一定要按中国银保监会规定的程序完成之外，其他的开发步骤可以根据产品的特点进行。

到底应该怎么开发产品？制定销售方案可以在收集开发需求的时候同时制定。

（七）费用与程度（how much）——多少

开发成本？需要多少人参与产品开发、开发系统费用多少、前期宣传投入是多少？这些都要一一测算。

销售收入？产品投放后希望达到多少保费、预期的利润是多少？都要有一个预期的目标。

第三节　鱼骨图分析法

鱼骨图，又名因果图，是一种发现问题"根本原因"的分析方法，现代工商管理教育将其划分为问题型、原因型及对策型鱼骨图等几类。

一、鱼骨图分析法介绍

鱼骨图由日本管理大师石川馨先生所发明，故又名石川图。鱼骨图是一种发现问题"根本原因"的方法，它也可以称之为"Ishikawa"或者"因果图"。其特点是简捷实用，深入直观。它看上去有些像鱼骨，问题或缺陷（即后果）标在"鱼头"外。在鱼骨上长出鱼刺，上面按出现机会多寡列出产生问题的可能原因，有助于说明各个原因之间是如何相互影响的，如图8-4所示。

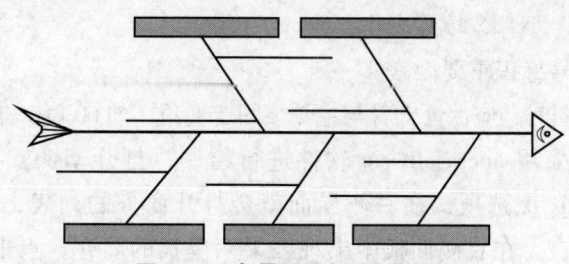

图8-4　鱼骨图分析法架构图

资料来源：百度图片。

问题的特性总是受到一些因素的影响，我们通过头脑风暴法找出这些因素，并将它们与特性值一起，按相互关联性整理而成的层次分明、条理清楚，并标出重要因素的图形就叫特性要因图、特性原因图。因其形状如鱼骨，所以又叫鱼骨图（以下简称鱼骨图），它是一种透过现象看本质的分析方法。鱼骨图也用在生产中，用来形象地表示生产车间的流程。

制作鱼骨图分两个步骤：分析问题原因/结构、绘制鱼骨图。

（一）分析问题原因/结构

1. 针对问题点，选择层别方法（如人、机、物、法、环等）。
2. 按头脑风暴分别对各层别类别找出所有可能原因（因素）。
3. 将找出的各要素进行归类、整理，明确其从属关系。
4. 分析选取重要因素。
5. 检查各要素的描述方法，确保语法简明、意思明确。
6. 分析要点。

（1）确定大要因（大骨）时，现场作业一般从"人、机、物、法、环"着手，管理类问题一般从"人、事、时、地、物"层别，应视具体情况决定；

（2）大要因必须用中性词描述（不说明好坏），中要、小要因必须使用价值判断（如……不良）；

（3）脑力激荡时，应尽可能多而全地找出所有可能原因，而不仅限于自己能完全掌控或正在执行的内容。对人的原因，宜从行动而非思想态度面着手分析；

（4）中要因跟特性值、小要因跟中要因有直接的原因——问题关系，小要因应分析至可以直接下对策；

（5）如果某种原因可同时归属于两种或两种以上因素，请以关联性最强者为准（必要时考虑三现主义：即现时到现场看现物，通过相对条件的比较，找出相关性最强的要因归类）；

（6）选取重要原因时，不要超过 7 项，且应标识在最末端原因。

（二）鱼骨图绘图过程

1. 填写鱼头，画出主骨。
2. 画出大骨，填写大要因。
3. 画出中骨、小骨，填写中小要因。
4. 用特殊符号标识重要因素。
5. 要点：绘图时，应保证大骨与主骨成固定夹角，如 60 度，中骨与主骨平行。

鱼骨图可以采用 microsoftvisio 软件进行绘制，打开 visio，在左侧的导航栏中，点击【商务】该选项，在右侧界面就会打开商务的列表，在该列表里找到因果模板，打开它。在右侧面板中出现因果图模板的简介，点击【创建】按钮，即可得到因果图模板。如果没有安装 microsoftvisio 软件的，也可以直接在 word 中，点击【插入】——【形状】下来箭头点新建绘图画布，在画布上直接画箭头得到鱼骨图。

图 8-5 是鱼骨图分析法人机料法环分析的一个示例。

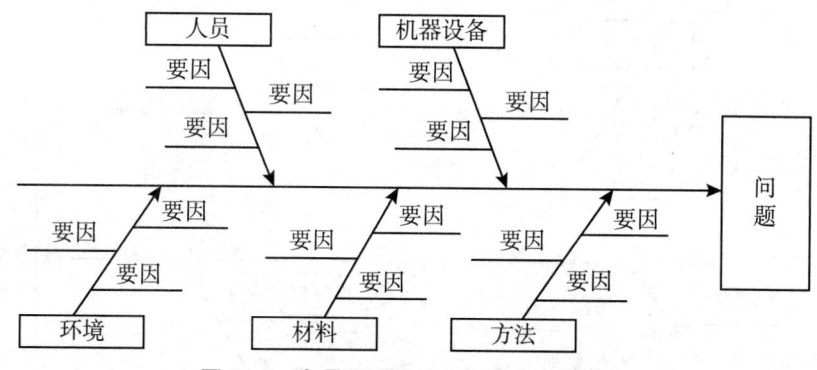

图 8-5　鱼骨图分析法人机料法环分析图

资料来源：百度图片。

二、鱼骨图分析法应用

鱼骨图可以将问题的原因层层剖析，在寻找问题的真正原因方面有很大的用途，类似于数据挖掘的方法，在保险公司问题分析中可以发挥重要的作用，如综合成本率上升原因分析、客户投诉率上升原因分析、业务下滑原因分析等。

下面以综合成本率上升的原因分析介绍鱼骨图分析法的应用：公司发现有一家分支机构赔付率比上年度高很多，要分析其中的原因。

（一）分析问题原因

为了分析赔付率上升的原因，我们从人、机、物、法、环 5 个方面进行分析，由于保险行业跟工业企业有较明显的差异，5 个方面不能生搬硬套，特别是机器和物料方面，可以根据具体的事项进行替代，如下面的分析就把物料的分析改成业务结构的分析。

1. 人员。业务人员、核保人员和理赔人员是否有变化，是否有不熟悉的新员工。

2. 机器。核心业务系统是否有问题、系统设置是否有问题、自动核保系统是否有问题。

3. 业务结构。业务渠道、业务类型是否有变化。

4. 方法。销售规则、核保规则和理赔规则是否有变化。

5. 环境。行业赔付率是否变化、是否升高，是否有大赔案，司法环境是否对赔付率产生不利影响。

（二）绘制鱼骨图

从图 8-6 分析中我们发现，销售规则、业务渠道和业务类型与上年度相比发生了较大的变化。

1. 销售规则，鼓励多做中介业务。

2. 业务渠道，上年度以车商业务为主，当年中介业务占比增加。

3. 业务类型：以前业务以私家车为主，当年承保了高赔付率的特种车业务。

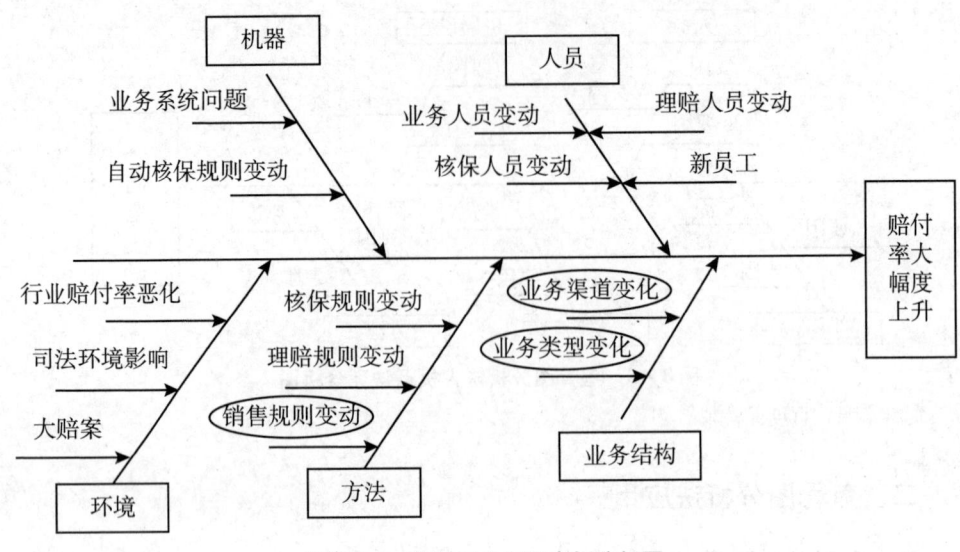

图 8-6　鱼骨图分析法案例分析图

从上面的分析我们可以看出，赔付率上升的真实原因是销售规则的变动，导致公司多做了高赔付率的特种车中介业务，所以需要调整销售规则，停止承保特种车业务，而且对于到期的特种车业务不再进行续保。

鱼骨图根本原因分析的层别一般从"人、机、物、法、环"5个方面进行分析，这5个方面针对不同行业需要灵活归类，在生产企业中"物"指物料，但保险行业中，一般没有物料，如上面的例子中"物"的环节就用"业务结构"进行替代，或者也可以指保险标的。

第四节　PDCA 工作法

用于工作的改善，如提高续保率、提高客户满意度等。

PDCA 循环又叫质量环，是管理学中的一个通用模型，最早由休哈特于1930年构想，后来被美国质量管理专家戴明博士在1950年再度挖掘出来，并加以广泛宣传和运用于持续改善产品质量的过程。

一、PDCA 工作法介绍

PDCA 是英语单词 plan（计划）、do（执行）、check（检查）和 action（行动）的第一个字母，PDCA 循环就是按照这样的顺序进行质量管理的，并且循环不止地进行下去的科学程序。

1. P（plan）计划，包括方针和目标的确定，以及活动规划的制定。
2. D（do）执行，根据已知的信息，设计具体的方法、方案和计划布局；再根据设计和布局,进行具体运作,实现计划中的内容。

3. C(check)检查,总结执行计划的结果,分清哪些对了,哪些错了,明确效果,找出问题。

4. A(action)对总结检查的结果进行处理,对成功的经验加以肯定,并予以标准化;对于失败的教训也要总结,引起重视。对于没有解决的问题,应提交给下一个PDCA循环中去解决。

以上四个过程不是运行一次就结束,而是周而复始地进行,一个循环完了,解决一些问题,未解决的问题进入下一个循环,这样阶梯式上升。

PDCA框架如图8-7所示。

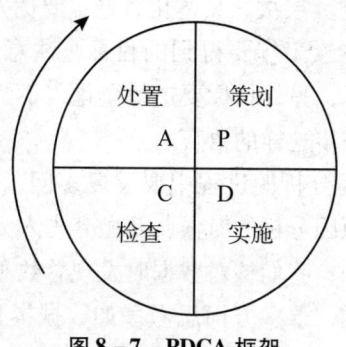

图8-7　PDCA框架

与前面介绍的分析方法不同的是,PDCA是一种工作方法,就是要制定目标并执行,最后得到理想的结果,在应用中,可以将前面的分析方法嵌入PDCA工作法中。

PDCA工作法与我们平常讲的发现问题、分析问题和解决问题的工作方法有类似的地方,但相比而言,PDCA工作法更加标准化、规范化和精细化。PDCA工作法和一般工作方法不同的主要有两个方面:第一,一般的工作方法步骤比较简单,通常是制定计划,然后执行,后面看看执行效果如何,基本就结束了,PDCA工作法更加细致,在检查执行效果的后面还要为下次工作做准备,即要针对本次执行的情况制定改善措施,并制定下次工作的目标;第二,执行效率不同,从图8-8我们可以看出,一般工作方法制定计划的时间较少,执行的时间比较长,而PDCA工作法由于前面制定花费较长的时间制定了详细的工作计划,执行起来更加简单,耗时较短,工作更加高效。

PDCA工作法在丰田的应用中进行了改进,就是对P进行更详细的分解,将制定计划分解为5个步骤,即明确问题、分解问题、设定目标、把握真因、制定对策,DCA是一样的,即共有8个步骤。

(1)明确问题:思考工作的目的,就是明确现状和理想状况的差距,本次工作希望达到什么目的,理想状况是什么样的,明确问题中就可以用到5W1H的分析方法。

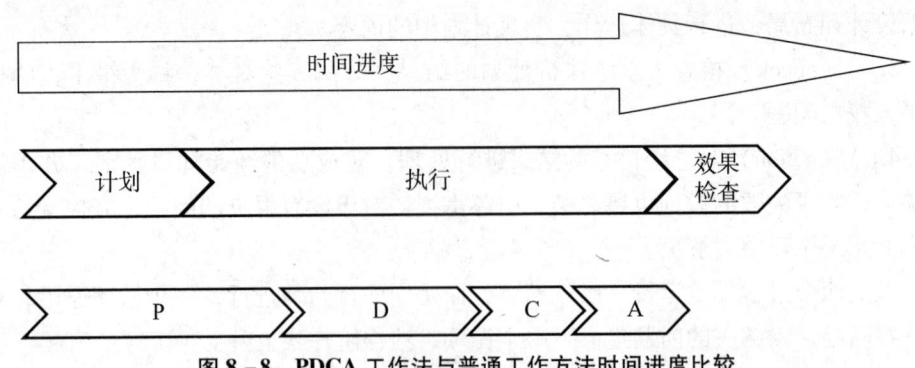

图 8-8　PDCA 工作法与普通工作方法时间进度比较

（2）分解问题：将问题分层次、具体化，选定要优先着手解决的问题。

（3）设定目标：设定本次工作要得到的目标，注意目标要具有挑战性，而不是自然而然就能达成的目标，另外目标要进行量化，不要用定性的语言，比如，不要用做得比上次好或者有进步这样的语言。

（4）把握真因：在原因分析的过程中要反复多问，到底是什么原因让工作与理想状况有差距的，在做原因分析的时候，要抛弃先入为主的观念，多方面思考真因，不要轻易下结论，比如，我们核对数据时发现总数和分项对不上，不要直观地认为肯定是基础数据有问题，要多方面思考，如数据本身、提数过程、汇总过程、软件等是否有问题。这里就可以用到鱼骨图分析法。

（5）制定对策：思考尽可能多的对策，筛选出高效的对策，制定明确具体的实施计划，在制定计划过程中要注意多听取相关部门的意见，并争取让相关部门人员参与制定计划。

上面就是制定计划（P）中的 5 个具体步骤。

（6）执行计划（D）：在执行过程中要齐心协力、迅速贯彻，有问题及时沟通并共享进展信息，碰到困难时永不言弃、迅速实施下一步对策。

（7）检查评价（C）：对目标的达成结果和过程进行评价，并同相关人员共享信息，要站在客户、公司、自身的立场上重新审视整个执行过程，学习成功和失败的经验。

（8）巩固/改善（A）：将成果制度化并加以巩固、标准化，推广成功的经验和工作机制，并着手制定下一步的改善计划。

最后特别需要说明的是，PDCA 工作法，并不一定每次目标都能取得成功，对于效果的评价除了目标达成情况之外，还有一个重要的指标就是人员技能的提升，分析方法的提升，工作制度标准化等都是评价的依据。有时即使没有达成目标，但通过制定改善计划，也能取得良好的效果，即使是失败的经验也是值得学习的。

二、PDCA 工作法应用

PDCA 工作法可以应用于具体项目的改善和提高，下面应用 PDCA 工作法对改善分支机构经营效益进行分析。具体的案例是一个分支机构的效益分析。

A 分支机构原计划在 2017 年实现 100 万元的利润，但到年底实际亏损 500 万元，我们用 PDCA 工作法分析原因，并提出改善措施。

1. 明确问题。明确现状和理想状况的差距，如表 8-4 所示。

表 8-4　　　　　　　　　现状与理想状况差距分析

现状	差距	理想状况
亏损 932 万元	利润差 1,082 万元	盈利 150 万元

2. 分解问题。将问题分层次、具体化，选定要优先着手解决的问题。

考虑到是效益分析，所以我们主要从利润表入手分析收入支出的差异，其中，理想状况是当时预算时下达的指标。

分别分析收入和支出指标，收入与理想状况差异不大，甚至略高于理想状况，但支出远远超过理想状况，再进一步分析支出项目，发现影响最大的是赔付成本的问题，如表 8-5 所示，比理想状况高出 960 万元，所以我们优先要解决的问题是赔付成本超标的问题。

表 8-5　　　　　　　　A 机构利润分析表　　　　　　　　单位：万元

项目	现状	理想状况	差距
一、营业收入	10,127	10,000	127
保费收入	12,928	12,500	428
二、营业支出	11,059	9,850	1,209
赔付成本	7,160	6,200	960
营业税金及附加	247	250	-3
手续费及佣金支出	2,297	2,200	97
业务及管理费	1,354	1,200	154
三、利润	-932	150	-1,082

注：表 8-5 为利润表节选，个别项目做了调整。

3. 设定目标。设定本次工作要得到的目标，并对目标进行量化。

2018 年同等业务规模情况下，赔付成本下降 800 万元，考虑到保费规模的变动，我们将赔付成本转换为综合赔付率，即综合赔付率下降 8 个百分点，更直接表达为 2018 年综合赔付率低于 64%。

4. 把握真因。在原因分析的过程中要反复多问，到底是什么原因让工作与理想状况有差距。

由于赔付成本的变化与多个因素相关，所以要深入分析赔付成本高的原因，我们发现，主要是 A 机构在 2017 年承保了高赔付率的特种车业务（具体分析过程见鱼骨图分析法应用）。

5. 制定对策。思考尽可能多的对策，筛选出高效的对策，制定明确具体的实施计划。

从上面的分析我们可以看出，赔付率上升的真实原因是销售规则的变动，导致公司多做了高赔付率的特种车中介业务，所以需要调整销售规则，停止承保特种车业务，而且对于到期的特种车业务不再进行续保。

6. 执行计划（D）。齐心协力、迅速贯彻制定的对策。

发现问题后，立即通知 A 机构停止承保特种车业务，并对销售规则进行调整。

7. 检查评价（C）。对目标的达成结果和过程进行评价，并同相关人员共享信息。

虽然是针对 A 机构进行的分析，但相关的问题可能会在其他分支机构出现，所以要将分析的情况和结果在全公司范围内进行通报交流。

注：通过改善计划，预计公司综合赔付率能达到 65%，虽然未完成目标，但也取得了巨大的进展，对公司盈利产生积极的作用，提升了业务人员的分析能力，提升了核保人员的核保技能。

8. 巩固/改善（A）。将成果制度化并加以巩固、标准化，推广成功的经验和工作机制，并着手制定下一步的改善计划。

将停止承保高赔付率特种车业务的通知进行分发，并对各层级人员进行宣导，同时通知合作机构，便于合作机构了解公司的业务政策，避免下一步浪费沟通该项业务的承保。

对于特种车业务，市场上还是有较大的投保需求的，本次工作只是为了解决公司的一时之需，停止了特种车业务的承保，但这只是站在公司的角度出发考虑问题，没有完成站在客户的角度出发考虑问题，未来仍需要研究特种车业务的承保政策问题，争取通过承保、理赔的管控，使特种车业务达到公司的承保要求。

下一步改善计划：改进特种车业务承保政策。

第五节　灵活应用

以上的几种工作方法并不是孤立的，可以交叉应用，比如，在 PDCA 循环中，分析问题可以使用 5W1H 方法，寻找真因可以使用鱼骨图方法，可以将一种方法嵌入另一种方法中。

包括上面用鱼骨图分析法对赔付率异常进行分析中实际上嵌套了人机物法环分析法，也叫全面质量管理法。

各种方法的嵌套不是一成不变的，不一定说什么方法就一定可以嵌套到某一种方法中，可以灵活应用。

问题清单管理法，主要把需要解决的问题罗列出来，各种问题之间不一定有必然联系，主要用于日程的管理。

SWOT分析法、人机物法环分析法主要用于分析公司或者团队目前的处境以及未来可以改善的空间。

鱼骨图分析法主要用于分析问题的主要原因。

PDCA工作法步骤比较多，适用于特定项目的改善和提高。

第九章
公 文 处 理

第一节 公 文 格 式

公文处理是指对公文的撰写、传递与管理，它是使公文得以形成并产生实际效用的全部活动，是机关或者企业实现其管理职能的重要形式。

有些人可能认为，精算人员最主要的能力是数据分析、处理、建模等专业能力，文字处理能力差一些没关系，实际上是错的，我们以前教育的口号："学好数理化、走遍天下都不怕"误导了我们。实际上最重要的科目是语文，工作后才深刻地认识到语文的重要性，无论工作做得再好，也要通过适当的表达才能让大家知道做了什么、做得如何。

作为一个职场人员，公文处理也是非常重要，无论工作做得再好，都需要通过文字描述来体现你的工作，包括分析报告、正式的文章、上报的请示报告、小的邮件沟通等，书面汇报，都需要经过公文处理，所以提高自己的工作写作能力，规范公文处理能力，是非常重要的。以下主要从公文格式、公文处理能力和公文阅读等方面进行说明。

公文格式，即公文规格样式，是指公文中各个组成部分的构成方式，它和文种是公文外在形式的两个重要方面，直接关系到公文效用的发挥。包括公文组成、公文用纸和装订要求等。

经常会看到一些非常不规范的公文，这样的公文容易引起对方的反感，如果是请示性文件可能导致审批延误，所以公文格式非常重要。一般公文格式可以遵循《党政机关公文格式》（GB/T 9704-2012）要求，《党政机关公文格式》（GB/T 9704-2012）是由国家质量监督检验检疫总局、国家标准化管理委员会发布的关于党政机关公文通用纸张、排版和印制装订要求、公文格式各要素编排规则等的国家标准，是党政机关公文规范化的重要依据，适用于各级党政机关制发的公文。其他机关和单位的公文可以参照执行。下面只介绍一些公文格式的要点。

一、公文格式

（一）版头

1. 份号。

如需标注份号，一般用6位3号阿拉伯数字，顶格编排在版心左上角第一行。

2. 密级和保密期限。

如需标注密级和保密期限，一般用3号黑体字，顶格编排在版心左上角第二行；保密期限中的数字用阿拉伯数字标注。

3. 紧急程度。

如需标注紧急程度，一般用3号黑体字，顶格编排在版心左上角；如需同时标注份号、密级和保密期限、紧急程度，按照份号、密级和保密期限、紧急程度的顺序自上而下分行排列。

4. 发文机关标志。

由发文机关全称或者规范化简称加"文件"二字组成，也可以使用发文机关全称或者规范化简称。

发文机关标志居中排布，上边缘至版心上边缘为35mm，推荐使用小标宋体字，颜色为红色，以醒目、美观、庄重为原则。

联合行文时，如需同时标注联署发文机关名称，一般应当将主办机关名称排列在前；如有"文件"二字，应当置于发文机关名称右侧，以联署发文机关名称为准上下居中排布。

5. 发文字号。

编排在发文机关标志下空二行位置，居中排布。年份、发文顺序号用阿拉伯数字标注；年份应标全称，用六角括号"〔〕"括入；发文顺序号不加"第"字，不编虚位（即1不编为01），在阿拉伯数字后加"号"字。

上行文的发文字号居左空一字编排，与最后一个签发人姓名处在同一行。

6. 签发人。

由"签发人"三字加全角冒号和签发人姓名组成，居右空一字，编排在发文机关标志下空二行位置。"签发人"三字用3号仿宋体字，签发人姓名用3号楷体字。

如有多个签发人，签发人姓名按照发文机关的排列顺序从左到右、自上而下依次均匀编排，一般每行排两个姓名，回行时与上一行第一个签发人姓名对齐。

7. 版头中的分隔线。

发文字号之下4mm处居中印一条与版心等宽的红色分隔线。

（二）主体

1. 标题。

一般用2号小标宋体字，编排于红色分隔线下空二行位置，分一行或多行居中排布；回行时，要做到词意完整，排列对称，长短适宜，间距恰当，标题排列应当使用梯形或菱形。

2. 主送机关。

编排于标题下空一行位置，居左顶格，回行时仍顶格，最后一个机关名称后标全角冒号。如主送机关名称过多导致公文首页不能显示正文时，应当将主送机关名称移至版记，标注方法见下文（三）版记中的抄送机关部分。

3. 正文。

公文首页必须显示正文。一般用3号仿宋体字，编排于主送机关名称下一行，每个自然段左空二字，回行顶格。文中结构层次序数依次可以用"一、""（一）""1.""（1）"标注；一般第一层用黑体字、第二层用楷体字、第三层和第四层用仿宋体字标注。

4. 附件说明。

如有附件，在正文下空一行左空二字编排"附件"二字，后标全角冒号和附件名称。如有多个附件，使用阿拉伯数字标注附件顺序号（如"附件：1.×××××"）；附件名称后不加标点符号。附件名称较长需回行时，应当与上一行附件名称的首字对齐。

5. 发文机关署名、成文日期和印章。

（1）加盖印章的公文。成文日期一般右空四字编排，印章用红色，不得出现空白印章。

单一机关行文时，一般在成文日期之上、以成文日期为准居中编排发文机关署名，印章端正、居中下压发文机关署名和成文日期，使发文机关署名和成文日期居印章中心偏下位置，印章顶端应当上距正文（或附件说明）一行之内。

联合行文时，一般将各发文机关署名按照发文机关顺序整齐排列在相应位置，并将印章一一对应、端正、居中下压发文机关署名，最后一个印章端正、居中下压发文机关署名和成文日期，印章之间排列整齐、互不相交或相切，每排印章两端不得超出版心，首排印章顶端应当上距正文（或附件说明）一行之内。

（2）不加盖印章的公文。单一机关行文时，在正文（或附件说明）下空一行右空二字编排发文机关署名，在发文机关署名下一行编排成文日期，首字比发文机关署名首字右移二字，如成文日期长于发文机关署名，应当使成文日期右空二字编排，并相应增加发文机关署名右空字数。

联合行文时，应当先编排主办机关署名，其余发文机关署名依次向下编排。

（3）加盖签发人签名章的公文。单一机关制发的公文加盖签发人签名章时，在正文（或附件说明）下空二行右空四字加盖签发人签名章，签名章左空二字标注签发人职务，以签名章为准上下居中排布。在签发人签名章下空一行右空四字编排成文日期。

联合行文时，应当先编排主办机关签发人职务、签名章，其余机关签发人职务、签名章依次向下编排，与主办机关签发人职务、签名章上下对齐；每行只编排一个机关的签发人职务、签名章；签发人职务应当标注全称。

签名章一般用红色。

（4）成文日期中的数字。用阿拉伯数字将年、月、日标全，年份应标全称，月、日不编虚位（即1不编为01）。

（5）特殊情况说明。当公文排版后所剩空白处不能容下印章或签发人签名章、成文日期时，可以采取调整行距、字距的措施解决。

6. 附注。

如有附注，居左空两字加圆括号编排在成文日期下一行。

7. 附件。

附件应当另面编排，并在版记之前，与公文正文一起装订。"附件"二字及附件顺序号用3号黑体字顶格编排在版心左上角第一行。附件标题居中编排在版心第三行。附件顺序号和附件标题应当与附件说明的表述一致。附件格式要求同正文。

如附件与正文不能一起装订，应当在附件左上角第一行顶格编排公文的发文字号并在其后标注"附件"二字及附件顺序号。

（三）版记

1. 版记中的分隔线。

版记中的分隔线与版心等宽，首条分隔线和末条分隔线用粗线（推荐高度为0.35mm），中间的分隔线用细线（推荐高度为0.25mm）。首条分隔线位于版记中第一个要素之上，末条分隔线与公文最后一面的版心下边缘重合。

2. 抄送机关。

如有抄送机关，一般用4号仿宋体字，在印发机关和印发日期之上一行、左右各空一字编排。"抄送"二字后加全角冒号和抄送机关名称，回行时与冒号后的首字对齐，最后一个抄送机关名称后标句号。

如需把主送机关移至版记，除将"抄送"二字改为"主送"外，编排方法同抄送机关。既有主送机关又有抄送机关时，应当将主送机关置于抄送机关之上一行，之间不加分隔线。

3. 印发机关和印发日期。

印发机关和印发日期一般用4号仿宋体字，编排在末条分隔线之上，印发机关左空一字，印发日期右空一字，用阿拉伯数字将年、月、日标全，年份应标全称，月、日不编虚位（即1不编为01），后加"印发"二字。

版记中如有其他要素，应当将其与印发机关和印发日期用一条细分隔线隔开。

（四）页码

一般用4号半角宋体阿拉伯数字，编排在公文版心下边缘之下，数字左右各放一条一字线；一字线上距版心下边缘7mm。单页码居右空一字，双页码居左空一字。

图9-1是公文首页和末页的格式。

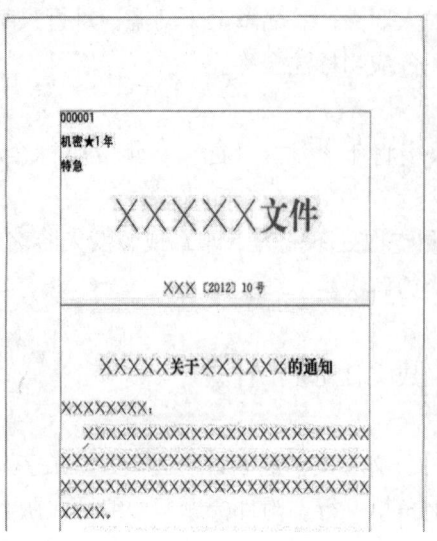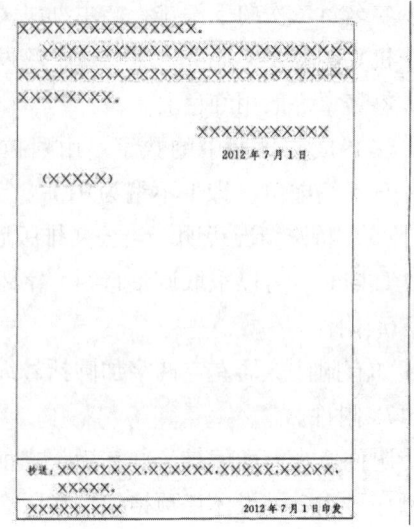

图 9-1　公文格式图：首页和末页

下面是公文的字体、字号和格式的范例：

标题（2号小标宋体）

发文对象：（标题下一行顶格，3号仿宋）

××××××××××（正文3号仿宋体字）

一、×××（黑体）

××××××××××（正文3号仿宋体字）

（一）×××（楷体）

××××××××××（正文3号仿宋体字）

1. ×××仿宋

××××××××××（正文3号仿宋体字）

（1）×××仿宋

××××××××××（正文3号仿宋体字）

附件：1. ×××（正文下一行左空两字）

　　　2. ×××

二、数字格式

（一）公文层次数字

公文正文中的结构层次，一般不超过四层，其层次序数依次可用"一、""（二）""1.""（1）"标注；第一层一般用黑体字，第二层一般用楷体字，第三层和第四层用仿宋体字标注。需要强调的是，第一层"一"后面跟的是顿号，第二层次"（一）"后面不跟标点符号，第三层"1"后面跟的是一个小圆点"."，第四层次"（1）"后面不能跟标点符号。层次序数可以越级使用，如果公文结构层次只有两层，第一层用"一、"，第二层既可用"（二）"，又可以用"1."。

（二）数字使用

作为精算人员每天都在跟数字打交道，但在公文中的数字使用是要遵循一定规范的，《国家行政机关公文处理办法》规定："公文中的数字，除了成文时间、部分结构层次序数、词组、惯用语、缩略语、具有修辞色彩语句中作为词素的数字必须使用汉字外，应当使用阿拉伯数码。"

1. 应当使用阿拉伯数字的情况。

（1）公历世纪、年代、年、月、日和时刻。例如：20世纪80年代，1996年10月1日，4时20分。实际应用过程中应该注意：(1) 年份不能简写，如1990年不能写作90年，1980～1995年不能写作1980～95年。(2) 星期几一律用汉字，如星期三。

（2）记数与计量（包括正负整数、分数、小数、百分比、约数等）。例如：1302，1/16，4.5倍，34%，3∶1，45万元，500多种、60多万斤，HP—4000型计算机等。具体应用时应注意以下几点：第一，一个数值的书写形式要照顾到上下文。不是出现在一组具有统计意义数字中的一位数（一、二……九）可以用汉字，如一个人，四种产品，六条意见，重复三遍。第二，5位以上的数字，尾数零多的，可改写为以万、亿作单位的数，一般不得以十、百、千、十万、百万、千万、十亿等作单位（千克、千米、千瓦等法定计量单位不在此列）。如34,000可以改写为3.4万。第三，一个用阿拉伯数字书写的多位数不能移行。

（3）表示数字范围写法也要符合规范：如"3万～5万"不能写成"3～5万"，"10%～15%"不能写成"10～15%"。

2. 应当使用汉字的情况。

（1）数字作为词素构成定型的词、词组、惯用语、缩略语或具有修辞色彩的语句。例如，一律，二万五千里长征，"九五"计划，第三世界，相差十万八千里。

（2）邻近的多个数字（一、二……九）并列连用，表示概数（连用的多个数字之间不应用顿号隔开）。例如，七八十种、一千七八百元、五六万套。

第二节 公文写作

公文写作是指公务文书的起草与修改，是撰写者代机关或者立言，体现机关或者企业领导意图和愿望的写作活动。

一、请示与报告的区别

公文包括报告、请示、通知和函件等,最常使用的是报告和请示,这边主要介绍报告与请示的区别。

作为总公司的员工,经常需要就某件事情向上级领导和单位报告或请示,我们可能也会收到相关的文件,但经常会看到:关于×××请示的报告,实际上这是错误的,请示和报告主要的差异如下。

1. 内容要求不同。请示的内容要求一文一事;报告的内容可一文一事也可一文数事。

2. 侧重点不同。请示属于请示性公文,侧重于提出问题和请求指示、批准;报告属于陈述性公文,侧重于汇报工作,陈述意见或者建议。

3. 行文目的不同。请示的目的是请求上级机关批准某项工作或者解决某个问题;报告的目的是让上级机关了解下情况,掌握情况,便于及时指导。

4. 行文时间不同。请示必须事前行文;报告可以在事后或者事情发展过程中行文。

5. 报送要求不同。请示一般只写一个主送机关;受双重领导的单位报其上级机关的请示,应根据请示的内容注明主报机关和抄报机关,主报机关负责答复请示事项;报告可以报送一个或多个上级机关。

6. 篇幅不同。请示一般都比较简短;报告的内容涉及面较为广泛,篇幅一般较长。

7. 标题写作不同。一般来讲,请示的标题中不写报告二字,就是×××关于××××××的请示;报告的标题中不写请示二字,就是×××关于××××××的报告。

8. 结束用语不同。请示的结尾一般用"妥否,请批示"或"特此请示,请予批准"等形式,请示的结束用语必须明确表明需要上级机关回复的迫切要求;报告的结尾多用"特此报告"等形式,一般不写需要上级必须予以答复的词语。

9. 处理结果不同。请示属于"办件",指上级机关应对请示类公文及时予以批复;报告属于"阅件",对报告类公文上级机关一般以批转形式予以答复,但也没必要件件予以答复。

二、公文的写作要求

不管是给上级的请示或者报告,还是给同级或者下级的通知,公文写作时需要注意的事项包括一致性、严密性、条理性、简明性、稳定性和连续性。

1. 一致性。规范性公文的内容与形式必须与法律、其他法规、规章以及上级机关与公司的有关规定保持一致;与公司制定的并有执行效用的其他有关规定保持促进一致;与自己的职权相一致;本书的上下文之间,对同一概念的表述词语相互一致。

2. 严密性。规范性公文结构与语言表述必须完整齐全，严谨缜密。明确地阐明约束的对象及程序、范围；清楚地交代有关职责、权利、义务的规定与时限要求；所提各项要求应有切实可行的检查衡量指标。语气坚决肯定，避免使用"一般""大概""似"等不确定的词语，表示范围时不用"等"字表述未尽事项；尽量不用"暂""拟""准备"等词语修饰意图与要求。

3. 条理性。规范性公文的层次分明，理序顺畅，分类合理，主题突出，排列合理有序，只有维护条理性，才能保持各部分内容的系统性与连贯性，避免出现脱节现象。

4. 简明性。规范性公文必须明确周详，便于理解、记忆和执行。以说明的表达方式为主，不讲理由、不作议论分析、不作详尽的列举和解释。文字尽量简洁精确、高度概括，言简意明，要尽量少用生僻的术语，不用令人费解的词句，便于理解。

5. 稳定性。规范性公文一经公布生效就应在一定时期内具有可行性，不能朝令夕改，变化无常，为维护这种稳定性，在写作前应作充分的调查研究，广泛吸取各方面的意见与建议。

6. 连续性。规范性公文之间具有必要的继承关系。为维护这种连续性，应在新文件广泛收集与查阅有关文件并认真进行分析对照，如确需以新的规定取代既有规定时应明确原有文件的废止。

三、其他注意事项

（一）行文对象

在进行公文写作时，要先明确行文对象，就是你写的报告或请示的对象是谁，这个决定了文章的定位。比如，写给中国银保监会的公文，你代表的就是公司，所以表达方式和分析角度均要从公司的角度出发；写给公司领导，你代表的是部门的意见；写给分支结构，你代表的可能是总部或者部门。所以在进行公文写作时，不能根据自己的喜好随意表达自己个人的意见，而是要根据行文对象的不同，站在不同的高度表述观点。

（二）专业术语

精算用语中有很多专业术语，对于专业术语的应用要根据行文对象不同采用不同的说法，特别是给公司领导和业务部门的行文，建议少用专业词语。避免难以理解。如确实需要用到专业术语的，建议在文后作进一步解释。

（三）突出重点

以前上学写作文，老师会说很多格式，适合不同情况，写论文都是先分析过程再得出结果的。但作为公文，不管是给中国银保监会或者公司领导的文件，建议都是把重点写在最前面。如作为工作汇报性的文件，建议在前面先简单汇报结果，后面再进一步解释原因。由于精算工作的特殊性，大部分报告都是给公司领导看的，但是领导总是很忙，不会有太多的时间去看你的报告。所以建议在前面一页最多两页就能把结果说清楚，如确需解释的可以在后面进一步解释。比如，准备金情况的报告，在前面写明结果是多少，比上期增加或减少，对经营情况有何影响，变动的原因主要是什么。即使要写上评估过程，也可以附在后面。如偿付能力报告的模板就很好，一个将近 100 页的报告，重点内容都在前面五六页，中国银保监会或者公司领导只要看前面几页就能清楚公司偿付能力的情况，包括表格的顺序也是按汇总表、分项表和明细表的顺序排列。

第三节 公文阅读

公文阅读也很重要，收到公文时，我们首先要知道该文件的情况，是需要答复的还是需要形成报告，还是需要执行，这个时候就需要阅读公文并深入理解。

通常公司会有办公 OA，在 OA 中会收到各种文件，首先我们要看该文件是否属于我们办理的工作，是"阅"还是"办"很重要。如果是"阅"的文件，原则上就是看看就可以，当然也可能是未来需要办理的事项；而"办"的文件就是要办理的事项了。这里，我们只说需要办理的事项。

我们经常会收到上级的通知，如中国银保监会关于……事项的通知。通知中会要求我们做某项工作，有些人收到文件后总是不知所措，其实不用紧张，一般按通知要求办理就可以了。下面我们以《关于报送 2015 年末偿付能力压力测试情况的通知》（以下简称《通知》）一文为例，介绍公文阅读。

1. 标题：从标题"关于报送 2015 年末偿付能力压力测试情况的通知"我们就可以看出，是需要公司对 2015 年末偿付能力做压力测试，并将压力测试情况上报。

2. 发文单位：一般发文单位是哪个部门，就向哪个部门报送，如定期的偿付能力报告报送给中国银保监会财会部，但《通知》的部门是产险部，这算是偿付能力的临时报告，所以一般没有特殊说明就是向产险部报告，当然后面也说明报送的单位。

3. 收文单位：收文单位是各财产保险公司。说明该项测试是行业统一要做的测试，所以不用担心是公司有问题，如果只是部分公司收到，那就说明可能是这些公司出问题了，产险部要求这些公司特别报送。有时候收文单位还会包括各地保监局、寿险公司、保险行业协会、精算师协会和经纪公司等，那说明通知的内容还与这些单位有关，如果再扩展到银行等金融机构，说明涉及的范围更广。

4. 正文内容：正文主要包含测试目的、测试内容、测试情景假设和报送时间要求。

从前面可以看出测试的目的是为进一步了解行业风险状况，防范系统性风险。不是为了监管或者处罚或者检查之类的事项。

5. 测试内容：以 2015 年 12 月 31 日为预测时点，报送 2015 年末"偿一代"

和"偿二代"下偿付能力充足率压力测试情况。预测时点是 2015 年 12 月 31 日；需要同时报送 2015 年末"偿一代[①]"和"偿二代"的偿付能力充足率压力测试情况。

6. 测试情景假设：压力测试以 2015 年前 10 月实际财务和业务数据为基础。2015 年最后 2 个月份运行结果以下列假设为最低标准进行，公司可根据自身情况采用更为谨慎的情景假设。这里明确指出，基础数据是 2015 年 10 月的数据，与一般的偿付能力以季度数据为编报基础不同，如果不注意阅读就容易理解偏差；"以下假设为最低标准，公司可根据自身情况采用更为谨慎的情景假设"这边特别指出下面的假设是最低标准，如果公司有可能发生超出最低标准的可能就应该采用更谨慎的假设。

7. 具体的假设包括 8 项内容：保费收入、赔付支出、费用情况、应收保费、赔付模式、再保安排、权益类资产和资本补充。这些假设是一定要严格按照《通知》的要求执行，并且在预测模型中作为最低标准需要一一体现出来，其他没有说明的事项，则按照公司自身的实际情况进行测试，如税收假设等。

8. 报送时间要求：各公司应自接到通知日起，开展偿付能力压力测试工作，并于 2015 年 11 月 30 日前向我部[②]报送压力测试报告，报告电子版同时发送 actuary_general@ circ. gov. cn[③]。压力测试报告内容应包括附表所示测试结果和具体情景假设。主要说明了报送的时间 2015 年 11 月 30 日前；报送的单位；报送的形式，除了正式发文还需要将报告电子版发送到指定邮箱；报告的内容要求，至少包括测试结果和具体情景假设，其中具体情景假设呼应了前面的最低标准，就是可以采用更谨慎的假设，当然即使采用最低标准也应将情景假设在报告中列示；联系人，一般的文件均会列示联系人和联系方式，如果有不清楚的事项可以直接与联系人联系。

9. 附表：这是产险部为了统一报送格式，以方便汇总结果，公司应严格按附表的格式报送。

10. 发文单位和发文日期：发文单位是与文号呼应的，一般收到的文件都是一个发文单位，当然也可能有多个发文单位，这说明这是多个单位联合发文的，如多部委联合发文。

11. 阅读重点小结：关于公文阅读，关注的重点一般包括目的，发文的目的是什么；公文事项，要求做什么；时间限制，什么时候完成；联系人，不清楚的地方可以与联系人联系；附件，有的要求比较多，正文中无法一一描述的，通常在附件中详细说明。

[①] 从 2016 年起中国风险导向的偿付能力体系正式实施，简称"偿二代"，2015 年之前实行的偿付能力体系简称"偿一代"，具体可以查阅相关书籍和文件。

[②] 这里指产险部。

[③] 该邮箱为本书写作时，官方公布的邮箱，实际中应该以官方公告为准。

第十章
工作流程标准化

工作流程是指工作事项的活动流向顺序。工作流程包括实际工作过程中的工作环节、步骤和程序。

由于工作往往不是一个人能完成的，许多工作需要配合，而且一个人也不是一成不变地做同一项工作，经过一段时间后可能会换另一项工作，一项工作可能也会有新的同事参与进来，有了标准化的工作流程文档，将对工作的熟悉和新员工的培养有极大的帮助，对新员工的培养也是本书编写的初衷。

工作流程编写要尽可能详细，从未接触过该工作的人员角度出发进行编写，通常需要包括以下相关要素：

（1）工作目的：清楚说明该项工作的目的。

（2）工作内容：说明工作的内容是什么，同时要对工作内容进行拆分，把大的工作拆分成尽可能单一的细项，如准备金的评估可以拆分成基础数据提取、核对和校验；流量三角形的编制；评估模型建立和更新；评估因子选择；结果选择；结果汇总和合理性检验；准备金评估报告；汇报材料制作等。

（3）工作步骤：尽可能详细描述各项工作的步骤，以未接触过该项工作的同事和新员工的角度出发进行编写，一种方法就是编写后发给不熟悉该项工作的同事阅读，根据同事的建议对不理解的地方进行修改。

（4）工作时间：工作时间包括两个方面，一是截止时间，如果有明确时间期限的一定要标明截止时间，如4季度准备金回溯分析报告，上报时间是2月底，这个时候要注意工作完成的时间不是2月底，需要提前到如2月中旬，因为还要预留内部审批的时间，同时在时间安排的时候要考虑节假日的影响，特别是春节等长假的影响；另一个是该项工作需要花费的时间，如该项工作总共需要一周时间。

（5）注意事项：编写每项工作的注意事项，主要是标明每项工作需要特别注意的地方，如容易出差的地方，有待完善的地方，包括提前提醒信息技术部需要协助提取基础数据等。

（6）配合部门：配合部门需要提前通知对方，精算部通常需要信息技术部、业务管理部门、理赔部门和财务部提供相关数据和材料。

表10-1~表10-4分别列出了准备金评估、产品定价、非车险产品费率厘定流程和偿付能力工作流程，供大家参考。注意各家工作部门设置和权限不同，可能导致工作流程也会有一些小的差异，不过总体上应该是大同小异的。

第十章 工作流程标准化

一、准备金评估流程

表10-1 准备金评估流程

目的：准备金评估是基于历史赔付经验，评估已发生未报告未决赔款准备金和未决赔款责任准备金

序号	子项目	工作步骤	主要内容	注意事项	时间安排	配合部门
1	数据和信息的收集与整理	基础数据整理	已赚保费、已赚保额、已暴露风险单位数；已报告未决赔款、已决案件数和未决案件数三角形数据	数据检查主要是两个方面，一方面，与财务数据对比，查看当期财务报表数据是否一致，保费等数据与财务报表数据对比，如三角形数据之间历史期间的数据对比，如三角形数据应该保持不变。另一方面，是与历史会计期间的数据对比，如三角形数据应该保持不变。承保理赔再保信息收集资料参考准备金评估参考资料，请各部门提供，可在评估季度末提前进行	评估季度末完成信息收集下季度开始的第1~2个工作日完成基础数据整理与核对	业管、理赔、再保、财务、IT等
		承保理赔再保信息收集	承保相关，如承保政策变动、费率水平、业务结构或保单条款设计；理赔相关，如理赔政策、理赔人员变动、理赔速度；再保相关，如再保政策，分出业务摊回情况、分入业务情况等；大赔案相关			
		数据和信息核对	将精算数据是否有误；对收集的承保理赔再保信息与赔付数据对比，看数据是否符合其规律			
2	准备金评估	数据更新	将生成的三角数据分别粘贴到各个险种的工作表中；将已赚保费、已赚保额、已暴露风险单位数粘贴至input工作表中；检查粘贴数据	注意数据准确性	1~2个工作日	

305

续表

序号	子项目	工作步骤	主要内容	注意事项	时间安排	配合部门
2	准备金评估	使用不同方法评估准备金	选取已决赔款进展因子；选取已决 B-F 法预定赔付率；选取已报告赔款进展因子；选取已报告 B-F 法预定赔付率；选取已决案均、已报告案均的进展因子	选取进展因子时应综合考虑该项已决进展情况、已赔付率、案均赔款进展情况、已报案件数、已报告案件数等；尾部因子对各报告事故年均有影响，应慎重考虑	1~2 个工作日	
		选取准备金评估结果	综合考虑各个准备金方法，选取评估结果	不能直接选取最大的结果，应选取最符合实际情况的结果		
		各事故年赔付率	分析各个事故年赔付率变动情况，看是否与实际情况相符			
3	准备金评估结果分析	回溯之前准备金评估结果	更新上一季度准备金评估模型的链接；回溯分析上一季度准备金评估结果		1 个工作日	
		计算 IBNR 入账比例	计算并分析 IBNR 入账比例			

二、产品定价流程

表10-2 产品定价流程

目的：为了满足公司业务发展的需要，依据公司产品开发管理办法对已经确定立项的产品进行费率厘定

序号	子项目	工作步骤	注意事项	预计时间	配合部门
1	了解产品开发背景	与产品需求提出方沟通，了解真实保障需求；查阅需求评估意见		2～3天	业务管理部、营销管理部等
2	理解产品条款	理解产品条款，深入分析产品的保障责任及保险事故发生时的赔偿标准；对有疑同的条款或专业术语及时与产品部门沟通		2～3天	业务管理部等
3	搜集数据	搜集标的经验损失数据或者与标的存在类似风险的损失数据；搜集行业信息，包括条款及费率；如行业已有同类产品，就将其与保险公司开发的产品比较；搜集再保险的相关报价信息		1周以上	业务管理部、营销管理部等
4	费率厘定	对经验损失数据进行测算，计算出纯风险损失；在纯风险损失的基础上确定基准费率；结合保险标的风险特征确定费率调整系数；确定短期费率		1周以内	

续表

序号	子项目	工作步骤	注意事项	预计时间	配合部门
5	编写产品费率表	费率表一般包括下面四个部分：基准费率；费率调整系数；短期费率；保险费计算	编写费率表时参考以模版，勿随意删除任何模块；编写产品费率表时注意费率调整系数的先后顺序：标准费率、人的因素、条款中的相关因素（如免赔额等）、销售地区及销售原则；在修改产品费率表后及时修改产品定价精算报告	2~3天	
6	编写定价精算报告	定价精算报告一般包括：险种名称；保险性质；保障范围；定价原则；精算假设；费率厘定；风险管控措施	编写定价精算报告时参考以模版，勿随意删除定价精算模块；注意定价原则：公平性原则、充足性原则、适当性原则，（保监令 2010 年第 3 号）规定	2~3天	
7	精算负责人审核费率表及定价精算报告	将费率表及定价精算报告发送给精算负责人审核；精算责任人反馈审核意见		2~3天	
8	征求业务部门意见	将通过精算责任人审核的费率表及定价精算报告发给业务部门，征求意见，如业务部门有意见，则重新厘定费率，即循环子项目 4~7 的步骤		2~3天	业务管理部等
9	报中国银保监会审批或备案	核对产品费率表及定价精算报告相对应的数据，将费率表及定价精算报告发送给业务部门，由其上报银保监会		2~3天	业务管理部

由于产品定价涉及多个部门的协作,为了方便工作审批需要,我们还制作了工作流程表,具体如表 10–3 所示,由于各家公司部门设置和职责有所差异,下面流程仅供参考。

表 10–3　　　　　　　　　非车险产品费率厘定流程

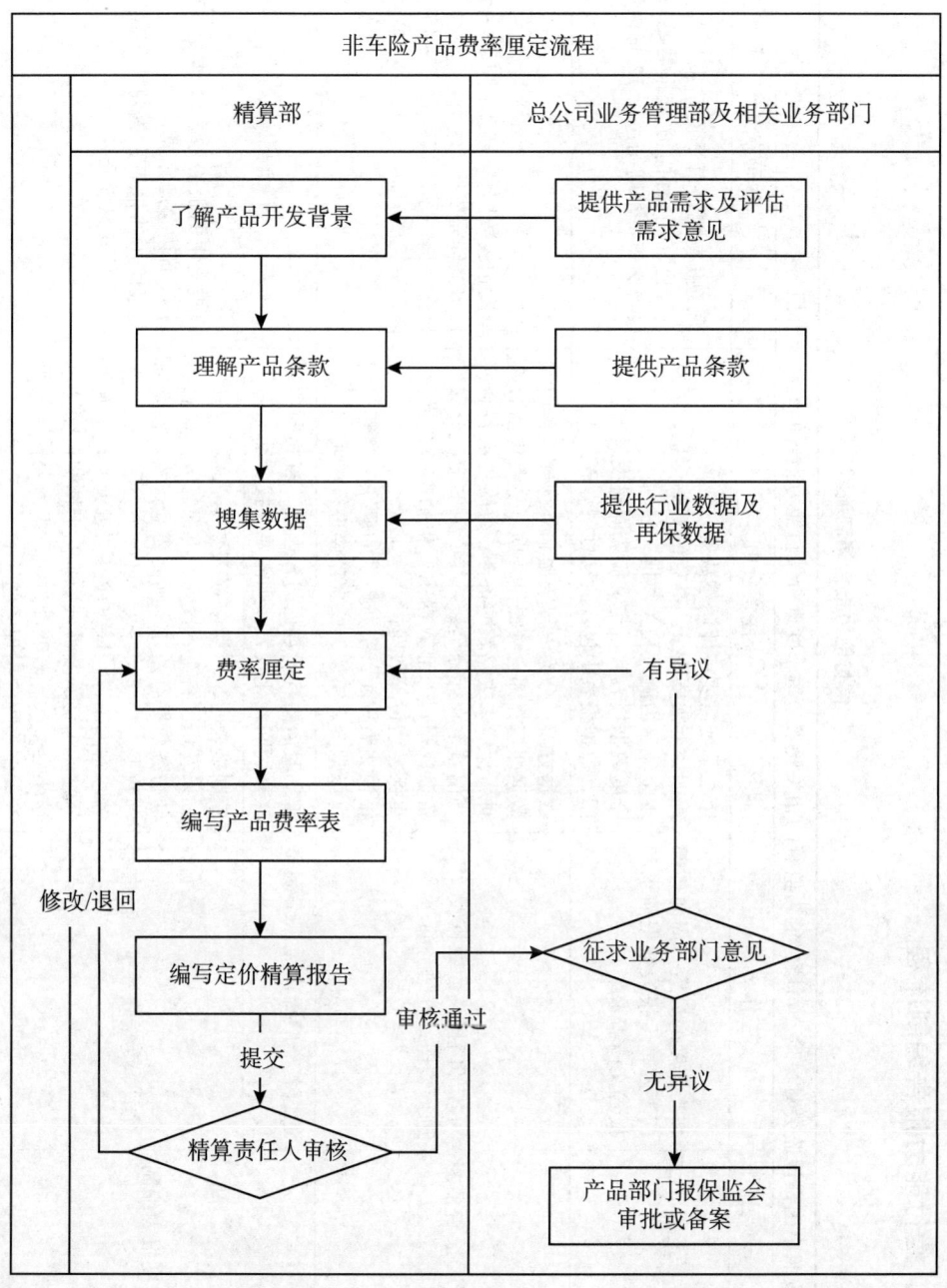

三、偿付能力报告编制流程

目的：按照中国银保监会对保险公司偿付能力监管的相关要求，每季度进行偿付能力报告的编制及上报

表10-4-1

偿付能力报告编制流程

序号	子项目	工作步骤	注意事项	时间节点	配合部门
1	报告数据及信息搜集	在当季度的最后一周向各部门下发季度报表数据需求和报告文稿需求	第二季度需要审计调整数据；第四季度需要董事、高管的薪酬信息，以及现金流压力测试相关数据；季度数据报表和报告文稿应同时发送给各部门，数据报表中包含流动性测算表	季度报表数据每季度结束后 8 日内提供（因偿付能力快报需要）；报告文稿每季度结束后 12 日内提供	除党群、集团业务部之外总公司各部门
2	季度报告信息整理	对各部门提供的数据及文稿进行整理，查缺补漏	数据方面，分为内部数据和外部数据，内部数据即精算部自身提供数据，主要包括分险种再保后未决赔款准备金、分险种准备金回溯偏差和细分至最终接受人的应收分保准备金数据；外部数据主要包括财务、投资、再保、赔付等数据；报告文稿方面，董办提供的股东、高管等信息经常会有错误，每次需要进行核实	季度报表数据每季度结束后 8 ~ 10 日内整理完成；报告文稿每季度结束后 13 ~ 15 日内整理完成	除党群、集团业务部之外总公司各部门
3	季度报表编制	通过各部门提供数据编制季度报表；对本季度报表数据进行内部校验	编制时需要判断数据的合理性，若相同项目在季度间变化较大，则需要寻找变动原因；编制报表时，以财务报表数据为核对基础，如果发现准备金、投资、再保等数据加总后与财务数据有差异，需要重新核对各类细项数据；若本季度不存在增资或经营重大变化，本季度实际资本及最低资本与上期相比变动应该不会太大，若变动过大，则需要检验是否在编制过程中出现问题	快报使用的报表数据每季度结束后 11 日内整理完成；季报使用的报表数据每季度结束后 15 日内整理完成	数据存在问题的相关部门

310

第十章 工作流程标准化

续表

序号	子项目	工作步骤	注意事项	时间节点	配合部门
3	季报表编制	对下季度偿付能力相关数据进行预测	对下季度偿付能力数据进行预测时，本季度保费收入、准备金、认可资产、认可负债及各风险子项的最低资本均需要更新；若本季度某一风险子项的最低资本相比上一季度变动较大，则需要判断下季度该子项风险暴露与最低资本之间的比例是沿用本季度数据，还是适度调整	快报使用的报表数据每季度结束后11日内整理完成；季报使用的报表数据每季度结束后15日内整理完成	数据存在问题的相关部门
4	季度报表转换及校验	季度报表编制完成后，将季度报表数据通过中国银保监会 XBRL 软件转化为上报数据包，并通过中国银保监会偿二代上报系统校验	转换过程按照银保监会下发的转换指南执行，尤其是涉及穿透性投资产的；转换数据包中需要包含PDF版签字页，且只能为一页；目前中国银保监会校验系统只提供三次可撤回校验功能，若校验超过三次，无法通过校验的不能上报，通过校验的直接上报而不能撤回。因此要谨慎使用校验功能	快报需要校验的报表数据较简单，只要快报校验和上报，因此每季度结束后即可校验12日内完成校验和上报；季报使用的报表数据每季度结束后15~16日内完成转换和校验，若校验规则变动或上报系统有更新，则可能会延后	IT
5	季度报告文稿编写	季度报表数据通过校验后，编写偿付能力季度报告	按照模板填写，若需要填写的内容无相关信息或不适用，也需要列示出来并标注"本季度不适用"，不能删除	每季度结束后15~17日内完成季度报告初稿	文稿存在问题的相关部门
6	部门领导审核及相关部门核对	完成季度报表和季度报告修订后，交由部门领导审核，审核修订完成后发送相关部门进行核对	若董事会无特殊安排，2、4 季度报告需先经相关部门审核后才能上报董事会；若审核部门未及时反馈，需要向相关部门确认	每季度结束后18日内完成季度报表及报告核对，若存在较严重问题，则每季度结束后19日内完成修改	合规、财务、首席风险官
7	报公司领导审议	部门领导及相关部门审核修订完成后发送相关部门进行核对	审议期间与公司领导充分沟通	每季度结束后20日内报送公司领导审议	董事长办公室

311

续表

序号	子项目	工作步骤	注意事项	时间节点	配合部门
8	报董事会审议	季度报表和季度报告审核完成后，报董事会审议，并制作简要PPT进行说明	2、4季度报告事先与董办商议，董事会召开时间尽量在当月22日之前，避免过晚；董事会审议议案需保留归档	按照董事会召开时间确定，尽量安排在每季度结束后22日之前	董事长办公室
9	报告签字及盖章	董事会审议通过后，报告需要相关领导签字	总共需要7位公司领导签字：董事长、总经理、财务负责人、投资负责人、精算负责人、首席风险官及各位领导的在司时间，避免漏签；公司盖章不能缺少	每季度结束后25日内完成	董事长办公室
10	OA发文及上报	董事会审议通过后，领导签字、扫描并上报，同时将公司发文及报告上报中国银保监会	报告签字页作为数据包的一部分上报，不能缺失；目前送季度报告，中国银保监会要求通过偿二代系统报送，并需要寄送纸质版，对于公司通过公文系统发文报送没有要求	每季度结束后25日内完成	董事长办公室
11	报告装订、寄送及存档	通过偿二代系统报送完成后，打印装订纸质版并寄送中国银保监会	装订前再次检查报告是否完整，信息是否有误，如：公司盖章是否完整，偿付能力预测指标是否有误，领导签字是否完整，报告是否有缺页现象等	每季度结束后25日内完成	

不同公司对部门设置和职责不同，流程也会略有不同，仅供参考。

表10-4-2　　　　　　　　　偿付能力报告编制流程

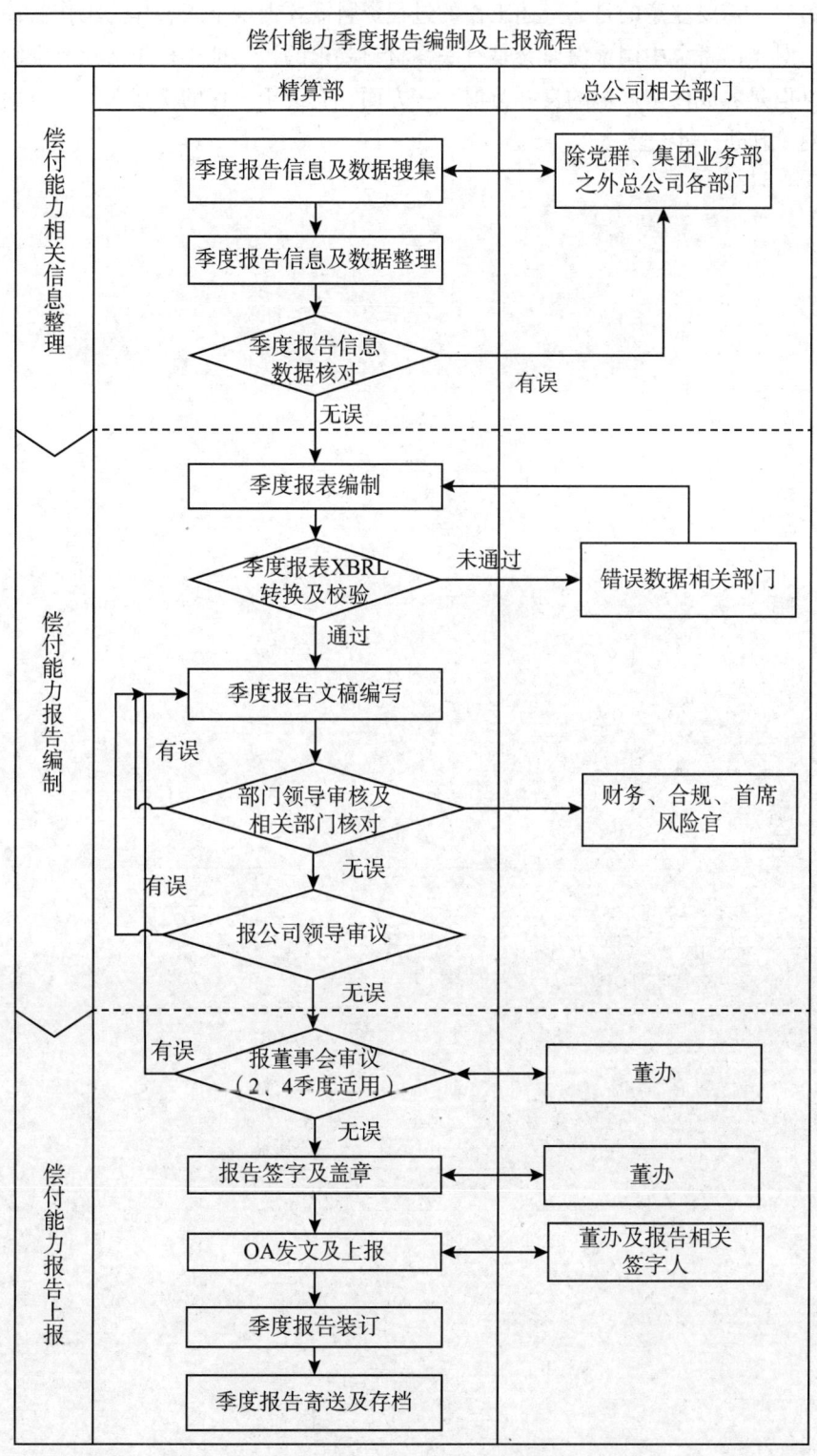

以上是部分工作的流程表，其他工作也可参照上述的流程进行编写，当然不同公司对部门和职责的设置不同，审批和写作流程可能会略有差异，但整体差异不大。另外，需要注意的是，上述工作的过程资料需要保留下来，作为工作底稿进行保存，对于准备金中国银保监会是有底稿材料要求的，其他工作虽然没有强制性的要求，但是养成保留底稿的良好习惯，一方面，有助于工作的交接；另一方面，也方便对工作进一步完善。

第十一章
金融科技下的非寿险精算实务

第一节 了解金融科技

当前,金融科技正值快速发展之际,科技力量正在变革着包括金融、保险在内的许多行业。精算作为风险量化的工具,也在不可避免地被影响,甚至被重新定义;这意味着,依靠科技的手段,可以更好地进行"风险量化",为精算赋能,为非寿险精算的许多环节提供更高效的方法和整合方案。

一般来说,金融科技所涉及的科技包括四大部分,这被统称为 ABCD,即:AI(Artificial Intelligence,人工智能),Block Chain(区块链),Cloud Computing(云计算),Data(Big Data,大数据)。

实际上,科技发展是不断变化的,ABCD 只是代表了当前比较热门的科技"门类",或者说它们在金融保险中有了一定的"接触"或者"应用",但是考虑到前瞻性和开放性,一些正在成熟的科技应该被关注到,它们是 EFGHIQ,分别是:

(1) Experience Promotion (AR or VR):体验提升、增强现实、虚拟现实;
(2) Feeling (Brain – Computing) Interface:脑机接口,脑机链接计算;
(3) Genetic Science/Analysis:基因工程、分析;
(4) Human Augmentation:人体增强;
(5) ItoT:高速物联网、5G 技术支撑联网、边缘计算;
(6) Quantum Computing:量子计算。

这些科技手段与 ABCD 一样,都在逐步经历技术成熟曲线,而最终走向成熟。当然,它们之间并不是泾渭分明的划分,实际上是不同层次的交叉运用,例如,脑机接口的信号分析时要利用大数据相关性度量和人工智能的深度学习技术、机器学习技术。例如,卡车运行的风险测度时要利用高速物联网(IoT)的反馈信息,基于机器学习和分布式计算来给出判断和预警;例如,自动驾驶场景中的各类判断则大量依赖于人工智能和大数据处理技术等。

一、人工智能

2016年之前，大多数人对人工智能的认知大多来自文学艺术，通过文学作品、影视作品看到许多颇具想象力的机器人和人工智能的应用①。但在2016年，来自Google（DeepMind）的围棋人工智能阿尔法狗（AlphaGo）相继战胜了樊摩、李世石、柯洁之后，人们从现实中真实地感受到了人工智能的能力②。当前自动驾驶、医疗诊断、金融投资、市场监管等都开始使用人工智能技术，特别是人脸识别已经进入完全商用的阶段，其误差率达到了一亿分之一③，这意味着与8位交易密码的强度相当，也意味着人脸识别可以作为支付验证手段。

实际上，从2006年起步的这一轮人工智能，应该称为新一代人工智能，它突破了以前人工智能研究的许多障碍，并显示出了持续进展的巨大潜力，正因为此，许多国家将它列为国家战略规划。

2017年7月20日，我国也发布了《新一代人工智能发展规划》，提出了面向2030年我国新一代人工智能发展的指导思想、战略目标、重点任务和保障措施，同时，该规划还部署构筑我国人工智能发展的先发优势，加快建设创新型国家和世界科技强国的目标。

该规划明确提出新一代人工智能是指以深度学习技术为代表的、自2005年之后基于大数据技术发展起来的人工智能技术。

简单了解一下人工智能的历史，有助于我们进一步了解新一代人工智能技术的特点与能力，从历史趋势看，未来传统人工智能的许多流派有可能与新一代人工智能技术融合，从而向着"强人工智能"进化。

1956年夏天，美国达特茅斯学院举行了历史上第一次人工智能研讨会，如图11-1所示。这次会议首次提出了"人工智能"概念，展示了编写的逻辑理论机器，并提出了"智能机器的定义"：智能机器能够创建周围环境的抽象模型，如果遇到问题，能够从抽象模型中寻找解决方法。该定义是此后30年人工智能发展的航向标。

根据当时会议的记录，人们为人工智能设定了一个定义：人工智能是使一部机器的反应方式像一个人在行动时所以据的智能。

1957年，罗森布拉特（F. Rosenblatt）设计制作了"感知机"，它是一种多层的神经网络。这项工作首次把人工神经网络的研究从理论探讨付诸工程实践。当时，世界上许多实验室仿效制作感知机，分别应用于文字识别、声音识别、声纳信

---

① 例如，火热的《西部世界》电影，以及经典的《终结者系列》。
② 与国际象棋不同，围棋的搜索空间超过了10的160次方，这决定了不能通过"穷尽"比较来获得最优方案，而应该类似于"人的思考、智能"一样来获得下一步的走法。
③ 来自商汤科技官方网站（商汤科技发展历程）。

号识别以及学习记忆问题的研究。这些研究和投入使人工智能打着"神经网络"的旗号开始了第一次高潮。

图 11-1　会议（1956）五十年后当事人重聚达特茅斯
资料来源：Google 黑板报。

1960 年，通用问题求解系统问世。它的作者是达特茅斯会议的参加者西蒙、纽厄尔以及肖，该系统称为 GPS（General Problem Solver，通用问题求解器），它是根据人在解题中所发现的共有的思维规律编写而成的，可以有效求解 11 种不同类型的问题，这使启发式程序有了更普遍的意义。

在此时期，工业界也开始了人工智能应用的探索：1959 年，德沃尔与美国发明家约瑟夫·英格伯格联手制造出第一台工业机器人，随后成立了世界上第一家机器人制造工厂——优利美讯（Unimation）公司。在技术还不够强大的时代，第一代机器人更像"机器"，这类机器人通过计算机控制一个自由度很高的机械，反复重复人类教授的动作，并对外界环境没有任何感知。

1965 年，约翰·霍普金斯大学应用物理实验室研制出野兽（Beast）机器人。野兽能通过声纳系统、光电管等装置，根据坏境校正自己的位置。随后开始兴起研究"有感觉"的机器人，这意味着人工智能的研发又向前迈进了一步。

1966 年，美国麻省理工学院（MIT）的魏泽鲍姆发布了世界上第一个聊天机器人 ELIZA。ELIZA 能通过脚本理解简单的自然语言，并能产生类似人类的互动。

此后，在经历了 1968 年的化学家（Dentral）专家系统和 1969 年的感知机缺陷危机后，人工智能进入了低谷。

一直到 1983 年，霍普菲尔德（Hopfield）网络诞生，并用于解决 NP 问题，基于"神经网络"的方法开始重新被关注,与此同时,符号学习的技术①也开始用于决策树和逻辑学习,试图探讨人类思考的奥秘。

1986年的BP(反向传播算法)的提出使得神经网络训练有了"哲学般"的"严格方案",这使得神经网络进一步发展并开始得到广泛应用。但由于过度复杂的神经网络训练在当时的计算和算法理论支撑下困难重重,人们开始更多地使用统计学习技术的其他浅层学习技术,例如,支撑向量机(SVM)。后来,浅层网络方法不断发展,为了解决非线性问题,为这些方法发展出了"核方法",使许多非线性问题也能够得到解决。

事实上,这些方浅层法在深度学习崛起之前,几乎统治了各类"人工智能"的场景,包括语音分类、情感识别、人脸识别等。

从1993~2000年前后,这个时期里人工智能曾多次击败过人类。1997年5月11日,著名的IBM电脑深蓝以3.5∶2.5击败卡斯帕罗夫,成为首个在标准比赛时限内击败国际象棋世界冠军的电脑系统。该事件也由此成为人工智能的标志性事件。

2011年,沃森(Watson)作为IBM公司开发的使用自然语言回答问题的人工智能程序参加美国智力问答节目,打败了两位人类冠军。同年,iPhone 4s发布,其亮点在于搭载了支持语音识别并能通过语音进行人机互动的Siri,而Siri也一直都被认为应用了人工智能技术。

人工智能的再一次繁荣被称为新一代人工智能,它是以深度学习为代表的神经网络技术。而这一切开始于深度学习之父、神经网络之父辛顿(Hinton)(见图11-2左2)的工作,在2006~2011年,他和其他一些深度学习的学者提出了深度网络的训练方法、DBN(深度信任网络)等,并在许多分类和识别竞赛中大幅度领先于传统的浅层网络技术,这使人们意识到深度网络的潜力巨大,如图11-2所示。

图11-2 深度学习领域的思维泰斗级人物

资料来源:谷歌黑板报。

---

① 我国享誉世界的数学家、首届国家最高科技奖获得者吴文俊先生开创的数学机械化领域就属于符号学习和符号计算。

到了 2013 年，深度学习算法已经成为 IT 巨头的关注目标并广泛运用在产品开发中，例如：

Facebook 人工智能实验室成立，探索深度学习领域，借此为 Facebook 用户提供更智能化的产品体验。

而谷歌收购了语音和图像识别公司深度搜索（DNNResearch），推广深度学习平台；百度创立了深度学习研究院等。

2014 年 5 月 28 日，谷歌推出新产品——无人驾驶汽车。与一般的汽车不同，谷歌无人驾驶汽车没有方向盘和刹车。而无人驾驶汽车也是人工智能发展中的一座丰碑。无人驾驶汽车是一种智能汽车，也可以称为轮式移动机器人，主要依靠车内的以计算机系统为主的智能驾驶仪来实现无人驾驶。当前谷歌母公司 Alphabet 旗下的 Waymo 自动驾驶汽车已经运行了近千万公里，并已于 2018 年底实现千辆出租车运营。

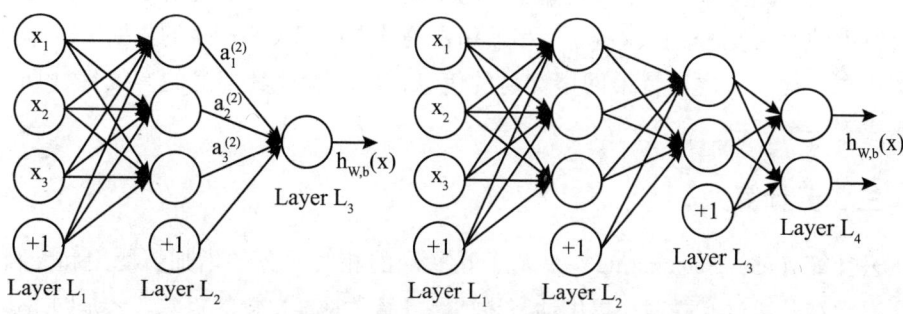

图 11-3 深层网络示意图（来自谷歌 Tensorflow 官网）

而深度学习（图 11-3，深层网络示意图）真正成为大众关注的焦点，则源于谷歌旗下 Deepmind 的 AlphaGO：

2016 年，围棋人工智能程序 AlphaGo 以 4∶1 的成绩战胜围棋世界冠军李世石。

2017 年，AlphaGo 化身 Master，再次出战横扫棋坛，让人类见识到了人工智能的强大。

2017 年中，升级版的 Alpha Go 战胜人类围棋最强者柯洁。

2017 年底，Alpha Go 升级为 Alpha Go Zero 实现了对旧版的快速超越，计算量大幅度降低。

之后，Deep Mind 推出 Alpha Zero，可以在没有人类经验、没有预先的棋谱训练的情况下，通过强化学习，迅速学会不同棋类游戏，并在一天之内超过人类的能力。

通过 Google 发表于《Nature》上介绍原理的论文，越来越多的围棋 AI 和其他棋类 AI 开始不断战胜人类冠军，这些都显示了深度学习的巨大威力，人类朝着人工智能的终极目标越来越靠近了。

从人工智能的发展可以看到，当前正在变革着所有行业的人工智能技术——深度学习本质上是机器学习的一种，它是一种多层的神经网络方法，它的基础是大规模的数据、计算能力以及算法。

保险自身的大量数据资源本身就蕴含了大量的数据，其内部数据信息的提取在传统模式下都依赖于统计方法，而深度学习提供一种新的信息挖掘方法和预测方法，从数学理论上保证了它的准确性，这使它与非寿险精算融合有很大的前景，而在非寿险精算实务中，已经成熟的深度学习技术也可以使传统精算过程提升效率。

二、区块链技术

区块链（blockchain）是分布式数据存储、点对点传输、共识机制、加密算法等计算机技术的新型应用模式。所谓共识机制是区块链系统中实现不同节点之间建立信任、获取权益的数学算法。

区块链是比特币的一个重要概念，它本质上是一个去中心化的数据库，同时作为比特币的底层技术。区块链是一串使用密码学方法相关联产生的数据块，每一个数据块中包含了一次比特币网络交易的信息，用于验证其信息的有效性（防伪）和生成下一个区块。

三、云计算

云计算（cloud computing）是基于互联网的相关服务的增加、使用和交付模式，通常涉及通过互联网来提供动态易扩展且经常是虚拟化的资源。云是网络、互联网的一种比喻说法。过去往往用云来表示电信网，后来也用来表示互联网和底层基础设施的抽象。因此，云计算甚至可以让你体验每秒10万亿次的运算能力，拥有这么强大的计算能力可以模拟核爆炸、预测气候变化和市场发展趋势。用户通过电脑、笔记本、手机等方式接入数据中心，按自己的需求进行运算。

四、大数据

大数据作为一个单独概念的提出，是源于1980年出版的《第三次浪潮》（The third Wave）[①]，在该书中，大数据被称为互联网革命的序曲。某种程度上，大数据的概念提出是信息科技发展过程中的必然，有其必然的历史过程，有其必然的历史发展背景。

人类历史的发展表明，社会的诸多行业都在向着量化的方向发展。每一种商业模式、每一种行业的信息和决策都逐渐由模糊变得更加精确，许多新兴的行业开始依赖于更好的量化技术，传统上依赖于经验的方式也正在逐步过渡为以量化方法为

[①] 1980年，Alvin Toffler 以穿越般的眼光出版了《The Third Wave》，2006年中信出版社出版其中译本《第三次浪潮》。

导向的决策方式。在这种模式的推动下，社会就需要采集大量的数据，也会产生大量的数据，这使传统的统计学方法带来巨大的压力，例如，它们在处理大数据过程中会发生问题。换句话说，大规模数据的增长自然会孕育出新的数据采集方式、数据存储方式和数据处理方式，这些就是大数据技术。

当前，诸多的信息都在进行着数据化，例如，在保险行业中：驾驶人驾驶车的习惯，驾驶人在社交网络上的各种行为，甚至驾驶人所发表的言论等，都可以进行数据化；一张保单在处理过程中所涉及的各个环节也会产生大量的数据并分布在不同的部门；保险公司所积攒的大量的客服录音也是一类数据等。这些都是典型的数据，规模巨大，只是很多时候，这些数据没有办法被经典的数据处理方式进行处理，例如，广义线性模型只能处理一些规范的数据，但是不能很好地处理声音、图片、视频等这些非结构化数据。

理解大数据可以从五个特征思考，这被称为5V，分别是以下几个方面。

1. Volume，容量。一般来说，被称为大数据的数据集数据量巨大，且数据的采集、存储和计算的量都非常大：从采集角度来说，大数据需要新的采集手段来采集，且能能够进行传输，例如，利用5G物联网的技术；从存储角度来说，存储设备需要能够支撑规模巨大的数据集存储，且方便查找和分析，例如，要利用非关系型的数据库；而从计算角度来说，计算方法和体系要能够发现复杂关系，能够挖掘出数据内部蕴含的信息，而这恰恰是深度学习崛起的原因。大数据的计量单位一般是 T（1,000G），P（1,000 个 T）、E（100 万个 T）或 Z（10 亿个 T）等。

2. Variety，多样性。大数据的数据种类多样，且来源多样。一个典型的大数据集包括结构化数据、半结构化数据和非结构化数据，例如，浏览过程产生的网络日志、保险客服录音的音频、客户验证的视频、查勘拍摄的图片、汽车运行的地理位置信息等。这样多类型的数据对数据的处理能力提出了更高的要求。

3. Value，价值角度。一般来说，大数据集的数据价值密度相对较低，这是因为数据量巨大需要组合在一起才能产生价值，单独一条数据并不具备特别的价值。随着经济过程中互联网以及物联网的广泛应用，信息无处不在，在海量的、价值密度较低的数据集中如何结合业务逻辑并通过强大的算法模型来挖掘数据价值，是大数据时代最需要解决的问题。以精算为例，这也需要从业人员重新思考业务价值挖掘方式。

4. Velocity，速度增长角度。大数据不但数据量大，而且数据增长速度快，要求的处理速度也要快，一般对时效性要求也较高。例如，搜索引擎要求几分钟前的新闻能够被用户查询到，个性化推荐算法尽可能要求实时完成推荐。这是大数据区别于传统数据挖掘的显著特征。

5. Veracity，可信赖度。大数据集单纯地看部分数据，其准确性和可信赖度可能不高，这是因为大规模的数据中必然会有许多干扰和异常数据，导致数据质量下降，但是当数据规模足够大的时候，污染异常的数据会被规模数据的信息所掩盖，其整体的趋势和内部信息可信赖度足够高。

大数据对保险行业影响是巨大的，对精算方法的影响也是巨大的。

1. 大数据带来一个新的概念叫作全样本计算，或者叫作全量计算。很多精算方法实质上是基于样本统计后形成规则再进行计算的。如果通过一些大数据计算技术，精算师可以直接由全量数据获得最终的结果，不必要借助一些中间过程（如生命表等），从数学角度和信息论角度来说，其结果更加准确，时效性也更强。

2. 大数据通常维度很高，换句话说，就是考虑的变量数量是巨大的，这时同样ID的数据流在不同业务部门所形成的维度之间会产生很多复杂的关系，分析这种关系很显然会带来新的价值，但传统上部门与部门之间的交换，没有考虑这么高的层次，形成了数据维度的孤岛现象。如果想捕获这种复杂的关系，精算师需要重新梳理数据流程，在更高层次上进行数据挖掘，并需要进行跨业务的数据分析写作。

3. 大数据集包含的数据是多种类的，有结构化的数据，也有非结构化的数据，例如，图像、声音和视频。在传统模式下，精算或者保险业务中，精算师很少使用非结构化的数据，而公司也常常将这些数据存档起来仅仅用于备查。但实际上非结构化数据，蕴含的信息更加多样也更加有用，更具有个性化信息，在很多时候，这些信息带来的作用是巨大的，甚至超过结构化数据带来的价值。精算师应该学会使用非结构化数据，并将其与结构化数据结合起来进行工作。

4. 大数据的数据量大、维度高，各个维度之间的相关性也更加复杂，传统模式下的线性相关系数的方法，在这种情况下是不好用的；甚至很多相关关系预先是无法假定的，这使链接函数（Copula）的方法也无法顺利引用。这种情况需综合使用大数据分析方法和机器学习方法来发现隐含的相关关系，并将其用于业务信息发现中，从而产生新的业务价值。

5. 长周期相关是金融数据包括保险数据的一大特点。带有时序的金融数据都具有这样的特征，该特征可以通过计算自相关系数和偏自相关系数来发现，但是建模时使用传统的时间序列分析方法却无法获得合理的模型，一方面，是记忆范围涉及的周期太长，超过了线性模型的能力，另一方面，是存在非线性相关，传统模型没有办法捕捉。

第二节　精算师要掌握的金融科技工具

一、从 VBA 到 Python

在精算实务中，VBA 是一种经常使用的编程语言，它是基于 Basic 语言的。为了统计需要，精算师也会使用一些其他的软件，例如，SPSS、SAS、Stata 等；在一些特定情形下，为了更好地统计数据，精算师还会使用 R 语言。当前很多高校已经普及了 R 语言教学，但对于金融科技来说，R 语言并不是最适合的语言，最适合的语言是 Python。

Python 是一种胶水语言，尽管很早就已经诞生，但当前已经成为金融科技以及大数据和人工智能技术中最优先使用的语言之一，许多开源软件、许多人工智能的计算以及大数据的实现，都是基于 python 语言实现的。

精算师可以从习惯 VBA 的编程中逐步过渡到 Python 的使用，事实上在 python 语言中可以轻松地处理 excel 文件，也可以进行各种统计分析，还可以方便地使用各种深度学习、机器学习方法。

更重要的是，Python 还是一种网络编程语言，可以基于它进行网站的构建、分析、数据的抓取、构建服务器—客户端链接等，这使公司基于数据流的业务，不必在多个语言之间接口定义和传送，数据的传输也更加直接，在某种程度上是比用 API 接口效率更高的方式。

Python 是一种解释型的、面向对象的动态数据类型的高级程序设计语言，它出现在 1989 年，第一个公开发行版本是在 1991 年。值得一提的是 Python 的源代码从开始就遵循 GPL 协议（General Public License）；Python2.0 在 2000 年发布，实现了垃圾回收并支持 Unicode 编码；Python 的 3.0 版本发行于 2008 年。

需要注意的是，Python 的 2.0 版本和 3.0 版本有许多地方不兼容，尽管 Python2.6 和 2.7 被称为过渡版本，但是仍然有一些语句和规则是与 Python3.0 不通用的。当前，Python2.0 系列已经不再维护，这意味着，精算师使用 Python，首先应该使用 python3.0，现在的版本是 3.6 和 3.7。

Python 语言的特点有很多，总结如下。

1. 简单易学。Python 是代表简单主义思想的语言，语法简洁而清晰，结构非常简单，容易上手，任何人都非常容易学习[①]。这样的特点，使人们在学习过程中不必过度关注于程序设计语言的具体形式细节，而将注意力放在程序自身的逻辑和算法上。

2. 免费开源。基于 GPL 协议，使 Python 使用者可以自由地发布这个软件的副本，阅读开发的源代码，并对它进行改动；当然使用者也可以将其用于自己开发的软件中。

3. 解释型语言。这与精算师熟悉的 VBA 是一样的。计算机通常不能直接接收和执行高级语言编写的源程序，这些源程序一定要通过翻译程序翻译成 0～1 序列的机器语言，计算机的 CPU 或者 GPU 才能够进行执行。这种翻译有两种方式，一种是编译，另一种是解释。编译是指源程序代码先由编译器编译成可执行的机器代码，然后进行执行；解释是指源代码程序被解释器直接进行执行。这两种方式各有优缺点。例如，经典的 C 语言就是一种编译执行的方式；而 Python 这种解释型语

---

① Python 已经进入中学课本，成为中学生学习的首要编程语言。

言则可以通过在不同的系统上安装解释器,使它编写的程序可以在许多系统上无须修改就可进行。

4. 面向对象。Python 的设计就是完全面向对象,各种操作目标都是对象,并且完全支撑继承、重载、派生和多重继承。

5. 丰富的库。这是 Python 最吸引人的地方。全世界的爱好者、开发者为 Python 编写了众多的可完成各类任务的库,著名的大公司也不断发布和维护几乎媲美商业软件的 Python 库,这包括 Google、Microsoft、Facebook 等 IT 巨头。例如,著名的深度学习平台 TensorFlow 就是 Google 维护的 Python 库。

二、从复制粘贴到爬虫技术

在大数据时代,数据的获取变得至关重要,传统上精算师要考虑的维度都是事先指定的,但是这些维度经常不足以反映问题的影响因素,或者说不足以达到预测的精度,这时精算师需要增加足够多的维度,即扩充数据,此时数据获取变得至关重要。

手动复制粘贴可能是最常用的一种从网络上获取数据的方法:找到网站,然后选择数据,粘贴到 Excel 当中。但很显然,它在应对大规模数据中是不现实的,事实上即使不考虑人力和时间,仅靠复制粘贴,Excel 也有最大行和最大列的限制,远没有用 csv 文件方便。

爬虫技术是利用程序来进行数据获取,它是一种按照一定的规则自动地抓取网络信息的程序或者脚本,被广泛用于多种目的,自动采集所有其能够访问到的页面内容。

从功能上来讲,爬虫一般分为数据采集、处理、储存三个部分,有一些爬虫网站提供免费或者收费的可视化爬虫服务。

所有网站页面都有一个唯一的地址,这个地址是计算机可以访问这个页面的基础:在浏览器地址栏输入该地址后,计算机会连接到该网站,并请求该指定的页面。这是网络爬虫运行的计算机网络基础。

传统爬虫一般从一个或几个初始网页的网址开始,获得初始网页上的地址表;在抓取网页的过程中,不断从当前页面上抽取新的地址放入队列,直到满足系统的一定停止条件。

抓取到网页之后,一般会根据网页页面的实现结构来进行特定规则的抽取,并按照指定的方式继续存储。

此外,爬虫技术还会考虑数据的一些处理,通常是指数据的预处理、清洗等。

更高级的爬虫工作流程较为复杂,需要根据一定的网页分析算法过滤与主题无关的链接,保留有用的链接并将其放入等待抓取的地址队列。然后,它将根据一定的搜索策略从队列中选择下一步要抓取的网页地址,并重复上述过程,直到达到系统的某一条件时停止。另外,所有被爬虫抓取的网页将会被系统存贮,进行一定的分析、过滤，并建立索引，以便之后的查询和检索；对于聚焦爬虫来说，这一过程所得到的分析结果还可能对以后的抓取过程给出反馈和指导。

在网络爬虫的系统框架中，主过程由控制器、解析器、资源库三部分组成。

1. 控制器主要是负责给多线程中的各个爬虫线程分配工作任务。

2. 解析器的主要工作是下载网页，并进行页面处理，这主要包括将一些 JS 脚本标签、CSS 代码内容、空格字符、HTML 标签等内容处理掉。爬虫的基本工作都是由解析器完成。

3. 资源库是用来存放下载到的网页资源，一般都采用大型的数据库存储，如 Oracle 数据库，并对其建立索引。

三、从关系型数据库到非关系型数据库使用

当前，保险公司使用的数据库，主要是关系型数据库（Relational Database Management System），支持 SQL（Structured Query Language，结构化查询语言）。

然而，在大数据时代，信息技术爆炸式发展，现实中越来越多的数据被采集，有许多数据是非结构化数据，数据关系复杂，关系型数据库在处理大数据量时已经开始吃力，开发者只能通过不断地优化数据库来解决数据量的问题，但优化毕竟不是一个长期方案，所以人们提出了一种新的数据库解决方案来适应大数据时代的要求——NoSQL，即非关系型数据库。

NoSQL 描述的是大规模数据存储方法，根据结构化方法以及应用场合的不同，主要可以将 NOSQL 分为以下四类。

（1）Column – Oriented，列导向存储。存储结构为列式结构，对应于关系型数据库的行式结构，这种结构会让很多统计聚合操作更简单方便，使系统具有较高的可扩展性。这类数据库还可以适应海量数据的增加以及数据结构的变化，这个特点与云计算和人工智能所需的相关需求是相符合的。例如，Google Appengine 的 Big-Table，以及 Hadoop 子系统 HaBase 就属于这类。

（2）Key – Value Oriented，键值导向。该方式面向高性能并发读/写的缓存存储，每个 Key（键值）分别对应一个值 Value，能够提供非常快的查询速度，支持大规模的数据存放量并能够进行高并发操作，这些都非常适合通过主键对数据进行查询和修改等操作。例如，MemcacheDB、BerkeleyDB、Redis、Flare 就是 Key – Value 数据库。

（3）Document – Oriented，文档导向。该类型是应对海量数据访问的文档存储，这类存储的结构与 Key – Value 非常相似，也是每个 Key 别对应一个 Value，但是这个 Value 主要以 JSON（JavaSript Object Notations）[①] 或者 XML 等格式的文档来进行

[①] JSON（JavaScript Object Notation）是一种轻量级的数据交换格式。JSON 采用完全独立于语言的文本格式，这些特性使 JSON 成为理想的数据交换语言，易于人阅读和编写，同时也易于机器解析和生成。

存储。这种存储方式可以很方便地被面向对象的语言所使用。这类数据库可在海量的数据中快速查询数据，例如，著名的 MongoDB 就属于此类。

（4）Graph Database，图式数据库，这是 NoSQL 中最复杂的形式。该方式主要使用一种高效的图方式来存储各个实体之间的关系。当数据之间是紧密联系的，例如，社会关系、科学论文的引文抑或是资本资产定价模型，等等，使用图形数据库是最好的选择。图式数据库一般具有图的两个基础组成：

Node – ：实体本身，在一个社会关系中可以认为是一个人。

Edge – ：实体之间的关系。这个关系可以用一条线来表示，这条线有它自己的属性。这条线可以有方向，箭头可以表明谁是谁的父系（上级等）。

一般来说，NoSQL 具有扩展简单、高并发、高稳定性、成本低廉等优势，但也存在一些问题：

（1）一些 NoSQL 暂不提供 SQL 的支持，这会造成开发人员的额外学习成本。

（2）NoSQL 大多为开源软件，其成熟度与商用的关系型数据库系统相比有差距。

（3）NoSql 的架构特性决定了其很难保证数据的完整性，适合在一些特殊的应用场景使用。

（4）MongoDB 是当前广泛使用的 NoSQL 数据库，它能够充分体现出 NoSQL 的优势。

（一）MongoDB 性能

在大数据时代中，大数据量的处理已经成为考量一个数据库最重要的原因之一。而 MongoDB 的一个主要目标就是尽可能地让数据库保持卓越的性能，这很大程度决定了 MongoDB 的设计。在一个以传统机械硬盘为主导的年代，硬盘很可能会成为性能的短板，而 MongoDB 选择了最大程度而利用内存资源作用缓存来换取卓越的性能，并且会自动选择速度最快的索引来进行查询。MongoDB 尽可能精简数据库，将尽可能多的操作交给客户端，这种方式也是 MongoDB 能够保持卓越性能的原因之一。

（二）MongoDB 扩展

现在互联网的数据量已经从过去的 MB、GB 变为了现在的 TB 级别，单一的数据库显然已经无法承受，扩展性成为重要的话题，这包括横向扩展和纵向扩展。

1. 横向扩展（scale out）。

是以增加分区的方式将数据库拆分成不同的区块来分布到不同的机器中来，这样的优势是扩展成本低，但管理困难；

2. 纵向扩展（scale up）。

与横向扩展不同的是会将原本的服务器进行升级，让其拥有更强大的计算能力。这样的优势是易于管理无须考虑扩展带来的众多问题，但缺点也显而易见，那就是成本高。一台大型机的价格往往非常昂贵，并且这样的升级在数据达到极限时，可能就找不到计算能力更为强大的机器了。

MongoDB 选择的是更为经济的横向扩展，这可以很容易地将数据拆分至不同的服务器中。而且在获取数据时开发者也无须考虑多服务器带来的问题，因为 MongoDB 可以将开发者的请求自动路由到正确的服务器中，让开发者脱离横向扩展带来的弊病，更专注于程序的开发上。

（三）MongoDB 使用

MongoDB 面向文档（document-oriented）的设计让开发人员获取数据的方式更加灵活，甚至于开发人员仅用一条语句即可查询复杂的嵌套关系，让开发人员不必为了获取数据而绞尽脑汁。

同样，MongoDB 也可以体现出 NoSQL 的一些缺点。

MongoDB 不支持事务，现在众多的软件依旧需要事务的管理，所以对于事务一致性要求较高的程序只能在软件层面进行管理，而无法从数据库进行管理。

其他工具的支持范围，MongoDB 从发布起到现在还不到 5 年的时间，所以会面临着许多的语言没有对应的工具包，所以如果你使用的语言没有对应的包，可能是导致你无法使用 MongoDB 最大的阻碍。

社区的资源量，这个问题同第二个问题一样是因为 MongoDB 过于年轻导致的，相对于其他大型数据库的社区而言，MongoDB 显然是无法与之相比的，然而社区往往也是一个重要考量因素之一，社区资源的匮乏会导致问题解决周期延长，从而拖延工作。

第三节　在工作中使用大数据和人工智能技术

一、在车险定价中使用深度学习技术

一般来说，车险定价是基于 GLM（广义线性模型），广义线性模型也是寻找影响费率的因子与费率之间的关系，但它考虑更多的费率因子，并将分布扩展到可以处理整个指数族分布，并放宽了对线性回归模型中各种假设的要求。

例如，它包括随机成分、系统成分、连接函数。

广义线性模型的定价过程利用连接函数来捕捉"非线性"的关系，这本身有很大的局限，因为指定的非线性关系可能不足以反映现实的情况，且系统成分中更细致因素的非线性因素不能够被同时捕捉，只能通过系统成分和其他因素一起"同进同退"。

当前，车险费率市场化的大幕已经正式上演，许多险企开始考虑"地板价"出单，这就意味着一定量的车按照统一价格出单或者亏损（定价过低）或者失去市场（定价过高），需要更加细致地区分各车的风险。

而投保车辆的风险则涵盖众多的风险因素,这些风险因素大多数可以作为费率因子考虑进模型之中,只是很多费率因子可能不再是单纯的线性关系,此时广义线性模型可能需要进化。

费率厘定的最终目标是实现较精确的个体出险预测,对于车险来说,就是精确地预测投保车辆的出险情况(例如,出险概率,损失大小等)。

考虑大数据的思维和影响,车险费率因子应该包括更多维度的数据,这些数据对费率的影响,对于出险概率的影响,可以用机器学习和深度学习来捕捉,如图11-4和图11-5所示。

1	ID	tripid	obdid	vid	count	behaviors	AddTime
2	88BDD497-3(	1E+11	21QN2G24	2X10A0D	5	2|32|842|116.268475|39.903358|18|	34:11.3
3	A66F72C8-6:	1E+11	21JAYSEP	0X3050W	4	2|28|1360|116.357547|39.876353|17(	47:40.7
4	BD92F26D-F:	1E+11	21WNJDG6	134011Q	2	2|20|3634|116.342793|40.051871|38	33:35.1
5	DF76E7CD-1(	1E+11	21B7LDS2	3J10D0N	4	2|23|393|116.408699|40.109173|0|2(	05:12.9
6	106198DB-5{	1E+11	21E72JLZ	023031Z	1		44:55.7
7	E146ACEE-4:	1E+11	216A4N4U	230340	3	2|16|10662|116.251828|40.046321|9:	30:22.6
8	FC362207-0:	1E+11	21DFLYU6	0X30608	3	2|22|1132|116.429136|39.896354|34	37:03.3
9	FCE6E8A9-1\	1E+11	212WNY00	023020Q	1	2|45|56745|116.759547|39.93419|65	46:56.6
10	A7BCC7A6-8\	1E+11	219J00MR	0X30105	1	3|22|1346|116.148529|39.756224|17	45:22.7
11	B900CFD9-C:	1E+11	21600JAE	0H20502	1	3|64|81432|118.586257|37.313205|1(	54:48.1
12	F1A8180C-CI	1E+11	21UU1R60	1310Y0B	11	2|19|1233|116.317814|39.945178|99	58:53.0

图11-4 车联网产生的数据示意图

1	ID	tripid	obdid	vid	count	behaviors	AddTime
2	88BDD497-3(	1E+11	21QN2G24	2X10A0D	5	2|32|842|116.268475|39.903358|18|	34:11.3
3	A66F72C8-6:	1E+11	21JAYSEP	0X3050W	4	2|28|1360|116.357547|39.876353|17(	47:40.7
4	BD92F26D-F:	1E+11	21WNJDG6	134011Q	2	2|20|3634|116.342793|40.051871|38	33:35.1
5	DF76E7CD-1(	1E+11	21B7LDS2	3J10D0N	4	2|23|393|116.408699|40.109173|0|2(	05:12.9
6	106198DB-5{	1E+11	21E72JLZ	023031Z	1		44:55.7
7	E146ACEE-4:	1E+11	216A4N4U	230340	3	2|16|10662|116.251828|40.046321|9:	30:22.6
8	FC362207-0:	1E+11	21DFLYU6	0X30608	3	2|22|1132|116.429136|39.896354|34	37:03.3
9	FCE6E8A9-1\	1E+11	212WNY00	023020Q	1	2|45|56745|116.759547|39.93419|65	46:56.6
10	A7BCC7A6-8\	1E+11	219J00MR	0X30105	1	3|22|1346|116.148529|39.756224|17	45:22.7
11	B900CFD9-C:	1E+11	21600JAE	0H20502	1	3|64|81432|118.586257|37.313205|1(	54:48.1
12	F1A8180C-CI	1E+11	21UU1R60	1310Y0B	11	2|19|1233|116.317814|39.945178|99	58:53.0

图11-5 整理过的车联网数据

实际选用14,803笔保单,其中10,000笔作为训练数据集,如图11-6所示,4,803笔作为测试数据集。目标是预测保单是否会在保险期限内出险索赔。实际预测结果如表11-1所示。

测试集数据4,803笔,出险保单数为1,177笔,出险保单占总数据集的1,177/4,803 = 24.51%,未出险保单占比为1 - 24.51% = 75.49%。

实际出险保单1,177笔,实际出险且预测结果为出险的保单382笔,准确度为382/1,177 = 32.46%。

表 11 -1　　　　　　　　　　　预测结果

项目		预测结果		
		未出险	出险	合计
实际情况	未出险	3,260	366	3,626
	出险	795	382	1,177
	合计	4,055	748	4,803

实际未出险保单 3,626 笔，实际未出险且预测为未出险的保单 3,260 笔，准确度为 3,260/3,626 = 89.91%。

全部保单预测的准确度为 (3,260 + 382)/4,803 = 75.83%。从全部保单的准确性来看，与全部未出险保单占比基本相同。但对出险保单的预测提高了 32.46% - 24.51% = 7.95 个百分点，对未出险保单的预测的准确性提高了 89.91% - 75.49% = 14.42 个百分点。

从上述分析来看，机器学习技术确实能够对保单品质更为有效的区分，从而提升经营效益。

另外，精算模型对数据数量和数据的时间周期相对较长，短期趋势往往会被忽略，而且精算模型并不太适合用于分类结果预测方面。统计方法则存在同样类似的情况，在出现新的趋势的初期，很难判断是属于偶然因素还是发展趋势。机器学习模型则可以根据数据的不断更新而自动更新模型参数，进而有效弥补精算模型和统计方法的缺陷。

在实务中，更加有效的方法是在考虑众多因素（包括人的因素）后，使用深度学习技术：

当同时考虑车的因素和人的因素时：

(1) 外部因素。

(2) 人的因素：驾驶员年龄；驾驶员住址区域；驾驶员行业；驾驶员家庭人数；驾驶员驾驶习惯因素等。

(3) 车的因素：车龄；车型号；车状态；车险保费；过去三年出险情况；车险投保情况等。

由这些因素构建深度学习模型如图 11 - 6 所示，然后进行预测，效果可以比决策树方法提升 30% 的效果，在实践中，安盛保险（AXA）利用谷歌的 TensorFlow 构建的深度学习方法，预测出险准确率可以比随机森林高出 80%；随机森林 40%，而深度学习可以达到 70%。

而随机森林方法又比广义线性模型提高一倍左右：广义线性模型 20% 左右。

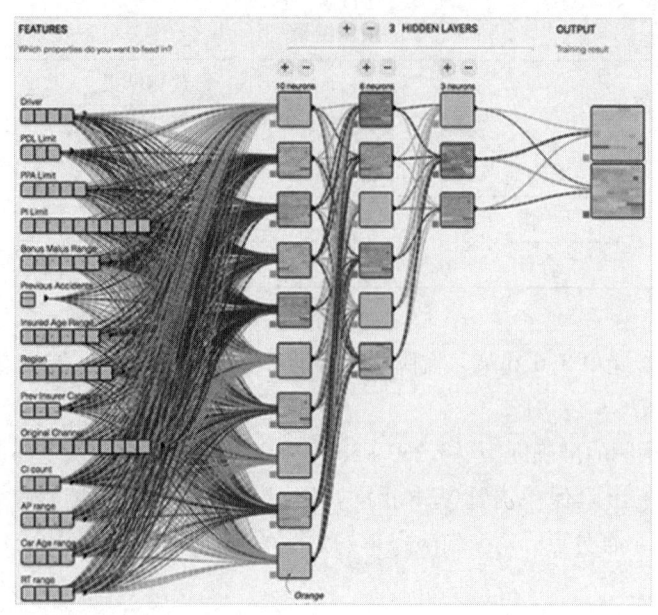

图 11-6 深度网络预测车险出险概率

资料来源：Google Cloud。

二、在反欺诈中使用大数据和人工智能技术

在传统模式下，保险欺诈技术依赖于数据和经验，而数据通常是来自保单数据、出险数据、查勘数据等，这些数据通常由保险公司汇集成结构化数据，同时将非结构化数据存储，但是在实际中并不会使用。

考虑充分利用这些非结构化数据，例如，报案的录音、查勘的图片、文字描述等。利用这些数据，需要引入人工智能技术。

考虑如下的保险理赔场景：在进行理赔的时候，保险公司理赔和核赔人员要多次与投保人或者索赔人员进行接触。在此过程中，相关人员也会通过言行举止来观察；通常来说，工作人员对投保人和索赔个体的真实情况比较了解，对于其进行索赔和理赔的真实性心里有大致的判断，这种判断会放映在表情和行为上。此外，考虑到很多保险公司已经进行了网上理赔和核赔，这个过程中，双方通过视频进行交流，通过语音进行交流，此时理赔人员则更少关注于索赔个体的表情和行为变化，更多的是同逻辑角度去判断是否合理。

很明显，绝大多数情况下索赔个体对于自身的保险欺诈行为是自知的，当投保人就这项自知的欺诈行为向保险公司进行"合理性"说明的时候，需要做出心理上的重重假设——因为其知道自己本不应该获得理赔。这种落差会导致表情和行为的异常。

表情、行为、声音、逻辑等数据都是这个欺诈事件的作用结果，或者说这些数据都与欺诈有关。换句话说，保险欺诈场景中的当事人的表情、行为、声音、逻辑等都有特定的特征，而人工智能技术能够帮助识别这些特征。

此外，针对这种识别方法有如下两点需要补充：

第一，这种识别是作为参考，而非最终判断，但这已经足够辅助理赔人员进行判断，降低保险公司费用。根据实际运行的估计，如果能达到50%的正确率，那么对于1,000次的普通保险欺诈，可以为保险公司节省约47万元的理赔费用。

第二，这种识别是依赖于当前的人工智能技术进步的。表情识别特征复杂，人和动物可以进行识别是因为生物大脑的优势。在浅层学习时代，这种识别技术并没有获得有效的结果。在深度学习时代，基于多层网络的探索，这种技术慢慢变得可行。这是进行保险欺诈识别的表情分析方法的重要前提。

所有非结构化的数据的人工智能处理，都是是为了给出是否"存在欺诈"的可能，这当中可能包括由报案的声音、由查勘的图片等发现欺诈的"蛛丝马迹"。

这些最终的数据还会和结构化数据组合在一起，形成新的有关"欺诈"的影响因子，而这些因子如何给出最后的判断结果（也就是说，给出一个案件是欺诈的概率），则是一个欺诈系统要认真考虑的问题。

当前，市场上使用的欺诈识别，大多数基于专家库系统，所谓专家库系统就是将各种规则列在里面，然后每一条数据进入专家库系统，由各类规则评价。

例如，一辆车可能触发"老旧稀有车量，半夜出险"的规则，从而被认定为"怀疑欺诈"的类别。

当然，非结构化数据的处理也可以作为规则，所不同的是由于是人工智能技术，其规则是庞大的深度网络。

使用广义线性模型来将非结构化数据和结构化数据组合进行最后的分类，常常得不到合适的结果，这时候，仍然需要人工智能技术来帮忙。

例如，机器学习技术中的决策树、随机森林等，可以用于进行样本的分类，然后将训练好的模型应用于新的样本，就可以给出较好的欺诈识别概率：某个样本欺诈的概率。

使用深度学习是另外一种方式，通常它的效果会比简单的机器学习效果要好。

图11-7就是在22万样本上训练深度学习的过程，训练结束后，准确率可以达到99%以上，最后生成的模型就可以直接用来接收新样本，并给出一个欺诈的概率。

三、在非寿险场景中使用区块链技术

区块链是伴随比特币产生的一个概念，诞生于2008年，它代表了一种去中心化的数据组织、存储和管理方案。比特币创始人中本聪为实现点对点的电子现金系统而提出和构建了这一方案，可以在没有中央数据库的情况下实现多点数据的可靠传输、存储和更新。区块链的概念早期被虚拟货币爱好者喜爱和宣传，影响力较

小。从 2015 年开始，区块链忽然成为一个热门词汇，大量创业机构、投资机构、金融机构乃至监管机构纷纷拥抱区块链，将其称为"价值网络""下一代互联网的基础设施""下一轮互联网革命"，等等。

```
Epoch 1/10
227845/227845 [==============================] –10s –loss: 0.0295 –acc: 0.9982 –val_loss: 0.0212 –val_acc: 0.9987
Epoch 2/10
227845/227845 [==============================] –10s –loss: 0.0295 –acc: 0.9982 –val_loss: 0.0212 –val_acc: 0.9987
Epoch 3/10
227845/227845 [==============================] –10s –loss: 0.0295 –acc: 0.9982 –val_loss: 0.0212 –val_acc: 0.9987
Epoch 4/10
227845/227845 [==============================] –12s –loss: 0.0295 –acc: 0.9982 –val_loss: 0.0212 –val_acc: 0.9987
Epoch 5/10
227845/227845 [==============================] –11s –loss: 0.0295 –acc: 0.9982 –val_loss: 0.0212 –val_acc: 0.9987
Epoch 6/10
227845/227845 [==============================] –10s –loss: 0.0295 –acc: 0.9982 –val_loss: 0.0212 –val_acc: 0.9987
Epoch 7/10
227845/227845 [==============================] –10s –loss: 0.0295 –acc: 0.9982 –val_loss: 0.0212 –val_acc: 0.9987
Epoch 8/10
227845/227845 [==============================] –10s –loss: 0.0295 –acc: 0.9982 –val_loss: 0.0212 –val_acc: 0.9987
Epoch 9/10
227845/227845 [==============================] –10s –loss: 0.0295 –acc: 0.9982 –val_loss: 0.0212 –val_acc: 0.9987
Epoch 10/10
227845/227845 [==============================] –10s –loss: 0.0295 –acc: 0.9982 –val_loss: 0.0212 –val_acc: 0.9987
```

图 11–7 一个反欺诈深度网络的训练过程

为什么区块链在短短几年的时间里忽然变成"显学"，区块链到底有什么优缺点，适用什么样的问题和领域，有没有大规模普及和应用的潜力，是不是一个适合创业的领域？这些问题并没有得到严肃、认真的解答，大量报告和专家热衷于宣传"去中心化""去信任""零知识证明""密码学""智能合约""分布式安全""价值传输"这些似是而非的概念，反而使区块链蒙上了一层迷雾。

（一）区块链的技术实质

尽管区块链采用了大量复杂的技术，但要说清楚它的技术实质并不困难。可以从它的三个主要组成部件来理解。

1. 分布式总账本。

如果不使用中央数据库同时还要存储数据，或者把数据存储在若干个独立的数据库中，或者存储在用户的计算机上，区块链采用了后者，即把所有数据都存在用户的计算机上，每个用户存一份，这样即使部分用户的数据丢失了、被损坏了或者关机了，都没有关系，其他用户都有全部数据。比特币区块链中的数据都是关于账目的数据（包括比特币"生产"数据和用户转账数据），因此被称为账本，从比特币诞生以来的全部数据被称为总账本。所有用户都有一份总账本，如此一来，想删除、阻止访问所有的总账本基本上是不可能的。

2. 竞争性审核。

每个用户都有一个总账本，也就意味着每个用户都可以修改这个总账本，那么对于无数个总账本，到底哪个才是正确有效的？这就需要一个审核机制，保证整个比特币网络只有一份正确的总账本，所有用户的总账本与该正确总账本保持一致。比特币区块链引入了竞争性审核方法，原则上每个用户都可以审核总账本，但是谁的算力（计算机的计算能力）强，谁的审核就有效，谁就得到奖励。如果某个人要篡改总账本，他得保证自己的算力强于51%的用户算力之和，这是很难达到的，因此竞争性审核一方面保证了总账本的正确性，另一方面不设置固定的审核人，让审核人（俗称矿工）始终处于竞争状态，避免固定审核人作弊。

3. 链式结构。

比特币区块链的总账本不仅记录着当前的"账目"信息，而且还记录着以前所有账目的索引，可以根据该索引一直回溯到总账本历史上的第一条账目。具体做法是，比特币网络在诞生之时产生第一份账单（创世区块），大约10分钟后产生了第二份账单，该账单包含了第一份账单的索引，可以根据该索引查看第一份账单的内容；再过10分钟又产生第三张账单，包含第二份账单的索引，依此类推。这样做带来了两个好处：其一是审核者可以根据历史账单确定用户当前的操作是否合法（例如，根据历史账单可以计算出某个用户A拥有10个比特币，现在他竟然要向别人转账11个比特币，这显然是不行的），从而拒绝虚假交易；其二是增加了"坏人"篡改账本的难度（例如，A想向人"证明"他有11个比特币，他就得篡改上一份账本，甚至上上份）。

以上简略的总结基本涵盖了区块链的主要技术实质，其余技术细节（例如，点对点通信、哈希加密、公钥地址、私钥密码）都围绕着这些技术实质服务。这些实质也构成了"去中心化""去信任化"的技术源头：比特币用户可以互相不了解、不信任，但是一个用户向另外一个用户转账比特币，只要收款方给的地址是正确的，比特币一经汇出和审核，双方便无法否认这笔转账，因为这笔转账反映在每个用户的总账本上，双方均无法篡改，甚至无法勾结审核人篡改——因为每份账单的审核都需要竞争，审核人是不固定的。

（二）区块链的创新实质

如前所述，以比特币为代表的区块链技术实际上是一个去中心化（分布式）的数据组织、存储和管理方案。它对于分布式系统的创新可以从CAP定理说起。

CAP 定理指在一个分布式系统中，数据一致性（Consistency，简写为 C）、可用性（Availability，简写为 A）和分区容错性（Partition Tolerance，简写为 P）三者不可同时兼得。数据一致性指所有人在同一时间读取数据库都能读取到相同（一致）的数据；可用性指数据库一直是可以访问的；分区容错性指可以容忍数据库的不同分区出现不一致。

举例来说，为了分散数据库的负担、让用户能够更快地访问数据库，我们可以在多个地方放置多个数据库服务器（即分区），不同用户访问不同服务器，服务器之间后台进行同步，保证各个服务器上的数据都是相同的。但是很可能因为网络原因，后台不能及时同步，在这种情况下，要保证所有用户都读取到相同的数据，我们应该把数据库系统关闭，等后台同步后再开放给用户读取，但是这种情况是不可接受的——用户访问不了数据库会抓狂。因此我们既然对数据库进行了分区，而分区又出现了不一样的状况（即所谓的分区容错性 P），我们又想让用户时刻都能访问数据库（即所谓的可用性 A），我们就没法保证用户读取的数据都是一致的（即数据一致性 C），反之依然。

1. 区块链采用分布式总账本可以满足极高的可用性要求。

由于每个用户自己都有一份总账本，因此总账本几乎总是可以访问的，对账本的更新采用点对点机制，不存在中央服务器，也就不会因为中央服务器的故障而影响区块链网络的使用。同时，想关闭区块链网络（让其不可访问）是极其困难的，除非所有的区块链用户和审核人都关闭程序或者关机，或者切断他们之间的所有通信。

2. 区块的实质是定期结算，可以满足高容错需求。

每个用户都有总账本，相当于每个用户的计算机都是一个数据库分区，而用户的网络千差万别，在某个时间段内的数据不一致是必然的，分区容错需求必然要保障。而为了让数据定期同步，保持一致性，区块链采用了定期结算方式，即每隔 10 分钟更新一次账本。在这 10 分钟内，节点可以出现故障，数据可以出现错误，读写可以产生不一致，10 分钟后，错误的数据会被系统忽略，正确的数据则被打包成区块保留。定期结算使区块链系统具备高度的可访问性和容错性。

3. 链式结构蕴含的技术原则是只增不改，旨在降低审核的技术复杂度。

如果数据能够得到及时的审核和确认，并不需要完整记录数据的全部历史状态。但在高度容错且错误可能持续很久的情况下，完整的数据记录可以帮助矿工[①]更好地追溯数据根源，为其验证和审核提供依据。同时，链式结构蕴含的原则是只能增加数据，不能删除、修改已有的数据，这就简化了数据操作，避免了记录、判断（可能有错）数据的复杂状态，便于数据查询和计算，并可保证数据的最终

[①] 矿工式区块链领域的一个专有名词：在比特币网络中，大家把争夺记账权的过程形象地比喻为挖矿，而把争夺记账权的这些人或组织（节点）称之为矿工。

一致性。链式结构与分布式账本的结合还可以实现原始数据的永久化存储，几乎不可消灭，这对于审计和监管具有极大价值。

4. 区块链是分布式系统在 CAP 定理框架下的一个创新实现。

区块链采用分布式总账本提升了系统的可用性（A），利用定期（延迟）结算和竞争性审核获得数据的最终一致性（C），同时保留高度的分区容错性（P）。它折中了 C、A 和 P，在一定程度上降低数据一致性要求 C（每 10 分钟数据才会"一致"一次），然后大幅度提高 A 和 P，使数据系统的耦合性大大降低，分区之间几乎永不互相影响，系统几乎总是稳定、总是可用。

这是区块链在分布式系统方面的真正创新，而其链式结构只增不改的设计，也正是业界所谓的"击败"CAP 定理的方法（当然不是真的"击败"CAP，而是尝试对数据存储系统进行重新设计，以可控的复杂度来实现较为均衡的 CAP）。

（三）区块链在保险的应用

近年来，随着云计算、大数据、区块链的飞速发展，保险创新层出不穷。面向未来，区块链与互联网和大数据一起，将成为保险创新的基本和根本动力，同时，区块链以其独特和难以替代的优势，将成为解决保险商业模式创新"最后一公里"的利器。为此，保险行业需要高度重视并加大投入，将区块链作为保险创新的新视角，积极开展基于业务场景和商业模式的思考、探索与实践。

保险行业虽然对于区块链技术的参与相对比较保守，但在学术领域一直在进行积极的探索和研究。2014 年底，由英国著名的 Z/YEN Group 咨询集团发起的欧美保险业论坛推出的长达 50 页的《终身之链》专项研究报告从多个方面讨论的区块链给保险业带来创新和变革。2016 年 3 月，阳光保险应用区块链技术推出名为"飞常惠"航空意外险的产品打造全新保险卡用户体验。

在保险公司的日常业务中，虽然交易不像银行和证券行业那样频繁，但是对可信数据的依赖是有增无减。因此，我们认为利用区块链技术，从数据管理的角度切入，能够有效地帮助保险公司提高风险管理能力。具体来讲主要分投保人风险管理和保险公司的风险监督。

1. 投保人风险管理。

在现在的保险经营中，保险公司和投保人的纠纷时有发生，要么是投保人提供虚假的个人信息骗保，要么是理赔的时候对于免责条款的认定发生分歧。而这些问题的关键都在于对投保人的个人信息缺乏一个真实可信的数据采集和存储手段。

而随着诸如医疗信息数字化、个人征信体系等国家系统性工程的推进，越来越多的权威数据源出现，如果能够将这些数据引入并存储在区块链上，将成为伴随每一个人的数字身份，这上面的数据真实可信，无法篡改，实时同步，终身有效，对于投保人的风险管理将带来莫大的益处。

第一，是将不同公司之间的数据打通，相互参考，从而及时发现重复投保、历史理赔等信息，及时发现高风险用户。以 2017 年 3 月份 4,000 万元意外伤害险骗保为例，扬州的周某在十余家寿险公司投保，直到人工核保时才查出来。如果在区块链记录了他每一次投保信息，很快就可以发现并及时采取措施。

第二，是将不同行业的数据引入区块链，可以提高核保、核赔的准确性和效率。举一个重疾险的例子，如果能在区块链上查询到投保人所有的就诊记录，甚至直系亲属的就诊记录，对于投保人当前的身体状况、患病史、家族病史就有了一手的资料，有效地杜绝带病投保。

2. 保险公司风险监督。

在保险公司运营过程中，由于各种原因导致的风险时有发生，监管机构只能采取事前审核或者事后约束的措施。但随着保险业务的前端日益开放，参与保险市场的企业越来越多元化，事中监督的需求日益凸显。而我们看来，区块链技术正是进行事中监督的有效技术手段之一。只要保险公司将日常运营流程搬到区块链上，并向监管机构开发一个记账节点（即使是一个只读的记账节点），监管机构就可以实时地观察到保险公司的全部业务动向。例如，资金流向和投资构成、产品的承保和赔付数据、主要的人事和管理操作等，无须等到保险公司事后申报，从而及时发现可能存在的业务风险和违规操作。

在此基础上，监管机构还可以利用大数据技术，对全国的保险市场进行分析和预测，及时发现和预防可能存在的系统性风险，或是发现潜在的保障需求和趋势，从而更好地为老百姓提供保障。

除了通过改变数据存储方式来减少保险公司在承保和监督方面的风险，区块链技术还激活了很多传统的保障模式，例如，相互保险以及很多新的保障需求，如临时动态保单。随着科技和保险行业的交流和碰撞日益加深，相信还会有更多新的应用和公司出现。

（四）区块链对保险的影响

区块链技术带来了信息的公开性、安全性、去中心化、无须信任系统、去中介化、不可篡改、加密安全等优势。随着区块链技术日益崛起，保险公司纷纷开启区块链与传统保险业务的融合创新。目前保险公司的业务创新主要集中在技术层面的融合和业务层面的合作创新。在技术融合方面，保险公司正积极推动将保单信息、客户信息、理赔信息等放到区块链中进行存储，提升数据的安全性，以避免意外事故对数据安全的冲击，从而降低保险公司的经营成本。在业务融合层面，让区块链在保险业务场景化拓展过程中扮演新的角色，如将实行智能合约（即合约程序化）、引入共享经济理念等，推动保险产品服务创新，延伸保险服务链条，从而带来保险价值的提升。

区块链技术的安全性和数据的不可篡改性，将直接影响保险经营的最大诚信原则。保险公司可由区块链技术引入多方验证的公信力模式，借助多节点备份、重复而又独立的计算、数据的不可篡改性等特点，使多方共同参与验证保险行为的真实性、合法性。可见区块链技术可以有效识别保险欺诈，防范道德风险和逆向选择，从而降低保险公司的经营成本和赔付支出,显著提升保险公司的经营价值。

由于区块链是基于互联网的分布式存储,随着区块链的广泛应用,保险的覆盖率可以从空间上进行不断地拓展,推动了保险服务的全球化。另外,区块链可以让人们跨越空间来交换和转移价值,也可以在同一时间配合各地点的不同个体达成其具体需求。通过这种时间与空间形成的双重关系,保险公司可以扩大产品跨地范围,使保险产品能自由调整其覆盖范围和定价。

当然,区块链技术也会对传统保险业产生巨大的冲击。首先,会导致保险公司在社会上的角色和功能的变化。区块链具有去中心化的特点,这会令保险公司在产业链上的地位受到削弱。其次,区块链技术将会导致保险的去中介化,致使保险企业的组织形式发生巨大的变革。未来客户将不再依赖保险中介,仅依靠区块链技术有组织地自行管理风险,形成分布式的"微保险"或"微互助"平台,并根据智能合约的实际执行情况不断实现自动充值和修正,保证模型真实客观地反映实际风险水平,合理调整赔付资金池,确保风险暴露覆盖。未来最终进化为一个去中心化的"自治型保险社会",市场参与者在各方业务规则下各尽其责,保险业生态系统将可能实现完全自治,打造一个透明、可靠、满意、信任、忠诚的保险社会。此时,保险的社会价值将达到最大化。

附　录

附录1　精算人员需要掌握的相关文件

前面已经说过，很多精算工作是由中国银保监会的制度规定的，下面将精算人员需要掌握的一些中国银保监会的规章制度简单列出来，需要注意的是，有些规章制度会随着时间的推移进行修订或者新增，相关的法律法规可以到中国银保监会查询。

(1)《保险公司非寿险业务准备金管理办法（试行）》；
(2)《财产保险公司保险条款和保险费率管理办法》；
(3)《非寿险业务准备金评估工作底稿规范》；
(4)《关于加强非寿险精算工作有关问题的通知》；
(5)《保险公司非寿险业务准备金基础数据、评估与核算内部控制规范》；
(6)《保险公司非寿险业务准备金回溯分析管理办法》；
(7)《财产保险公司保险产品开发指引》；
(8)《财产保险公司产品费率厘定指引》的通知。

附录2　最新国际精算协会教学大纲

根据国际精算协会教育委员会发布的《国际精算协会教学大纲》翻译整理如下。

一、序言

（一）简介

维持一个基本教学大纲是国际精算协会的任务之一。这也是会员协会的认证要求之一。

会员协会必须要求其所有2006年1月1日后取得精算资格的成员精算师完成符合国际精算学会教学大纲的教学计划。

此教学大纲订立了成为合资格精算师（Fully Qualified Actuary，FQA）的最低标准，所有会员协会必须各自订立包含所有学习目标的教学大纲。此教学大纲的订立目的是为了让精算师运用所学的专业知识，尤其是监察和分析数据的能力，稳定地在国际向上发展。

因此，此教学大纲主要以能够应用在不同领域的模型及技巧。学生必须先了解整个金融系统，并且运用这些技巧分析内在的难题，但是在此教学大纲内并不会包含详细的专业知识。

在此教学大纲不会覆盖一些传统的精算论题（e.g. 计算基数公式）。但由于生存模型（survival model）广泛地应用在不同领域，所以会被保留在此大纲中。

在订立各自的教学大纲时，会员协会可以选择自行增加其他议题。但是鼓励会员协会以我会的标准为骨干，以免大纲过于繁复，或令潜在的精算师选择别的专业。

（二）学习目标分类

此教学大纲是根据爱荷华州立大学（Lowa State University）的赫尔（Rex Heer）教授所设计的教学目标模型，列出会员所需要的知识深度。此模型是以布鲁姆教育目标（Bloom's Taxonomy of Education Objectives, 1956）和安德森和克罗斯渥尔（Anderson and Krathwohl, 2001）再修订版为基础，并以知识层面和感知过程层面两大方向为主。

运用此学习目标模型不但为未来精算师定下他们的学习方向，更清晰地指出所需的知识层面及类型。此框架已被教育家广泛使用和认同，并能为会员机构提供指引，以将学习目标联系学习活动及评估。

此模型以知识层面及感知过程层面为方向，下图将具体地展示此模型。

		过程层面				
	动词 →	1. 记忆 认知、回忆	2. 理解 阐述、例证、分类、总结、推论、比较、解释	3. 应用 执行、使用	4. 分析 分辨、组织、寻根究底	5. 评估 检查、批判
知识层面	名词 ↓					
	A. 事实性 (factual) 知识	A1	A2	A3	A4	A5
	B. 概念性 (conceptual) 知识	B1	B2	B3	B4	B5
	C. 过程性 (procedural) 知识	C1	C2	C3	C4	C5
	D. 元认知 (metacognitive) 知识	D1	D2	D3	D4	D5

此模型共有六个认知过程：记忆、理解、应用、分析、评估、创造；以及四种知识：事实性、概念性、过程性、元认知知识。

1. 事实性知识通常涉及与精算工作相关的术语以及与金融安全系统、精算模型、精算方法和与精算工作有关的外力的细节。事实性知识还包括作为精算会员的具体细节。

2. 概念性知识包含现有和未来金融证券系统、精算模型、精算方法、外力、精算师之间的关系。

3. 过程性知识指出精算师是如何完成工作的。过程性知识的运用需要结合事实性和概念性知识。大多的实际技巧都需要过渡性知识。

4. 元认知知识是指精算师对于自己强弱的了解，包括精算在什么时候是不适合或是不合资格做的工作。另外，也包括了精算师对于个人学习需要和终生学习策略的思考。一些规范性的技巧就需要掌握元认知知识（例如，自我认知）。

此外，六个认知过程中包含了十九个详细细节解释不同的认知过程。此模型利用了一个自然的认知排序，从记忆开始，然后理解、应用、分析和评估，最后是创造。此顺序并不表示认知的难度，而是时间的顺序。例如，你必须先记忆，才可以创造。

（三）数学基础

由于许多精算领域要求对各种数学方法有深入的理解，数学基础对于精算从业人员十分重要。本大纲的附录列举了精算学所需的最基本的数学知识。同时，更深层次的数学知识对于理解本大纲中的精算模型也是至关重要的。

（四）学习领域

为了方便表达和配搭不同的主题，本大纲共分为 9 个学习领域，由 5 个基础学习领域和 4 个核心学习领域构成。

1. 基础学习领域。

这 5 个学习领域为精算师提供了重要的基础。这些知识在非精算学的课程中有广泛涉及，同时也有相应的精算课程。所以，国际精算学会认为有必要这些领域采用更加弹性化的要求。

在每个基础学习领域中，80% 的评价应当被覆盖在上文所述的 Bloom's 模型的框架下。

评价标准应当使 Bloom's 水平尽可能接近评价标准的总体水平。对于某些还难以达到 80% 标准的会员协会，至少 70% 的评价应当被覆盖在上文所述的 Bloom's 模型的框架下。

2. 核心学习领域。

这 4 个领域是精算工作的核心。一般只会在专门的精算课程中教授。国际精算学会对这些领域的要求也有少量的弹性。

在每个核心学习领域中，90% 的评价应当被覆盖在上文所述的 Bloom's 模型的框架下。评价标准应当使 Bloom's 水平尽可能接近评价标准的总体水平。对于某些还难以达到 90% 标准的会员协会，至少 80% 的评价应当被覆盖在上文所述的 Bloom's 模型的框架下。

不同领域的融合可以体现与跨学习领域的学习目标。例如，在学习建模过程（模型）时，学生如果能够适当地利用书写或汇报（个人及专业实践）来交流他们做了什么、为什么会这样做和这样做的意义，就可以提高对主题的认识。针对学习目标融合（尤其是技巧性知识和专业技巧）的教学和学习方法和精算师有很大的关系，其中一个方法就是以问题为基础的学习（Problem Based Learning）。

学习领域中的比例只是估计的，但也可以为教学和考核的覆盖范围和比例提供指引。

每一个分类中都有不同的有关的学习目标。在每一个分类中都会涉及多于一种知识和技巧，或者是多于一种感知过程。

（五）专业化

国际精算协会教学大纲只是提供了各种细分精算领域中的最基本要求，这些细分领域包括传统的养老金或保险，以及新兴的银行及企业风险管理领域。本大纲并未包含专业化的内容，因为国际精算协会认为这些内容属于比最低标准更高的要求。有些国家的法律要求精算师掌握这些专业化的内容，故会员协会可以将这部分内容加入他们的要求中。

会员协会可以添加教育过程（如 CERA）。为了更好地掌握本大纲中的核心领域，会员协会也可以对某些细分领域作出更深的要求。

（六）考核

考核是教学过程的一个重要的元素。它是确定学生是否能够得到期望的学习效果的指标。对于大部分学生来说，考核就是他们的课程。

此大纲并没有假设任何的考核方式。但是，考核的方法和内容必须考虑此大纲的学习目标。以下为需要留意的指引：

1. 考核的基本原则应该是确保学生对基础课程目标具有基本的能力和了解。

2. 传统的闭卷考试依然是考核的重要元素，但是焦点应该放在考核学生是否能够明白和运用这些技巧。考核的结构可以分为多项选择题、短题目和长题目，其中更高阶的认知过程可以包含在长题目中。

3. 评估的结构应以鼓励持续的学习为主，以鼓励长期同化的精算能力。因此作业也可以是考核的其中部分，只要能够确保学生是自己完成作业。

4. 一些主题，特别是数据和系统，可能会让他们以计算机为基础完成工作，并作为一种评估形式，但必须有适当的方法保证学生没有抄袭。

在个人和专业实践学习领域中有许多主题通常是无法通过正式考试进行评估的。然而，一些形式的评估，如学生就一个主题进行汇报，也是可以评估他们在这一学习领域的技术理解和相关能力。通过记录学生的出席率和积极参与程度也可以评估技能是否达标。在这学习领域的其他技能就可以通过监督精算师进行认证，因为这些技能往往会在实际工作环境中学习到。

（七）教学

和考核一样，精算课程的教学并没有一定的规范。但期望以下角色能够提供全面的教学系统：

1. 总会员协会（full member association）。
2. 高等教育机构或其他合适的外部供应商。
3. 其他总会员协会。
4. 以上的组合。

由总会员协会必须确保他们所提供的教学系统能够包含大纲中的主题，而且能够提供合适的考核。

二、最新国际精算协会教学大纲

（一）统计

目的：让学生于精算问题上应用核心统计技术。

1. 随机变量（RANDOM VARIABLE）。

解释随机变量、概率分布、分布函数、期望值、方差和更高阶矩的概念（B2）；

计算期望值和随机变量分布的概率（B3）；

定义一个概率生成函数，矩生成函数，累积量生成函数和累积量，推算并使用它们来评估矩（B3）；

定义基本的离散和连续分布，并能够适当地应用它们（B3）；

解释独立性、联合分布的随机变量和条件分布的概念，并利用生成函数建立独立随机变量的线性组合分布（B3）；

解释和应用条件期望和复合分布的概念（B3）。

2. 统计推断（STATISTICAL INFERENCE）。

指出及应用中心极限定理（B3）；

解释随机抽样、统计推断和抽样分布的概念，以及指出和使用基本的抽样分布（B3）；

描述及应用主要的估计方法和估计值的主要性能（B3）；

构造未知参数的置信区间（ConfidenceIntervals）（C3）；

检验假设（C3）。

估计经验存活和损失分布，例如使用：

卡普兰迈耶估计（Kaplan – Meier Estimator），包括大数据集的近似值；

纳尔逊 – 阿伦估计（Nelson Aalen Estimator）；

Cox 比例风险（Cox Proportional Hazards）；

核密度估计（Kernel Density Estimators）（C3）；

根据年龄或大样本近似值估计过渡强度（Transition Intensity）(C3)。

3. 回归（REGRESSION）。

用相关分析和回归分析方法解释变量之间的线性关系（B2）；

解释广义线性模型（GLM）的基本概念，并描述如何应用 GLM（B3）；

估计这些模型的参数，并进行诊断测试，包括检查假设和评估模型拟合（B5）。

4. 贝叶斯统计与可信性理论（BAYESIAN STATISTICS AND CREDIBILITY THEORY）。

解释贝叶斯统计的基本概念，并将它们应用于参数估计、假设检验和模型选择（B3）；

解释和应用贝叶斯和实证贝叶斯可信度模型（Bayesian Credibility Model）(B3)。

5. 随机过程与时间序列。

描述并应用随机过程中的主要概念（B3）；

描述并应用时间序列模型中的主要概念（B3）。

6. 模拟（SIMULATION）。

解释蒙特卡洛模拟（Monte Carlo Simulation）的概念（B2）；

利用反演方法（Inversion Method）模拟离散和连续随机变量（C3）；

估计所需的模拟数量，以得到一个给定的误差和置信度（Degree of Confidence）的估计（B3）；

用模拟的方法确定假设检验的 P 值（C3）；

用自助法（Bootstrap Method）估计所得估计值的平均平方误差（C3）。

（二）经济

目的：让学生运用微观经济学、宏观经济学和金融经济学的核心原理于精算工作。

1. 宏观经济学（MACROECONOMICS）。

解释基本的宏观经济指标（如国内生产总值）以比较国家的经济（B2）；

描述工业化国家的公共财政结构（A1）；

解释财政和货币政策对经济的影响，包括对金融市场的影响（B2）；

解释国际贸易，汇率和国际收支平衡的角色（B2）；

解释储蓄和消费率对经济的影响（B2）；

解释影响工业化国家利率水平、通货膨胀率、汇率、就业水平和增长速度的主要因素（B2）；

描述货币在经济中的作用（B1）；

解释如何利率的形成机制（B2）；

解释货币与利率之间的关系（B2）；

解释宏观经济政策对企业的影响（B2）。

2. 微观经济学的商业应用（BUSINESS APPLICATIONS OF MICROECONOMICS）。

解释效用的概念，以及理性的效用最大化主体（Rational Utility Maximizing Agencies）如何作出消费选择（B2）；

解释供求的弹性，以及其对市场的影响（B2）；

解释供求之间的相互作用和市场价格如何平衡供求关系（B2）；

解释企业可用的各种定价策略（B2）；

解释短期、长期投资和生产选择所涉及的核心经济概念（B2）；

解释竞争市场以及其运作原理（B2）；

解释在不完全竞争（Imperfect Competition）市场中的盈利能力的意义（B2）。

3. 金融经济学（FINANCIAL ECONOMICS）。

分析现代债券价格模型的特点（B5）；

解释资产定价模型（如资本资产定价模型）（B2）；

运用市场数据构建收益率曲线（C3）；

解释资产收益的单和多因素模型的特性（B2）；

解释均值方差投资组合理论的假设及其原理（B2）；

解释各种期权的现金流特征（A2）；

解释对数正态分布（lognormal Distribution）的性质及其对期权定价（Option Pricing）的适用性（B2）；

解释布莱克—斯科尔斯公式（the Black – Scholes Formula）（B2）；

计算欧洲和美式期权的价值（B3）；

模拟股票价格，包括使用方差缩减技术（Variance Reduction Techniques）（B3）；

解释期权价格偏导数的计算与应用（B2）；

解释如何使用 Delta 套期保值（Delta Hedging）控制风险（C3）；

解释不同投资风险评估工具（如风险值、收益的方差）的优缺点（B2）；

解释行为金融学的主要发现以及如何应用于解释投资者行为（B4）。

（三）金融

目的：让学生运用财务理论、会计、企业财务、金融数学等核心原则进行精算工作。

1. 财务报告和税收（FINANCIAL REPORTING AND TAXATION）。

描述个人和企业所得税以及由机构持有的投资税的基本原则（A1）；

解释为什么公司需要制作年度报告和账目（B2）；

解释基本的会计概念和术语，描述会计规范的主要来源（B2）；

解释报告对环境，社会和经济的可持续性的价值和其他替代传统财务报告的方法，并描述其可能包括的内容（B2）；

解释公司和集团账户的基本结构（B2）；

解释和描述公司账目的主要组成部分被包含的目的（B4）；

构建简单的财务状况和损益表（B6）；

计算和解释财务会计比率（B4）。

2. 证券及其他形式的企业融资（SECURITIES AND OTHER FORMS OF CORPORATE FINANCE）。

从发行人和投资者的角度解释各种形态的股权资本的特征（B2）；

从发行人和投资者的角度解释各种形式的长期债务资本的特征（B2）；

从发行人和投资者的角度解释各种形式的短期和中期金融的特征（B2）；

描述衍生工具和合约在企业融资中的作用（B1）；

描述公司可以通过发行证券募集资金的方法（A1）。

3. 金融数学（FINANCIAL MATHEMATICS）。

使用确定的利率计算当前和累积的现金流量（包括不同的时间间隔利率和连续利率）（B3）；

解释实际和名义利率和通货膨胀挂钩的现金流（B3）；

计算期货合约的价值（B3）；

解释基本利率期限结构理论的概念和术语（B2）；

运用利率期限结构模型对各种现金流进行监测，包括计算利率对于结构变化的敏感性（B3）；

解释如何运用久期和凸性进行利率风险免疫（B2）；

利用利率随机理论（Stochastic Theory of Interest）计算预期现金流的现值和方差（B3）。

4. 企业财务（CORPORATE FINANCE）。

描述企业实体的不同结构及其优劣（B2）；

描述企业的财务来源，并解释影响资本结构和股利政策选择的因素（B2）；

解释资本预算和计算资本成本（B3）；

采用不同的方法计算项目的投资回报，以及评估各个方法（C5）。

（四）金融系统

目的：让学生理解精算工作背后的金融环境以及保险，养老金与其他精算领域的主要原则。

1. 金融体系的作用和结构（ROLE AND STRUCTURE OF FINANCIAL SYSTEMS）。

描述国家和国际金融市场的作用和主要形式（A1）；

描述机构的财务与实际资源和目标之间的关系（B2）；

描述国家的财政与实际资源与目标之间的关系（B2）；

描述私人利益在政府与公司决策中的作用，解释委托代理理论与禁止利益冲突（B2）。

2. 金融系统参与者（PARTICIPANTS IN FINANCIAL SYSTEMS）。

描述下列机构的主要特点，及分析其对金融市场的影响：国家政府、中央银行、投资交易所、国家和国际金融机构、国家和国际监管机构（B4）；

描述金融市场的主要参与者和解释他们的目标和角色（包括投资银行、零售银行、投资管理公司、养老基金、保险公司、非金融公司、主权基金、微型金融机构、不受监管的组织）（B2）；

描述下面机构典型的经营模式，并解释这些模式如何满足他们的目标：保险公司、养老基金、零售银行、投资管理公司（C2）。

3. 金融产品（FINANCIAL PRODUCTS）。

描述主要金融产品的类型，并解释如何满足发行人和购买的目标（B2）；

解释保险与养老金产品的主要原理及其影响（B2）。

4. 影响金融系统的发展和稳定的因素（FACTORS AFFECTING FINANCIAL SYSTEM DEVELOPMENT AND STABILLITY）。

描述影响金融系统发展的主要因素（包括人口变化、经济发展、技术变化和气候变化）（B1）；

描述审慎监管和市场监管的内容及其必要性（B2）；

描述影响国家和全球金融体系稳定的主要风险（B2）。

（五）资产

目的：让学生在精算工作中应用资产评估技术和投资理论。

1. 投资及市场（INVESTMENTS AND MARKETS）。

描述主要投资资产和主要投资资产市场的特点（A1）；

描述主要衍生投资（包括远期、期货、期权和互换）以及这些产品市场的特征（A1）；

解释主要经济因素对投资市场价格水平和总回报的影响（B2）；

描述和解释主要资产类别和主要经济变量的总回报的部分和总回报率的理论和历史关系（B2）。

2. 资产评估（ASSET VALUATION）。

利用资本资产定价模型（Capital Asset Pricing Model）计算特定资产所需的报酬，由此计算资产的价值（B3）；

利用多因素模型（Multifactor Model）计算特定资产所要求的回报，由此计算资产的价值（B3）；

解释有效市场（Efficient Market）、完整市场（Complete Market）、无套利（Non-arbitrage）和对冲（Hedging）的概念（B2）；

解释风险中性（Risk-Neutral）的概念，以及了解如何以国家价格平减指数（State Price Deflator）的方法评估衍生产品（B3）；

描述利率期限结构的各种随机模型（Stochastic Model）的性质（B2）；

解释以上模型的限制，并描述试图解决他们的方法（B2）。

3. 投资组合管理（PORTFOLIO MANAGEMENT）。

解释投资管理的原则和目标，分析机构或个人投资者的投资需求（B4）；

描述资产组合的估值方法，并解释它们在不同情况下的适用性（B2）；

解释如何利用均值方差投资组合理论（Mean-Variance Portfolio Theory）计算最佳组合，并描述这种方法的局限性（B3）；

利用均值方差投资组合理论计算预期回报以及包含许多高风险资产的投资组合的风险（B3）。

4. 投资策略及表现评估（INVESTMENT STRATEGY AND PERFORMANCE MEASUREMENT）。

解释资产/负债模型如何制定合适的投资策略（B2）；

解释如何了解投资不同类别和子类别的投资风险的方法（B2）；

解释风险预算如何控制投资组合中的风险（B2）；

分析投资组合相对于基准线的表现（B4）。

（六）数据及系统

目的：让学生将统计方法和计算机科学应用到真实世界的数据集，以回答商务和其他问题。

1. 以数据作为解决问题的资源（DATA AS A RESOURCE FOR PROBLEM SOLVING）。

描述数据分析的不同目标（如描述、推理、预测）（B2）；

描述以科学的方式进行数据分析以解决现实世界中的问题的各个阶段，并描述适用于各个阶段的工具（C2）；

描述数据的来源，并解释不同数据源的特性，包括非常大的数据集（B4）；

描述常用的数据结构和数据储存系统（A1）；

描述和解释数据质量的监测方法（B2）；

使用适当的工具进行清理、重组和改造，以使其利于分析（C3）。

2. 数据分析（DATA ANALYSIS）。

描述探索性数据分析（Exploratory Data Analysis）的目的（B2）；

使用适当的工具计算合适的统计汇总，并进行探索性数据可视化（Exploratory Data Visualizations）（C4）；

采用主成分分析法（Principal Components Analysis）降低复杂数据集的维数（C4）；

使用软件拟合统计分布到数据集，并计算出适当的拟合优度（Goodness of Fit）（C4）；

使用软件拟合一个或多个线性回归模型到数据集，并解释输出结果（C4）；

使用软件拟合生存模型到数据集，并解释输出结果（C4）；

使用软件拟合广义线性模型到数据集，并解释输出结果（C4）。

3. 机器学习（MACHINE LEARNING）。

解释机器学习的含义，以及监督学习（Supervised Learning）与无监督学习（Unsupervised Learning）的区别（B2）；

解释以机器学习解决问题的时机，描述机器学习所带来的典型问题，并解释离散和连续方法的区别（B2）；

描述由监督/无监督和离散/连续分割所组成的四个领域中常用的机器学习技术（B2）；

使用软件把神经网络和决策树技术应用于简单机器学习问题（C3）。

4. 专业及风险管理议题（PROFESSIONAL AND RISK MANAGEMENT ISSUES）。

解释包含个人数据和非常大的数据集的工作中涉及的道德和监管问题（B2）；

解释数据管理政策所解决的问题，以及其对机构的重要性（B2）；

解释使用数据的相关风险（包括算法决策）（B2）。

5. 数据可视化（VISUALIZING DATA AND REPORTING）。

利用数据可视化展示分析的主要结论（C6）；

解释重复性研究的意义和价值，并描述确保数据分析是可重复的所需的元素（B2）。

（七）精算模型

目的：使学生在精算工作中应用随机过程和精算模型。

1. 精算模型原理（PRINCIPLES OF ACTUARIAL MODELLING）。

描述为什么要使用和如何使用模型，包括一般情况下使用定价、准备金和资本建模的模型（C2）；

解释使用模型的优点和局限性（B4）；

解释随机过程及确定性模型（Deterministic Model）的区别，并说明两者的优点和缺点（B2）；

描述并解释使用基于场景模型（Scenario – Based Models）的和代理模型（Proxy Models）的特点（B2）；

描述一般情况下如何决定模型是否适合使用（C2）；

解释模型的短期和长期特性的区别，以及两者如何协助决定模型是否适用（B2）；

描述一般情况下如何从模型中分析潜在输出，并解释与选择模型的关系（B2）；

解释风险度量的理想性质（B2）；

计算风险度量，包括风险价值和尾部风险价值，并解释它们的性质、用途和局限性（B3）；

描述假设的敏感性测试的过程，并解释为什么这是建模过程中的重要组成部分（C3）；

制作审计跟踪，以确保能对模型进行详细检查和高级别审查（C6）；

解释传递应用模型所得的结果所要考虑的因素，及如何制作适合的文本纪录（C6）。

2. 严重程度模型的基础（FUNDAMENTALS OF SEVERITY MODELS）。

识别适合模拟损失的严重程度的分布和它们之间的关系的分布类别，包括极端值分布（B4）；

应用以下技术创造新的分布：乘以一个常数、乘方、指数、混合（B3）；

计算各指标的尾重，并对解释结果以比较尾重（B5）。

3. 频率模型的基础（FUNDAMENTALS OF FREQUENCY MODELS）。

解释用于建模损失的分布的特点，例如：泊松，混合泊松分布，二项分布，负二项分布，和几何分布（B2）；

判断不同分布的应用，说明使用的原因，并在给定参数的情况下应用分布（B3）。

4. 聚合模型的基础（FUNDAMENTALS OF AGGREGATE MODELS）。

计算集合风险模型的相关矩、概率等分布量（B3）；

计算总索赔分布，并用以计算损失概率（B3）；

评价范围修改（免赔额，限制和共保）和通货膨胀对总模型的影响（B3）。

5. 生存模型（SURVIVAL MODELS）。

应用多状态马尔可夫链（Multiple State Markov Chain）和马尔可夫过程模型（Markov Process Models）（B3）；

推断出以分段常数转移强度（Piecewise Constant Transition Intensities）在不同状态转移的模型的转移强度（Transition Intensities）的最大似然估计（Maximum Likelihood Estimators）（B3）；

解释生存模型的概念（B2）；

计算和解释标准概率函数，包括生存和死亡的概率、死亡力（Force of Mortality）、完整及简约平均预期寿命（B3）；

对于处理多生命和/或多状态的模型，解释与模型相关的随机变量，计算和解释的边缘概率、条件概率和矩（B3）；

描述人口的异质性（Heterogeneity）的主要形式和选择的方式（B2）。

6. 精算应用（ACTUARIAL APPLICATIONS）。

定义取决于单一的实体在特定事件发生的状态的或然付款（Contingent Payments）的简单合同；开发和评估合同项下的付款的现值的均值和方差的公式，假设恒定确定性利率（Constant Deterministic Interest）（B3）；

把生存模型应用于长期保险，养老金和银行类别的简单问题，如计算寿险合同的保费和储备金，和银行贷款潜在的违约金（B3）；

定义取决于多个实体的状态的或然付款的简单合同，开发和评估合同项下的付款的现值的均值（B3）；

描述并应用预测和评估方法于取决于多事衰减件事件（Multiple Decrement Events）的预期现金流（B3）；

描述并应用定价、准备金及合约盈利能力估价的预计现金流技术（Projected Cash Flow Techniques）于具有合理支出补贴（Allowance for Expenses）的或然付款（B3）；

描述和应用技术分析流量三角形和预测最终位置（B3）。

（八）风险管理

目的：让学生运用企业风险管理的核心问题分析一个实体所面临的风险管理问题，并提出相应的解决方案。

1. 风险环境（THE RISK ENVIRONMENT）。

解释精算控制循环的概念（B3）；

解释企业风险管理（ERM）的概念（B2）；

描述与企业风险管理有关的运行环境的不同方面：

立法与监管环境；

金融和投资市场；

可持续性和环境因素；

该组织的经营部门，包括对特定产品和服务的需求（B4）；

解释金融机构需要资本的原因，描述不同的资本计量方法，包括监管资本与经济资本（B2）；

定义风险偏好，并解释关键利益相关者的风险态度的重要性（A2）；

描述组织中建立 ERM 框架的元素（A1）。

2. 风险识别（RISK IDENTIFICATION）。

描述和分类不同类型的风险，包括：金融风险，保险风险，环境风险，操作风险和商业风险（B2）；

解释不同的产品和服务的设计会如何影响交易双方的风险敞口（Risk Exposure），并分析特定交易的风险（B4）；

解释交易双方的特点如何影响双方所承担的风险，并分析特定交易的风险（B4）；

解释风险分类的目的（B2）；

解释风险与不确定性之间的区别（B2）；

解释风险共担（Risk Pooling）和如何以投资组合方法进行整体风险管理（B2）。

3. 风险度量与建模（RISK MEASUREMENT AND MODELLING）。

解释在下列情况下风险管理模型的使用：

定价；

准备金；

估值；

资产管理；

包括适当的费用津贴（B2）；

解释模型输入（Model Input）设定假设的原理和过程（C2）；

描述风险聚合的方法以及不同方法的优点和缺点（B2）；

将这些模型应用于精算实务问题中（C5）。

4. 风险缓解和管理（RISK MITIGATION AND MANAGEMENT）。

解释最常见的风险缓解和管理技术；

规避；

接受；

减少；

转移；

监测（C2）；

描述资产负债管理的基本原则，并将其应用于金融机构所承担的主要责任类型（C3）；

分析业务在风险管理方面的问题，并推荐适当的风险管理策略（C6）；

解释风险对资本要求的含义，包括经济和法规的资本要求（B2）。

5. 风险监控与沟通（RISK MONITORING AND COMMUNICATION）[20%]。

解释数据收集和分析监管风险经验如何取决于控制周期的其他阶段，并产生给定风险分布（Risk Profile）的数据收集计划（C6）；

解释如何使用经验监控来修正模型和假设，并提高未来的风险管理能力（C3）；

描述风险管理措施，并解释向管理者和利益相关者报告风险的重要性（B2）。

（九）个人及专业实践

目的：订立所需技能和专业要求，以提高学生的精算工作质量。

1. 有效沟通（EFFECTIVE COMMUNICATIONS）。

解释常用的技术，以进行有效率的书面和口头沟通（B2）；

为同事、管理者或客户提供有效的技术交流（B6）；

对技术性的精算工作结果进行全面总结（B6）；

为精算工作产品提供有效的执行概要（B6）；

对其他精算师同事的工作提供同行审查后完成总结报告（B2）；

通过询问客户评估问题，以确保工作项目被充分理解（B5）；

评估解决方案的不确定性是否得到了适当的传达（B2）；

为产品编写永久性文本记录（A6）。

2. 解难及决策能力（PROBLEM SOLVING AND DECISION MAKING）。

恰当地运用精算控制周期（C3）；

衡量设计解决方案时是否考虑了所有的物质性因素（Material Factors）（A4）；

在设计解决方案时，分析并优先考虑利益相关者的需求（A5）；

从其他因素（如从其他外部力量中分辨出物质性外部力量）中分辨出物质性因素（A5）；

解释战略的目的，以及如何带来竞争优势（B2）；

解释有效决策过程的要素（C2）；

解释一个单位的文化和结构如何影响决策过程（B4）；

解释团队合作和时间管理的好处（C2）；

解释将项目决策提交更高级管理层时应当考虑的因素（D2）；

使用常用的项目管理技术来实施工作计划（C6）。

3. 专业标准（PROFESSIONAL STANDARDS）。

解释构成一个专业的元素（A2）；

了解在精算师的工作中专业标准和道德的重要性（A2）；

解释专业纪律的重要性（A2）；

了解怎样的行为属于专业失当，以及专业纪律对相应失当行为的处理（A2）；

解释专业标准如何影响实务工作（C2）；

解释精算协会的结构和监测功能（A2）；

解释精算师对客人、监管机构，其他利益相关者和公众的责任（D2）；

解释专业义务和公众利益比个人利益更重要的原因（C2）。

4. 专业实践（PROFESSIONALISM IN PRACTICE）。

分析会带来专业失当的典型处境以及如何避免专业失当（A5）；

分析会考验精算师诚信的处境，并做好处理这种处境的计划（A5）；

解释文本记录的重要性和合适的文本记录的元素（A2）；

解释同侪审查和工作检查的需要（A2）；

在案例研究时秉承专业标准和专业道德（B5）；

描述如何检测专业标准和专业道德的改变以及如何判断具体工作适用何种条款（A1）；

了解当工作涉及实行不同精算规定的地区时，何种规定适用（A2）；

在接受了一份精算工作后评估个人的专业发展和个人限制（D5）。

三、附录：数学基础

目标：为了让学生运用额外的数学技巧在精算专业中持续地发展，提供合适的数学基础。

（一）函数及集合（FUNCTIONS AND SETS）

定义函数（Function）以及解释和运用函数概念：域、上域、象、极限、反函数（Domain, Codomain, Image, limited Inverse）；

找出渐近线（Asymptotes）和转折点（Turning Points），并速描曲线；

解释集合（Series）的术语及运用基本的集合概念；

定义集合的上确界（Supremum）及下确界（Infimum）；

运用简单的数学技巧计算方程式的根以及计算积分（Integral）。

（二）微分（DIFFERENTIATION）

以极限（Limit）定义导数（Derivatives），并利用第一原理（First Principles）找出导数；

利用基本的微分运算方法计算一阶导数、多阶导数和偏导数（First, Higher-order, and Partial Derivatives）；

列出次方、三角函数、反三角函数、指数、对数、双曲线函数和反双曲线函数的导数；

利用拉格朗日乘子法（Lagrange Multipliers）等方法计算出双变量函数的极限点。

（三）积分（INTEGRATION）

运用基本的代数（Substitution）和分部积分法（Integration by Parts）计算定积分及不定积分；

计算二重积分（Double Integral）和三重积分（Triple Integral）以及一些简单图形的面积和体积；

交换多重积分（Multiple Integrals）的积分顺序和调换变量以计算多重积分；

运用辛普森法（Simpson's Rule）和梯形法则（Trapezium Rule）计算积分。

（四）序列及级数（SEQUENCES AND SERIES）

列出单变量和双变量的泰勒公式（Taylor Expansions）和麦克劳林展开式（Maclaurin Expansions）；

定义序列和级数，以及解释有界性（Boundedness）、收敛性（Convergence）、极限（Limit）、单调性（Monotonicity）；

使用公式对算术级数和几何级数进行求和；

利用不同的技巧找出序列和级数的有界性和收敛性。

（五）微分方程（DIFFERENTIAL EQUATIONS）

解可分离的一阶齐次线性微分方程（Separable, Linear and Homogeneous Differential Equations）；

在特定的条件下解决简单的一阶微分方程，并利用答案寻找所涉及的参数的值。

（六）实数及虚数（REAL AND COMPLEX NUMBERS）

计算带有复数的问题（B2）。

（七）矩阵及线性方程组（MATRICES AND SYSTEMS OF LINEAR EQUATIONS）

进行简单的矩阵运算（加法、标量乘法、矩阵乘法、换位）；

计算矩阵的行列式，并用克莱默法则（Cramer's Rule）求解线性方程组；

利用高斯消元法（Gaussian Elimination）求矩阵的秩（Rank），反转矩阵，并求解线性方程组；

计算矩阵的特征多项式，并确定其特征值（Eigenvalue）和特征向量（Eigenvectors）；

确定矩阵是否可对角化（Diagonizable），并求其对角矩阵。

（八）向量、向量空间及内积空间（Vectors, Vector Spaces and Inner Product Spaces）

进行简单的向量运算（加法、标量乘法、向量乘法、标量三重积）；

解释向量空间，内积空间，正交性（Orthogonality）的概念。

（九）概率（PROBABILITY）

解释集函数（Set Function）、实验的样本空间（Sample Space）和事件（Event）；

在符合基本公理的条件下，定义概率为事件的集合所组成的集函数；

推理概率的基本属性，并计算在简单的情况下事件发生的概率；

推理出两个事件联合（Union）的概率的加法规则，并用规则来计算概率；

定义并计算在提供了另一事情的发生所得到的条件概率（Conditional Probability）；

推导贝叶斯定理（Bayes' Theorem），并以贝叶斯定理计算概率；

定义两个事件的独立性（Independence），和计算有关独立性的概率。

参 考 文 献

［1］谢志刚：《非寿险责任准备金评估》，中国财政经济出版社2011年版。
［2］孟生旺：《非寿险定价》，中国财政经济出版社2011年版。
［3］张宁：《金融保险：深度学习》，经济科学出版社2018年版。